T0169716

CLASSIQUES EN POCHE

*Collection
dirigée
par
Hélène Monsacré*

LUCIEN

DANS LES SECRETS DES DIEUX

ZEUS CONFONDU
ZEUS TRAGÉDIEN
PROMÉTHÉE
SUR LES SACRIFICES
LE JUGEMENT DES DÉESSES
LA DÉESSE DE SYRIE
L'ASSEMBLÉE DES DIEUX
LES DIALOGUES MARINS
LES DIALOGUES DES DIEUX

Introduction générale, traduction et notes
par
Anne-Marie Ozanam

LES BELLES LETTRES

2017

Zeus confondu, Zeus tragédien et *Prométhée*,
textes établis par Jacques Bompaire
dans la Collection des Universités de France (C.U.F.),
toujours disponibles avec apparat critique et scientifique
(Lucien, *Œuvres*, 4 vol.),

Sur les sacrifices, Le Jugement des déesses,
La Déesse de Syrie, L'Assemblée des dieux,
dans l'édition de A. M. Harmon, Cambridge, MA.,
Harvard University Press, Londres (1913-1936),

Les Dialogues marins et *Les Dialogues des dieux,*
dans l'édition de M. D. MacLeod, Cambridge, MA.,
Harvard University Press, Londres (1961).

2017, Société d'édition Les Belles Lettres,
95 bd Raspail 75006 Paris.
www.lesbelleslettres.com

ISBN : 978-2-251-44642-4

Introduction

par Anne-Marie Ozanam [*]

Lucien par lui-même : entre confidences, *mimésis* et mensonges

Lucien s'est mis en scène à de nombreuses reprises dans son œuvre. Dans *Le Songe ou la Carrière de Loukianos*, il raconte un épisode de son enfance. Dans *Les Ressuscités ou le Pêcheur,* il se présente sous les traits de Parrhèsiadès, le fils de la Franchise, et rapporte ses débuts dans la philosophie. Dans *La Double Accusation ou les Tribunaux*, il est Syros, le Syrien, et revient sur son origine « barbare ». Dans *La Déesse de Syrie,* il se donne pour un Assyrien qui a visité Hiérapolis. Il est aussi Tychiadès, le fils de la Fortune, dans le *Philopseudès* et l'*Éloge du parasite*. Ailleurs, il adopte le pseudonyme transparent de Lykinos.

Or paradoxalement, au moment même où il semble le plus en veine de confidence, l'auteur nous échappe. Ainsi dans *Le Songe ou la Carrière de Loukianos,* il évoque l'enfant pauvre qu'il a été, forcé d'abandonner ses études pour gagner sa vie.

> La culture *(paideia)* exigeait de grands efforts, beaucoup de temps, des frais considérables, et une position sociale brillante, alors que notre situation était modeste et réclamait que je subvienne rapidement à nos besoins [1].

---

[*] Professeur de première supérieure au lycée Henri IV de Paris.
1. *Le Songe ou la Carrière de Loukianos*, 1.

VIII   DANS LES SECRETS DES DIEUX

On choisit de le faire travailler dans l'atelier de son oncle, qui était sculpteur.

> Mon père déclara : « Il a en ce domaine, comme tu sais, une habileté naturelle. » Il fondait cette opinion sur mes jeux avec la cire. Chaque fois que je sortais de l'école, je grattais la cire des tablettes, et je modelais des bœufs, des chevaux, et même, par Zeus, des hommes, très ressemblants, d'après mon père. Cela m'avait jadis valu d'être battu par mes maîtres [2].

Mais dès le premier jour, son oncle rossa le malheureux apprenti parce qu'il avait cassé une plaque de marbre : l'enfant rentra en larmes chez lui. Et voici le lecteur tout ému devant ces confidences.

Il l'est moins quand Lucien ajoute que la nuit suivante, il eut la vision de deux femmes, Sculpture et Culture *(Paideia),* qui lui demandèrent de choisir entre elles. Il reconnaît l'apologue de Prodicos, qui montre Héraclès entre le Vice et la Vertu [3]. Et même le modelage avec la cire des tablettes, qui semble sonner si vrai, n'est peut-être qu'un souvenir des passe-temps du jeune Pheidippidès dans les *Nuées* [4]. Dès lors c'est tout le texte qui devient suspect, en raison de ces réminiscences littéraires. N'aurait-il aucune véracité ? Ne serait-il qu'artifice, imitation de modèles ?

Mais opposer l'imitation à la sincérité, laquelle est toujours douteuse d'ailleurs quand on parle de soi [5], reviendrait à fausser grandement l'idée que les Anciens se font de la création littéraire. La notion d'originalité, telle que nous la concevons de nos jours, leur est totalement étrangère. « Il n'existe pas de mot grec qui rende

---

2. *Ibid.*, 2.
3. XÉNOPHON, *Mémorables*, II, 1, 21-24.
4. ARISTOPHANE, *Nuées*, 878 sq.
5. Voir entre autres les travaux de M. LEJEUNE sur le « pacte autobiographique ».

ce concept[6]. » Dans le monde antique, l'inspiration passe nécessairement par l'imitation : elle est « le fil d'Ariane qui permet d'expliquer la littérature passée…, le levain de la littérature vivante[7] ».

Il ne faut donc pas, sous prétexte qu'on reconnaît presque à chaque ligne une citation ou une référence livresque, taxer l'œuvre d'artifice. Ces ornements visent à enrichir et à embellir l'écriture, selon l'esthétique d'une époque qui met l'imitation des beaux modèles – la *mimésis* – au-dessus de tout.

Cependant, s'agissant de Lucien, il ne faut pas non plus croire naïvement tout ce qu'il nous dit de lui. Les identités successives qu'il se donne sont aussi des masques derrière lesquels il se dissimule. Les différents « je » qu'il met en scène sont autant de personnages[8].

En effet, le mensonge littéraire, c'est-à-dire la fiction, joue un rôle fondamental dans la création de celui qui se fait appeler Parrhèsiadès, le fils de la Franchise, dans *Les Ressuscités ou le Pêcheur*, mais qui a écrit, sous le titre provocateur d'*Histoires vraies,* une suite d'aventures plus invraisemblables les unes que les autres. Le narrateur s'y présente à la fois comme un menteur qui dira la vérité au moins sur un point, en disant qu'il ment[9], tout en déclarant plus loin qu'il n'a aucun mensonge sur la conscience[10]. Dans le même esprit, le

---

6. B. P. REARDON, *Courants littéraires grecs des IIᵉ et IIIᵉ siècles après J.-C.*, Paris, 1971, p. 9.

7. J. BOMPAIRE, *Lucien écrivain, imitation et création*, Paris, 1958 (rééd. 2000), p. 62.

8. Voir S. SAÏD, « Le "je" de Lucien », dans *L'Invention de l'autobiographie d'Hésiode à saint Augustin, Actes du deuxième colloque de l'équipe de recherche sur l'hellénisme post-classique*, Paris, 1993, p. 211-251, et T. WHITMARSH, *The Second Sophistic,* Oxford, 2005, p. 82-83.

9. *Histoires vraies* A, 4.

10. *Histoires vraies* B, 31.

Tychiadès du *Philopseudès* prétend éprouver une vertueuse horreur devant les mensonges des philosophes, ce qui ne l'empêche pas de les rapporter avec une jubilation évidente, étant à la fois l'incrédule et l'ami du mensonge.

C'est donc avec beaucoup de précaution qu'il faut recevoir les indications que Lucien nous donne à son propos. On peut cependant reconstituer les grands moments de sa vie avec quelque vraisemblance.

Un brillant orateur

Lucien est né à Samosate, petite cité de Commagène, vers 120 après J.-C., et le portrait que l'allégorie de la Rhétorique trace du Syrien dans *La Double Accusation ou les Tribunaux* n'est sans doute pas loin de la vérité :

> Il était un tout jeune homme, encore barbare de langue, et portant presque un caftan à la mode assyrienne quand je l'ai rencontré [11].

Cette langue, que Lucien qualifie sévèrement de « barbare [12] », devait être l'araméen que le jeune homme s'empressa d'abandonner pour le grec. Jacques Bompaire parle de « complexe de métèque [13] » pour expliquer la vénération de notre auteur pour l'hellénisme, sa recherche de la langue attique la plus pure, son désir de s'approprier la culture grecque, et d'être plus grec que les Grecs.

Rhétorique fit donc de lui un Grec.

> Je le fis enregistrer en fraude auprès des membres de ma tribu et j'en fis un citoyen [14].

---

11. *La Double Accusation ou les Tribunaux*, 27.
12. Parrhèsiadès se dit pareillement « barbare par la langue » dans *Les Ressuscités ou le Pêcheur*, 19.
13. J. BOMPAIRE, *op. cit.*, p. 150.
14. *La Double Accusation ou les Tribunaux*, 27.

Elle précise que leur rencontre se fit en Ionie, ce qui signifie qu'il étudia l'éloquence en Asie Mineure, qui était alors riche en brillantes écoles. À en croire la *Souda,* il serait devenu avocat à Antioche[15]. Mais, très vite, il fit des tournées de déclamation en Grèce, en Ionie, en Italie, et même en Gaule, comme le raconte Rhétorique :

> Je le suivais partout et circulais par monts et par vaux. Je le rendais célèbre et renommé en le parant et en l'entourant de soins. Pour ses voyages en Grèce et en Ionie, passe encore, mais lorsqu'il voulut partir pour l'Italie, je traversai la mer Ionienne avec lui et, pour finir, je l'accompagnai jusqu'en Gaule, et je fis sa fortune[16].

Lucien devint donc un de ces rhéteurs dont le succès fut si considérable au IIe siècle après J.-C. qu'on a parlé de « seconde sophistique » pour les qualifier, en référence aux premiers sophistes du Ve siècle avant J.-C. Comme Protagoras ou Gorgias l'avaient fait, ils proposaient dans chaque ville une démonstration (ἐπίδειξις) de leur talent, au cours de laquelle ils déployaient une extraordinaire virtuosité de parole, improvisant en prose ou en vers, sur les sujets les plus variés. Par ailleurs, ils enseignaient la rhétorique dans des écoles privées, organisées autour de leur personne. Leur gloire était immense : citons, légèrement antérieurs à Lucien, Favorinus d'Arles, disciple de Dion Chrysostome, ou Polémon de Laodicée, et parmi ses contemporains, Hérode Atticus, Adrien de Tyr ou Ælius Aristide.

Ces conférences se faisaient le plus souvent en grec[17], dans la langue attique des Ve et IVe siècles avant J.-C.,

---

15. Voir J. BOMPAIRE, édition des *Œuvres complètes* dans la C.U.F., t. 1, p. XIII.

16. *La Double Accusation ou les Tribunaux*, 27.

17. Cependant Apulée, exact contemporain de Lucien, avec qui il a de nombreux points communs, doit sa réussite à la maîtrise de la langue latine.

car la seconde sophistique marque un retour spectaculaire à la culture grecque classique. C'est d'ailleurs toute l'époque qui est philhellène. Les Antonins sous lesquels vit Lucien sont fascinés par la civilisation grecque : Hadrien (117-138) en est l'exemple le plus célèbre, mais après lui et comme lui, Antonin le Pieux (138-161) et Marc Aurèle (161-180) « embellissent Athènes, dotent la Grèce et Rome de chaires qui font rayonner rhétorique et philosophie grecques, et s'entourent de Grecs, pensent, écrivent eux-mêmes en grec [18] ».

Des voyages qui firent connaître Lucien à travers le Bassin méditerranéen, on ne sait pas grand-chose de précis, comme le souligne Jacques Bompaire : « Nous avons des échos de ses voyages [...] encore qu'il soit impossible de reconstituer leur succession [...]. Le bilan est maigre et on se demandera si tous les petits faits qui semblent en constituer la part la plus solide sont exempts d'élaboration livresque [19]. » Son séjour en Gaule est évoqué dans *Héraclès*, où il décrit un dieu celtique, Ogmios, et dans l'*Apologie*, où il déclare à son ami Sabinus :

> Tu me connais depuis longtemps ; je gagnais beaucoup d'argent à pratiquer la rhétorique en public, quand tu m'as rencontré alors que tu allais voir l'Océan occidental et le pays des Celtes : je comptais parmi les sophistes les mieux rémunérés [20].

Il fait également allusion à un voyage en Italie, durant lequel il remonta le Pô [21], et à un séjour à Rome, où il rencontra le philosophe Nigrinos.

---

18. J. BOMPAIRE, *op. cit.*, p. 103.
19. *Ibid.*, p. 531.
20. *Apologie*, 15.
21. *Sur l'ambre ou sur les cygnes.*

La « conversion »

C'est sous l'influence de Nigrinos que se produisit ce qu'on a pu appeler la « conversion » de Lucien.

> Je reçus ses paroles d'une âme attentive et ouverte et sur le moment, je ne pouvais même pas comprendre ce qui m'arrivait et je passais par toutes sortes de sentiments. Tantôt, j'étais triste de voir accuser les biens qui m'étaient les plus chers, richesse, argent, gloire, et je pleurais presque, tandis qu'ils m'étaient arrachés ; tantôt ils me semblaient vils et ridicules, et j'étais heureux, comme si je quittais une brume sombre, celle de ma vie précédente, pour lever les yeux vers un ciel pur et une grande lumière. [...] Emporté sur la mer, en pleine nuit, je garde les yeux tournés vers lui comme vers un fanal ; je pense que ce grand homme assiste à tous mes actes et, toujours, il me semble que je l'entends me tenir le même langage. Parfois même, surtout quand j'y applique mon âme, son visage m'apparaît, l'écho de sa voix reste dans mon oreille [22].

Dès lors, il décida de renoncer à la rhétorique pour se consacrer à la philosophie.

> Dès que j'eus compris tous les tracas qui sont nécessairement le lot des orateurs, tromperies, clameurs, bousculades et mille autres, je m'enfuis loin de tout cela, comme il était naturel. Je m'élançai vers tes beautés, Philosophie [23].

On peut dater l'épisode de 160. Lucien avait la quarantaine. Il abandonna alors la vie itinérante pour se fixer à Athènes. Cependant, si conversion il y a – et ne s'agit-il pas encore une fois d'un motif littéraire ? –, elle ne réside pas dans l'adhésion à une quelconque école,

---

22. *Nigrinos*, 4 et 7.
23. *Les Ressuscités ou le Pêcheur*, 29.

mais bien davantage dans le choix des philosophes comme objet d'étude et de satire. « Il se mit à observer les milieux intellectuels et à en dénoncer les vanités et les comédies : les rhéteurs et surtout les philosophes devinrent alors le sujet favori de sa plume railleuse [24]. »

C'est de cette période que datent les ouvrages de la « maturité [25] » : il s'agit notamment de *Charon ou les Observateurs,* des *Vies à vendre*, de *Les Ressuscités ou le Pêcheur*, de *La Double Accusation ou les Tribunaux*. L'*Hermotimos*, son dialogue philosophique le plus ambitieux, est également rattaché à ces années, puisqu'il dit avoir la quarantaine quand il s'entretient avec le personnage éponyme, même si le texte peut avoir été composé plus tard.

Vers la même époque, il fit un séjour en Orient : il fréquenta le frère de Marc Aurèle, Lucius Vérus, alors associé à l'empire, et sa favorite Panthéia, à laquelle il consacra les *Portraits* et *Défense des portraits* [26].

Sa fin nous est mal connue : entre 171 et 175, il occupa un poste administratif auprès du préfet d'Égypte, puis regagna Athènes, avant de reprendre ses conférences itinérantes. On situe sa mort sous Commode, après 180. Selon la *Souda,* il aurait été déchiré par des chiens, mais peut-être sommes-nous en présence d'une métaphore mal comprise : l'histoire pourrait venir d'une confusion avec les cyniques, auxquels on donnait ce surnom de chiens [27] ;

---

24. O. ZINK, *Lucien, Philosophes à vendre, suivis de le Pêcheur ou les Ressuscités*, traduction, présentation et notes, Paris, 1996, p. 16.

25. J. BOMPAIRE, avant-propos au tome IV des *Œuvres complètes* de Lucien dans la C. U. F., p. V.

26. Dans les années 163-164, ils séjournèrent à Antioche à l'occasion de la guerre Parthique.

27. En raison d'une fausse étymologie, rattachant leur nom au radical du mot chien *(cyn-)*. Le nom venait en fait du Cynosarge, gymnase au sud-est d'Athènes, que fréquentaient ceux qui n'étaient pas de pur sang athénien et où enseigna le philosophe cynique Antisthène.

Lucien les a souvent égratignés dans ses œuvres et ils auraient pu le « déchirer » en paroles.

Un « siècle religieux »

Comme l'écrit Bryan P. Reardon, « au IIe siècle, le ferment religieux est devenu indiscutablement l'une des caractéristiques les plus importantes de la société [28] », tant est désormais puissante l'influence des religions orientales [29] de mystères et de salut.

De nombreux cultes se sont développés dans le Bassin méditerranéen, depuis l'introduction à Rome des orgies bachiques, ou bacchanales, qui avaient tellement terrifié les sénateurs, au début du IIe siècle avant J.-C. [30] et, quelques années plus tôt, l'arrivée de Cybèle, la grande déesse phrygienne de la fécondité [31], avec son cortège de Galles* émasculés, que les Romains voyaient avec un mélange de fascination [32] et de dégoût [33].

Les mystères d'Éleusis, célébrés par les Athéniens dès le Ve siècle, consacrés à Déméter*, Koré et l'Enfant Divin, sont restés cantonnés à ce sanctuaire très proche d'Athènes, mais de nombreux intellectuels romains et la plupart des empereurs s'y rendaient pour se faire initier [34].

---

28. B. P. REARDON, *op. cit.*, p. 21-22.
29. Mais W. BURKERT, *Les Cultes à mystères dans l'Antiquité*, Paris, 1992, met en garde contre le « cliché » que serait, selon lui, le fait d'insister sur l'origine orientale de ces cultes, ainsi que sur leur caractère tardif. Sur tous ces cultes, voir R. TURCAN, *Les Cultes orientaux dans le monde romain*, Paris, 1989.
30. Voir TITE-LIVE, XXXIX, VIII-XIX.
31. Voir TITE-LIVE, XXIX, XIV, 5-14 ; OVIDE, *Fastes*, IV, 179 sq.
32. Voir le *carmen* 63 de CATULLE consacré à Attis*.
33. Voir entre autres OVIDE, *Fastes*, IV, 183-184, qui désigne les Galles* par le terme *semimares* (demi-mâles) ; JUVÉNAL, *Satires,* II, 111 sq., VI, 511 sq. (il parle, lui, de *semiuir*) : tous deux évoquent les tambourins et les cymbales du cortège de Cybèle.
34. Ce fut notamment le cas de Cicéron (voir P. GRIMAL, *Cicéron*, Paris, 1986).

Le culte de Mithra* [35] s'est largement répandu, diffusé notamment par les commerçants et surtout par les soldats qui circulent dans toutes les régions de l'empire. Il en va de même pour le culte d'Isis* [36], étroitement liée à Osiris* et à Sarapis (ou Sérapis) [37], ainsi qu'à Anubis*, le dieu psychopompe, que les Grecs identifièrent vite à leur Hermès*. Évoquons encore les fêtes d'Adonis* qui rencontraient un grand succès, surtout parmi les femmes : chaque année, elles construisaient des « jardins d'Adonis* » et commémoraient avec des démonstrations passionnées la mort du jeune homme [38].

La plupart de ces religions « à mystères » proposaient des pratiques votives secrètes, réservées aux initiés, et différents « degrés », qui conduisaient les dévots à une victoire symbolique sur la mort, le « salut ». Elles promettaient « l'intimité personnelle avec quelque grande divinité. Les mystères furent des rites d'initiation d'un caractère volontaire, personnel et secret qui visaient à un changement d'esprit par une expérience du sacré [39] ».

Notons également que ces cultes n'étaient pas exclusifs et ne concurrençaient pas la religion traditionnelle. « Les dieux païens, même les dieux des mystères, ne sont pas jaloux l'un de l'autre [...]. Il est très courant, dans les sanctuaires de Sarapis et d'Isis, aussi bien que

---

35. Voir R. TURCAN, *Mithras et le mithriacisme*, Paris, 1981.

36. Il est officialisé au Iᵉʳ siècle par Caligula qui fait ériger un temple d'Isis* sur le Champ-de-Mars. On trouve d'innombrables sanctuaires à Isis* dans tout le Bassin méditerranéen et jusqu'en Germanie. Isis* et Osiris* sont souvent identifiés à Déméter* et Dionysos* (voir W. BURKERT, *op. cit.*, p. 17-18).

37. Il s'agit d'Osiris*-Apis*. Ce culte apparaît à l'époque ptolémaïque (voir W. BURKERT, *op. cit.*, p. 18).

38. Voir M. DETIENNE, *Les Jardins d'Adonis*, Paris, 1972, rééd. 1989. Le culte d'Adonis* a beaucoup de points communs avec celui d'Attis*.

39. W. BURKERT, *op. cit.*, p. 22.

dans ceux de Mètér et de Mithra*, de dédier des statues d'autres dieux [...]. Il est tout à fait courant pour une personne d'accumuler différents sacerdoces [40]. »

Bien différents sur ce dernier point sont le judaïsme et le christianisme, qui exigent une adhésion totale et exclusive. Le christianisme connaît alors une forte expansion. Alors qu'au Iᵉʳ siècle, « la vie chrétienne était une affaire plus ou moins privée, [...] dans le courant du IIᵉ siècle [...] le christianisme devient affaire publique ; empereurs et populations païens réagissent contre l'intransigeance et le mystère de la nouvelle foi. Celle-ci, en se répandant, se trouve ainsi obligée de se justifier. [...] C'est le stade des apologistes [41] ».

L'époque est également riche en cultes régionaux, organisés autour d'un sanctuaire ou d'un oracle. « Le culte d'Asclépios* connut alors une activité considérable » : on y rencontrait « un milieu de dévots qui s'encourageaient les uns les autres, et créaient ainsi une atmosphère propice à stimuler l'imagination maladive [42] ». Nombreux étaient aussi les thaumaturges qui guérissaient les malades et chassaient les mauvais esprits.

> Tout le monde connaît le Syrien, originaire de Palestine [43], un expert en la matière. On lui amène des quantités de gens qui se jetaient par terre en voyant la lune, les yeux révulsés et la bouche pleine d'écume : il les ramène pourtant à la vie et les renvoie sains d'esprit, les ayant libérés de leurs terreurs, en échange d'un salaire conséquent. Quand il se tient devant ces hommes étendus, il demande : « D'où êtes-vous venus

---

40. *Ibid.*, p. 55.
41. B. P. REARDON, *op. cit.*, p. 278.
42. *Ibid.*, p. 259-260 et 262.
43. Certains ont vu ici une allusion au Christ. Mais l'emploi du présent montre qu'il s'agit d'un contemporain de Lucien. Les exorcistes étaient fréquents à cette époque.

> dans ce corps ? » Le malade lui-même garde le silence,
> et c'est le démon qui répond, en grec ou en langue
> barbare, expliquant d'où il est originaire, comment il
> est entré dans l'homme, et d'où il vient. Ensuite, le
> Syrien chasse le démon en l'exorcisant, et s'il n'obéit
> pas, en le menaçant. J'en ai vu moi même sortir un :
> il était noir, avec une peau couleur de fumée[44].

La littérature se fait le reflet de cette ferveur religieuse. Le *Livre des songes* d'Artémidore, les *Discours
sacrés* d'Ælius Aristide interrogent les rêves et la com-
munication avec la divinité qui peut s'établir par leur
intermédiaire. Beaucoup de romans ont eux aussi un
« contenu religieux très évident[45] » : l'exemple le plus
frappant est celui d'Apulée, qui décrit longuement la
fête et le cortège d'Isis*, et se termine par la transfor-
mation du narrateur en prêtre de cette déesse[46].

Autre texte qui tient à la fois du roman et du document historique, puisqu'il s'appuie sur une chronique
laissée par Damis, un disciple du personnage, l'étrange
Vie d'Apollonios de Tyane de Philostrate. Cet ouvrage,
légèrement postérieur à Lucien, puisque son auteur,
Philostrate, naquit vers 170, raconte la vie d'un « prophète » du Ier siècle après J.-C., d'inspiration pythagori-
cienne[47]. Il accomplit toutes sortes de miracles. Voici
comment il guérit un jeune homme qui avait été mordu
par un chien enragé :

> Il avait pris les manières d'un chien, il aboyait,
> hurlait, et courait à quatre pattes, en se servant de ses
> mains pour marcher. Il était dans cet état depuis

---

44. LUCIEN, *Philopseudès*, 16.
45. B. P. REARDON, *op. cit.*, p. 23.
46. APULÉE, *Métamorphoses*, XI.
47. Il fonde sa vie sur les enseignements de Pythagore (*Vie d'Apollonios de Tyane*, I, 7, 13) et pratique notamment le silence sacré, propédeutique obligée pour tout pythagoricien (*ibid.*, 14-15).

trente jours lorsqu'Apollonios [...] ordonna de
rechercher le chien [...]. Il lui ordonna de lécher toute
la région de la blessure, pour que celui qui avait blessé
le jeune homme fût en même temps son médecin.
Après quoi le jeune homme retourna chez son père et
reconnut sa mère. [...] Apollonios ne négligea pas le
chien non plus, mais après avoir adressé une prière au
fleuve, il envoya le chien à travers celui-ci. Lorsque
l'animal eut traversé le Cydnus, il s'arrêta sur la rive
et se mit à aboyer, ce qui n'arrive jamais dans le cas
des chiens enragés, il baissa les oreilles et remua la
queue, conscient d'être guéri [48].

Quant à la fin d'Apollonios, elle est des plus édi-
fiantes. Il entra dans le temple de Dictynna en Crète,
pourtant gardé par des chiens féroces. Les prêtres
l'arrêtèrent, prétendant qu'il avait envoûté les animaux.
Mais vers minuit, il se défit de ses liens.

Il s'élança en courant vers la porte du temple qui
s'ouvrit toute grande. Il entra, et derrière lui la porte
se referma comme si on l'avait verrouillée, et l'on
entendit chanter des voix de jeunes filles. Et voici ce
qu'elles chantaient : « Quitte la terre, viens vers le
ciel, viens [49]. »

Le regard critique de Lucien

Pour Lucien, cette religiosité diffuse, et notamment
la crédulité à l'égard des miracles, « représente une
abdication de la faculté critique [50] ». On ne sait dans
quelle religion il fut élevé lui-même : l'Assyrien dont il
revêt l'identité dans La Déesse de Syrie déclare avoir

---

48. *Vie d'Apollonios de Tyane*, VI, 43.
49. *Ibid.*, VIII, 30.
50. B. P. REARDON, *op. cit.*, p. 23.

consacré une boucle de ses cheveux dans le temple d'Hiérapolis [51], mais il s'agit peut-être d'un motif littéraire, qui ne correspond à aucune réalité personnelle.

Il a évoqué à plusieurs reprises, et avec une extrême sévérité, les cultes de son époque. Dans *Alexandre ou le faux prophète*, il s'en prend précisément à un disciple d'Apollonios de Tyane :

> Un de ces sorciers qui promettent formules magiques, incantations divines, succès en amour, évocations de créatures infernales contre les adversaires, découvertes de trésors, héritages. [...] Originaire de Tyane, il comptait parmi les très proches disciples d'Apollonios, de ceux qui connaissaient tous ses artifices de théâtre [52].

Ce mage eut lui-même pour disciple et amant un certain Alexandre qui, fort de l'enseignement de son maître, fonda un oracle à Abonouteichos, en Paphlagonie. Il prétendait être instruit par un serpent sacré, nommé Glycon, auquel il transmettait les questions des consultants.

> Il rendait donc des oracles et prophétisait, faisant à cette occasion preuve d'une grande intelligence, alliant la conjecture à la réflexion. Les réponses qu'il donnait aux questions étaient tantôt obliques et ambiguës, tantôt complètement incompréhensibles, car il jugeait que c'était là une caractéristique oraculaire. [...] Il amassait jusqu'à soixante-dix ou quatre-vingt mille drachmes par an, car dans leur insatiable curiosité, les hommes lui payaient dix à quinze oracles à la fois. [...] Déjà il envoyait même à l'étranger des émissaires pour répandre dans les différents pays la

---

51. *La Déesse de Syrie*, 60.
52. *Alexandre ou le faux prophète*, 5. Le texte parle de τραγῳδία (tragédie, mise en scène).

renommée de son oracle et raconter qu'il avait signalé à l'avance et retrouvé des esclaves en fuite, confondu des voleurs et des brigands, permis de déterrer des trésors, guéri des malades, et déjà même ressuscité quelques morts. On accourait donc, on se précipitait de toutes parts, on faisait des sacrifices et des offrandes, dont le prophète et disciple du dieu avait double part [53].

Le succès de l'oracle se doublait d'une immoralité totale, notamment dans le domaine sexuel.

Par de tels procédés, il ne cessait de mystifier les sots, de corrompre les femmes sans se gêner, de coucher avec des jeunes garçons. Chacun considérait comme un honneur, une aubaine, qu'il jetât les yeux sur leur épouse : s'il la jugeait digne, ne serait-ce que d'un baiser, chacun pensait que la bonne fortune affluerait en abondance sur sa maison. Beaucoup de femmes se vantaient même d'avoir eu un enfant de lui, et leurs maris juraient qu'elles disaient vrai [54].

Lucien déclare avoir eu personnellement affaire au personnage. Il s'était rendu à Abonouteichos, où il avait tourné le prétendu mage en dérision, allant jusqu'à le mordre au doigt quand celui-ci lui présentait son anneau à baiser. Alors qu'il naviguait en direction d'Amastris, autre ville de Paphlagonie, des hommes soudoyés par Alexandre voulurent le jeter à la mer, et il dut débarquer précipitamment à Aigialoi, sur la côte paphlagonienne [55]. L'épisode peut être daté avec précision de 165, en raison de la mention de L. Lollianus Avitus qui était alors gouverneur de Bithynie.

---

53. *Ibid.*, 22-24, *passim*.
54. *Ibid.*, 42.
55. *Ibid.*, 53-57.

Certes il faut se garder de prendre *Alexandre ou le faux prophète* au pied de la lettre. Marcel Caster a montré que beaucoup des accusations, notamment sexuelles, qui y sont formulées relèvent du lieu commun en matière d'invective [56], et que Lucien vise davantage l'effet littéraire que la vérité historique. Il est d'ailleurs très significatif que, lorsqu'il raconte le guet-apens qui a failli lui coûter la vie, Lucien se croie obligé de préciser que « le bon Homère fait mention » d'Aigialoi [57]. On voit à quel point la référence littéraire, le « parti pris livresque [58] » prime sur la réalité.

Cependant comme nous l'observions plus haut, la *mimésis* n'exclut pas forcément la sincérité, bien au contraire. On ne peut conclure de la présence dans l'ouvrage de citations et de références que les détails qui s'y trouvent décrits soient falsifiés. « Le littéraire n'est pas inévitablement ennemi du vrai [59]. »

En tout cas, même s'il est sûrement exagéré et tendancieux, le portrait d'Alexandre est dicté par une préoccupation constante chez Lucien : le rejet du mensonge et de l'imposture sous toutes ses formes.

Même inspiration pour le long développement qu'il consacre aux chrétiens dans *Sur la mort de Pérégrinos*. Il les présente comme des êtres naïfs, crédules, faciles à abuser.

> Pérégrinos a étudié l'admirable sagesse des chrétiens, en fréquentant leurs prêtres et leurs scribes en Palestine. Et que s'est-il passé ? En peu de temps, ces enfants l'ont considéré comme un prophète, un chef

---

56. M. CASTER, *Études sur* Alexandre ou le faux prophète *de Lucien*, Paris, 1938.
57. *Alexandre ou le faux prophète*, 57. Homère mentionne Aigialos (*Iliade*, II, 855) à propos des Paphlagoniens dans la liste des alliés des Troyens.
58. J. BOMPAIRE, *op. cit.*, p. 741-742.
59. B. P. REARDON, *op. cit.*, p. 180.

de thiase, un maître de synagogue, tout cela à lui seul.
[...] Ils le considéraient comme un dieu, faisaient de
lui un législateur et lui donnaient le titre de « seigneur », juste en-dessous, bien sûr, de celui qu'ils
continuent à adorer, l'homme qui a été crucifié en
Palestine pour avoir introduit dans le monde ces mystères nouveaux.

[...] Quand il était en prison, les chrétiens, y
voyant un malheur personnel, remuèrent ciel et terre
pour l'en arracher. [...] Dès l'aube, on pouvait voir
des veuves âgées et de petits orphelins attendre devant
la prison. Leurs notables, ayant soudoyé les gardiens,
dormaient même à l'intérieur, auprès de lui. Des
dîners raffinés lui étaient apportés ; ils récitaient leurs
textes sacrés, et il [...] était surnommé par eux le
« nouveau Socrate ».

[...] Ces malheureux sont absolument convaincus
qu'ils seront immortels et vivront éternellement : c'est
pourquoi ils méprisent la mort et la plupart se livrent
à elle volontairement. De plus, leur premier législateur
les a persuadés qu'ils sont tous frères, une fois que,
violant la loi, ils ont rejeté les dieux grecs pour se
prosterner devant leur fameux sophiste crucifié et
vivre selon ses préceptes. Ils méprisent donc tous les
biens sans distinction, et considèrent qu'ils appar-
tiennent à tous : ils acceptent de telles doctrines sans
la moindre preuve sérieuse. Dans ces conditions, si se
présente à eux un charlatan, un fourbe, capable
d'exploiter la situation, celui-ci fait rapidement fortune en se jouant de ces pauvres gens [60].

Même attitude critique devant les excès mystiques
auxquels se livrent certains philosophes de son temps.
Ainsi le cynique Pérégrinos, qui se fait brûler vif sur un
bûcher pour imiter Héraclès*, ne suscite chez notre
auteur que railleries.

---

60. *Sur la mort de Pérégrinos*, 11-13, *passim*.

Qu'aurait fait Démocrite, à ton avis, s'il avait vu cela ? Il aurait ri du personnage, comme celui-ci le méritait. Mais comment aurait-il pu émettre un rire assez fort ? Ris donc toi aussi, mon ami, surtout quand tu entendras les autres admirer l'individu [61].

L'« athéisme » de Lucien ?

Les critiques de Lucien n'épargnent pas la mythologie traditionnelle. Dans le début de *Sur les sacrifices,* il souligne l'absurdité des légendes qui prêtent aux dieux les sentiments des hommes ou des comportements totalement invraisemblables. « La satire religieuse de Lucien est d'abord une attaque contre les bouffonneries de l'Olympe [62]. »

Plus largement, il s'en prend au principe même du culte religieux. Le Cyniscos de *Zeus confondu* démontre que si tout est déterminé par la Providence, ou la Nécessité, il ne sert à rien d'adresser des prières aux dieux, ni d'ailleurs à la Nécessité, puisque tout est écrit d'avance et que « même les Moires* ne peuvent plus, je crois, modifier et transformer quoi que ce soit de ce qu'elles ont décidé à l'origine pour chacun [63] ».

Et surtout, Cyniscos reproche à Zeus l'injustice et le mal qui règnent dans le monde, « les méchants et les ambitieux qui prospèrent, tandis que les hommes de bien sont en butte à tous les maux, écrasés par la pauvreté, des maladies et d'innombrables souffrances [64] ». Même constat dans la bouche de Damis dans *Zeus tragédien* : « S'il y avait aux commandes un pilote qui voyait et organisait toute chose, il n'aurait pas ignoré

---

61. *Ibid.*, 45.
62. J. BOMPAIRE, *op. cit.*, p. 492.
63. *Zeus confondu*, 11.
64. *Ibid.*, 17.

lesquels des passagers sont bons et lesquels méchants [65]. »

Devant de telles injustices, impossible pour Lucien de croire à une providence, ni à l'existence de dieux bienveillants pour l'humanité. Il semble afficher une totale incrédulité en matière religieuse. Lactance dit de lui qu'« il n'a épargné ni les dieux ni les hommes [66] ». Cette position irrévérencieuse et son mépris des superstitions lui ont valu d'être souvent rapproché de Voltaire [67], lequel le connaissait d'ailleurs et l'admirait, puisqu'il a composé, sur le modèle des *Dialogues des morts,* un texte dans lequel il le fait s'entretenir aux Champs-Élysées avec Érasme et Rabelais. Renan écrit à propos de Lucien : « Il fut la première apparition de cette forme de génie humain dont Voltaire a été la complète incarnation et qui, à beaucoup d'égards, est la vérité. L'homme étant incapable de résoudre sérieusement aucun des problèmes métaphysiques qu'il a l'imprudence de soulever, que doit faire le sage au milieu de la guerre des religions et des systèmes ? S'abstenir, sourire, prêcher la tolérance [68]. » Dans un petit recueil destiné aux lycéens, Marcel Caster revient sur ce rapprochement avec Voltaire. « Cette incrédulité, cet esprit satirique l'ont souvent fait comparer à Voltaire – comparaison qu'il ne faut pas pousser trop loin (Voltaire est plus grand), mais qui peut servir à le mieux comprendre [69]. »

---

65. *Zeus tragédien*, 49.

66. LACTANCE, *Institutions divines*, I, IX, VIII.

67. J. BOMPAIRE, *op. cit.*, p. 499, n. 2, donne une liste d'études qui font ce rapprochement : par exemple EGGER, *De Lucien et de Voltaire, Mémoire de littérature ancienne*, 1862 ; J. W. HEWITT, *A Second Century Voltaire, Classical Journal*, 1924-5.

68. E. RENAN, *Histoire des origines du christianisme, livre VII Marc Aurèle*, rééd. Paris, 1995, p. 947.

69. M. CASTER, *Les Œuvres de Lucien*, Paris, 1941, p. 4.

De telles lectures ont vieilli : il ne nous viendrait plus à l'esprit de parler de « génie humain » ou d'affirmer que tel auteur est « plus grand » que tel autre. Et les propos irréligieux de Lucien sont sans doute beaucoup moins hardis et novateurs qu'il n'y paraît. Marcel Caster lui-même a montré que beaucoup de ses attaques étaient influencées par des modèles livresques [70]. Reprenant et poursuivant cette analyse, Jacques Bompaire déclare que Lucien a puisé des développements tout faits dans des « recueils d'histoires qui traînent un peu partout, ramassis de lieux communs, d'origine essentiellement épicurienne, qui au-delà du Περὶ εὐσεβείας de Philodème, véritable somme de ces thèmes, remontent au courant incrédule de Xénophane et Diagoras de Mélos [71] ». D'autres passages lui semblent influencés par « les *topoi* antireligieux de la diatribe cynique [72] ». Il conclut sévèrement : « Il a été dans l'ensemble de sa "lutte" antireligieuse fort peu observateur, assez peu inventif, nullement audacieux [73]. »

Marcel Caster et Jacques Bompaire soulignent également que les propos de Lucien sur les dieux sont souvent anachroniques. Quand, dans l'*Assemblée des dieux,* Momos s'en prend aux « intrus » qui ont envahi l'Olympe, Dionysos*, Asclépios*, Héraclès*..., « il s'agit là de scandaleuses nouveautés qui ont bien cinq siècles et pouvaient avec plus de raison exciter la verve d'Aristophane [74] ». Quand il se moque des dieux égyptiens ou plaisante sur Zeus Ammon, Lucien reprend un « vieux thème comique [75] ». En revanche, il ne fait

---

70. M. CASTER, *Lucien et la pensée religieuse de son temps*, Paris, 1937.

71. J. BOMPAIRE, *op. cit.*, p. 492.

72. *Ibid.*, p. 497.

73. *Ibid.*, p. 499.

74. *Ibid.*, p. 495.

75. *Ibid.*

aucune mention de Sarapis, si important au IIe siècle, ni du culte des démons ; on ne trouve qu'une ou deux allusions à Mithra*.

Retour aux dieux de la mythologie traditionnelle

Alors que le panthéon olympien était depuis long-temps tombé en désuétude [76], Lucien se plaît à le faire revivre. C'est le même mouvement qui le pousse à situer ses dialogues philosophiques dans une Athènes imagi-naire, à jamais démocratique, dont les hauts lieux obli-gés de la culture classique – l'Acropole, le Parthénon, l'Aréopage, le Pélasgique, l'Académie, le Lycée, le Pécile, le Céramique, sans oublier le Pirée et l'ombre des oliviers – sont mentionnés avec une « scrupuleuse orthodoxie [77] ». Ce cadre, nous avons l'impression de le connaître depuis toujours. Comme chez Alciphron, avec qui il a de nombreux points communs, « ce sol de l'Attique, maigre et sec, cette ville à jamais démocra-tique, ces philosophes au teint blême, à la barbe hirsute et au bavardage interminable nous sont familiers jusqu'à l'agacement [78] ». On pourrait parler de clichés s'il ne s'agissait plutôt de la quête d'un univers préservé sur lequel l'histoire n'aurait aucune prise. Cette Athènes fortement idéalisée représente « un espace-temps mythique, une sorte de musée [79] » où se réfugier.

Voilà pourquoi Lucien se tourne vers la mythologie classique, qui lui permet de faire revivre les légendes du passé, qu'il a lues chez Homère ou Hésiode. Il est bien évident que Lucien ne croit pas aux dieux tels qu'il les met en scène dans *Zeus tragédien*, le *Jugement des déesses*, l'*Assemblée des dieux*, les *Dialogues marins* et

---

76. B. P. REARDON, *op. cit.*, p. 21.

77. J. BOMPAIRE, *op. cit.*, p. 225

78. A.-M. OZANAM, *Alciphron, Lettres de pêcheurs, de paysans, de parasites et d'hétaïres*, Paris, 1999, p. 13.

79. *Ibid.*, p. 29.

les *Dialogues des dieux.* Des dieux amoureux, jaloux, farceurs, poltrons, querelleurs, vantards, menteurs – bref humains, trop humains. Mais on a l'impression qu'il aimerait bien qu'ils existent...

Cette approche souriante, burlesque, de la mythologie vient de toute une tradition littéraire qui remonte à Homère. À la fin du chant I de l'*Iliade,* les dieux éclatent de rire en voyant Héphaïstos* leur servir d'échanson, et accomplir en boitant l'office d'Hébé ou de Ganymède*[80]. La ruse d'Héra*, poussant Zeus* à lui faire l'amour pour qu'il s'endorme et cesse de protéger les Troyens[81], et la colère du dieu abusé qui rappelle à son épouse qu'il l'a un jour suspendue dans les airs en attachant deux enclumes à ses pieds[82] sont autant de motifs comiques. Dans les *Grenouilles,* Aristophane fait des portraits hauts en couleur de Dionysos*, d'Héraclès*, de Charon et d'Éaque.

Lucien s'inscrit avec bonheur dans cette tradition. Les petits dialogues qui mettent les dieux en scène sont pleins d'une drôlerie stimulante, qu'on retrouve même dans les *Dialogues des morts,* dont le sujet pourrait avoir quelque chose de sinistre. Quand il nous montre Hermès* en train de faire ses comptes avec Charon[83], ou de se faire gronder parce qu'il arrive en retard[84], c'est un monde rassurant qu'il met en place : paradoxalement, alors même qu'il parle de la mort, sa verve créatrice propose une puissante leçon de vie.

80. *Iliade,* I, 595-600.
81. *Ibid.*, XIV, 161 sq.
82. *Ibid.*, XV, 18 sq.
83. *Dialogues des morts,* 14 (4).
84. *La Traversée pour les Enfers ou le Tyran,* 1-3.

LUCIEN

DANS LES SECRETS DES DIEUX

I. Introduction à *Zeus confondu*

Ce dialogue porte le n° 43 dans la vulgate et occupe la 20ᵉ place dans le corpus du Vatic. Γ. On le classe en général parmi les ouvrages de la « maturité » de Lucien.

Dans ce texte très enlevé, Cyniscos oblige Zeus* à reconnaître qu'il est soumis comme les hommes à la Destinée. Or cet aveu, consenti par le dieu sans méfiance, entraîne la remise en question de toute la religion. En effet, si tout est écrit d'avance, prières et sacrifices sont inutiles. La divination ne sert à rien, elle non plus, si l'on ne peut modifier l'avenir. L'injustice règne dans le monde et rend improbable l'existence de la moindre Providence. Quant aux coupables, ils ne le sont pas vraiment, puisqu'ils ne font qu'obéir à la Destinée qui a voulu qu'ils commettent le mal. Le pauvre Zeus* ne peut que battre en retraite piteusement, en répétant pour toute défense : « Il ne t'est pas permis de tout savoir. »

Le nom de Cyniscos peut désigner soit un chiot soit un poisson, le chien de mer. Il fait de toute évidence référence au cynisme, puisque on a très vite rapproché de κύων, le chien, le nom de cette école, qui venait en fait du gymnase du Cynosarge [1]. Mais le diminutif apporte une nuance intéressante : il ne s'agit pas des cyniques arrogants, dont Lucien se moque abondamment tout au

---

1. Voir note 27 de l'Introduction.

long de son œuvre[2], mais d'un apprenti qui garde quelque chose de juvénile et d'inachevé.

Le personnage est présent dans le dialogue qui le précède immédiatement dans le *corpus* du *Vatic. Γ, La Traversée pour les Enfers ou le Tyran*. Alors que tous les morts qui montent dans l'embarcation de Charon se lamentent, Cyniscos garde sa sérénité.

> CYNISCOS : Il y a longtemps que je suis à tes côtés, excellente Clotho. Quelle faute ai-je commise pour que tu me laisses si longtemps là-haut ? Tu as enroulé pour moi presque tout le fuseau. Et pourtant j'ai souvent tenté de couper le fil pour venir, mais je ne sais pourquoi, il ne pouvait se rompre.
>
> CLOTHO : Je te laissais pour être l'éphore[3] et le médecin des erreurs humaines[4].

Un peu plus tard, il se présente à Charon.

> Charon, il est bon qu'à présent je te dise la vérité. Je ne saurais te donner l'obole après la traversée. Car je n'ai rien de plus que la besace que tu vois et le bâton que voici. Mais si tu veux qu'on écope, je suis disponible, et aussi pour me mettre à la rame. Tu n'auras rien à me reprocher pour peu que tu me donnes une rame maniable et solide[5].

Si le personnage tient beaucoup, on le voit, du Ménippe qui sert souvent de porte-parole à Lucien, il garde des faiblesses. Ainsi, quand il est jugé par Rhadamanthe, son âme n'est pas entièrement exempte des

---

2. Voir *Sur la mort de Pérégrinos, Le Banquet ou les Lapithes*, 16, les *Vies à vendre*, 7-11.

3. Nom des magistrats de Sparte. Littéralement : le surveillant.

4. *La Traversée pour les Enfers ou le Tyran*, 7.

5. *Ibid.*, 19.

taches, dont parle Platon dans le *Gorgias,* lesquelles sont les traces des fautes passées.

> RHADAMANTHE : Pour chaque méfait commis par l'un d'entre vous de son vivant, vous portez des marques imperceptibles sur l'âme.
>
> CYNISCOS : Voilà, je suis tout nu devant toi. Cherche donc ces marques dont tu parles.
>
> RHADAMANTHE : Cet homme est dans l'ensemble pur, à l'exception de ces trois ou quatre marques vraiment indistinctes et incertaines. Cependant que vois-je ? Des traces et des signes de brûlures en grand nombre, effacées ou plutôt excisées, je ne sais comment. Comment cela se fait-il, Cyniscos ? Par quel moyen apparais-tu pur de nouveau ?
>
> CYNISCOS : Je vais t'expliquer. Jadis j'ai été mauvais par manque d'instruction et j'y ai gagné de nombreuses marques. Mais dès que j'ai commencé à pratiquer la philosophie, j'ai nettoyé progressivement mon âme de toutes ses souillures [6].

Le portrait du Cyniscos de *Zeus confondu* est moins fouillé. C'est avant tout un sophiste retors, qui accule habilement le dieu dans des apories dont il ne parvient pas à se dégager. La suffisance naïve de Zeus*, qui l'empêche de comprendre la gravité des concessions qu'il fait peu à peu, produit un effet comique. Cependant, par-delà le jeu sophistique et certains lieux communs rhétoriques, cette réflexion sur les rapports entre providence et liberté ne manque pas d'une certaine ambition philosophique qui l'a fait parfois rapprocher de l'*Hermotimos* [7].

---

6. *Ibid.*, 24.
7. J. BOMPAIRE, édition de la C.U.F., t. II, p. 303.

I. ZEUS CONFONDU

ΖΕΥΣ ΕΛΕΓΧΟΜΕΝΟΣ

1 ΚΥΝΙΣΚΟΣ Ἐγὼ δέ, ὦ Ζεῦ, τὰ μὲν τοιαῦτα οὐκ ἐνοχλήσω σε πλοῦτον ἢ χρυσὸν ἢ βασιλείαν αἰτῶν, ἅπερ εὐκταιότατα τοῖς πολλοῖς, σοὶ δ᾽ οὐ πάνυ ῥᾴδια παρασχεῖν· ὁρῶ γοῦν σε τὰ πολλὰ παρακούοντα εὐχομένων αὐτῶν. Ἓν δέ, καὶ τοῦτο ῥᾷστον, ἐβουλόμην παρὰ σοῦ μοι γενέσθαι.

ΖΕΥΣ Τί τοῦτό ἐστιν, ὦ Κυνίσκε ; Οὐ γὰρ ἀτυχήσεις, καὶ μάλιστα μετρίων, ὡς ἔφης, δεόμενος.

ΚΥΝΙΣΚΟΣ Ἀπόκριναί μοι πρός τινα οὐ χαλεπὴν ἐρώτησιν.

ΖΕΥΣ Μικρά γε ὡς ἀληθῶς ἡ εὐχὴ καὶ πρόχειρος · ὥστε ἐρώτα ὁπόσα ἂν θέλῃς.

ΚΥΝΙΣΚΟΣ Ἰδοὺ ταῦτα, ὦ Ζεῦ· ἀνέγνως γὰρ δῆλον ὅτι καὶ σὺ τὰ Ὁμήρου καὶ Ἡσιόδου ποιήματα· εἰπὲ οὖν μοι εἰ ἀληθῆ ἐστιν ἃ περὶ τῆς Εἱμαρμένης καὶ τῶν Μοιρῶν ἐκεῖνοι ἐρραψῳδήκασιν, ἄφυκτα εἶναι ὁπόσα ἂν αὗται ἐπινήσωσιν γεινομένῳ ἑκάστῳ ;

ΖΕΥΣ Καὶ πάνυ ἀληθῆ ταῦτα· οὐδὲν γάρ ἐστιν ὅ τι μὴ αἱ Μοῖραι διατάττουσιν, ἀλλὰ πάντα ὁπόσα γίνεται, ὑπὸ τῷ τούτων ἀτράκτῳ στρεφόμενα εὐθὺς ἐξ ἀρχῆς ἕκαστον ἐπικεκλωσμένην ἔχει τὴν ἀπόβασιν, καὶ οὐ θέμις ἄλλως γενέσθαι.

ZEUS CONFONDU

1. CYNISCOS – Pour moi, Zeus*, je ne t'importunerai pas en te demandant des biens comme la richesse, l'or ou la royauté. C'est ce que les gens désirent le plus et il ne t'est vraiment pas facile de le leur donner : je constate en tout cas que le plus souvent tu fais semblant de ne pas entendre leurs prières. Mais il y a une seule chose, et celle-là très facile à accorder, que je voudrais obtenir de toi.

ZEUS – De quoi s'agit-il, Cyniscos ? Tu n'essuieras pas de refus, surtout si, comme tu viens de le dire, ta demande est très modeste.

CYNISCOS – Réponds à une question que je te poserai : elle n'est pas difficile.

ZEUS – Cette prière est vraiment minime et facile à exaucer. Pose-moi donc toutes les questions que tu voudras.

CYNISCOS – Alors voici, Zeus*. Tu as évidemment lu, toi aussi, les poèmes d'Homère et d'Hésiode. Dis-moi donc si ce qu'ils disent dans leurs rhapsodies à propos de la Destinée et des Moires* est vrai. Est-il impossible d'échapper à ce qu'elles ont filé pour chacun à sa naissance [8] ?

ZEUS – C'est parfaitement vrai. Il n'y a rien qui ne soit ordonné par les Moires* : tous les événements, enroulés sur leur fuseau, ont chacun leur issue qui a été filée dès le début. Il n'est pas permis qu'il en soit autrement.

---

8. Cette idée est exprimée à de nombreuses reprises dans l'*Iliade* (par exemple IV, 517 ; XX, 127 ; XXIV, 49).

2 ΚΥΝΙΣΚΟΣ Οὐκοῦν ὁπόταν ὁ αὐτὸς Ὅμηρος ἐν ἑτέρῳ μέρει τῆς ποιήσεως λέγῃ

μὴ καὶ ὑπὲρ μοῖραν δόμον Ἄϊδος,

καὶ τὰ τοιαῦτα, ληρεῖν δηλαδὴ φήσομεν τότε αὐτόν ;

ΖΕΥΣ Καὶ μάλα· οὐδὲν γὰρ οὕτω γένοιτ᾿ ἂν ἔξω τοῦ νόμου τῶν Μοιρῶν, οὐδὲ ὑπὲρ τὸ λίνον. Οἱ ποιηταὶ δὲ ὁπόσα μὲν ἂν ἐκ τῶν Μουσῶν κατεχόμενοι ᾄδωσιν, ἀληθῆ ταῦτά ἐστιν · ὁπόταν δὲ ἀφῶσιν αὐτοὺς αἱ θεαὶ καὶ καθ᾿ αὐτοὺς ποιῶσι, τότε δὴ καὶ σφάλλονται καὶ ὑπεναντία τοῖς πρότερον διεξέρχονται· καὶ συγγνώμη, εἰ ἄνθρωποι ὄντες ἀγνοοῦσι τἀληθές, ἀπελθόντος ἐκείνου ὃ τέως παρὸν ἐρραψῴδει δι᾿ αὐτῶν.

ΚΥΝΙΣΚΟΣ Ἀλλὰ τοῦτο μὲν οὕτω φήσομεν. Ἔτι δὲ κἀκεῖνό μοι ἀπόκριναι· οὐ τρεῖς αἱ Μοῖραί εἰσι, Κλωθὼ καὶ Λάχεσις, οἶμαι, καὶ Ἄτροπος ;

ΖΕΥΣ Πάνυ μὲν οὖν.

3 ΚΥΝΙΣΚΟΣ Ἡ Εἱμαρμένη τοίνυν καὶ ἡ Τύχη (πολυθρύλητοι γὰρ πάνυ καὶ αὗται) τίνες εἰσὶν ἢ τί δύναται αὐτῶν ἑκατέρα ; Πότερον τὰ ἴσα ταῖς Μοίραις ἤ τι καὶ ὑπὲρ ἐκείνας ; Ἀκούω γοῦν ἁπάντων λεγόντων, μηδὲν εἶναι Τύχης καὶ Εἱμαρμένης δυνατώτερον.

ΖΕΥΣ Οὐ θέμις ἅπαντά σε εἰδέναι, ὦ Κυνίσκε· τίνος δ᾿ οὖν ἕνεκα ἠρώτησας τὸ περὶ τῶν Μοιρῶν ;

4 ΚΥΝΙΣΚΟΣ Ἢν πρότερόν μοι, ὦ Ζεῦ, κἀκεῖνο εἴπῃς, εἰ καὶ ὑμῶν αὗται ἄρχουσιν καὶ ἀνάγκη ὑμῖν ἠρτῆσθαι ἀπὸ τοῦ λίνου αὐτῶν.

ΖΕΥΣ Ἀνάγκη, ὦ Κυνίσκε. Τί δ᾿ οὖν ἐμειδίασας ;

2. CYNISCOS – Par conséquent, quand le même Homère dit dans une autre partie de son poème :

Ne gagne pas l'Hadès en méprisant la Moire*

et d'autres propos du même genre, nous considérerons évidemment qu'alors il déraisonne ?

ZEUS – Tout à fait. Rien ne pourrait arriver ainsi, en dehors de la loi des Moires*, en méprisant leur fil. Tout ce que les poètes chantent quand ils sont possédés par les Muses* est vrai. Mais lorsque les déesses les abandonnent et qu'ils créent par eux-mêmes, alors ils font des erreurs et contredisent leurs propos précédents. Il faut leur pardonner, étant des hommes, d'ignorer la vérité une fois que le dieu les a quittés, lui qui chantait la rhapsodie à travers eux tant qu'il était présent [9].

CYNISCOS – Eh bien, nous admettrons qu'il en est ainsi. Réponds encore à ma question suivante. Les Moires* ne sont-elles pas trois, Clotho*, Lachésis*, je crois, et Atropos* ?

ZEUS – Tout à fait.

3. CYNISCOS – Alors, qui sont la Destinée et la Fortune (on parle beaucoup aussi de celles-là) ? Et quel est leur pouvoir à chacune ? Est-il égal à celui des Moires* ou un peu supérieur ? En tout cas, j'entends tout le monde dire que rien n'est plus puissant que la Fortune et la Destinée.

ZEUS – Il ne t'est pas permis de tout savoir, Cyniscos. Et pourquoi m'as-tu posé cette question sur les Moires* ?

4. CYNISCOS – Je te le dirai, Zeus*, si tu réponds d'abord à la question suivante. Vous commandent-elles à vous aussi ? Êtes-vous obligatoirement suspendus à leur fil ?

ZEUS – Obligatoirement, Cyniscos. Pourquoi donc as-tu souri ?

---

9. Cette idée que le dieu parle à travers le poète est un souvenir de l'*Ion* de Platon.

ΚΥΝΙΣΚΟΣ Ἀνεμνήσθην ἐκείνων τῶν Ὁμήρου ἐπῶν, ἐν οἷς πεποίησαι αὐτῷ ἐν τῇ ἐκκλησίᾳ τῶν θεῶν δημηγορῶν, ὁπότε ἠπείλεις αὐτοῖς ὡς ἀπὸ σειρᾶς τινος χρυσῆς ἀναρτησόμενος τὰ πάντα· ἔφησθα γὰρ αὐτὸς μὲν τὴν σειρὰν καθήσειν ἐξ οὐρανοῦ, τοὺς θεοὺς δὲ ἅπαντας, εἰ βούλοιντο, ἐκκρεμαννυμένους κατασπᾶν βιάσεσθαι, οὐ μὴν κατασπάσειν γε, σὲ δέ, ὁπόταν ἐθελήσῃς, ῥᾳδίως ἅπαντας

αὐτῇ κεν γαίῃ ἐρύσαι αὐτῇ τε θαλάσσῃ.

Τότε μὲν οὖν θαυμάσιος ἐδόκεις μοι τὴν βίαν καὶ ὑπέφριττον μεταξὺ ἀκούων τῶν ἐπῶν· νῦν δὲ αὐτόν σε ἤδη ὁρῶ μετὰ τῆς σειρᾶς καὶ τῶν ἀπειλῶν ἀπὸ λεπτοῦ νήματος, ὡς φῄς, κρεμάμενον. Δοκεῖ γοῦν μοι δικαιότερον ἂν ἡ Κλωθὼ μεγαλαυχήσασθαι, ὡς καὶ αὐτόν σε ἀνασπαστὸν αἰωροῦσα ἐκ τοῦ ἀτράκτου καθάπερ οἱ ἁλιεῖς ἐκ τοῦ καλάμου τὰ ἰχθύδια.

5 ΖΕΥΣ Οὐκ οἶδ᾽ ὅ τι σοι ταυτὶ βούλεται τὰ ἐρωτήματα.

ΚΥΝΙΣΚΟΣ Ἐκεῖνο, ὦ Ζεῦ· καὶ πρὸς τῶν Μοιρῶν καὶ τῆς Εἱμαρμένης μὴ τραχέως μηδὲ πρὸς ὀργὴν ἀκούσῃς ἐμοῦ τἀληθῆ μετὰ παρρησίας λέγοντος. Εἰ γὰρ οὕτως ἔχει ταῦτα καὶ πάντων αἱ Μοῖραι κρατοῦσιν καὶ οὐδὲν ἂν ὑπ᾽ οὐδενὸς ἔτι ἀλλαγείη τῶν ἅπαξ δοξάντων αὐταῖς, τίνος ἕνεκα ὑμῖν οἱ ἄνθρωποι θύομεν καὶ ἑκατόμβας προσάγομεν εὐχόμενοι γενέσθαι ἡμῖν παρ᾽ ὑμῶν τἀγαθά ; Οὐχ ὁρῶ γὰρ ὅ τι ἂν ἀπο-

CYNISCOS – C'est que je me suis rappelé les vers d'Homère où il t'a représenté haranguant l'assemblée des dieux, quand tu les menaçais de suspendre l'univers à une chaîne d'or. Tu disais que tu ferais descendre cette chaîne depuis le ciel et que, s'ils le voulaient, les dieux tous ensemble pourraient s'y suspendre et essayer de la tirer vers le bas : ils n'y parviendraient pas. Tandis que toi, si tu le voulais, sans difficulté, tu pourrais tous

Les soulever avec la terre, avec la mer [10].

Tu me paraissais alors doté d'une force admirable, et je frissonnais en écoutant ces vers. Mais maintenant je te vois toi aussi, avec ta chaîne et tes menaces, suspendu, comme tu dis, à un fil ténu. Il me semble donc que Clotho aurait plus que toi le droit de se vanter, puisqu'elle te tire et te soulève au bout de son fuseau, comme le font les pêcheurs des petits poissons au bout de leur canne.

5. ZEUS – Je ne sais où tu veux en venir avec ces questions.

CYNISCOS – À ceci, Zeus*. Et, je t'en prie par les Moires et la Destinée, écoute-moi, sans t'irriter ni te mettre en colère, te dire la vérité avec franchise. Si les choses sont telles, si les Moires commandent tout, et si rien de ce qu'elles ont décidé une fois pour toutes ne peut plus être modifié par personne, alors, nous les hommes, quelle raison avons-nous de vous offrir des sacrifices, et de vous présenter des hécatombes, en vous priant de nous accorder des bienfaits ? Je ne vois pas quel profit nous pourrions retirer de ces soins, si nos

---

10. Dans l'*Iliade*, VIII, 19-27, Zeus* menace ainsi les dieux : « À une chaîne d'or suspendue au ciel, attachez-vous tous, dieux, vous toutes, déesses : vous ne sauriez tirer au sol Zeus*, le sage suprême, malgré tous vos efforts. Mais si moi, je veux tirer : avec la terre, avec la mer, je vous tirerais, et je fixerais ensuite la chaîne autour du sommet de l'Olympe, et tout serait suspendu dans les airs. Tant je suis au-dessus des dieux, au-dessus des humains. »

λαύσαιμεν τῆς ἐπιμελείας ταύτης, εἰ μήτε τῶν φαύλων ἀπο-
τροπὰς εὑρέσθαι δυνατὸν ἡμῖν ἐκ τῶν εὐχῶν μήτε ἀγαθοῦ
τινος θεοσδότου ἐπιτυχεῖν.

6. ΖΕΥΣ Οἶδα ὅθεν σοι τὰ κομψὰ ταῦτα ἐρωτήματά
ἐστιν, παρὰ τῶν καταράτων σοφιστῶν, οἳ μηδὲ προνοεῖν
ἡμᾶς τῶν ἀνθρώπων φασίν· ἐκεῖνοι γοῦν τὰ τοιαῦτα
ἐρωτῶσιν ὑπ' ἀσεβείας, ἀποτρέποντες καὶ τοὺς ἄλλους
θύειν καὶ εὔχεσθαι ὡς εἰκαῖον ὄν· ἡμᾶς γὰρ οὔτε
ἐπιμελεῖσθαι τῶν πραττομένων παρ' ὑμῖν οὔθ' ὅλως τι
δύνασθαι πρὸς τὰ ἐν τῇ γῇ πράγματα. Πλὴν οὐ χαιρήσουσί
γε τὰ τοιαῦτα διεξιόντες.

ΚΥΝΙΣΚΟΣ Οὐ μὰ τὸν τῆς Κλωθοῦς ἄτρακτον, ὦ Ζεῦ,
οὐχ ὑπ' ἐκείνων ἀναπεισθεὶς ταῦτά σε ἠρώτησα, ὁ δὲ λόγος
αὐτὸς οὐκ οἶδ' ὅπως ἡμῖν προϊὼν εἰς τοῦτο ἀπέβη, περιττὰς
εἶναι τὰς θυσίας. Αὖθις δ', εἰ δοκεῖ, διὰ βραχέων ἐρήσομαί
σε, σὺ δὲ μὴ ὀκνήσῃς ἀποκρίνασθαι, καὶ ὅπως ἀσφαλέστε-
ρον ἀποκρινῇ.

ΖΕΥΣ Ἐρώτα, εἴ σοι σχολὴ τὰ τοιαῦτα ληρεῖν.

7 ΚΥΝΙΣΚΟΣ Πάντα φῂς ἐκ τῶν Μοιρῶν γίγνεσθαι ;

ΖΕΥΣ Φημὶ γάρ.

ΚΥΝΙΣΚΟΣ Ὑμῖν δὲ δυνατὸν ἀλλάττειν ταῦτα καὶ
ἀνακλώθειν ;

ΖΕΥΣ Οὐδαμῶς.

ΚΥΝΙΣΚΟΣ Βούλει οὖν ἐπαγάγω καὶ τὸ μετὰ τοῦτο, ἢ
δῆλον, κἂν μὴ εἴπω αὐτό ;

ΖΕΥΣ Δῆλον μέν. Οἱ δέ γε θύοντες οὐ τῆς χρείας ἕνεκα
θύουσιν, ἀντίδοσίν τινα ποιούμενοι καὶ ὥσπερ ὠνούμενοι τὰ
ἀγαθὰ παρ' ἡμῶν, ἀλλὰ τιμῶντες ἄλλως τὸ βέλτιον.

ΚΥΝΙΣΚΟΣ Ἱκανὸν καὶ τοῦτο, εἰ καὶ σὺ φῂς ἐπὶ μηδενὶ
χρησίμῳ γίγνεσθαι τὰς θυσίας, χρηστότητι δέ τινι τῶν
ἀνθρώπων τιμώντων τὸ βέλτιον. Καίτοι εἴ τις τῶν
σοφιστῶν ἐκείνων παρῆν, ἤρετο ἄν σε καθ' ὅ τι βελτίους

prières ne nous permettent pas d'écarter les malheurs ou d'obtenir quelque bienfait envoyé par les dieux.

6. ZEUS – Je sais où tu es allé chercher ces questions subtiles : chez ces maudits sophistes qui vont jusqu'à prétendre que nous ne nous soucions pas des hommes. Ces gens-là posent ce genre de questions, par impiété, pour détourner aussi les autres de nous offrir des sacrifices et des prières. Ils prétendent que c'est absurde, car nous ne veillons pas sur ce qui se passe chez vous, et nous n'avons absolument aucun pouvoir sur les affaires terrestres. Mais ils se repentiront de tenir de tels propos.

CYNISCOS – Non, Zeus*, je le jure par le fuseau de Clotho*, ce ne sont pas eux qui m'ont persuadé de te poser ces questions. C'est le cours de notre entretien lui-même qui, je ne sais comment, a abouti à cette conclusion que les sacrifices étaient inutiles. Mais je vais te poser encore une fois, si tu veux bien, des questions courtes. Toi, réponds sans te troubler, et veille à le faire de façon plus solide.

ZEUS – Interroge, si tu as du temps à perdre à ce genre de choses.

7. CYNISCOS – Tu dis que tous les événements dépendent des Moires* ?

ZEUS – Oui.

CYNISCOS – Vous est-il possible de les changer et de défaire ce qui a été filé ?

ZEUS – En aucune façon.

CYNISCOS – Veux-tu donc que j'en tire aussi la conclusion ? Ou est-elle évidente, même si je ne la dis pas ?

ZEUS – Elle est évidente. Mais ceux qui offrent des sacrifices ne le font pas par besoin. Il ne s'agit pas d'un marchandage, comme s'ils nous achetaient nos bienfaits ; ils veulent seulement honorer ce qui leur est supérieur.

CYNISCOS – Il suffit : tu admets donc toi aussi que les sacrifices ne servent à rien, et que c'est par une sorte de bonté que les hommes honorent ce qui leur est supérieur. Mais si l'un des sophistes dont tu parlais était ici,

φῆς τοὺς θεούς, καὶ ταῦτα ὁμοδούλους τῶν ἀνθρώπων ὄντας καὶ ὑπὸ ταῖς αὐταῖς δεσποίναις ταῖς Μοίραις ταττομένους. Οὐ γὰρ ἀποχρήσει αὐτοῖς τὸ ἀθανάτους εἶναι, ὡς δι᾽ αὐτὸ ἀμείνους δοκεῖν· ἐπεὶ τοῦτό γε μακρῷ χεῖρόν ἐστιν, εἴ γε τοὺς μὲν εἰ μηδὲν ἄλλο, θάνατός γε εἰς ἐλευθερίαν ἀφείλετο, ὑμῖν δὲ εἰς ἄπειρον ἐκπίπτει τὸ πρᾶγμα καὶ ἀίδιος ἡ δουλεία γίνεται ὑπὸ μακρῷ τῷ λίνῳ στρεφομένη.

8 ΖΕΥΣ Ἀλλ᾽, ὦ Κυνίσκε, τὸ ἀίδιον τοῦτο καὶ ἄπειρον εὔδαιμον ἡμῖν ἐστιν καὶ ἐν ἅπασιν ἀγαθοῖς ἡμεῖς βιοῦμεν.

ΚΥΝΙΣΚΟΣ Οὐχ ἅπαντες, ὦ Ζεῦ, ἀλλὰ διώρισται καὶ παρ᾽ ὑμῖν τὸ πρᾶγμα καὶ πολλὴ ταραχὴ ἔνεστι· σὺ μὲν γὰρ εὐδαίμων, βασιλεὺς γάρ, καὶ δύνασαι ἀνασπᾶν τὴν γῆν καὶ τὴν θάλασσαν ὥσπερ ἱμονιὰν καθείς· ὁ δὲ Ἥφαιστος χωλός ἐστιν, βάναυσός τις καὶ πυρίτης τὴν τέχνη· ὁ Προμηθεὺς δὲ καὶ ἀνεσκολοπίσθη ποτέ. Τὸν γὰρ πατέρα σου τί ἂν λέγοιμι, πεδήτην ἔτι ἐν τῷ Ταρτάρῳ ὄντα ; Καὶ ἐρᾶν δὲ ὑμᾶς φασι καὶ τιτρώσκεσθαι καὶ δουλεύειν ἐνίοτε παρὰ τοῖς ἀνθρώποις, ὥσπερ ἀμέλει καὶ τὸν σὸν ἀδελφὸν παρὰ Λαομέδοντι καὶ παρὰ Ἀδμήτῳ τὸν Ἀπόλλω. Ταῦτα δέ μοι οὐ πάνυ εὐδαίμονα εἶναι δοκεῖ, ἀλλ᾽ ἐοίκασιν ὑμῶν οἱ μέν τινες εὐτυχεῖς τε καὶ εὔμοιροι εἶναι, οἱ δὲ ἔμπαλιν· ἐῶ γὰρ λέγειν, ὅτι καὶ λῃστεύεσθε ὥσπερ ἡμεῖς καὶ περισυλᾶσθε ὑπὸ τῶν ἱεροσύλων καὶ ἐκ πλουσιωτάτων πενέστατοι ἐν ἀκαρεῖ χρόνου γίγνεσθε· πολλοὶ δὲ καὶ κατεχωνεύθησαν ἤδη χρυσοῖ ἢ ἀργυροῖ ὄντες, οἷς τοῦτο εἵμαρτο δηλαδή.

9 ΖΕΥΣ Ὁρᾷς ; Ταῦτ᾽ ἤδη ὑβριστικά, ὦ Κυνίσκε, φῄς· καί σοι τάχα μεταμελήσει ποτὲ αὐτῶν.

---

11. Il s'agit de Cronos*, qui fut vaincu par Zeus* et jeté dans le Tartare, au plus profond des Enfers.

12. Poséidon*, ayant conspiré contre Zeus* avec Apollon*, fut condamné avec celui-ci à construire les murailles de Troie dont le roi était Laomédon.

il te demanderait ce qui te permet d'affirmer la supériorité des dieux, alors qu'ils sont les compagnons d'esclavage des hommes, placés sous la domination des mêmes Moires*. Votre immortalité ne leur suffira pas pour vous juger meilleurs. Elle rend plutôt votre sort bien pire : la mort au moins, faute de mieux, libère les hommes, mais votre existence dure à jamais, votre esclavage est éternel, enroulé sur un fil immense.

8. ZEUS – Mais, Cyniscos, cette éternité, cette durée infinie sont précisément ce qui fait notre bonheur, et nous vivons dans une félicité complète.

CYNISCOS – Pas tous, Zeus*. Chez vous aussi, les conditions sont différentes, et la confusion est extrême. Toi, tu es heureux, car tu es roi et tu peux attirer à toi la terre et la mer, en faisant descendre ce qui ressemble à la corde d'un puits. Mais Héphaïstos* est boiteux : c'est un ouvrier, forgeron de profession. Prométhée* a même été empalé jadis. Que dire de ton père [11], qui est encore enchaîné dans le Tartare* ? On dit aussi que vous êtes sensibles à l'amour, aux blessures, que vous êtes parfois esclaves chez les hommes, comme ce fut assurément le cas de ton frère [12] chez Laomédon et d'Apollon* chez Admète [11]. Ces situations ne me paraissent pas du tout heureuses. On dirait que certains d'entre vous ont de la chance et sont gâtés par la fortune, tandis que pour les autres, c'est l'inverse. Je passe sur le fait qu'on vous pille comme nous, que des sacrilèges profanent vos temples et que vous passez en un instant de l'extrême richesse à l'extrême pauvreté. Beaucoup même, qui étaient en or ou en argent, ont été fondus : évidemment la Destinée en avait décidé ainsi.

9. ZEUS – Tu vois ? Maintenant tes propos sont insolents, Cyniscos. Tu t'en repentiras bientôt, un jour.

---

13. Comme le rappelle le prologue de l'*Alceste* d'Euripide, Apollon*, qui avait vengé le meurtre de son fils Asclépios* en tuant les Cyclopes*, dut se mettre au service d'Admète à Phères en Thessalie, pour expier cette souillure.

ΚΥΝΙΣΚΟΣ Φείδου, ὦ Ζεῦ, τῶν ἀπειλῶν, εἰδὼς οὐδέν με πεισόμενον ὅ τι μὴ καὶ τῇ Μοίρᾳ πρὸ σοῦ ἔδοξεν· ἐπεὶ οὐδ' αὐτοὺς ἐκείνους ὁρῶ τοὺς ἱεροσύλους κολαζομένους, ἀλλ' οἵ γε πλεῖστοι διαφεύγουσιν ὑμᾶς· οὐ γὰρ εἵμαρτο, οἶμαι, ἁλῶναι αὐτούς.

ΖΕΥΣ Οὐκ ἔλεγον ὡς ἄρ' ἐκείνων τις εἶ τῶν ἀναιρούντων τὴν Πρόνοιαν τῷ λόγῳ ;

ΚΥΝΙΣΚΟΣ Πάνυ, ὦ Ζεῦ, δέδιας αὐτούς, οὐκ οἶδα ὅτου ἕνεκα· πάντα γοῦν ὁπόσα ἂν εἴπω, οἴει ἐκείνων παιδεύματα εἶναι. 10 Ἐγὼ δὲ — παρὰ τίνος γὰρ ἂν ἄλλου τἀληθὲς ἢ παρὰ σοῦ μάθοιμι ; — ἡδέως γοῦν καὶ τοῦτο ἐροίμην σε, τίς ἡ Πρόνοια ὑμῖν αὕτη ἐστίν, Μοῖρά τις ἢ καὶ ὑπὲρ ταύτας θεὸς ὥσπερ ἄρχουσα καὶ αὐτῶν ἐκείνων ;

ΖΕΥΣ Ἤδη σοι καὶ πρότερον ἔφην οὐ θεμιτὸν εἶναι πάντα σε εἰδέναι. Σὺ δ' ἕν τι ἐν ἀρχῇ ἐρωτήσειν φήσας οὐ παύῃ πρός με τοσαῦτα λεπτολογούμενος· καὶ ὁρῶ ὅτι σοι τὸ κεφάλαιόν ἐστι τοῦ λόγου ἐπιδεῖξαι οὐδενὸς ἡμᾶς προνοοῦντας τῶν ἀνθρωπίνων.

ΚΥΝΙΣΚΟΣ Οὐκ ἐμὸν τοῦτο, ἀλλὰ σὺ μικρὸν ἔμπροσθεν ἔφησθα τὰς Μοίρας εἶναι τὰς πάντα ἐπιτελούσας· εἰ μὴ μεταμέλει σοι ἐκείνων καὶ ἀνατίθεσαι αὖθις τὰ εἰρημένα καὶ ἀμφισβητεῖτε τῆς ἐπιμελείας παρωσάμενοι τὴν Εἱμαρμένην ;

11 ΖΕΥΣ Οὐδαμῶς, ἀλλ' ἡ Μοῖρα δι' ἡμῶν ἕκαστα ἐπιτελεῖ.

ΚΥΝΙΣΚΟΣ Μανθάνω· ὑπηρέται καὶ διάκονοί τινες τῶν Μοιρῶν εἶναί φατε. Πλὴν ἀλλὰ καὶ οὕτως ἐκεῖναι ἂν εἶεν αἱ προνοοῦσαι, ὑμεῖς δὲ ὥσπερ σκεύη τινὰ καὶ ἐργαλεῖά ἐστε αὐτῶν.

ΖΕΥΣ Πῶς λέγεις ;

ΚΥΝΙΣΚΟΣ Ὥσπερ, οἶμαι, καὶ τὸ σκέπαρνον τῷ τέκτονι καὶ τὸ τρύπανον συνεργεῖ μέν τι πρὸς τὴν τέχνην, οὐδεὶς δὲ ἂν εἴποι ὡς ταῦτα τεχνίτης ἐστίν, οὐδ' ἡ ναῦς

CYNISCOS – Épargne-moi les menaces, Zeus* : tu sais qu'il ne m'arrivera rien que la Moire* n'ait également décidé. En effet je constate que même les sacrilèges dont je viens de parler ne sont pas punis. La plupart vous échappent : la Destinée, j'imagine, n'avait pas décidé qu'ils soient pris.

ZEUS – Ne disais-je pas que tu étais un de ces impies qui détruisent la Providence par leurs discours ?

CYNISCOS – Tu as très peur de ces gens-là, Zeus*, je ne sais pour quelle raison : quoi que je dise, tu crois que ce sont leurs leçons. 10. Pour ma part – de qui sinon de toi pourrais-je apprendre la vérité ? –, je te poserais volontiers encore une question. Qui joue le rôle de Providence pour vous ? Une Moire* au-dessus des Moires*, qui serait comme leur chef à elles aussi ?

ZEUS – Je te le disais déjà tout à l'heure, il ne t'est pas permis de tout savoir. D'ailleurs, tu avais dit au début que tu ne poserais qu'une question, et tu ne cesses de m'opposer toutes ces arguties. Je vois bien que ton seul but dans cet entretien c'est de montrer que nous ne nous soucions d'aucune des affaires humaines.

CYNISCOS – Ce n'est pas moi qui l'ai dit, c'est toi : il y a un instant tu déclarais que les Moires* gouvernent tout. À moins que tu ne regrettes de l'avoir dit, que tu ne veuilles revenir sur ces paroles, et que vous ne revendiquiez le souci du monde, en écartant la Destinée…

11. ZEUS – Pas du tout. Mais c'est par notre intermédiaire que la Moire* accomplit chaque chose.

CYNISCOS – Je comprends. Vous déclarez être les serviteurs et les assistants des Moires*. Cependant, même dans ce cas, c'est encore elles qui exerceraient la Providence : vous seriez comme leurs outils et leurs instruments.

ZEUS – Que veux-tu dire ?

CYNISCOS – Vous êtes semblables, j'imagine, à ce que sont la hache ou la tarière pour le charpentier. Elles lui apportent une aide dans son travail, mais personne

ἔργον τοῦ σκεπάρνου ἢ τοῦ τρυπάνου, ἀλλὰ τοῦ ναυπηγοῦ·
οὕτως ἀνάλογον ἡ μὲν ναυπηγουμένη ἕκαστα ἡ Εἱμαρμένη
ἐστίν, ὑμεῖς δέ τρύπανα ἄρα καὶ σκέπαρνά ἐστε τῶν
Μοιρῶν. Καί, ὡς ἔοικεν, οἱ ἄνθρωποι δέον τῇ Εἱμαρμένῃ
θύειν καὶ παρ' ἐκείνης αἰτεῖν τὰ ἀγαθά, οἱ δ' ἐφ' ὑμᾶς
ἔρχονται προσόδοις καὶ θυσίαις γεραίροντες· ἢ οὐδὲ τὴν
Εἱμαρμένην τιμῶντες ἂν εἰς δέον αὐτὸ ἔπραττον. Οὐ γὰρ
οἶμαι δυνατὸν εἶναι οὐδὲ αὐταῖς ἔτι ταῖς Μοίραις ἀλλάξαι
καὶ μετατρέψαι τι τῶν ἐξ ἀρχῆς δοξάντων περὶ ἑκάστου· ἡ
γοῦν Ἄτροπος οὐκ ἀνάσχοιτ' ἄν, εἴ τις ἐς τοὐναντίον
στρέψειεν τὸν ἄτρακτον ἀναλύων τῆς Κλωθοῦς τὸ ἔργον.

12 ΖΕΥΣ Σὺ ἤδη, ὦ Κυνίσκε, οὐδὲ τὰς Μοίρας
τιμᾶσθαι πρὸς τῶν ἀνθρώπων ἀξιοῖς ; Ἀλλ' ἔοικας ἅπαντα
συγχεῖν προαιρεῖσθαι. Ἡμεῖς δὲ εἰ καὶ μηδενὸς ἄλλου ἕνεκα,
τοῦ γε μαντεύεσθαι καὶ προμηνύειν ἕκαστα τῶν ὑπὸ τῆς
Μοίρας κεκυρωμένων δικαίως τιμῴμεθ' ἄν.

ΚΥΝΙΣΚΟΣ Τὸ μὲν ὅλον, ἄχρηστον, ὦ Ζεῦ, προειδέναι
τὰ μέλλοντα οἷς γε τὸ φυλάξασθαι αὐτὰ παντελῶς ἀδύνα-
τον· εἰ μὴ ἄρα τοῦτο φῇς, ὡς ὁ προμαθὼν ὅτι ὑπ' αἰχμῆς
σιδηρᾶς τεθνήξεται δύναιτ' ἂν ἐκφυγεῖν τὸν θάνατον
καθείρξας ἑαυτόν ; Ἀλλ' ἀδύνατον· ἐξάξει γὰρ αὐτὸν ἡ
Μοῖρα κυνηγετήσοντα καὶ παραδώσει τῇ αἰχμῇ· καὶ ὁ
Ἄδραστος ἐπὶ τὸν σῦν ἀφεὶς τὴν λόγχην ἐκείνου μὲν
ἁμαρτήσεται, φονεύσει δὲ τὸν Κροίσου παῖδα, ὡς ἂν ἀπ'
ἰσχυρᾶς ἐμβολῆς τῶν Μοιρῶν φερομένου τοῦ ἀκοντίου ἐπὶ
τὸν νεανίσκον.

13 Τὸ μὲν γὰρ τοῦ Λαΐου καὶ γελοῖον, τό ·

---

14. Jeu sur l'étymologie d'Atropos : celle qu'on ne peut détourner (τρέπω, tourner). Clotho, elle, est la fileuse.
15. Allusion à un épisode raconté par HÉRODOTE, *Enquêtes*, I,
34 sq. Un songe avait annoncé à Crésus que son fils, Atys, serait tué
par une pointe de fer. Son père le tint enfermé chez lui et refusa de
l'envoyer à la guerre. Mais son hôte Adraste (le nom signifie qu'on ne
peut fuir et s'applique notamment à la destinée) emmena Atys à la
chasse contre un sanglier qui dévastait la région. Il le tua acciden-
tellement.

n'irait dire qu'elles sont l'artisan, ni que le navire est l'ouvrage de la hache ou de la tarière : il est celui du constructeur naval. De même, la Destinée est l'architecte de chaque élément du navire, et vous êtes donc les haches et les tarières des Moires*. C'est donc à la Destinée, semble-t-il, que les hommes devraient offrir des sacrifices et demander des bienfaits, au lieu de se tourner vers vous et d'organiser des processions et des sacrifices en votre honneur. Et d'ailleurs, honorer la Destinée n'aurait rien non plus de nécessaire, puisque les Moires* elles-mêmes ne peuvent plus, je crois, modifier et transformer quoi que ce soit de ce qu'elles ont décidé à l'origine pour chacun. Atropos* en tout cas ne supporterait pas qu'on tourne son fuseau en sens inverse en détruisant l'ouvrage de Clotho*[14].

12. ZEUS – Alors maintenant, Cyniscos, tu juges que les Moires* elles non plus ne méritent pas d'être honorées par les hommes. Tu m'as l'air de vouloir tout bouleverser. En ce qui nous concerne, il est juste de nous honorer, ne serait-ce que parce que nous rendons des oracles et révélons à l'avance chacun des événements que la Moire* a décidés.

CYNISCOS – De manière générale, Zeus*, il est inutile pour les hommes de connaître à l'avance l'avenir, s'il est vrai qu'ils ne peuvent absolument pas l'éviter. À moins que tu n'affirmes que celui qui sait à l'avance qu'il sera tué par une pointe de fer puisse échapper à la mort en s'enfermant. Or c'est impossible. La Moire* le fera sortir pour aller à la chasse et le livrera à cette pointe : Adraste lancera son javelot contre le sanglier, manquera l'animal et tuera le fils de Crésus, comme si le javelot était envoyé contre le jeune homme par l'impulsion puissante des Moires*[15].

13. Quant à l'oracle rendu à Laïos, il était également ridicule ; il dit :

μὴ σπεῖρε τέκνων ἄλοκα δαιμόνων βίᾳ ·
εἰ γὰρ τεκνώσεις (φησί) παῖδ' ἀποκτενεῖ σ'ὁ φύς.

Περιττὴ γάρ, οἶμαι, ἡ παραίνεσις πρὸς τὰ πάντως οὕτω γενησόμενα. Τοιγάρτοι μετὰ τὸν χρησμὸν καὶ ἔσπειρεν καὶ ὁ φὺς ἀπέκτεινεν αὐτόν. Ὥστε οὐχ ὁρῶ ἀνθ' ὅτου ἀπαιτεῖτε τὸν μισθὸν ἐπὶ τῇ μαντικῇ.

14 Ἐῶ γὰρ λέγειν ὡς λοξὰ καὶ ἐπαμφοτερίζοντα τοῖς πολλοῖς χρᾶν εἰώθατε, οὐ πάνυ ἀποσαφοῦντες εἰ ὁ τὸν Ἅλυν διαβὰς τὴν αὐτοῦ ἀρχὴν καταλύσει ἢ τὴν τοῦ Κύρου· ἄμφω γὰρ δύναται ὁ χρησμός.

ΖΕΥΣ Ἦν τις, ὦ Κυνίσκε, τῷ Ἀπόλλωνι ὀργῆς αἰτία κατὰ τοῦ Κροίσου, διότι ἐπειρᾶτο ἐκεῖνος αὐτοῦ ἄρνεια κρέα καὶ χελώνην ἐς τὸ αὐτὸ ἕψων.

ΚΥΝΙΣΚΟΣ Ἐχρῆν μὲν μηδὲ ὀργίζεσθαι θεὸν ὄντα· πλὴν ἀλλὰ καὶ τὸ ἐξαπατηθῆναι ὑπὸ τοῦ χρησμοῦ τῷ Λυδῷ ἐπέπρωτο, οἶμαι, καὶ ἄλλως τὸ μὴ σαφῶς ἀκοῦσαι τὰ μέλλοντα ἡ Εἱμαρμένη ἐπέκλωσεν· ὥστε καὶ ἡ μαντικὴ ὑμῶν ἐκείνης μέρος ἐστίν.

15 ΖΕΥΣ Ἡμῖν δὲ οὐδὲν ἀπολείπεις, ἀλλὰ μάτην θεοί ἐσμεν, οὔτε πρόνοιάν τινα εἰσφερόμενοι εἰς τὰ πράγματα οὔτε τῶν θυσιῶν ἄξιοι καθάπερ τρύπανα ὡς ἀληθῶς ἢ σκέπαρνα ; Καί μοι δοκεῖς εἰκότως μου καταφρονεῖν, ὅτι κεραυνόν, ὡς ὁρᾷς, διηγκυλημένος ἀνέχομαί σε τοσαῦτα καθ' ἡμῶν διεξιόντα.

---

16. EURIPIDE, *Phéniciennes*, 18-19. À la différence de J. Bompaire, nous avons rétabli les deux élisions du v. 19, sinon le trimètre est faux. Bien entendu φησί est ici en incise et n'appartient pas à la citation.

17. L'épisode est rapporté par HÉRODOTE (*Enquêtes*, I, 53) : avant de franchir l'Halys, au centre de l'Anatolie, et d'attaquer Cyrus, le roi de Lydie, Crésus, consulta l'oracle de Delphes qui lui annonça qu'il détruirait un grand empire : Crésus crut qu'il s'agissait de l'empire des Perses et franchit le fleuve, mais il s'agissait de son empire à lui.

18. L'épisode est rapporté par HÉRODOTE (*Enquêtes*, I, 46-49) : Crésus mit plusieurs oracles à l'épreuve en leur demandant d'indiquer ce qu'il faisait un jour donné. Il avait donc inventé cette cuisine étrange qu'il jugeait impossible à deviner. La Pythie déjoua le piège : « Je connais le nombre des grains de sable et les bornes de la mer ; je

Garde-toi de semer, faisant violence aux dieux,
Dans le sillon d'enfants. Si tu fais naître un fils,
Cet enfant te tuera[16].

Il était inutile, à mon avis, de le mettre en garde contre ce qui se passerait de toute manière ainsi. Voilà pourquoi après avoir reçu l'oracle, il *sema*, et *l'enfant* le tua. Je ne vois donc pas à quel titre vous réclamez d'être rémunérés pour la divination.

14. Je renonce à dire combien les oracles que vous avez l'habitude de rendre à la foule sont obliques et ambigus. Vous ne précisez pas du tout si celui qui aura traversé l'Halys détruira son propre empire ou celui de Cyrus : l'oracle peut avoir les deux sens[17].

ZEUS – Mais Cyniscos, Apollon* avait quelque raison d'être en colère contre Crésus : celui-ci avait voulu l'éprouver en faisant bouillir ensemble de la viande d'agneau et une tortue[18].

CYNISCOS – Il n'aurait même pas dû se fâcher, étant un dieu. Mais il était écrit dans le Destin du Lydien, j'imagine, qu'il serait trompé par l'oracle, et d'ailleurs, si nous ne comprenons pas clairement ce qui nous attend, c'est que le fil de la Destinée l'a voulu ainsi. Par conséquent, même votre art divinatoire est de son ressort.

ZEUS – Alors tu ne nous laisses rien ? C'est en vain que nous sommes des dieux, si notre Providence ne s'exerce pas sur les événements, et si nous ne méritons pas les sacrifices, comme si nous étions vraiment des tarières ou des haches ? Il me semble d'ailleurs que tu as raison de me mépriser puisque je te laisse débiter tant d'horreurs contre nous, alors que je tiens, comme tu vois, ma foudre toute prête.

---

comprends le langage du muet ; j'entends la voix de celui qui ne parle point. Mes sens sont frappés de l'odeur d'une tortue qu'on fait cuire avec de la chair d'agneau dans une chaudière d'airain, dont le couvercle est aussi d'airain. » Crésus combla ensuite Delphes de présents et crut à tous ses oracles.

ΚΥΝΙΣΚΟΣ Βάλλε, ὦ Ζεῦ, εἴ μοι κεραυνῷ πληγῆναι εἵμαρται, καὶ σὲ οὐδὲν αἰτιάσομαι τῆς πληγῆς, ἀλλὰ τὴν Κλωθὼ τὴν διὰ σοῦ τιτρώσκουσαν· οὐδὲ γὰρ τὸν κεραυνὸν αὐτὸν φαίην ἂν αἴτιόν μοι γενέσθαι τοῦ τραύματος. Πλὴν ἐκεῖνό γε ὑμᾶς ἐρήσομαι καὶ σὲ καὶ τὴν Εἱμαρμένην· σὺ δέ μοι καὶ ὑπὲρ ἐκείνης ἀπόκριναι· ἀνέμνησας γάρ με ἀπειλήσας.

16 Τί δήποτε τοὺς ἱεροσύλους καὶ λῃστὰς ἀφέντες καὶ τοσούτους ὑβριστὰς καὶ βιαίους καὶ ἐπιόρκους δρῦν τινα πολλάκις κεραυνοῦτε ἢ λίθον ἢ νεὼς ἱστὸν οὐδὲν ἀδι- κούσης, ἐνίοτε δὲ χρηστόν τινα καὶ ὅσιον ὁδοιπόρον ; Τί σιωπᾷς, ὦ Ζεῦ ; Ἢ οὐδὲ τοῦτό με θέμις εἰδέναι ;

ΖΕΥΣ Οὐ γάρ, ὦ Κυνίσκε. Σὺ δὲ πολυπράγμων τις εἶ καὶ οὐκ οἶδ᾽ ὅθεν ταῦτα ἥκεις μοι συμπεφορηκώς.

ΚΥΝΙΣΚΟΣ Οὐκοῦν μηδὲ ἐκεῖνο ὑμᾶς ἔρωμαι, σέ τε καὶ τὴν Πρόνοιαν καὶ τὴν Εἱμαρμένην, τί δήποτε Φωκίων μὲν ὁ χρηστὸς ἐν τοσαύτῃ πενίᾳ καὶ σπάνει τῶν ἀναγκαίων ἀπέθανεν καὶ Ἀριστείδης πρὸ αὐτοῦ, Καλλίας δὲ καὶ Ἀλκι- βιάδης, ἀκόλαστα μειράκια, ὑπερεπλούτουν καὶ Μειδίας ὁ ὑβριστὴς καὶ Χάροψ ὁ Αἰγινήτης, κίναιδος ἄνθρωπος, τὴν μητέρα λιμῷ ἀπεκτονώς, καὶ πάλιν Σωκράτης μὲν παρεδόθη τοῖς ἕνδεκα, Μέλητος δὲ οὐ παρεδόθη, καὶ Σαρ- δανάπαλλος μὲν ἐβασίλευσεν θῆλυς ὤν, Περσῶν δὲ τοσοῦτοι καλοί τε κἀγαθοὶ ἄνδρες ἀνεσκολοπίζοντο πρὸς αὐτοῦ διότι μὴ ἠρέσκοντο τοῖς γιγνομένοις ;

17 Ἵνα μὴ τὰ νῦν λέγω καθ᾽ ἕκαστον ἐπεξιών, τοὺς μὲν πονηροὺς εὐδαιμονοῦντας καὶ τοὺς πλεονέκτας, ἀγομένους

_____

19. Stratège athénien (402-318), il tenta de défendre la dignité d'Athènes après Chéronée face à Alexandre, puis à Antipatros. Cet homme austère fut condamné à mort par les Athéniens, il but la ciguë, et PLUTARQUE (*Vie de Phocion*, XXXVI-XXXVIII) n'hésite pas à comparer sa mort à celle de Socrate.

20. Aristide surnommé le Juste, né au VIe siècle, mourut vers 468. Il joua un rôle important pendant les guerres Médiques et surtout en organisant la ligue de Délos. Il mourut si pauvre que le peuple dut payer ses funérailles et doter ses filles (PLUTARQUE, *Vie d'Aristide*, XXVII).

Cyniscos – Lance-la, Zeus*, si la Destinée a décidé que je dois être frappé par la foudre. Je ne t'accuserai nullement du coup, mais Clotho*, qui me blesse par ton intermédiaire, car je ne pourrais pas non plus accuser la foudre d'être à elle seule responsable de ma blessure. D'ailleurs, j'aurai encore une question à vous poser, à toi et à la Destinée. Réponds-moi donc aussi en son nom à elle. Ce sont tes menaces qui m'y ont fait penser. 16. Pourquoi donc épargnez-vous les sacrilèges, les bandits, et tant d'insolents, de violents, de parjures, alors que souvent vous foudroyez un chêne, une pierre, le mât d'un bateau qui n'a rien fait de mal, parfois même un voyageur honnête et pieux ? Pourquoi ne dis-tu rien, Zeus* ? Cela non plus, je n'ai pas le droit de le savoir ?

Zeus – Non, Cyniscos. Tu es trop curieux. Je ne sais où tu as ramassé tout ce que tu es venu me dire.

Cyniscos – Alors je ne vous demanderai pas non plus, à toi, à la Providence ou à la Destinée, pourquoi l'honnête Phocion [19] est mort dans une telle pauvreté, privé du nécessaire, et Aristide [20] avant lui, tandis que Callias [21] et Alcibiade, ces jeunes débauchés, étaient extraordinairement riches, ainsi que l'insolent Meidias [22] et Charops [23] d'Égine, un débauché qui a fait mourir de faim sa mère ; ou encore pourquoi ce fut Socrate qui fut livré aux Onze, et non Mélétos [24], pourquoi Sardanapale [25], cet efféminé, fut roi, tandis que tant d'hommes de bien furent empalés par lui parce qu'ils n'approuvaient pas sa conduite. 17. Je renonce à évoquer en détail ce qui

---

21. Callias « le prodigue », dit parfois Callias III, était le beau-frère d'Alcibiade, lequel avait épousé sa sœur Hipparété.

22. Peut-être s'agit-il du personnage surnommé « la caille » évoqué par Aristophane dans les *Oiseaux*, 1297, et par Platon, *Alcibiade*, I, 120b.

23. Ce personnage ne nous est pas autrement connu.

24. Mélétos fut avec Anytos et Lycon un des accusateurs de Socrate.

25. Roi d'Assyrie, célèbre par son luxe et par sa mort théâtrale.

δὲ καὶ φερομένους τοὺς χρηστοὺς ἐν πενίᾳ καὶ νόσοις καὶ μυρίοις κακοῖς πιεζομένους.

ΖΕΥΣ Οὐ γὰρ οἶσθα, ὦ Κυνίσκε, ἡλίκας μετὰ τὸν βίον οἱ πονηροὶ τὰς κολάσεις ὑπομένουσιν, ἢ ἐν ὅσῃ οἱ χρηστοὶ εὐδαιμονίᾳ διατρίβουσιν ;

ΚΥΝΙΣΚΟΣ Ἅιδην μοι λέγεις καὶ Τιτυοὺς καὶ Ταντάλους. Ἐγὼ δέ, εἰ μέν τι καὶ τοιοῦτόν ἐστιν, εἴσομαι τὸ σαφὲς ἐπειδὰν ἀποθάνω· τὸ δὲ νῦν ἔχον ἐβουλόμην τὸν ὁποσονοῦν χρόνον τοῦτον εὐδαιμόνως διαβιοὺς ὑπὸ ἑκκαίδεκα γυπῶν κείρεσθαι τὸ ἧπαρ ἀποθανών, ἀλλὰ μὴ ἐνταῦθα διψήσας ὥσπερ ὁ Τάνταλος ἐν Μακάρων νήσοις πίνειν μετὰ τῶν ἡρώων ἐν τῷ Ἠλυσίῳ λειμῶνι κατακείμενος.

18 ΖΕΥΣ Τί φῄς ; Ἀπιστεῖς εἶναί τινας κολάσεις καὶ τιμάς, καὶ δικαστήριον ἔνθα δὴ ἐξετάζεται ὁ ἑκάστου βίος ;

ΚΥΝΙΣΚΟΣ Ἀκούω τινὰ Μίνω Κρῆτα δικάζειν κάτω τὰ τοιαῦτα· καί μοι ἀπόκριναί τι καὶ ὑπὲρ ἐκείνου· σὸς γὰρ υἱὸς εἶναι λέγεται.

ΖΕΥΣ Τί δὲ κἀκεῖνον ἐρωτᾷς, ὦ Κυνίσκε ;

ΚΥΝΙΣΚΟΣ Τίνας κολάζει μάλιστα ;

ΖΕΥΣ Τοὺς πονηροὺς δηλαδή, οἷον ἀνδροφόνους καὶ ἱεροσύλους.

ΚΥΝΙΣΚΟΣ Τίνας δὲ παρὰ τοὺς ἥρωας ἀποπέμπει ;

ΖΕΥΣ Τοὺς ἀγαθούς τε καὶ ὁσίους καὶ κατ᾽ ἀρετὴν βεβιωκότας.

ΚΥΝΙΣΚΟΣ Τίνος ἕνεκα, ὦ Ζεῦ ;

ΖΕΥΣ Διότι οἱ μὲν τιμῆς, οἱ δὲ κολάσεως ἄξιοι.

---

26. Tityos, un géant, tenta de violer Léto. Il fut foudroyé par Zeus*. Son corps couvrait neuf hectares, et il fut condamné à avoir le foie dévoré par des serpents, des aigles ou des vautours selon les saisons.

se passe de nos jours, les méchants et les ambitieux qui prospèrent, tandis que les hommes de bien sont dépouillés, vivent dans la pauvreté, écrasés par des maladies et d'innombrables maux.

ZEUS – C'est que tu ne sais pas, Cyniscos, quels grands châtiments attendent les méchants après leur mort, et dans quelle félicité vivent les gens de bien.

CYNISCOS – Tu me parles de l'Hadès*, des Tityos [26], des Tantale* ? En ce qui me concerne, s'il existe quelque chose de ce genre, j'en aurai le cœur net après ma mort. Mais pour le moment, quel que soit le temps qui me reste à vivre, je voudrais le passer heureusement, même si je dois après ma mort avoir le foie rongé par seize vautours. Je n'ai pas envie, après avoir eu soif sur terre comme Tantale*, d'aller ensuite boire dans les îles des Bienheureux avec les héros, allongé sur la prairie des Champs-Élysées.

18. ZEUS – Que dis-tu ? Tu ne crois pas qu'il y ait des châtiments, des récompenses et un tribunal où la vie de chacun est examinée ?

CYNISCOS – J'entends dire qu'un certain Minos*, un Crétois, juge ce genre d'affaires dans le monde d'en bas. Réponds-moi encore en son nom à lui, puisqu'on dit qu'il est ton fils.

ZEUS – Qu'est ce que tu veux lui demander à lui aussi, Cyniscos ?

CYNISCOS – Quels sont ceux qu'il punit le plus ?

ZEUS – Les méchants évidemment, comme les meurtriers et les sacrilèges.

CYNISCOS – Et qui envoie-t-il rejoindre les héros ?

ZEUS – Ceux qui sont bons, pieux, et qui ont vécu en pratiquant la vertu.

CYNISCOS – Pour quelle raison, Zeus* ?

ZEUS – Parce que les uns méritent une récompense, les autres un châtiment.

ΚΥΝΙΣΚΟΣ Εἰ δέ τις ἀκούσιόν τι δεινὸν ἐργάσαιτο, κολάζεσθαι καὶ τοῦτον δικαιοῖ ;

ΖΕΥΣ Οὐδαμῶς.

ΚΥΝΙΣΚΟΣ Οὐδ᾽ ἄρα εἴ τις ἄκων τι ἀγαθὸν ἔδρασεν, οὐδὲ τοῦτον τιμᾶν ἀξιώσειεν ἄν ;

ΖΕΥΣ Οὐ γὰρ οὖν.

ΚΥΝΙΣΚΟΣ Οὐδένα τοιγαροῦν, ὦ Ζεῦ, οὔτε τιμᾶν οὔτε κολάζειν αὐτῷ προσήκει.

ΖΕΥΣ Πῶς οὐδένα ;

ΚΥΝΙΣΚΟΣ Ὅτι οὐδὲν ἑκόντες οἱ ἄνθρωποι ποιοῦμεν, ἀλλά τινι ἀνάγκῃ ἀφύκτῳ κεκελευσμένοι, εἴ γε ἀληθῆ ἐκεῖνά ἐστιν τὰ ἔμπροσθεν ὡμολογημένα, ὡς ἡ Μοῖρα πάντων αἰτία· καὶ ἢν φονεύσῃ τις, ἐκείνη ἐστὶν ἡ φονεύσασα, καὶ ἢν ἱεροσυλῇ, προστεταγμένον αὐτὸ δρᾷ. Ὥστε εἴ γε τὰ δίκαια ὁ Μίνως δικάζειν μέλλοι, τὴν Εἱμαρμένην ἀντὶ τοῦ Σισύφου κολάσεται καὶ τὴν Μοῖραν ἀντὶ τοῦ Ταντάλου. Τί γὰρ ἐκεῖνοι ἠδίκησαν πεισθέντες τοῖς ἐπιτάγμασιν ;

19 ΖΕΥΣ Οὐκέτι οὐδὲ ἀποκρίνεσθαί σοι ἄξιον τοιαῦτα ἐρωτῶντι· θρασὺς γὰρ εἶ καὶ σοφιστής. Καί σε ἄπειμι ἤδη καταλιπών.

ΚΥΝΙΣΚΟΣ Ἐδεόμην μὲν ἔτι τοῦτο ἐρέσθαι, ποῦ αἱ Μοῖραι διατρίβουσιν ἢ πῶς ἐφικνοῦνται τῇ ἐπιμελείᾳ τῶν τοσούτων ἐς τὸ λεπτότατον, καὶ ταῦτα τρεῖς οὖσαι. Ἐπίπονον γάρ τινα καὶ οὐκ εὔμοιρόν μοι δοκοῦσι βιοῦν τὸν βίον

---

27. Le plus rusé des mortels, Sisyphe, qui selon certaines traditions, était le grand-père d'Ulysse, dupa les dieux de mille manières. Il trompa jusqu'à Hadès qui accepta de le laisser remonter sur terre pour châtier sa femme. Il en fut puni par le célèbre châtiment qui lui fait remonter éternellement une pierre au sommet d'une montagne d'où elle retombe aussitôt.

28. On trouve un raisonnement semblable dans le *Dialogue des Morts*, 24 (30). Le bandit Sostratos déclare à Minos* qu'il ne doit pas être châtié puisqu'il a été coupable sur ordre de la Moire* : « Nous ne sommes honnêtes ou criminels qu'en apparence puisque c'est à la Moire que nous obéissons. » Convaincu par ce raisonnement, Minos* le gracie.

CYNISCOS – Si quelqu'un faisait involontairement quelque chose de terrible, juge-t-il qu'il faut le châtier lui aussi ?

ZEUS – En aucune façon.

CYNISCOS – Donc si quelqu'un avait fait involontairement une bonne action, il ne pense pas non plus qu'il mérite une récompense ?

ZEUS – Non en effet.

CYNISCOS – Par conséquent, Zeus*, il ne doit récompenser ni châtier personne.

ZEUS – Comment cela personne ?

CYNISCOS – Parce que nous les hommes, nous ne faisons rien volontairement. Nous obéissons à une nécessité à laquelle nous ne pouvons échapper, si toutefois ce dont nous sommes convenus tout à l'heure est vrai, à savoir que la Moire* est responsable de tout. Si quelqu'un commet un meurtre, la meurtrière, c'est elle ; s'il commet un sacrilège, il obéit en cela à un ordre. Par conséquent, si Minos* veut juger selon la justice, c'est la Destinée qu'il punira, et non Sisyphe [27], la Moire et non Tantale*. En quoi ces hommes étaient-ils coupables, puisqu'ils obéissaient aux ordres [28] ?

19. ZEUS – Tu ne mérites même plus que je te réponde quand tu poses de telles questions. Tu es un insolent et un sophiste. Je m'en vais maintenant, je te laisse.

CYNISCOS – Je voulais te poser encore une question. Où les Moires* vivent-elles ? Comment peuvent-elles appliquer leur attention à tant d'événements jusqu'au plus ténu, alors qu'elles ne sont que trois ? Il me semble que la vie qu'elles mènent est pénible et malheureuse [29]. Elles ont tant de soucis. J'ai l'impression qu'elles ne sont pas nées, elles non plus sous une Destinée favorable. Pour ma part, si on me donnait le choix, je n'échangerais pas mon existence contre la leur. Je préférerais vivre encore

---

29. L'adjectif signifie étymologiquement indigne des Moires*.

τοσαῦτα ἔχουσαι πράγματα, καὶ ὡς ἔοικεν οὐ πάνυ οὐδὲ αὗται ὑπὸ χρηστῇ Εἱμαρμένῃ ἐγεννήθησαν. Ἐγὼ οὖν, εἴ μοι αἵρεσις δοθείη, οὐκ ἂν ἀλλαξαίμην πρὸς αὐτὰς τὸν ἐμαυτοῦ βίον, ἀλλ᾽ ἑλοίμην ἂν ἔτι πενέστερος διαβιῶναι ἤπερ καθῆσθαι κλώθων ἄτρακτον τοσούτων πραγμάτων μεστόν, ἐπιτηρῶν ἕκαστα. Εἰ δὲ μὴ ῥᾴδιόν σοι ἀποκρίνασθαι πρὸς ταῦτα, ὦ Ζεῦ, καὶ τούτοις ἀγαπήσομεν οἷς ἀπεκρίνω· ἱκανὰ γὰρ ἐμφανίσαι τὸν περὶ τῆς Εἱμαρμένης καὶ Προνοίας λόγον. Τὰ λοιπὰ δ᾽ ἴσως οὐχ εἵμαρτο ἀκοῦσαί μοι.

plus pauvre, plutôt que de rester assis à tourner un fuseau
chargé de tant d'événements, en surveillant chacun. S'il
n'est pas facile pour toi de répondre à cela, Zeus*, nous
nous contenterons des réponses que tu m'as données :
elles suffisent à éclairer la réflexion concernant la Destinée et la Providence. Le reste, il n'était peut-être pas voulu
par la Destinée que je l'entende.

II. Introduction à *Zeus tragédien*

Ce dialogue porte le n° 44 dans la vulgate et occupe la 21ᵉ place dans le corpus du Vatic. Γ. Il fait donc immédiatement suite au précédent dont par bien des aspects il est le prolongement.

On y retrouve, mais dans la bouche de Zeus* cette fois, l'idée que les Moires* sont plus fortes que les dieux. Deux personnages, Momos* parmi les dieux, Damis parmi les hommes, reprennent la critique acerbe de Cyniscos. Même scepticisme concernant l'existence d'une Providence, même constat que l'injustice règne dans le monde, même affirmation de l'inutilité et de l'ambiguïté des oracles. Les ressemblances se remarquent jusque dans le choix des exemples : même allusion à la chaîne homérique (*Iliade*, VIII, 18 sq.) avec laquelle Zeus* peut attirer à lui le monde entier, à la manière dont Crésus essaya de mettre le dieu pythien à l'épreuve en faisant bouillir ensemble de la viande d'agneau et de tortue, aux oracles ambigus qui lui furent rendus, à Socrate, Phocion, Callias, Sardanapale.

Damis est présenté comme un épicurien, mais il ne s'agit pas d'un épicurisme « orthodoxe » : il est fortement mêlé de cynisme et de scepticisme [1]. Il se caractérise par son rire, attitude si chère à Lucien qu'on a pu

---

1. Voir les remarques de J. BOMPAIRE, édition de la C.U.F., t. III, p. 7.

parler, le concernant, de « rire médecin [2] ». Il est donc normal que ce rieur reprenne les arguments présentés préalablement par Momos, le petit dieu du sarcasme et de la moquerie.

Face à eux, le stoïcien Timoclès est d'abord présenté de façon assez favorable par Zeus*, qui se réjouit d'avoir un défenseur, même s'il souligne déjà sa faiblesse. Un peu plus loin, Apollon* nuance le portrait, en précisant que le philosophe est certes fort savant en doctrine stoïcienne, mais piètre orateur, et qu'il fait payer grassement ses leçons. Il rejoint par là les critiques que fait Lucien, tout au long de son œuvre, de vénalité des philosophes, en particulier des stoïciens [3]. Ce n'est qu'à la fin du dialogue que le personnage nous est présenté directement : admirateur un peu benêt de la providence, lecteur naïf d'Homère et d'Euripide, perdant pied peu à peu jusqu'à recourir à des syllogismes stupides et à ne trouver de refuge que dans les insultes et la violence.

Le parti pris de Lucien est très net : c'est Damis qui a sa préférence puisque dans la dernière phrase du dialogue Zeus* lui-même est obligé de reconnaître que cet ennemi des dieux lui inspire sympathie et admiration.

Mais *Zeus tragédien* est loin d'être seulement un dialogue philosophique. Dans la première partie du dialogue, la scène est l'Olympe et nous découvrons les dieux entre eux, affublés de travers bien humains : Héra* jalouse, Poséidon* lourd comme un thon, Apollon* plus oblique et retors que jamais, Héraclès* confiant dans la force brutale, et le pauvre Zeus* peu sûr de son autorité, allant jusqu'à souffrir du trac au moment de haranguer l'assemblée. Cette mythologie familière, qu'on trouve également dans le *Jugement des déesses*, l'*Assemblée des dieux,* les *Dialogues marins* et

---

2. Voir LUCIEN, *Comédies humaines*, Paris, 2010, p. XXII-XXIII.
3. Voir *Le Banquet ou les Lapithes, Vies à vendre*, etc.

les *Dialogues des dieux,* est une des grandes veines comiques de Lucien.

La juxtaposition de cette inspiration burlesque et de la réflexion philosophique inscrit le dialogue dans l'esthétique du σπουδογέλοιον, qui repose sur l'alternance de la tension et de la détente, sur le mélange des genres et des tons. Cette esthétique, déjà très présente dans le *Banquet* de Xénophon, était, semble-t-il, une des caractéristiques de la Ménippée, laquelle a fortement inspiré Lucien, au point qu'il a fait de Ménippe le personnage de plusieurs dialogues [4].

Cette esthétique du mélange amène également Lucien à mêler la prose et les vers. Il s'agit là encore d'un trait fondamental de la Ménippée. Si notre dialogue offre de nombreux pastiches littéraires particulièrement savoureux, notamment celui de la prose de Démosthène, il joue surtout, comme le fait remarquer aigrement Héra* à la fin du premier chapitre, sur diverses formes de poésie : la comédie (κωμῳδίαν ὑποκρίνεσθαι), l'épopée (ῥαψῳδεῖν), la tragédie (ὑποτραγῳδεῖν).

Dans ces conditions, il nous paraissait dommage de ne pas faire entendre cette alternance dans la traduction. Si l'on peut hésiter à traduire en vers une œuvre entièrement poétique, et si beaucoup de ces tentatives sont vouées au ridicule, nous pensons, avec René Martin, que « s'agissant de textes poétiques inclus dans une œuvre en prose, l'hésitation n'est pas permise : il est indispensable de les traduire en vers, faute de quoi le contraste, voulu par l'auteur, entre les deux types d'écriture, disparaît totalement, même si l'on use d'une

---

4. Notamment l'*Icaroménippe ou celui qui marche au-dessus des nuages*, *Ménippe ou la consultation des morts*, et plusieurs *Dialogues des morts*.

typographie différente pour faire apparaître visuelle-
ment les deux catégories [5] ».

Malgré les différences irréductibles qui séparent les
vers grecs des vers français, nous avons donc choisi de
rendre les trimètres iambiques et les hexamètres dacty-
liques, les deux mètres les plus fréquemment cités ou
pastichés par Lucien, en alexandrins. La cadence de ce
vers est si familière à l'oreille française que par le jeu
d'un réflexe qu'on pourrait presque qualifier de condi-
tionné, elle signale l'entrée dans une autre forme de discours, un autre ton, un autre monde [6].

---

5. R. MARTIN, *Le Satyricon*, Paris, 1999.
6. A.-M. OZANAM, in *Plutarque, Vies parallèles*, Paris, 2001,
p. 56.

II. ZEUS TRAGÉDIEN

ΖΕΥΣ ΤΡΑΓΩΙΔΟΣ

1 ΕΡΜΗΣ Ὦ Ζεῦ, τί σύννους κατὰ μόνας σαυτῷ λαλεῖς,
ὠχρὸς περιπατῶν, φιλοσόφου τὸ χρῶμ' ἔχων ;
Ἐμοὶ προσανάθου, λαβέ με σύμβουλον πόνων,
μὴ καταφρονήσῃς οἰκέτου φλυαρίας.

ΑΘΗΝΗ Ναὶ πάτερ ἡμέτερε, Κρονίδη, ὕπατε κρειόντων
γουνοῦμαί σε θεὰ γλαυκῶπις, τριτογένεια,
ἐξαύδα, μὴ κεῦθε νόῳ, ἵνα εἴδομεν ἤδη,
τίς μῆτις δάκνει σε κατὰ φρένα καὶ κατὰ θυμόν,
ἢ τί βαρὺ στενάχεις ὠχρός τέ σε εἷλε παρειάς.

ΖΕΥΣ Οὐκ ἔστιν οὐδὲν δεινὸν ὧδ' εἰπεῖν ἔπος,
οὐδὲ πάθος οὐδὲ συμφορὰ τραγῳδική,
ἧς οὐκ ἂν ἄραιτ' ἄχθος ἢ θεῶν φύσις.

ΑΘΗΝΗ Ἄπολλον, οἵοις φροιμίοις ἄρχῃ λόγων ;
ΖΕΥΣ Ὦ παγκάκιστοι, χθόνια γῆς παιδεύματα,
σύ τ', ὦ Προμηθεῦ, οἷά μ' εἴργασαι κακά.

---

7. Allusion bien sûr aux allées et venues des Péripatéticiens.

8. Aristophane se moquait déjà du teint pâle des disciples de Socrate (*Nuées*, 103 sq.).

9. L'épithète γλαύκωπις, appliquée traditionnellement à Athéna*, est diversement interprétée : aux yeux brillants (par opposition au regard humide d'Aphrodite*), aux yeux pers (entre le bleu et le vert), ou lié à la chouette, emblème d'Athéna* et signe que portaient les monnaies athéniennes.

10. Épiclèse d'Athéna* dans les poèmes d'Homère, dont le sens est discuté : née près du lac Triton (en Libye), de la source Triton (en Arcadie) ou du Triton (en Béotie), ou le troisième jour ? On propose aussi trois fois fille (vraie fille) de son père.

ZEUS TRAGÉDIEN

1. HERMÈS – *Pourquoi cet air pensif, ô Zeus*, ces*
[monologues ?
Tu vas et viens tout pâle[7] *– un teint de philosophe*[8].
Repose-toi sur moi, prends-moi pour conseiller
Du tourment qui t'étreint. Ne méprise donc point
D'un serviteur le bavardage.
ATHÉNA –   *Oui notre père*
Ô toi fils de Cronos*, ô prince des puissants
Je te prends les genoux, déesse aux yeux de chouette[9],
Tritogénie[10]. *Allons, parle. Ne garde rien*
Par devers toi. Il faut que nous sachions bientôt
Quel penser te dévore en ton âme et ton cœur,
Pourquoi tu gémis fort et pourquoi la pâleur
A envahi ta joue.
ZEUS –   *Il n'existe aucun mot,*
Aussi terrible à dire, aucune catastrophe
Aucun malheur tragique, aucun fardeau si lourd
Impossible à porter pour un être divin…
ATHÉNA – *Par Apollon* ! quel préambule à ton*
[discours ?
ZEUS – *Scélérats, souterrains disciples de la terre,*
Et toi, quels maux tu m'as causés, ô Prométhée*[11] *!*

---

11. En créant et instruisant les hommes (voir le dialogue *Prométhée*).

ΑΘΗΝΗ *Τί δ' ἐστί ; Πρὸς χορὸν γὰρ οἰκείων ἐρεῖς.*

ΖΕΥΣ *Ὦ μεγαλοσμαράγου στεροπᾶς ῥοίζημα, τί ῥέξεις ;*
ΗΡΑ Κοίμισον ὀργάν, εἰ μὴ κωμῳδίαν, ὦ Ζεῦ, δυνά-
μεθα ὑποκρίνεσθαι μηδὲ ῥαψῳδεῖν ὥσπερ οὗτοι μηδὲ τὸν
Εὐριπίδην ὅλον καταπεπώκαμεν, ὥστε σοι ὑποτραγῳδεῖν.
2 Ἀγνοεῖν ἡμᾶς νομίζεις τὴν αἰτίαν τῆς λύπης ἥτις ἐστίν ;
ΖΕΥΣ *Οὐκ οἶσθ', ἐπεί τοι κἂν ἐκώκυες μέγα.*

ΗΡΑ Οἶδα τὸ κεφάλαιον αὐτὸ ὧν πάσχεις ὅτι ἐρωτικόν
ἐστιν· οὐ μὴν κωκύω γε ὑπὸ ἔθους, ἤδη πολλάκις
ὑβρισθεῖσα ὑπὸ σοῦ τὰ τοιαῦτα. Εἰκὸς γοῦν ἤτοι Δανάην
τινὰ ἢ Σεμέλην ἢ Εὐρώπην αὖθις εὑρόντα σε ἀνιᾶσθαι ὑπὸ
τοῦ ἔρωτος, εἶτα βουλεύεσθαι ταῦρον ἢ σάτυρον ἢ χρυσὸν
γενόμενον ῥυῆναι διὰ τοῦ ὀρόφου εἰς τὸν κόλπον τῆς
ἀγαπωμένης· τὰ σημεῖα γὰρ ταῦτα, οἱ στεναγμοὶ καὶ τὰ
δάκρυα καὶ τὸ ὠχρὸν εἶναι, οὐκ ἄλλου του ἢ ἔρωτός ἐστιν.

ΖΕΥΣ Ὦ μακαρία, ἥτις ἐν ἔρωτι καὶ ταῖς τοιαύταις
παιδιαῖς οἴει τὰ πράγματα ἡμῖν εἶναι.

ΗΡΑ Ἀλλὰ τί ἄλλο, εἰ μὴ τοῦτο, ἀνιᾷ σε Δία ὄντα ;

3 **ΖΕΥΣ** Ἐν ἐσχάτοις, ὦ Ἥρα, τὰ θεῶν πράγματα, καὶ
τοῦτο δὴ τὸ τοῦ λόγου, ἐπὶ ξυροῦ ἔστηκεν εἴτε χρὴ τιμᾶσθαι
ἡμᾶς ἔτι καὶ τὰ γέρα ἔχειν τὰν τῇ γῇ εἴτε καὶ ἠμελῆσθαι
παντάπασι καὶ τὸ μηδὲν εἶναι δοκεῖν.

ΗΡΑ Μῶν ἢ γίγαντάς τινας αὖθις ἡ γῆ ἔφυσεν, ἢ οἱ
Τιτᾶνες τὰ δεσμὰ διαρρήξαντες καὶ τῆς φρουρᾶς ἐπικρατή-
σαντες αὖθις ἡμῖν ἐναντία αἴρονται τὰ ὅπλα ;

---

12. Zeus* se transforma en satyre pour séduire Antiope*, en taureau pour Europe*, en pluie d'or pour Danaé*, en cygne pour Léda*,
en aigle pour Ganymède*.

13. Les Titans*, fils d'Ouranos* et de Gaïa* se révoltèrent contre
les Olympiens et furent enchaînés par eux dans les profondeurs de la
terre. Les Géants* furent conçus par Gaïa* du sang et du sperme qui

ATHÉNA – *Lesquels ? Tu le diras au chœur de tes*
                                                    [intimes.
ZEUS – *Sifflement de l'éclair au vacarme sonore*
À quoi serviras-tu ?

HÉRA – Calme ta colère puisque nous ne pouvons
jouer la comédie, Zeus*, ni réciter de l'épopée comme
eux, et que nous n'avons pas avalé tout Euripide pour
pouvoir te répondre sur le mode tragique. 2. Penses-tu
que nous ignorions quelle est la cause de ton chagrin ?

ZEUS – *Tu ne la connais point, sinon tu gémirais.*

HÉRA – Je sais que le principal sujet de tes préoccu-
pations est d'ordre amoureux. Et je ne gémis pas, car je
suis habituée : tu m'as si souvent outragée. Il est donc
probable que tu as encore trouvé une Danaé*, une
Sémélé* ou une Europe*, que tu es tourmenté par
l'amour, et que tu as l'intention de te faire taureau,
satyre ou pluie d'or pour te répandre à travers le toit
sur le sein de ta bien-aimée [12]. Car tes symptômes – le
gémissement, les pleurs, la pâleur – ne signalent rien
d'autre que l'amour.

ZEUS – Tu as bien de la chance, si tu imagines que
nous nous soucions d'amour et d'enfantillages de ce
genre.

HÉRA – Mais qu'est-ce qui peut te chagriner
d'autre, puisque tu es Zeus* ?

3. ZEUS – Les affaires des dieux, Héra*, sont dans
une situation critique : elles sont sur le fil du rasoir,
comme on dit. Allons-nous continuer à être vénérés et
conserver les honneurs qu'on nous rend sur la terre, ou
être complètement négligés et compter pour rien ?

HÉRA – La terre a-t-elle de nouveau enfanté des
Géants* ? Ou les Titans*, ayant rompu leurs liens et
soumis leurs gardiens, lèvent-ils de nouveau les armes
contre nous [13] ?

---

coulaient de la blessure d'Ouranos* quand il fut castré par Cronos*.
Ils voulurent venger les Titans* et furent pareillement vaincus.

ΖΕΥΣ Θάρσει, τὰ νέρθεν ἀσφαλῶς ἔχει θεοῖς.

ΗΡΑ Τί οὖν ἄλλο δεινὸν ἂν γένοιτο ; Οὐχ ὁρῶ γάρ, ὅτε μὴ τὰ τοιαῦτα παραλυποῖ, ἐφ' ὅτῳ Πῶλος ἢ Ἀριστόδημος ἀντὶ Διὸς ἡμῖν ἀναπέφηνας.

4 ΖΕΥΣ Τιμοκλῆς, ὦ Ἥρα, ὁ Στωϊκὸς καὶ Δᾶμις ὁ Ἐπικούρειος χθές, οὐκ οἶδα ὅθεν σφίσιν ἀρξαμένου τοῦ λόγου, προνοίας πέρι διελεγέσθην παρόντων μάλα συχνῶν καὶ δοκίμων ἀνθρώπων, ὅπερ μάλιστα ἠνίασέ με· καὶ ὁ μὲν Δᾶμις οὔτ' εἶναι θεοὺς ἔφασκεν, οὔτε ὅλως τὰ γινόμενα ἐπισκοπεῖν ἢ διατάττειν, ὁ Τιμοκλῆς δὲ ὁ βέλτιστος ἐπειρᾶτο ξυναγωνίζεσθαι ἡμῖν· εἶτα ὄχλου πολλοῦ ἐπιρρυέντος οὐδὲν πέρας ἐγένετο τῆς συνουσίας· διελύθησαν γὰρ εἰσαῦθις ἐπισκέψεσθαι τὰ λοιπὰ συνθέμενοι, καὶ νῦν μετέωροι πάντες εἰσίν, ὁπότερος κρατήσει καὶ ἀληθέστερα δόξει λέγειν. Ὁρᾶτε τὸν κίνδυνον, ὡς ἐν στενῷ παντάπασι τὰ ἡμέτερα, ἐν ἑνὶ ἀνδρὶ κινδυνευόμενα ; Καὶ δυοῖν θάτερον ἢ παρεῶσθαι ἀνάγκη ὀνόματα μόνον εἶναι δόξαντας, ἢ τιμᾶσθαι ὥσπερ πρὸ τοῦ, ἢν ὁ Τιμοκλῆς ὑπέρσχῃ λέγων.

5 ΗΡΑ Δεινὰ ταῦτα ὡς ἀληθῶς, καὶ οὐ μάτην, ὦ Ζεῦ, ἐπετραγῴδεις αὐτοῖς.

ΖΕΥΣ Σὺ δὲ ᾤου Δανάης τινὸς ἢ Ἀντιόπης εἶναι ἐμοὶ λόγον ἐν ταράχῳ τοσούτῳ. Τί δ' οὖν, ὦ Ἑρμῆ καὶ Ἥρα καὶ Ἀθηνᾶ, πράττοιμεν ἄν ; Συνευρίσκετε γὰρ καὶ αὐτοὶ τὸ μέρος.

ΕΡΜΗΣ Ἐγὼ μὲν ἐπὶ τὸ κοινόν φημι δεῖν τὴν ἐπίσκεψιν ἐπανενεγκεῖν ἐκκλησίαν συναγαγόντα.

ZEUS – *Rassure-toi. D'en bas les dieux n'ont rien à
[craindre.*

HÉRA – Alors quel autre danger pourrait-il y
avoir ? Si rien de tel ne t'inquiète, je ne vois pas pourquoi tu as pris l'apparence de Polos ou d'Aristodémos [14] et non de Zeus*.

ZEUS – Sache, Héra*, qu'hier le stoïcien Timoclès
et l'épicurien Damis (j'ignore quel était le point de
départ de leur discussion) débattaient de la Providence
en présence de très nombreux notables – ce qui m'a
vivement contrarié. Damis prétendait que les dieux
n'existent pas et, de manière générale, qu'ils
n'ordonnent ni ne dirigent les événements, tandis que
l'excellent Timoclès essayait de combattre pour nous.
Ensuite, comme une grande foule s'était rassemblée, ils
ne poussèrent pas plus loin leur entretien : ils se sépa-
rèrent, après être convenus d'examiner plus tard le reste
de la question. Et maintenant tout le monde est impa-
tient de savoir lequel sera vainqueur et jugé comme
ayant l'avis le plus vrai. Vous voyez le danger et combien nos affaires sont mal engagées, puisque elles
dépendent d'un seul homme. De deux choses l'une :
nous devons soit être chassés, si l'on juge que nous ne
sommes que des mots, soit maintenus dans nos honneurs précédents, si l'avis de Timoclès l'emporte.

5. HÉRA – Ce que tu dis est vraiment terrible ; tu
n'avais pas tort, Zeus*, d'en parler sur le mode
tragique.

ZEUS – Et tu croyais, toi, que c'était la pensée d'une
Danaé* ou d'une Antiope* qui me plongeait dans un si
grand trouble ? Eh bien, que devons-nous faire,
Hermès*, Héra* et Athéna* ? Cherchez avec moi :
apportez votre contribution vous aussi.

HERMÈS – Pour moi, je suis d'avis de porter la
question devant le public en convoquant une assemblée.

---

14. Célèbres acteurs tragiques du IVe siècle avant J.-C.

ΗΡΑ Κἀμοὶ ταῦτα συνδοκεῖ ἅπερ καὶ τούτῳ.

ΑΘΗΝΗ Ἀλλ' ἐμοὶ τἀναντία δοκεῖ, ὦ πάτερ, καὶ μὴ συνταράττειν τὸν οὐρανὸν μηδὲ δῆλον εἶναί σε θορυβούμενον τῷ πράγματι, πράττειν δὲ ἰδίᾳ ταῦτα ἐξ ὧν κρατήσει μὲν ὁ Τιμοκλῆς λέγων, ὁ Δᾶμις δὲ καταγελασθεὶς ἄπεισιν ἐκ τῆς συνουσίας.

ΕΡΜΗΣ Ἀλλ' οὔτε ἀγνοήσεται ταῦτα, ὦ Ζεῦ, ἐν φανερῷ ἐσομένης τῆς ἔριδος τοῖς φιλοσόφοις, καὶ σὺ δόξεις τυραννικὸς εἶναι μὴ κοινούμενος περὶ τῶν οὕτω μεγάλων καὶ κοινῶν ἅπασιν.

6 ΖΕΥΣ Οὐκοῦν ἤδη κήρυττε καὶ παρέστωσαν ἅπαντες· ὀρθῶς γὰρ λέγεις.

ΕΡΜΗΣ Ἰδοὺ δὴ εἰς ἐκκλησίαν συνέλθετε οἱ θεοί· μὴ μέλλετε, συνέλθετε πάντες, ἥκετε, περὶ μεγάλων ἐκκλησιάσωμεν.

ΖΕΥΣ Οὕτω ψιλά, ὦ Ἑρμῆ, καὶ ἁπλοϊκὰ καὶ πεζὰ κηρύττεις, καὶ ταῦτα ἐπὶ τοῖς μεγίστοις συγκαλῶν ;

ΕΡΜΗΣ Ἀλλὰ πῶς γάρ, ὦ Ζεῦ, ἀξιοῖς ;

ΖΕΥΣ Ὅπως ἀξιῶ ; Ἀποσεμνῦναί φημι δεῖν τὸ κήρυγμα μέτροις τισὶ καὶ μεγαλοφωνίᾳ ποιητικῇ, ὡς μᾶλλον συνέλθοιεν.

ΕΡΜΗΣ Ναί. Ἀλλὰ ἐποποιῶν, ὦ Ζεῦ, καὶ ῥαψῳδῶν τὰ τοιαῦτα, ἐγὼ δὲ ἥκιστα ποιητικός εἰμι· ὥστε διαφθερῶ τὸ κήρυγμα, ὑπέρμετρα ἢ ἐνδεᾶ συνείρων, καὶ γέλως ἔσται παρ' αὐτῶν ἐπὶ τῇ ἀμουσίᾳ τῶν ἐπῶν· ὁρῶ γοῦν καὶ τὸν Ἀπόλλω γελώμενον ἐπ' ἐνίοις τῶν χρησμῶν, καίτοι ἐπικρυπτούσης τὰ πολλὰ τῆς ἀσαφείας, ὡς μὴ πάνυ σχολὴν ἄγειν τοὺς ἀκούοντας ἐξετάζειν τὰ μέτρα.

ΖΕΥΣ Οὐκοῦν, ὦ Ἑρμῆ, τῶν Ὁμήρου ἐπῶν ἐγκαταμίγνυε τὰ πολλὰ τῷ κηρύγματι, ὡς ἐκεῖνος ἡμᾶς συνεκάλει· μεμνῆσθαι δέ σε εἰκός.

HÉRA – Moi aussi : je suis du même avis.

ATHÉNA – Et moi, je suis de l'avis contraire, père : ne pas bouleverser le ciel, ne pas montrer que tu es atteint par cette histoire, mais t'arranger discrètement pour que l'opinion de Timoclès l'emporte, et que Damis quitte la réunion après s'être ridiculisé.

HERMÈS – Mais cela se saura, Zeus*, puisque la dispute des philosophes aura lieu au grand jour. Tu passeras pour un tyran, si tu ne communiques pas des faits aussi graves, qui concernent tout le monde.

6. ZEUS – Eh bien, fais la proclamation tout de suite [15], et que tous se présentent : tu as raison.

HERMÈS – Holà, dieux ! Réunissez-vous en assemblée. Ne tardez pas, réunion générale. Venez. Notre assemblée va régler des questions importantes.

ZEUS – Voilà une proclamation bien dépouillée, Hermès*, bien simple et prosaïque, alors que la convocation porte sur des affaires aussi graves.

HERMÈS – Eh bien, comment la veux-tu, Zeus* ?

ZEUS – Comment je la veux ? Je dis qu'il faut lui donner de la solennité, avec des vers et une emphase poétique, pour mieux les faire venir.

HERMÈS – Oui. Mais c'est l'affaire des poètes épiques et des rhapsodes. Je ne possède pas le moindre don pour la poésie. Je risque de gâter la proclamation en enchaînant des vers trop longs ou trop courts, et de faire rire les dieux par la maladresse de mes vers. Je constate d'ailleurs que même Apollon* prête à rire par certains de ses oracles : et pourtant, comme l'obscurité les recouvre en général, les auditeurs n'ont guère le loisir d'en vérifier la métrique.

ZEUS – Alors, mêle à ta proclamation, Hermès*, beaucoup de vers d'Homère, comme lorsqu'il nous invoquait. Tu dois t'en souvenir.

_____

15. Une des fonctions d'Hermès* est d'être le héraut de Zeus*.

ΕΡΜΗΣ Οὐ πάνυ μὲν οὕτω σαφῶς καὶ προχείρως· πειράσομαι δὲ ὅμως.

Μήτε τις οὖν θήλεια θεὸς ... μήτε τις ἄρσην,
μηδ' αὖ τῶν ποταμῶν μενέτω νόσφ' Ὠκεανοῖο
μηδέ τε νυμφάων, ἀλλ' ἐς Διὸς ἔλθετε πάντες
εἰς ἀγορήν, ὅσσοι τε κλυτὰς δαίνυσθ' ἑκατόμβας,
ὅσσοι τ' αὖ μέσατοι ἢ ὕστατοι ἢ μάλα πάγχυ
νώνυμνοι βωμοῖσι παρ' ἀκνίσοισι κάθησθε.

7 ΖΕΥΣ Εὖ γε, ὦ Ἑρμῆ, ἄριστα κεκήρυκταί σοι, καὶ συνίασι γὰρ ἤδη· ὥστε παραλαμβάνων κάθιζε αὐτοὺς κατὰ τὴν ἀξίαν ἕκαστον, ὡς ἂν ὕλης ἢ τέχνης ἔχῃ, ἐν προεδρίᾳ μὲν τοὺς χρυσοῦς, εἶτα ἐπὶ τούτοις τοὺς ἀργυροῦς, εἶτα ἑξῆς ὅσοι ἐλεφάντινοι, εἶτα τοὺς χαλκοῦς ἢ λιθίνους, καὶ ἐν αὐτοῖς τούτοις οἱ Φειδίου μὲν ἢ Ἀλκαμένους ἢ Μύρωνος ἢ Εὐφράνορος ἢ τῶν ὁμοίων τεχνιτῶν προτετιμήσθων, οἱ συρφετώδεις δὲ οὗτοι καὶ ἄτεχνοι πόρρω που συνωσθέντες σιωπῇ ἀναπληρούντων μόνον τὴν ἐκκλησίαν.

ΕΡΜΗΣ Ἔσται ταῦτα καὶ καθεδοῦνται ὡς προσῆκεν. Ἀλλ' ἐκεῖνο οὐ χεῖρον εἰδέναι, ἤν τις αὐτῶν χρυσοῦς μὲν καὶ πολυτάλαντος ᾖ τὴν ὁλκήν, οὐκ ἀκριβὴς δὲ τὴν ἐργασίαν, ἀλλὰ κομιδῇ ἰδιωτικὸς καὶ ἀσύμμετρος, πρὸ τῶν χαλκῶν τῶν Μύρωνος καὶ Πολυκλείτου καὶ τῶν Φειδίου καὶ Ἀλκαμένους τῶν λιθίνων καθέζηται ἢ προτιμοτέραν χρὴ νομίζειν εἶναι τὴν τέχνην ;

ΖΕΥΣ Ἐχρῆν μὲν οὕτως, ἀλλ' ὁ χρυσὸς ὅμως προτιμητέος.

ΕΡΜΗΣ Μανθάνω· πλουτίνδην κελεύεις ἀλλὰ μὴ ἀριστίνδην καθίζειν, καὶ ἀπὸ τιμημάτων· ἥκετε οὖν εἰς τὴν

---

16. Il manque des syllabes au vers ; Hermès* nous a prévenus de ses difficultés avec la poésie.

17. Phidias, Alcamène et Myron sont trois célèbres sculpteurs du Vᵉ siècle.

18. Peintre et sculpteur du IVᵉ siècle.

HERMÈS – Pas avec assez de clarté ni d'aisance. Je vais essayer quand même.

Qu'aucun dieu ta ta ta [16] *ni femelle ni mâle,*
Qu'aucun fleuve non plus ne demeure en sa place,
Océan excepté, ni aucune des nymphes.
Rendez-vous tous chez Zeus*, venez à l'assemblée,
Vous tous qui avez part aux nobles hécatombes,
Et vous qui au milieu ou qui au dernier rang,
Anonymes, siégez près d'autels sans fumée.

7. ZEUS – Bravo, Hermès*, tu as fait une excellente proclamation. Les voici déjà qui se rassemblent. Accueille-les donc, fais asseoir chacun selon sa valeur, en fonction de sa matière ou de sa facture. Aux places d'honneur les dieux en or ; ensuite, derrière eux, les dieux en argent ; immédiatement après, tous ceux en ivoire, puis ceux de bronze et de marbre ; parmi ces derniers, que ceux de Phidias, d'Alcamène, de Myron [17], d'Euphranor [18] ou de pareils artistes aient la préséance, tandis que les dieux vulgaires et sans art seront entassés quelque part plus loin, garderont le silence et serviront seulement à compléter l'assemblée.

HERMÈS – Ce sera fait : ils s'assiéront comme il convient. Mais il ne serait pas mauvais que je sache encore la chose suivante. Un dieu en or et pesant plusieurs talents [19], qui n'est pas d'une exécution rigoureuse, mais grossier et mal proportionné, devra-t-il s'asseoir devant les bronzes de Myron et de Polyclète [20], devant les marbres de Phidias et d'Alcamène ? Ou faut-il considérer que l'art est plus précieux ?

ZEUS – C'est ce qu'il faudrait. Pourtant l'or doit l'emporter.

HERMÈS – Je comprends. Tu m'ordonnes de les faire asseoir en les classant par ordre de richesse, non

---

19. La plus grosse unité monétaire, dont le poids valait soixante mines.

20. Célèbre sculpteur du Ve siècle.

προεδρίαν ὑμεῖς οἱ χρυσοῖ. 8 Ἐοίκασι δ'οὖν, ὦ Ζεῦ, οἱ βαρβαρικοὶ προεδρεύσειν μόνοι· ὡς τούς γε Ἕλληνας ὁρᾷς ὁποῖοί εἰσιν, χαρίεντες μὲν καὶ εὐπρόσωποι καὶ κατὰ τέχνην ἐσχηματισμένοι, λίθινοι δὲ ἢ χαλκοῖ ὅμως ἅπαντες ἢ οἵ γε πολυτελέστατοι αὐτῶν ἐλεφάντινοι ὀλίγον ὅσον τοῦ χρυσοῦ ἐπιστίλβον ἔχοντες, ὡς ἐπικεχράνθαι καὶ ἐπηυγάσθαι μόνον, τὰ δὲ ἔνδον ὑπόξυλοι καὶ οὗτοι, μυῶν ἀγέλας ὅλας ἐμπολιτευομένας σκέποντες· ἡ Βενδῖς δὲ αὕτη καὶ ὁ Ἄνουβις ἐκεῖνος καὶ παρ' αὐτὸν ὁ Ἄττης καὶ ὁ Μίθρης καὶ ὁ Μὴν ὁλόχρυσοι καὶ βαρεῖς καὶ πολυτίμητοι.

9 ΠΟΣΕΙΔΩΝ Ὡς ἀληθῶς τοῦτο, ὦ Ἑρμῆ, δίκαιον, τὸν κυνοπρόσωπον τοῦτον προκαθίζειν μου τὸν Αἰγύπτιον, καὶ ταῦτα Ποσειδῶνος ὄντος ;

ΕΡΜΗΣ Ναί, ἀλλὰ σὲ μέν, ὦ ἐννοσίγαιε, χαλκοῦν ὁ Λύσιππος καὶ πτωχὸν ἐποίησεν, οὐκ ἐχόντων τότε Κορινθίων χρυσόν· οὗτος δὲ ὅλοις μετάλλοις πλουσιώτερός ἐστιν. Ἀνέχεσθαι οὖν χρὴ παρεωσμένον, καὶ μὴ ἀγανακτεῖν εἴ τις ῥῖνα τηλικαύτην χρυσῆν ἔχων προτετιμήσεταί σου.

10 ΑΦΡΟΔΙΤΗ Οὐκοῦν, ὦ Ἑρμῆ, κἀμὲ λαβὼν ἐν τοῖς προέδροις που κάθιζε· χρυσῆ γάρ εἰμι.

ΕΡΜΗΣ Οὐχ ὅσα γε, ὦ Ἀφροδίτη, κἀμὲ ὁρᾶν, ἀλλ' εἰ μὴ πάνυ λημῶ, λίθου τοῦ λευκοῦ, Πεντέληθεν, οἶμαι, λιθοτομηθεῖσα, εἶτα δόξαν οὕτω Πραξιτέλει Ἀφροδίτη γενομένη Κνιδίοις παρεδόθης.

---

21. Déesse thrace, évoquée dans les premières pages de la *République* de Platon.
22. Divinité lunaire des Pisidiens.
23. Il s'agit d'Anubis*.
24. Épithète homérique de Poséidon*.
25. Célèbre sculpteur du IVe siècle.
26. Littéralement : il est plus riche que toi de mines entières : nous glosons légèrement pour éviter la confusion entre μνᾶ, l'unité monétaire et de poids, et μέταλλον, la mine creusée dont il s'agit ici.

de mérite, en fonction de leur valeur marchande. Venez donc au premier rang, vous les dieux en or. 8. Mais il me semble, Zeus*, qu'il n'y aura que les barbares aux premiers rangs. Car pour les Grecs, tu vois comme ils sont : gracieux, dotés d'un beau visage et représentés avec art, mais tous en marbre ou en bronze, ou pour les plus riches, en ivoire, avec une toute petite quantité d'or brillant, juste assez pour leur donner un enduit et un éclat superficiels, mais à l'intérieur, ils sont en bois, eux, et abritent des troupeaux entiers de souris qui y ont établi leurs cités. Mais cette Bendis[21] que voici, cet Anubis* que voilà, et près de lui Attis*, Mithra* et Mèn[22] sont en or massif, lourds et très précieux.

9. POSÉIDON – En vérité, Hermès*, est-il juste que cet Égyptien au visage de chien[23] s'assoie devant moi, alors que je suis Poséidon* ?

HERMÈS – Non, Ébranleur de la terre[24], mais c'est que Lysippe[25] t'a fait en bronze et pauvre, car les Corinthiens n'avaient pas d'or en ce temps-là. Pour lui, on en a épuisé des mines entières[26] : il est bien plus riche que toi. Tu dois donc accepter d'être écarté et ne pas t'irriter qu'on te préfère un dieu pourvu d'un aussi grand museau en or.

10. APHRODITE – Dans ces conditions, Hermès*, fais-moi asseoir, moi aussi, quelque part dans les premiers rangs : je suis d'or[27].

HERMÈS – Tu ne l'es pas, Aphrodite*, autant que je peux le voir ; à moins que je ne sois complètement myope, tu as été taillée dans du marbre blanc, en provenance du Pentélique, je crois. Ensuite, parce que Praxitèle en a décidé ainsi, tu es devenue Aphrodite* et tu as été donnée aux Cnidiens[28].

---

27. Elle prend au sens propre l'expression « Aphrodite* d'or » qu'Homère emploie au sens figuré.

28. L'Aphrodite de Cnide, œuvre de Praxitèle (sculpteur du IVe siècle), était très célèbre.

ΑΦΡΟΔΙΤΗ Καὶ μὴν ἀξιόπιστόν σοι μάρτυρα τὸν Ὅμηρον παρέξομαι ἄνω καὶ κάτω τῶν ῥαψῳδιῶν χρυσῆν με τὴν Ἀφροδίτην εἶναι λέγοντα.

ΕΡΜΗΣ Καὶ γὰρ τὸν Ἀπόλλω ὁ αὐτὸς πολύχρυσον ἔφη εἶναι καὶ πλούσιον· ἀλλὰ νῦν ὄψει κἀκεῖνον ἐν τοῖς ζευγίταις που καθήμενον, ἀπεστεφανωμένον γε ὑπὸ τῶν λῃστῶν καὶ τοὺς κόλλοπας τῆς κιθάρας περισεσυλημένον. Ὥστε ἀγάπα καὶ σὺ μὴ πάνυ ἐν τῷ θητικῷ ἐκκλησιάζουσα.

11 **ΚΟΛΟΣΣΟΣ ΡΟΔΙΩΝ** Ἐμοὶ δὲ τίς ἂν ἐρίσαι τολμήσαι Ἡλίῳ τε ὄντι καὶ τηλικούτῳ τὸ μέγεθος ; Εἰ γοῦν μὴ ὑπερφυᾶ μηδὲ ὑπέρμετρον οἱ Ῥόδιοι κατασκευάσασθαί με ἠξίωσαν, ἀπὸ τοῦ ἴσου τελέσματος ἑκκαίδεκα χρυσοῦς θεοὺς ἐπεποίηντο ἄν· ὥστε ἀνάλογον πολυτελέστερος ἂν νομιζοίμην. Καὶ πρόσεστιν ἡ τέχνη καὶ τῆς ἐργασίας τὸ ἀκριβὲς ἐν μεγέθει τοσούτῳ.

ΕΡΜΗΣ Τί, ὦ Ζεῦ, χρὴ ποιεῖν ; Δύσκριτον γὰρ ἐμοὶ γοῦν τοῦτο· εἰ μὲν γὰρ ἐς τὴν ὕλην ἀποβλέποιμι, χαλκός ἐστιν, εἰ δὲ λογιζοίμην ἀφ' ὁπόσων ταλάντων κεχάλκευται, ὑπὲρ τοὺς πεντακοσιομεδίμνους ἂν εἴη.

ΖΕΥΣ Τί γὰρ ἔδει παρεῖναι καὶ τοῦτον ἐλέγξοντα τὴν τῶν ἄλλων μικρότητα καὶ ἐνοχλήσοντα τῇ καθέδρᾳ ; Πλὴν ἀλλ', ὦ Ῥοδίων ἄριστε, εἰ καὶ ὅτι μάλιστα προτιμητέος εἶ τῶν χρυσῶν, πῶς ἂν καὶ προεδρεύοις, εἰ μὴ δεήσει ἀναστῆναι πάντας ὡς μόνος καθέζοιο, τὴν Πνύκα ὅλην θατέρα τῶν πυγῶν ἐπιλαβών ; Ὥστε ἄμεινον ποιήσεις ὀρθοστάδην ἐκκλησιάζων, ἐπικεκυφὼς τῷ συνεδρίῳ.

---

29. Troisième classe de citoyens, selon la classification établie par Solon en fonction du revenu.

30. Lucien évoque dans de nombreuses œuvres les vols subis par les statues des dieux : les boucles de Zeus à Olympie (*Timon*, 4), une chevelure en or, arrachée à la statue des Dioscures (*Le Banquet ou les Lapithes*, 32).

31. Quatrième classe censitaire, regroupant les Athéniens les plus pauvres.

32. Dressé vers 292 av. J.-.C, détruit par un séisme vers 224, il était haut d'une trentaine de mètres et avait coûté 300 talents.

APHRODITE – Pourtant je te citerai un témoin digne de foi, Homère, qui dit partout dans ses rhapsodies que je suis Aphrodite* d'or.

HERMÈS – Et le même poète a dit qu'Apollon* possède beaucoup d'or et qu'il est riche. Mais tu le verras maintenant lui aussi assis quelque part parmi les zeugites [29], car des brigands l'ont dépouillé de sa couronne et ont fait main basse sur les clés de sa cithare [30]. Estime-toi donc heureuse de ne pas assister toi aussi à l'assemblée avec les thètes [31].

11. LE COLOSSE DE RHODES [32] – Qui oserait rivaliser avec moi, qui suis Hélios* et d'une taille tellement grande ? Si les Rhodiens n'avaient pas voulu me donner une dimension extraordinaire et démesurée, ils auraient pu avec la même somme se faire fabriquer seize dieux en or : je devrais donc, en proportion, être jugé beaucoup plus précieux. À cela s'ajoutent l'art et la précision du travail dans une œuvre aussi grande.

HERMÈS – Que faut-il faire, Zeus* ? J'ai du mal à me décider : si je regarde la matière, c'est du bronze, si je réfléchis au nombre de talents dépensés pour le fondre, il devrait être au-dessus des plus riches [33].

ZEUS – Pourquoi fallait-il qu'il vienne aussi, celui-là, pour souligner la petitesse des autres et déranger l'assistance ? Quoi qu'il en soit, ô le meilleur des Rhodiens, même si tu mérites au plus haut point d'être préféré aux dieux en or, comment pourrais-tu être au premier rang, à moins d'obliger tout le monde à se lever pour que tu sois seul à t'asseoir : avec une seule de tes fesses, tu occupes la Pnyx entière [34]. Tu feras donc mieux d'assister à l'assemblée debout, en te penchant sur l'assistance.

---

33. Littéralement : ceux qui sont riches de 500 médimnes ; revenu des citoyens de la première classe censitaire à Athènes.

34. Il y a peut-être un jeu de mot entre la Pnyx et le mot πυγή (fesse).

12 ΕΡΜΗΣ Ἰδοὺ πάλιν ἄλλο δύσλυτον καὶ τοῦτο·
χαλκῷ μὲν γὰρ ἀμφοτέρω ἐστὸν καὶ τέχνης τῆς αὐτῆς,
Λυσίππου ἑκάτερον τὸ ἔργον, καὶ τὸ μέγιστον, ὁμοτίμω τὰ
ἐς γένος, ἅτε δὴ Διὸς παῖδε, ὁ Διόνυσος οὑτοσὶ καὶ
Ἡρακλῆς. Πότερος οὖν αὐτῶν προκαθίζει ; φιλονεικοῦσι
γάρ, ὡς ὁρᾷς.

ΖΕΥΣ Διατρίβομεν, ὦ Ἑρμῆ, πάλαι δέον ἐκκλησιάζειν·
ὥστε νῦν μὲν ἀναμὶξ καθιζέτωσαν, ἔνθα ἂν ἕκαστος ἐθέλῃ,
εἰσαῦθις δὲ ἀποδοθήσεται περὶ τούτων ἐκκλησία, κἀγὼ
εἴσομαι τότε ἥντινα χρὴ ποιήσασθαι τὴν τάξιν ἐπ' αὐτοῖς.

13 ΕΡΜΗΣ Ἀλλ', Ἡράκλεις, ὡς θορυβοῦσι τὰ κοινὰ
καὶ τὰ καθ' ἡμέραν ταῦτα βοῶντες, « Διανομάς · πολλοῦ
τὸ νέκταρ. Ἡ ἀμβροσία ἐπέλιπε. Ποῦ αἱ ἑκατόμβαι ; Κοινὰς
τὰς θυσίας. »

ΖΕΥΣ Κατασιώπησον αὐτούς, ὦ Ἑρμῆ, ὡς μάθωσιν
ὅτου ἕνεκα ξυνελέγησαν τοὺς λήρους τούτους ἀφέντες.

ΕΡΜΗΣ Οὐχ ἅπαντες, ὦ Ζεῦ, τὴν Ἑλλήνων συνιᾶσιν·
ἐγὼ δὲ οὐ πολύγλωσσός εἰμι, ὥστε καὶ Σκύθαις καὶ Πέρ-
σαις καὶ Θραξὶν καὶ Κελτοῖς συνετὰ κηρύττειν. Ἄμεινον
οὖν οἶμαι τῇ χειρὶ σημαίνειν καὶ παρακελεύεσθαι σιωπᾶν.

ΖΕΥΣ Οὕτω ποίει.

14 ΕΡΜΗΣ Εὖ γε, ἀφωνότεροι γεγένηνταί σοι τῶν
σοφιστῶν. Ὥστε ὥρα δημηγορεῖν. Ὁρᾷς ; Πάλαι πρὸς σὲ
ἀποβλέπουσι περιμένοντες ὅ τι καὶ ἐρεῖς.

ΖΕΥΣ Ἀλλ' ὅ γε πέπονθα, ὦ Ἑρμῆ, οὐκ ἂν ὀκνήσαιμι
πρὸς σὲ εἰπεῖν υἱὸν ὄντα. Οἶσθα ὅπως θαρραλέος ἀεὶ καὶ
μεγαληγόρος ἐν ταῖς ἐκκλησίαις ἦν.

ΕΡΜΗΣ Οἶδα καὶ ἐδεδίειν γε ἀκούων σου δημηγο-
ροῦντος, καὶ μάλιστα ὁπότε ἠπείλεις ἀνασπάσειν ἐκ βάθρων
τὴν γῆν καὶ τὴν θάλασσαν αὐτοῖς θεοῖς τὴν σειρὰν ἐκείνην
τὴν χρυσῆν καθείς.

---

12 HERMÈS – Voici encore un cas difficile à trancher, lui aussi. Tous deux sont en bronze et de la même facture, tous deux exécutés par Lysippe, et, qui plus est, ils se valent par la naissance, puisqu'ils sont tous deux fils de Zeus* : il s'agit de Dionysos* que voici et d'Héraclès*. Lequel des deux doit avoir la préséance ? Ils se disputent, comme tu vois.

ZEUS – Nous perdons du temps, Hermès*, alors que la séance devrait être commencée depuis longtemps. Qu'ils s'assoient donc maintenant en désordre, chacun où il veut. Nous organiserons plus tard une assemblée sur ces questions, et je saurai alors moi aussi quelle place il faut leur donner.

13 HERMÈS – Par Héraclès*, quel tapage ils font, en criant ensemble comme chaque jour : « Nos parts. Le nectar* est cher. On manque d'ambroisie*. Où sont les hécatombes ? Des sacrifices pour tous. »

ZEUS – Fais-les taire Hermès*. Qu'ils cessent de bavarder ainsi, afin qu'ils apprennent pourquoi on les a réunis.

HERMÈS – Ils ne comprennent pas tous le grec, Zeus*, et moi je ne suis pas polyglotte pour faire une proclamation que les Scythes, les Perses, les Thraces et les Celtes puissent comprendre. Mieux vaut, je crois, faire un signe de la main pour demander le silence.

ZEUS – Fais donc.

14. HERMÈS – Parfait, les voilà plus muets que les sophistes [35]. Il est donc temps de les haranguer. Il y a un moment, vois-tu, qu'ils ont les yeux fixés sur toi : ils attendent ce que tu vas dire.

ZEUS – Ce qui m'arrive, Hermès*… Je n'hésiterai pas à te le confier : tu es mon fils. Tu sais combien j'étais toujours assuré et brillant orateur dans les assemblées.

HERMÈS – Oui, et j'avais peur en t'écoutant nous haranguer, surtout quand tu nous menaçais d'arracher de leur fondations la terre et la mer, avec les dieux, en faisant descendre la fameuse chaîne en or [36].

ΖΕΥΣ Ἀλλὰ νῦν, ὦ τέκνον, οὐκ οἶδα εἴτε ὑπὸ μεγέθους τῶν ἐφεστώτων δεινῶν εἴτε καὶ ὑπὸ πλήθους τῶν παρόντων - πολυθεωτάτη γάρ, ὡς ὁρᾷς, ἡ ἐκκλησία - διατετάραγμαι τὴν γνώμην καὶ ὑπότρομός εἰμι καὶ ἡ γλῶττά μοι πεπεδημένη ἔοικεν· τὸ δὲ ἀτοπώτατον ἁπάντων, ἐπιλέλησμαι τὸ προοίμιον τῶν ὅλων, ὃ παρεσκευασάμην ὡς εὐπροσωποτάτη μοι ἡ ἀρχὴ γένοιτο πρὸς αὐτούς.

ΕΡΜΗΣ Ἀπολώλεκας, ὦ Ζεῦ, πάντα· οἱ δὲ ὑποπτεύουσι τὴν σιωπὴν καί τι ὑπέρμεγα κακὸν ἀκούσεσθαι προσδοκῶσιν, ἐφ' ὅτῳ σὺ διαμέλλεις.

ΖΕΥΣ Βούλει οὖν, ὦ Ἑρμῆ, τὸ Ὁμηρικὸν ἐκεῖνο προοίμιον ἀναρραψῳδήσω πρὸς αὐτούς ;

ΕΡΜΗΣ Τὸ ποῖον ;

ΖΕΥΣ Κέκλυτέ μευ πάντες τε θεοὶ πᾶσαί τε θέαιναι.

ΕΡΜΗΣ Ἄπαγε, ἱκανὰ καὶ πρὸς ἡμᾶς πεπαρῴδηταί σοι τὰ πρῶτα. Πλὴν εἰ δοκεῖ, τὸ μὲν φορτικὸν τῶν μέτρων ἄφες, σὺ δὲ τῶν Δημοσθένους δημηγοριῶν τῶν κατὰ φιλίππου ἥντινα ἐθέλεις σύνειρε, ὀλίγα ἐναλλάττων· οὕτω γοῦν οἱ πολλοὶ νῦν ῥήτορες ποιοῦσιν.

ΖΕΥΣ Εὖ λέγεις σύντομόν τινα ῥητορείαν καὶ ῥᾳδιουργίαν ταύτην εὔκαιρον τοῖς ἀπορουμένοις.

15 ΕΡΜΗΣ Ἄρξαι δ' οὖν ποτε.

ΖΕΥΣ Ἀντὶ πολλῶν ἄν, ὦ ἄνδρες θεοί, χρημάτων ὑμᾶς ἑλέσθαι νομίζω, εἰ φανερὸν γένοιτο ὑμῖν ὅ τι δή ποτε ἄρα τοῦτό ἐστιν ἐφ' ὅτῳ νῦν συνελέγητε. Ὅτε τοίνυν τοῦτο οὕτως ἔχει, προσήκει προθύμως ἀκροᾶσθαί μου λέγοντος. Ὁ μὲν οὖν παρὼν καιρός, ὦ θεοί, μονονουχὶ λέγει φωνὴν

---

37. Citation de PINDARE, *Olympiques*, 6, 4.

ZEUS – Eh bien, maintenant, mon enfant, je ne sais si c'est à cause de l'importance des dangers qui nous menacent, ou de la foule des assistants – car l'assemblée, comme tu vois, est bondée de dieux –, mon esprit est troublé, je tremble, j'ai l'impression que ma langue est entravée. Et le plus ennuyeux, de tout, j'ai oublié l'exorde de l'ensemble. Je l'avais pourtant bien préparé pour donner à mon commencement « le plus beau visage [37] ».

HERMÈS – Tu as tout gâché, Zeus*. Ton silence leur paraît suspect : ils s'attendent à apprendre un désastre effroyable, à cause de tes atermoiements.

ZEUS – Veux-tu donc, Hermès*, que je leur récite le fameux exorde homérique ?

HERMÈS – Lequel ?

ZEUS – *Écoutez-moi tous, dieux, et vous toutes,*
                                                    [déesses.

HERMÈS – Arrête ! Tu as suffisamment pastiché la poésie devant nous au début. S'il te plaît, laisse tomber cette versification laborieuse. Choisis, parmi les harangues de Démosthène contre Philippe, celle que tu veux, et débite-la avec quelques petits changements. C'est ainsi que font la plupart des orateurs de nos jours.

ZEUS – Tu fais bien de me rappeler cette éloquence expéditive et facile : une aubaine quand on ne sait que dire.

15. HERMÈS – Commence donc enfin.

ZEUS – Vous donneriez cher, je crois, messieurs les dieux, pour qu'on vous révèle quelle peut bien être précisément la raison pour laquelle vous avez été réunis aujourd'hui [38]. Puisque donc il en est ainsi, il convient que vous écoutiez avec attention mes paroles. La situation présente, ô dieux, prend presque la parole, pour

---

38. Pastiche du début de la première *Olynthienne* de Démosthène : l'accumulation de particules qui alourdit le texte est le fait de Lucien.

ἀφιεὶς ὅτι τῶν παρόντων ἐρρωμένως ἀντιληπτέον ὑμῖν ἐστιν, ἡμεῖς δὲ πάνυ ὀλιγώρως ἔχειν δοκοῦμεν πρὸς αὐτά. Βούλομαι δὲ ἤδη - καὶ γὰρ ἐπιλείπει ὁ Δημοσθένης - αὐτὰ ὑμῖν δηλῶσαι σαφῶς, ἐφ' οἷς διαταραχθεὶς συνήγαγον τὴν ἐκκλησίαν. Χθὲς γάρ, ὡς ἴστε, Μνησιθέου τοῦ ναυκλήρου θύσαντος τὰ σωτήρια ἐπὶ τῇ νηὶ ὀλίγου δεῖν ἀπολομένη περὶ τὸν Καφηρέα, εἱστιώμεθα ἐν Πειραιεῖ, ὁπόσους ἡμῶν ὁ Μνησίθεος ἐπὶ τὴν θυσίαν ἐκάλεσεν· εἶτα μετὰ τὰς σπονδὰς ὑμεῖς μὲν ἄλλος ἄλλην ἐτράπεσθε, ὡς ἑκάστῳ ἔδοξεν, ἐγὼ δὲ - οὐδέπω γὰρ πάνυ ὀψὲ ἦν - ἀνῆλθον ἐς τὸ ἄστυ ὡς περιπατήσαιμι τὸ δειλινὸν ἐν Κεραμεικῷ, ἐννοῶν ἅμα τοῦ Μνησιθέου τὴν μικρολογίαν, ὃς ἑκκαίδεκα θεοὺς ἑστιῶν ἀλεκτρυόνα μόνον κατέθυσε, γέροντα κἀκεῖνον ἤδη καὶ κορυζῶντα, καὶ λιβανωτοῦ χόνδρους τέτταρας εὖ μάλα εὐρωτιῶντας, ὡς αὐτίκα ἐπισβεσθῆναι τῷ ἄνθρακι, μηδὲ ὅσον ἄκρα τῇ ῥινὶ ὀσφραίνεσθαι τοῦ καπνοῦ παρασχόντας, καὶ ταῦτα ἑκατόμβας ὅλας ὑποσχόμενος ὁπότε ἡ ναῦς ἤδη προσεφέρετο τῷ σκοπέλῳ καὶ ἐντὸς ἦν τῶν ἑρμάτων.

16 Ἐπεὶ δὲ ταῦτα ἐννοῶν γίγνομαι κατὰ τὴν Ποικίλην, ὁρῶ πλῆθος ἀνθρώπων πάμπολυ συνεστηκός, ἐνίους μὲν ἔνδον ἐν αὐτῇ τῇ στοᾷ, πολλοὺς δὲ καὶ ἐν τῷ ὑπαίθρῳ, καί τινας βοῶντας καὶ διατεινομένους καὶ ἐπὶ τῶν θάκων καθημένους. Εἰκάσας οὖν ὅπερ ἦν, φιλοσόφους εἶναι τῶν ἐριστικῶν τούτων, ἐβουλήθην ἐπιστὰς ἀκοῦσαι αὐτῶν ὅ τι καὶ λέγουσιν· καὶ - ἔτυχον γὰρ νεφέλην τῶν παχειῶν περιβεβλημένος - σχηματίσας ἐμαυτὸν εἰς τὸν ἐκείνων τρόπον καὶ τὸν πώγωνα ἐπισπασάμενος εὖ μάλα ἐῴκειν φιλοσόφῳ· καὶ δὴ παραγκωνισάμενος τοὺς πολλοὺς εἰσέρχομαι ἀγνοούμενος ὅστις εἴην. Εὑρίσκω δὲ τὸν Ἐπικούρειον Δᾶμιν, τὸν ἐπίτριπτον, καὶ Τιμοκλέα τὸν Στωϊκόν, ἀνδρῶν βέλτιστον, ἐκθύμως πάνυ ἐρίζοντας· ὁ γοῦν Τιμοκλῆς καὶ ἵδρου καὶ

---

39. Cap au sud-est de l'Eubée.

40. Litt. aller et venir : allusion évidente aux Péripatéticiens.

41. C'est la στοά ποικίλη, le portique aux peintures (décoré au Vᵉ siècle par Polygnote, Micon et Parainos) au nord de l'agora, où se réunissaient les stoïciens et qui a donné son nom à l'école (le Portique).

42. C'est à partir des nuées que les dieux fabriquent des faux-semblants (voir *Hélène* et *Iphigénie en Tauride* d'EURIPIDE).

vous dire que vous devez vous inquiéter fortement des circonstances présentes, alors que nous avons l'air de les négliger totalement.

Je veux maintenant – car voici que mon Démosthène m'abandonne – vous exposer clairement ce qui m'a bouleversé et conduit à convoquer cette assemblée. Hier, comme vous savez, l'armateur Mnésithéos a offert un sacrifice parce que son bateau, qui avait failli se perdre au large du cap Caphérée[39], avait été sauvé. Nous banquetions au Pirée, tous ceux d'entre nous que Mnésithéos avait invités au sacrifice. Ensuite, après les libations, vous êtes partis chacun de son côté, à votre gré. Pour moi, comme il n'était pas encore très tard, je suis remonté vers la ville pour faire un tour[40] au Céramique dans la soirée, tout en méditant sur la mesquinerie de Mnésithéos qui avait invité seize dieux et n'avait offert qu'un coq, lequel était déjà vieux et enrhumé, et quatre grains d'encens tellement moisis qu'ils se sont aussitôt éteints sur le charbon sans même faire assez de fumée pour qu'on la sente du bout du nez. Et cela, alors qu'il avait promis des hécatombes entières quand son bateau était déjà drossé contre le rocher et se trouvait au milieu des récifs.

16. Tout en réfléchissant ainsi, j'arrive au Pécile[41]. J'y vois rassemblée une foule considérable : quelques-uns à l'intérieur du portique, beaucoup aussi en plein air, et certains qui criaient et haussaient le ton, assis sur leurs sièges. J'ai supposé – et c'était bien le cas – qu'il s'agissait de philosophes, de ceux qui se plaisent aux disputes, et j'ai décidé de m'approcher pour écouter ce qu'ils disaient. Il se trouve que j'étais enveloppé d'une nuée des plus épaisses[42] : j'ai modelé mon attitude sur la leur, allongé ma barbe, et j'avais tout à fait l'air d'un philosophe. Je joue des coudes dans la foule, et j'entre sans qu'on sache qui je suis. Je trouve l'épicurien Damis, ce fourbe, et le stoïcien Timoclès, le meilleur des hommes, en train de se disputer avec beaucoup de passion. En tout cas, Timoclès transpirait et avait déjà la

τὴν φωνὴν ἤδη ἐξεκέκοπτο ὑπὸ τῆς βοῆς, ὁ Δᾶμις δὲ τὸ σαρδάνιον ἐπιγελῶν ἔτι μᾶλλον παρώξυνε τὸν Τιμοκλέα.

17 Ἦν δὲ ἄρα περὶ ἡμῶν ὁ πᾶς λόγος αὐτοῖς· ὁ μὲν γὰρ κατάρατος Δᾶμις οὔτε προνοεῖν ἡμᾶς ἔφασκε τῶν ἀνθρώπων οὔτε ἐπισκοπεῖν τὰ γιγνόμενα παρ' αὐτοῖς, οὐδὲν ἄλλο ἢ μηδὲ ὅλως ἡμᾶς εἶναι λέγων· τοῦτο γὰρ αὐτῷ δηλαδὴ ὁ λόγος ἐδύνατο· καὶ ἦσάν τινες οἳ ἐπήνουν αὐτόν. Ὁ δ' ἕτερος τὰ ἡμέτερα ὁ Τιμοκλῆς ἐφρόνει καὶ ὑπερεμάχει καὶ ἠγανάκτει καὶ πάντα τρόπον συνηγωνίζετο τὴν ἐπιμέλειαν ἡμῶν ἐπαινῶν καὶ διεξιὼν ὡς ἐν κόσμῳ καὶ τάξει τῇ προσηκούσῃ ἐξηγούμεθα καὶ διατάττομεν ἕκαστα· καὶ εἶχε μέν τινας καὶ αὐτὸς τοὺς ἐπαινοῦντας. Πλὴν ἐκεκμήκει γὰρ ἤδη καὶ πονηρῶς ἐφώνει καὶ τὸ πλῆθος εἰς τὸν Δᾶμιν ἀπέβλεπεν· συνεὶς δὲ ἐγὼ τὸ κινδύνευμα τὴν νύκτα ἐκέλευσα περιχυθεῖσαν διαλῦσαι τὴν συνουσίαν. Ἀπῆλθον οὖν εἰς τὴν ὑστεραίαν συνθέμενοι εἰς τέλος ἐπεξελεύσεσθαι τὸ σκέμμα, κἀγὼ παρομαρτῶν τοῖς πολλοῖς ἐπήκουον μεταξὺ ἀπιόντων οἴκαδε παρ' αὐτοὺς ἐπαινούντων τὰ τοῦ Δάμιδος καὶ ἤδη παρὰ πολὺ αἱρουμένων τὰ ἐκείνου· ἦσαν δὲ καὶ οἱ μὴ ἀξιοῦντες προκατεγνωκέναι τῶν ἐναντίων ἀλλὰ περιμένειν τί καὶ ὁ Τιμοκλῆς αὔριον ἐρεῖ.

18 Ταῦτ' ἔστιν ἐφ' οἷς ὑμᾶς συνεκάλεσα, οὐ μικρά, ὦ θεοί, εἰ λογίσεσθε ὡς ἡ πᾶσα μὲν ἡμῖν τιμὴ καὶ δόξα καὶ πρόσοδος οἱ ἄνθρωποί εἰσιν· εἰ δ' οὗτοι πεισθεῖεν ἢ μηδὲ ὅλως θεοὺς εἶναι ἢ ὄντας ἀπρονοήτους εἶναι σφῶν αὐτῶν, ἄθυτα καὶ ἀγέραστα καὶ ἄτιμα ἡμῖν ἔσται τὰ ἐκ γῆς καὶ μάτην ἐν οὐρανῷ καθεδούμεθα λιμῷ ἐχόμενοι, ἑορτῶν ἐκείνων καὶ πανηγύρεων καὶ ἀγώνων καὶ θυσιῶν καὶ παννυχίδων καὶ πομπῶν στερόμενοι. Ὡς οὖν ὑπὲρ τηλικούτων φημὶ δεῖν ἅπαντας ἐπινοεῖν τι σωτήριον τοῖς παροῦσι καὶ

voix cassée à force de crier, tandis que Damis, avec son rire sardonique, excitait encore plus Timoclès.

17. Or c'était sur nous que portait toute leur discussion. L'abominable Damis prétendait que nous ne nous soucions pas des hommes et que nous ne surveillons pas ce qui se passe chez eux. Cela revenait à dire que nous n'existons absolument pas : c'est ce à quoi tendait de toute évidence son raisonnement, et il y avait des gens qui l'approuvaient. L'autre, Timoclès, était de notre côté. Il combattait pour nous, s'indignait et mettait tout en œuvre pour nous soutenir : il louait notre bienveillance, et montrait dans quel ordre et quel agencement approprié nous dirigeons et organisons chaque chose. Il avait lui aussi quelques auditeurs qui l'approuvaient. Mais il était déjà épuisé, parlait avec difficulté, et la foule penchait pour Damis. Comprenant le danger, j'ordonnai à la nuit de se répandre et d'interrompre la réunion. Ils partirent donc, après avoir remis au lendemain l'examen définitif de la question. Pour moi, je me mêlai à la foule, et tandis qu'ils rentraient chez eux, je les entendais louer les propos de Damis, et prendre nettement son parti. Il y en avait pourtant qui étaient d'avis de ne pas condamner à l'avance l'opinion contraire et d'attendre ce que Timoclès dirait le lendemain.

18. Voilà pour quelles raisons je vous ai convoqués. Elles ne sont pas négligeables, dieux, si vous réfléchissez que tous nos honneurs, toute notre gloire et tous nos revenus, ce sont les hommes. S'ils se laissent persuader qu'il n'y a pas du tout de dieux, ou que, si les dieux existent, ils ne veillent pas sur eux, il n'y aura plus de sacrifices, plus de vénération, plus d'honneurs à attendre de la terre, et ce sera en vain que nous siégerons dans le ciel, affamés, privés des fêtes d'autrefois, des panégyries, des concours, des sacrifices, des veillées, et des processions. L'enjeu étant donc aussi grave, je dis qu'il faut que nous réfléchissions tous à un moyen de sauver la situation, pour que Timoclès ait le dessus et

ἀφ'ὅτου κρατήσει μὲν ὁ Τιμοκλῆς καὶ δόξει ἀληθέστερα
λέγειν, ὁ Δᾶμις δὲ καταγελασθήσεται πρὸς τῶν ἀκουόντων·
ὡς ἔγωγε οὐ πάνυ τῷ Τιμοκλεῖ πέποιθα ὡς κρατήσει καθ'
ἑαυτόν, ἢν μὴ καὶ τὰ παρ' ἡμῶν αὐτῷ προσγένηται.
Κήρυττε, ὦ Ἑρμῆ, τὸ κήρυγμα τὸ ἐκ τοῦ νόμου, ὡς ἀνιστά-
μενοι συμβουλεύοιεν.

ΕΡΜΗΣ Ἄκουε, σίγα· τίς ἀγορεύειν βούλεται τῶν
τελείων θεῶν, οἷς ἔξεστιν ; Τί τοῦτο ; Οὐδεὶς ἀνίσταται, ἀλλ'
ἡσυχάζετε πρὸς τὸ μέγεθος τῶν ἠγγελμένων ἐκπεπληγμένοι ;

19 ΜΩΜΟΣ *Ἀλλ' ὑμεῖς μὲν πάντες ὕδωρ καὶ γαῖα*
[γένοισθε·
ἐγὼ δέ, εἴ γέ μοι μετὰ παρρησίας λέγειν δοθείη, πολλὰ ἄν,
ὦ Ζεῦ, ἔχοιμι εἰπεῖν.

ΖΕΥΣ Λέγε, ὦ Μῶμε, πάνυ θαρρῶν· δῆλος γὰρ εἶ ἐπὶ
τῷ συμφέροντι παρρησιασόμενος.

ΜΩΜΟΣ Οὐκοῦν ἀκούετε, ὦ θεοί, τά γε ἀπὸ καρδίας,
φασίν· ἐγὼ γὰρ καὶ πάνυ προσεδόκων ἐς τόδε ἀμηχανίας
περιστήσεσθαι τὰ ἡμέτερα καὶ πολλοὺς τοιούτους
ἀναφύσεσθαι ἡμῖν σοφιστάς, παρ' ἡμῶν αὐτῶν τὴν αἰτίαν
τῆς τόλμης λαμβάνοντας· καὶ μὰ τὴν Θέμιν οὔτε τῷ Ἐπι-
κούρῳ ἄξιον ὀργίζεσθαι οὔτε τοῖς ὁμιληταῖς αὐτοῦ καὶ δια-
δόχοις τῶν δογμάτων, εἰ τοιαῦτα περὶ ἡμῶν ὑπειλήφασιν.
Ἦ τί γὰρ αὐτοὺς ἀξιώσειέ τις ἂν φρονεῖν, ὁπόταν ὁρῶσι
τοσαύτην ἐν τῷ βίῳ τὴν ταραχήν, καὶ τοὺς μὲν χρηστοὺς
αὐτῶν ἀμελουμένους, ἐν πενίᾳ καὶ νόσοις καὶ δουλείᾳ
καταφερομένους, παμπονήρους δὲ καὶ μιαροὺς ἀνθρώπους
προτιμωμένους καὶ ὑπερπλουτοῦντας καὶ ἐπιτάττοντας τοῖς
κρείττοσι, καὶ τοὺς ἱεροσύλους οὐ κολαζομένους ἀλλὰ δια-
λανθάνοντας, ἀνασκολοπιζομένους δὲ καὶ τυμπανιζομένους
ἐνίοτε τοὺς οὐδὲν ἀδικοῦντας ;

---

43. Parodie de la langue officielle athénienne. L'adjectif τέλειος
désigne ceux qui ont l'âge légal (trente ans) pour parler à l'assemblée.
Mais il s'agit également des dieux « authentiques », par opposition
aux nouveaux venus (voir l'*Assemblée des dieux*, 1).

44. *Iliade*, VII, 99 : paroles de Ménélas aux Achéens pour leur
reprocher leur lâcheté. Devenir eau et terre, c'est plus qu'être mort,
être décomposé et rendu aux éléments.

que sa thèse soit considérée comme la plus vraie, tandis que Damis sera ridiculisé devant les auditeurs. Car je ne fais guère confiance à Timoclès pour l'emporter par ses propres moyens, si nous ne lui apportons pas quelque secours. Fais la proclamation prévue par la loi, Hermès*, pour qu'ils se lèvent et donnent leur avis.

HERMÈS – Votre attention ! Silence ! Qui veut prendre la parole parmi les dieux à part entière [43] qui en ont le droit ? Que se passe-t-il ? Personne ne se lève ? Est-ce la gravité des nouvelles qui vous paralyse ?

19 MOMOS – *Puissiez-vous tous vous changer en eau*
[et en terre [44] *!*

Pour moi, s'il m'était permis de parler avec franchise, j'aurais beaucoup à dire, Zeus*.

ZEUS – Parle en toute confiance, Momos*, car on voit que tu as l'intention d'exercer ta franchise dans notre intérêt.

MOMOS – Écoutez, donc, dieux, des mots qui viennent du cœur, comme on dit. Je me doutais bien, moi, que nos affaires en viendraient à un tel désastre, et que nous verrions pousser une moisson de sophistes comme celui-ci, car c'est nous-mêmes qui leur fournissons les raisons de leur audace. Par Thémis*, nous aurions tort de nous fâcher contre Épicure ou contre ses disciples et les héritiers de sa doctrine, s'ils se sont fait de telles idées sur nous. Que devraient-ils penser, en voyant un tel désordre dans la vie, les gens de bien négligés, en butte à la pauvreté, aux maladies, à l'esclavage, tandis que des misérables et des scélérats sont au comble des honneurs, richissimes, et commandent à ceux qui sont meilleurs qu'eux, les sacrilèges rester impunis, à l'abri des recherches, alors que des gens qui n'ont rien fait de mal sont parfois empalés et cloués au pilori [45] ?

---

45. Littéralement, il s'agit du supplice du tambour dont le sens exact est discuté (bastonnade, poteau de torture ?).

20. Εἰκότως τοίνυν ταῦτα ὁρῶντες οὕτω διανοοῦνται περὶ ἡμῶν ὡς οὐδὲν ὅλως ὄντων, καὶ μάλιστα ὅταν ἀκούωσι τῶν χρησμῶν λεγόντων, ὡς διαβάς τὸν Ἅλυν μεγάλην ἀρχὴν καταλύσει, οὐ μέντοι δηλούντων, εἴτε τὴν αὐτοῦ εἴτε τὴν τῶν πολεμίων· καὶ πάλιν

ὦ θεία Σαλαμίς, ἀπολεῖς δὲ σὺ τέκνα γυναικῶν.

Καὶ Πέρσαι γάρ, οἶμαι, καὶ Ἕλληνες γυναικῶν τέκνα ἦσαν. Ὅταν μὲν γὰρ τῶν ῥαψῳδιῶν ἀκούωσιν, ὅτι καὶ ἐρῶμεν καὶ τιτρωσκόμεθα καὶ δεσμούμεθα καὶ δουλεύομεν καὶ στασιάζομεν καὶ μυρία ὅσα πράγματα ἔχομεν, καὶ ταῦτα μακάριοι καὶ ἄφθαρτοι ἀξιοῦντες εἶναι, τί ἄλλο ἢ δικαίως καταγελῶσι καὶ ἐν οὐδενὶ λόγῳ τίθενται τὰ ἡμέτερα; Ἡμεῖς δὲ ἀγανακτοῦμεν, εἴ τινες ἄνθρωποι ὄντες οὐ πάνυ ἀνόητοι διελέγχουσι ταῦτα καὶ τὴν πρόνοιαν ἡμῶν παρωθοῦνται, δέον ἀγαπᾶν εἴ τινες ἡμῖν ἔτι θύουσιν τοιαῦτα ἐξαμαρτάνουσιν.

21 Καί μοι ἐνταῦθα, ὦ Ζεῦ - μόνοι γάρ ἐσμεν καὶ οὐδεὶς ἄνθρωπός ἐστιν ἐν τῷ συλλόγῳ ἔξω Ἡρακλέους καὶ Διονύσου καὶ Γανυμήδους καὶ Ἀσκληπιοῦ, τῶν παρεγγράπτων τούτων - ἀπόκριναι μετ' ἀληθείας, εἴ ποτέ σοι ἐμέλησεν ἐς τοσοῦτον τῶν ἐν τῇ γῇ, ὡς ἐξετάσαι οἵτινες αὐτῶν οἱ φαῦλοι ἢ οἵτινες οἱ χρηστοί εἰσιν· ἀλλ' οὐκ ἂν εἴποις. Εἰ γοῦν μὴ ὁ Θησεὺς ἐκ Τροιζῆνος εἰς Ἀθήνας ἰὼν ὁδοῦ πάρεργον ἐξέκοψε τοὺς κακούργους, ὅσον ἐπὶ σοὶ καὶ τῇ σῇ προνοίᾳ οὐδὲν ἂν ἐκώλυεν ζῆν ἐντρυφῶντας ταῖς τῶν ὁδῷ βαδιζόντων σφαγαῖς τὸν Σκείρωνα καὶ Πιτυοκάμπτην καὶ

---

46. Voir *Zeus confondu* 14, et la note.

47. Oracle rendu avant la bataille de Salamine (voir HÉRODOTE, *Enquêtes,* VII, 141).

48. Les trois premiers sont fils de dieux et de mortelles : Héraclès*, fils de Zeus* et d'Alcmène, Dionysos*, de Zeus* et de Sémélé*, Asclépios*, d'Apollon* et de Coronis. Dans l'*Assemblée des dieux*, les dieux de « plein droit », et notamment Momos, leur contestent le droit de participer aux banquets des dieux. Ganymède*, lui, n'a aucune ascendance divine L'image des registres sur lesquels les dieux doivent s'inscrire, comme les citoyens athéniens dans ceux de leur dème, est reprise dans l'*Assemblée des dieux*.

20. Il est normal qu'en voyant cela, ils aient cette opinion à notre sujet et considèrent que nous n'avons absolument aucune existence, surtout quand ils entendent les oracles dire à quelqu'un que, en traversant l'Halys, il fera s'écrouler un grand empire sans préciser s'il s'agit du sien ou de celui des ennemis[36]. Ou encore :

Tu causeras la mort, divine Salamine,
Des enfants nés de femmes[47].

Car les Perses, j'imagine, étaient comme les Grecs *des enfants nés de femmes.*

Quand ils entendent les rhapsodies raconter que nous tombons amoureux, sommes blessés, enchaînés, réduits en esclavage, que nous nous disputons, énumérer toutes nos tribulations, alors que nous prétendons être bienheureux et immortels, comment n'ont-ils pas raison de rire et de ne faire aucun cas de nos honneurs ? Et nous nous indignons que certains hommes qui ne sont pas tout à fait stupides critiquent cela et rejettent notre Providence ? Nous devrions plutôt nous estimer heureux que quelques-uns continuent à nous offrir des sacrifices malgré toutes les fautes que nous commettons.

21. Eh bien, Zeus*, puisque ici nous sommes entre nous et qu'aucun être humain n'assiste à notre assemblée sauf Héraclès*, Dionysos*, Ganymède* et Asclépios*, lesquels ont été inscrits frauduleusement sur nos registres[48], réponds-moi franchement : as-tu jamais prêté suffisamment d'attention à ceux qui sont sur terre pour pouvoir juger lesquels d'entre eux sont mauvais, lesquels sont bons ? Eh bien, tu ne pourrais l'affirmer. Assurément si Thésée faisant route de Trézène à Athènes n'avait pas anéanti les malfaiteurs au passage, si cela n'avait dépendu que de toi et de ta Providence, rien n'empêcherait que Sciron, le Ployeur de

Κερκυόνα καὶ τοὺς ἄλλους· ἢ εἴ γε μὴ ὁ Εὐρυσθεύς, ἀνὴρ
δίκαιος καὶ προνοητικός, ὑπὸ φιλανθρωπίας ἀναπυνθανό-
μενος τὰ παρ' ἑκάστοις ἐξέπεμπε τουτονὶ τὸν οἰκέτην
αὐτοῦ, ἐργατικὸν ἄνθρωπον καὶ πρόθυμον εἰς τοὺς πόνους,
ὦ Ζεῦ, σὺ ὀλίγον ἐφρόντισας ἂν τῆς Ὕδρας καὶ τῶν ἐν
Στυμφάλῳ ὀρνέων καὶ ἵππων τῶν Θρᾳκικῶν καὶ τῆς Κεν-
ταύρων ὕβρεως καὶ παροινίας.

22 Ἀλλ' εἰ χρὴ τἀληθὲς λέγειν, καθήμεθα τοῦτο μόνον
ἐπιτηροῦντες, εἴ τις θύει καὶ κνισᾷ τοὺς βωμούς· τὰ δ' ἄλλα
κατὰ ῥοῦν φέρεται ὡς ἂν τύχῃ ἕκαστον παρασυρόμενα. Τοιγαροῦν εἰκότα νῦν πάσχομεν καὶ ἔτι πεισόμεθα, ἐπειδὰν
κατ' ὀλίγον οἱ ἄνθρωποι ἀνακύπτοντες εὑρίσκωσιν οὐδὲν
ὄφελος αὐτοῖς ὄν, εἰ θύοιεν ἡμῖν καὶ τὰς πομπὰς πέμποιεν.
Εἶτ' ἐν βραχεῖ ὄψει καταγελῶντας τοὺς Ἐπικούρους καὶ
Μητροδώρους καὶ Δάμιδας, κρατουμένους δὲ καὶ ἀποφρατ-
τομένους ὑπ' αὐτῶν τοὺς ἡμετέρους συνηγόρους· ὥστε ὑμέ-
τερον ἂν εἴη παύειν καὶ ἰᾶσθαι ταῦτα, τῶν καὶ ἐς τόδε αὐτὰ
προαγαγόντων. Μώμῳ δὲ οὐ μέγας ὁ κίνδυνος, εἰ ἄτιμος
ἔσται· οὐδὲ γὰρ πάλαι τῶν τιμωμένων ἦν, ὑμῶν ἔτι εὐτυ-
χούντων καὶ τὰς θυσίας καρπουμένων.

23 ΖΕΥΣ Τοῦτον μέν, ὦ θεοί, ληρεῖν ἐάσωμεν ἀεὶ
τραχὺν ὄντα καὶ ἐπιτιμητικόν· ὡς γὰρ ὁ θαυμαστὸς
Δημοσθένης ἔφη, τὸ μὲν ἐγκαλέσαι καὶ μέμψασθαι καὶ ἐπι-
τιμῆσαι ῥᾴδιον καὶ παντός, τὸ δὲ ὅπως τὰ παρόντα βελτίω

---

49. Tous ces brigands qui attaquaient les voyageurs furent tués
par Thésée quand il se rendit de Trézène à Athènes (voir PLU-
TARQUE, *Vie de Thésée*, 8-11) : le ployeur de pins est Sinis, qui écarte-
lait ses victimes en les attachant à plusieurs pins qu'il rapprochait en
les courbant avant de les relâcher. Le parallèle entre Thésée et
Héraclès*, tueurs de monstres, est un thème classique de la littérature
(voir ISOCRATE, *Éloge d'Hélène*, 23 sq.).

50. Ce portrait élogieux d'Eurysthée est évidemment paradoxal,
puisque traditionnellement le cousin d'Héraclès* est présenté comme
un lâche qui imposa à Héraclès* tous ses travaux par jalousie.
Quelques-uns sont évoqués ici : l'hydre de Lerne, les oiseaux du lac
Stymphale, les juments de Diomède. Héraclès* lutta à plusieurs

Pins, Cercyon, et les autres brigands [49] ne soient toujours vivants et ne s'enrichissent en égorgeant les voyageurs. Et si Eurysthée, homme juste et prévoyant ne s'était pas informé par amour de l'humanité [50] de ce qui se passait dans chaque pays, s'il n'avait pas envoyé son serviteur ici présent [51], homme énergique et prompt à accomplir les travaux, tu ne te serais guère soucié, Zeus*, de l'Hydre, des oiseaux du lac Stymphale, des juments de Thrace, de l'ivresse insolente des Centaures.

22. Eh bien, s'il faut dire la vérité, nous restons assis sans rien faire, nous contentant d'observer si l'on nous offre des sacrifices et si l'on fait brûler des viandes sur nos autels, tandis que tout le reste part à vau l'eau, chaque chose emportée au hasard. Par conséquent ce qui nous arrive maintenant est tout à fait normal, comme ce qui nous arrivera encore quand les hommes, relevant peu à peu la tête, découvriront qu'il ne leur sert à rien de nous offrir des sacrifices ou des processions. D'ici peu, tu verras rire les Épicure, Métrodore [52] et Damis, tandis que nos avocats seront vaincus et bâillonnés par eux. Il serait donc de votre intérêt de mettre un terme à cette situation et d'y remédier, puisque c'est votre faute si l'on en est arrivé là. Pour Momos, il ne risque pas grand-chose s'il est privé d'honneurs : même auparavant, il n'était pas de ceux qu'on honorait, du temps où vous étiez encore prospères et recueilliez des sacrifices.

23. ZEUS – Laissons cet individu à ses radotages, dieux : il est toujours acerbe et critique. Comme le disait l'admirable Démosthène, accuser, blâmer et critiquer, c'est facile, à la portée de n'importe qui ; en revanche,

---

reprises contre les Centaures : l'un d'entre eux, Nessos, remit à Déjanire la tunique qui infligea au héros de telles blessures qu'il se fit brûler vif sur l'Œta.

51. Il s'agit bien sûr d'Héraclès*.

52. Métrodore de Lampsaque était un des disciples préférés d'Épicure.

γένηται συμβουλεῦσαι, τοῦτ' ἔμφρονος ὡς ἀληθῶς συμ-
βούλου· ὅπερ οἱ ἄλλοι εὖ οἶδ' ὅτι ποιήσετε καὶ τούτου
σιωπῶντος.

24 ΠΟΣΕΙΔΩΝ Ἐγὼ τὰ μὲν ἄλλα ὑποβρύχιός εἰμι, ὡς
ἴστε, καὶ ἐν βυθῷ πολιτεύομαι κατ' ἐμαυτόν, εἰς ὅσον ἐμοὶ
δυνατὸν σῴζων τοὺς πλέοντας καὶ παραπέμπων τὰ πλοῖα
καὶ τοὺς ἀνέμους καταμαλάττων· ὅμως δ' οὖν — μέλει γάρ
μοι καὶ τῶν ἐνταῦθα — φημὶ δεῖν τὸν Δᾶμιν τοῦτον
ἐκποδὼν ποιήσασθαι, πρὶν ἐπὶ τὴν ἔριν ἥκειν, ἤτοι κεραυνῷ
ἤ τινι ἄλλῃ μηχανῇ, μὴ καὶ ὑπέρσχῃ λέγων (φὴς γάρ, ὦ Ζεῦ,
πιθανόν τινα εἶναι αὐτόν). Ἅμα γὰρ καὶ δείξομεν αὐτοῖς ὡς
κολάζομεν τοὺς τὰ τοιαῦτα καθ' ἡμῶν διεξιόντας.

25 ΖΕΥΣ Παίζεις, ὦ Πόσειδον, ἢ τέλεον ἐπιλέλησαι ὡς
οὐδὲν ἐφ' ἡμῖν τῶν τοιούτων ἐστίν, ἀλλ' αἱ Μοῖραι ἑκάστῳ
ἐπικλώθουσι, τὸν μὲν κεραυνῷ, τὸν δὲ ξίφει, τὸν δὲ πυρετῷ
ἢ φθόῃ ἀποθανεῖν ; Ἐπεὶ εἴ γέ μοι ἐπ' ἐξουσίας τὸ πρᾶγμα
ἦν, εἴασα ἄν, οἴει, τοὺς ἱεροσύλους πρῴην ἀπελθεῖν ἀκε-
ραυνώτους ἐξ Ὀλυμπίας δύο μου τῶν πλοκάμων ἀπο-
κείραντας μνᾶν ἑκάτερον ἕλκοντα ; Ἢ σὺ αὐτὸς περιεῖδες
ἂν ἐν Γεραιστῷ τὸν ἁλιέα τὸν ἐξ Ὠρεοῦ ὑφαιρούμενόν σου
τὴν τρίαιναν ; Ἄλλως τε καὶ δόξομεν ἀγανακτεῖν λελυπημέ-
νοι τῷ πράγματι καὶ δεδιέναι τοὺς παρὰ τοῦ Δάμιδος λόγους
καὶ δι' αὐτὸ ἀποσκευάζεσθαι τὸν ἄνδρα, οὐ περιμείναντες
ἀντεξετασθῆναι αὐτὸν τῷ Τιμοκλεῖ. Ὥστε τί ἄλλο ἢ ἐξ
ἐρήμης κρατεῖν οὕτω δόξομεν ;

ΠΟΣΕΙΔΩΝ Καὶ μὴν σύντομόν τινα ταύτην ᾤμην ἐπι-
νενοηκέναι ἔγωγε πρὸς τὴν νίκην.

---

53. Le cap Géraïstos est à la pointe sud-ouest de l'Eubée ; Oréos
est une ville d'Eubée.
54. Voir le chapitre 10 et la note. Une mine pesait de 300 à 600
grammes, selon les époques. Certaines éditions parlent même de
6 mines.

donner des conseils pour améliorer la situation, voilà le rôle d'un conseiller vraiment intelligent. C'est précisément ce que vous allez faire, je le sais bien, même si celui-ci garde le silence.

24. POSÉIDON – Pour ma part, je vis la plupart du temps sous la mer, comme vous savez ; j'organise ma cité de mon côté dans les profondeurs, veillant, autant que je le peux, à sauver les navigateurs, à escorter les navires et à calmer les vents. Cependant – car je m'intéresse également à ce qui se passe ici –, je dis qu'il faut se débarrasser de ce Damis avant qu'il vienne à cette discussion, soit par la foudre, soit par quelque autre moyen, pour l'empêcher de l'emporter par son discours, puisque tu dis, Zeus*, qu'il est éloquent. Du même coup, nous leur montrerons aussi que nous punissons ceux qui tiennent de tels propos contre nous.

25. ZEUS – Tu plaisantes Poséidon* ? Ou as-tu complètement oublié que nous n'avons aucune possibilité d'agir ainsi ? Les Moires* filent pour chacun la manière dont il doit mourir[53] : par la foudre pour l'un, pour un autre par l'épée, la fièvre ou la consomption. Si cela dépendait de moi, penses-tu que j'aurais laissé les sacrilèges partir l'autre jour d'Olympie sans être foudroyés, alors qu'ils avaient rasé deux de mes boucles dont chacune pesait une mine[54] ? Et toi, aurais-tu laissé à Géraïstos le pêcheur d'Oréos te voler ton trident[55] ? En outre, nous aurons l'air de nous fâcher et d'avoir été atteints par cette histoire, de redouter les arguments de Damis, et de nous défaire pour cette raison de l'individu, sans attendre qu'il soit confronté à Timoclès. De quoi donc aurons-nous l'air, sinon de vaincre par défaut ?

POSÉIDON – Pourtant je croyais avoir trouvé là un raccourci menant à la victoire.

---

55. C'est l'argument de *Zeus confondu*.

ΖΕΥΣ ῎Απαγε, θυννῶδες τὸ ἐνθύμημα, ὦ Πόσειδον, καὶ κομιδῇ παχύ, προαναιρήσειν τὸν ἀνταγωνιστὴν ὡς ἀποθάνοι ἀήττητος, ἀμφήριστον καὶ ἀδιάκριτον καταλιπὼν τὸν λόγον.

ΠΟΣΕΙΔΩΝ Οὐκοῦν ἄμεινόν τι ὑμεῖς ἄλλο ἐπινοεῖτε, εἰ τἀμὰ οὕτως ὑμῖν ἀποτεθύννισται.

26 ΑΠΟΛΛΩΝ Εἰ καὶ τοῖς νέοις ἔτι καὶ ἀγενείοις ἡμῖν ἐφεῖτο ἐκ τοῦ νόμου δημηγορεῖν, ἴσως ἂν εἶπόν τι συμφέρον εἰς τὴν διάσκεψιν.

ΜΩΜΟΣ Ἡ μὲν σκέψις, ὦ ῎Απολλον, οὕτως περὶ μεγάλων, ὥστε μὴ καθ᾽ ἡλικίαν, ἀλλὰ κοινὸν ἅπασι προκεῖσθαι τὸν λόγον· χάριεν γάρ, εἰ καὶ περὶ τῶν ἐσχάτων κινδυνεύοντες περὶ τῆς ἐν τοῖς νόμοις ἐξουσίας σμικρολογούμεθα. Σὺ δὲ καὶ πάνυ ἤδη ἔννομος εἶ δημηγόρος, πρόπαλαι μὲν ἐξ ἐφήβων γεγονώς, ἐγγεγραμμένος δὲ ἐς τὸ τῶν δώδεκα ληξιαρχικόν, καὶ ὀλίγου δεῖν τῆς ἐπὶ Κρόνου βουλῆς ὤν· ὥστε μὴ μειρακιεύου πρὸς ἡμᾶς, ἀλλὰ λέγε θαρρῶν ἤδη τὰ δοκοῦντα, μὴ αἰδεσθεὶς εἰ ἀγένειος ὢν δημηγορήσεις, βαθυπώγωνα καὶ εὐγένειον οὕτως υἱὸν ἔχων τὸν ᾿Ασκληπιόν. ῎Αλλως τε καὶ πρέπον ἂν εἴη σοι νῦν μάλιστα ἐκφαίνειν τὴν σοφίαν, εἰ μὴ μάτην ἐν τῷ ῾Ελικῶνι κάθησαι ταῖς Μούσαις συμφιλοσοφῶν.

ΑΠΟΛΛΩΝ ᾿Αλλ᾽ οὐ σέ, ὦ Μῶμε, χρὴ τὰ τοιαῦτα ἐφιέναι, τὸν Δία δέ· καὶ ἢν οὗτος κελεύσῃ, τάχ᾽ ἄν τι οὐκ ἄμουσον εἴποιμι ἀλλὰ τῆς ἐν τῷ ῾Ελικῶνι μελέτης ἄξιον.

ΖΕΥΣ Λέγε, ὦ τέκνον· ἐφίημι γάρ.

---

56. É. CHAMBRY et J. BOMPAIRE suggèrent la traduction « sent le thon ». Déjà la traduction latine de G. DINDORF, Paris, 1840, jouait sur cette notion d'odeur *(thunnos olet hoc commentum)*. Mais il nous semble que, dans la pensée grecque, le thon est surtout lié à la masse et au poids. Lucien emploie l'adjectif παχύς (lourd, épais).

ZEUS – Arrête. Ton idée ressemble à un thon, Poséidon*[56] : c'est vraiment un peu gros de supprimer son adversaire avant le combat pour qu'il meure invaincu, laissant la question en suspens sans qu'elle soit tranchée.

POSÉIDON – Imaginez donc vous-mêmes quelque chose de mieux, si vous rejetez mes avis comme des thons.

26. APOLLON – S'il nous était permis par la loi, à nous qui sommes encore jeunes et imberbes, de haranguer le peuple, peut-être pourrais-je apporter un avis utile à notre débat.

MOMOS – L'examen, Apollon*, porte sur des questions si importantes que la parole n'est pas accordée en fonction de l'âge[57] : tous ont le droit de la prendre. Il serait plaisant, alors que nous sommes dans un danger extrême, que nous allions ergoter sur l'autorisation légale. D'ailleurs, tu es déjà un orateur tout à fait en règle avec la loi : il y a longtemps que tu es sorti de la classe des éphèbes et que tu es inscrit sur la liste des douze dieux* – tu faisais presque partie de la Boulé du temps de Cronos*. Ne fais donc pas le gamin avec nous, et dis maintenant ton avis avec assurance. Ne sois pas gêné de haranguer le peuple alors que tu es encore imberbe, puisque tu as pour fils Asclépios*, dont la barbe est si épaisse, le menton si fourni. D'ailleurs ce serait maintenant plus que jamais le moment de nous montrer ta sagesse, si ce n'est pas en vain que tu sièges sur l'Hélicon où tu philosophes avec les Muses*.

APOLLON – Ce n'est pas à toi, Momos*, de me donner une telle permission : c'est à Zeus*. S'il m'invite à parler, ce que je dirais ne serait peut-être pas étranger aux Muses*, mais digne de mes exercices sur l'Hélicon.

ZEUS – Parle mon fils ; je te le permets.

---

57. Voir le chapitre 18 et la note. Les Athéniens n'étaient autorisés à parler devant le peuple qu'à partir de trente ans.

27 ΑΠΟΛΛΩΝ Ὁ Τιμοκλῆς χρηστὸς ἀνὴρ καὶ φιλόθεος καὶ τοὺς λόγους πάνυ ἠκρίβωκεν τοὺς Στωϊκούς, ὥστε καὶ σύνεστιν ἐπὶ φιλοσοφίᾳ πολλοῖς τῶν νέων καὶ μισθοὺς οὐκ ὀλίγους ἐπὶ τούτῳ ἐκλέγει, σφόδρα πιθανὸς ὢν ὁπότε ἰδίᾳ τοῖς μαθηταῖς διαλέγοιτο· ἐν πλήθει δὲ εἰπεῖν ἀτολμότατός ἐστιν καὶ τὴν φωνὴν ἰδιώτης καὶ μιξοβάρβαρος, ὥστε γέλωτα ὀφλισκάνει διὰ τοῦτο ἐν ταῖς συνουσίαις, οὐ συνείρων ἀλλὰ βατταρίζων καὶ ταραττόμενος, καὶ μάλιστα ὁπόταν οὕτως ἔχων καλλιρρημοσύνην ἐπιδείκνυσθαι βούληται. Συνεῖναι μὲν γὰρ εἰς ὑπερβολὴν ὀξύς ἐστιν καὶ λεπτογνώμων, ὥς φασιν οἱ ἄμεινον τὰ τῶν Στωϊκῶν εἰδότες, λέγων δὲ καὶ ἑρμηνεύων ὑπ᾽ ἀσθενείας διαφθείρει αὐτὰ καὶ συγχεῖ, οὐκ ἀποσαφῶν ὅ τι βούλεται ἀλλ᾽ αἰνίγμασιν ἐοικότα προτείνων καὶ πάλιν αὖ πολὺ ἀσαφέστερα πρὸς τὰς ἐρωτήσεις ἀποκρινόμενος· οἱ δὲ οὐ συνιέντες καταγελῶσιν αὐτοῦ. Δεῖ δὲ οἶμαι σαφῶς λέγειν καὶ τούτου μάλιστα πολλὴν ποιεῖσθαι πρόνοιαν, ὡς συνήσουσιν οἱ ἀκούοντες.

28 ΜΩΜΟΣ Τοῦτο μὲν ὀρθῶς ἔλεξας, ὦ Ἄπολλον, ἐπαινέσας τοὺς σαφῶς λέγοντας, εἰ καὶ μὴ πάνυ ποιεῖς αὐτὸ σὺ ἐν τοῖς χρησμοῖς λοξὸς ὢν καὶ γριφώδης καὶ ἐς τὸ μεταίχμιον ἀσφαλῶς ἀπορρίπτων τὰ πολλά, ὡς τοὺς ἀκούοντας ἄλλου δεῖσθαι Πυθίου πρὸς τὴν ἐξήγησιν αὐτῶν. Ἀτὰρ τί τὸ ἐπὶ τούτῳ συμβουλεύεις; Τίνα ἴασιν ποιήσασθαι τῆς τοῦ Τιμοκλέους ἀδυνασίας ἐν τοῖς λόγοις;

29 ΑΠΟΛΛΩΝ Συνήγορον, ὦ Μῶμε, εἴ πως δυνηθείημεν, αὐτῷ παρασχεῖν ἄλλον τῶν δεινῶν τούτων, ἐροῦντα κατ᾽ ἀξίαν ἅπερ ἂν ἐκεῖνος ἐνθυμηθεὶς ὑποβάλῃ.

27. APOLLON – Timoclès est un homme de bien, ami des dieux, et il connaît parfaitement les doctrines stoïciennes, ce qui lui vaut d'être entouré, pour philosopher, de jeunes gens et de recevoir à ce titre des sommes considérables. Quand il dialogue en privé avec ses élèves, il est très convaincant ; mais, s'il s'agit de parler devant une foule, il manque totalement d'assurance ; sa langue est vulgaire, à demi-barbare. Voilà pourquoi il prête à rire dans les assemblées : il ne sait pas enchaîner les phrases, mais bredouille et se trouble, surtout quand il veut, malgré ses défauts, faire étalage d'une belle éloquence. Son intelligence est extrêmement vive et subtile, d'après ceux qui connaissent mieux que moi les doctrines stoïciennes, mais dans ses discours et ses interprétations, il gâche ces qualités par faiblesse et embrouille tout : il n'exprime pas clairement ce qu'il veut dire, ses affirmations ressemblent à des énigmes et inversement, quand on l'interroge, il répond de façon encore plus obscure. Comme les gens ne comprennent pas, ils se moquent de lui. Or il faut à mon avis parler clairement et surtout veiller avec le plus grand soin à se faire comprendre des auditeurs.

28. MOMOS – Tu as bien fait, Apollon*, de louer ceux qui parlent clairement, même si ce n'est pas du tout ainsi que tu procèdes, toi, dans tes oracles : tu es oblique, énigmatique, et la plupart du temps tu les lances entre les deux camps sans prendre de risques, si bien que tes auditeurs ont besoin d'un autre Pythien pour les interpréter. Mais, dans le cas de cet homme, que conseilles-tu ? Quel remède appliquer [58] à l'impuissance oratoire de Timoclès ?

29. APOLLON – De lui adjoindre pour avocat, si possible, Momos*, un de ces hommes habiles qui dira comme il convient ce que Timoclès pensera et lui soufflera.

---

58. Apollon* est aussi un dieu médecin, et dans l'*Assemblée des dieux*, 16, Momos* lui reproche de cumuler plusieurs fonctions. Son fils Asclépios* fut médecin lui aussi.

ΜΩΜΟΣ Ἀγένειον τοῦτο ὡς ἀληθῶς εἴρηκας, ἔτι παι-
δαγωγοῦ τινος δεόμενον, συνήγορον ἐν συνουσίᾳ φιλοσόφων παραστήσασθαι ἑρμηνεύσοντα πρὸς τοὺς παρόντας
ἅπερ ἂν δοκῇ Τιμοκλεῖ, καὶ τὸν μὲν Δᾶμιν αὐτοπρόσωπον
καὶ δι' αὐτοῦ λέγειν, τὸν δὲ ὑποκριτῇ προσχρώμενον ἰδίᾳ
πρὸς τὸ οὖς ἐκείνῳ ὑποβάλλειν τὰ δοκοῦντα, τὸν ὑποκριτὴν
δὲ ῥητορεύειν, οὐδ' αὐτὸν ἴσως συνιέντα ὅ τι ἀκούσειεν.
Ταῦτα πῶς οὐ γέλως ἂν εἴη τῷ πλήθει ; Ἀλλὰ τοῦτο μὲν
ἄλλως ἐπινοήσωμεν.

30 Σὺ δέ, ὦ θαυμάσιε - φῂς γὰρ καὶ μάντις εἶναι καὶ
μισθοὺς οὐκ ὀλίγους ἐπὶ τῷ τοιούτῳ ἐξέλεξας ἄχρι τοῦ καὶ
πλίνθους χρυσᾶς εἰληφέναι - τί οὐκ ἐπεδείξω ἡμῖν κατὰ
καιρὸν τὴν τέχνην προειπὼν ὁπότερος τῶν σοφιστῶν κρατήσει λέγων ; Οἶσθα γάρ που τὸ ἀποβησόμενον μάντις ὤν.

ΑΠΟΛΛΩΝ Πῶς, ὦ Μῶμε, δυνατὸν ποιεῖν ταῦτα μήτε
τρίποδος ἡμῖν παρόντος μήτε θυμιαμάτων ἢ πηγῆς μαντικῆς οἵα ἡ Κασταλία ἐστίν ;

ΜΩΜΟΣ Ὁρᾷς ; Ἀποδιδράσκεις τὸν ἔλεγχον ἐν
στενῷ ἐχόμενος.

ΖΕΥΣ Ὅμως, ὦ τέκνον, εἰπὲ καὶ μὴ παράσχῃς τῷ
συκοφάντῃ τούτῳ ἀφορμὰς διαβάλλειν καὶ χλευάζειν τὰ σὰ
ὡς ἐπὶ τρίποδι καὶ ὕδατι καὶ λιβανωτῷ κείμενα, ὡς, εἰ μὴ
ἔχοις ταῦτα, στερησόμενόν σε τῆς τέχνης.

ΑΠΟΛΛΩΝ Ἄμεινον μὲν ἦν, ὦ πάτερ, ἐν Δελφοῖς ἢ
Κολοφῶνι τὰ τοιαῦτα ποιεῖν, ἁπάντων μοι τῶν χρησίμων
παρόντων, ὡς ἔθος. Ὅμως δὲ καὶ οὕτως γυμνὸς ἐκείνων καὶ
ἄσκευος πειράσομαι προειπεῖν ὁποτέρου τὸ κράτος ἔσται·
ἀνέξεσθε δέ, εἰ ἔμμετρα λέγοιμι.

---

59. Allusion aux offrandes que Crésus envoya au sanctuaire de
Delphes (voir HÉRODOTE, *Enquêtes*, I, 50).
60. Source de Delphes.

MOMOS – En vérité, tu as parlé comme un gamin qui n'a pas de poil au menton et a encore besoin d'un pédagogue ! Introduire dans une réunion de philosophes un avocat qui traduira aux assistants les opinions de Timoclès ! Alors que Damis jouera son propre rôle, avec ses propres moyens, son adversaire emploiera un acteur auquel il soufflera secrètement à l'oreille ses opinions, et l'acteur fera un discours, alors que peut-être il ne comprend même pas ce qu'il a entendu. Comment une telle situation ne ferait-elle pas rire la foule ? Non, imaginons une autre solution. 30. D'ailleurs, mon admirable ami, puisque tu prétends être prophète et que tu as récolté à ce titre des sommes considérables, au point de recevoir des briques d'or [59], pourquoi ne nous as-tu pas fait une démonstration de ton art, ce qui aurait été fort à propos, en nous prédisant lequel des deux sophistes l'emportera dans la discussion ? Tu sais forcément ce qui va arriver puisque tu es prophète.

APOLLON – Comment le pourrais-je, Momos* ? Nous n'avons ici ni trépied, ni aromates, ni une source prophétique comme la Castalie [60] ?

MOMOS – Tu vois ? Tu te dérobes à l'épreuve quand tu es serré de près.

ZEUS – Parle quand même, mon fils, et ne donne pas à ce sycophante prétexte pour attaquer et ridiculiser ton art, en disant qu'il dépend d'un trépied, de l'eau et d'encens, et que faute de ces éléments, tu seras privé de cet art.

APOLLON – Il vaudrait mieux, père, procéder à ce genre de consultation à Delphes ou à Colophon [61], où j'ai tout ce qu'il me faut, comme d'habitude. Pourtant, même ainsi, dépourvu de ces outils et sans mon matériel, je vais essayer de prédire lequel des deux l'emportera. Vous me pardonnerez de m'exprimer en vers.

---

61. Sanctuaire d'Apollon* près d'Éphèse.

ΜΩΜΟΣ Λέγε μόνον, σαφῆ δέ, ὦ Ἄπολλον, καὶ μὴ συνηγόρου καὶ αὐτὰ ἢ ἑρμηνέως δεόμενα· καὶ γὰρ οὐκ ἄρνεια κρέα καὶ χελώνη νῦν ἐν Λυδίᾳ ἕψεται· ἀλλὰ οἶσθα περὶ ὅτου ἡ σκέψις.

ΖΕΥΣ Τί ποτε ἐρεῖς, ὦ τέκνον ; Ὡς τά γε πρὸ τοῦ χρησμοῦ ταῦτα ἤδη φοβερά· ἡ χρόα τετραμμένη, οἱ ὀφθαλμοὶ περιφερεῖς, κόμη ἀνασοβουμένη, κίνημα κορυβαντῶδες, καὶ ὅλως κατόχιμα πάντα καὶ φρικώδη καὶ μυστικά.

31 ΑΠΟΛΛΩΝ Κέκλυτε μαντιπόλου τόδε θέσφατον
[Ἀπόλλωνος
ἀμφ' ἔριδος κρυερῆς, τὴν ἀνέρες ἐστήσαντο
ὀξυβόαι, μύθοισι κορυσσόμενοι πυκινοῖσι.
Πολλὰ γὰρ ἔνθα καὶ ἔνθα μόθου ἑτεραλκέϊ κλωγμῷ
ταρφέος ἄκρα κόρυμβα καταπλήσσουσιν ἐχέτλης.
Ἀλλ' ὅταν αἰγυπιὸς γαμψώνυχος ἀκρίδα μάρψῃ,
δὴ τότε λοίσθιον ὀμβροφόροι κλάγξουσι κορῶναι.
Νίκη δ' ἡμιόνων, ὁ δ' ὄνος θοὰ τέκνα κορύψει.

ΖΕΥΣ Τί τοῦτο ἀνεκάγχασας, ὦ Μῶμε ; Καὶ μὴν οὐ γελοῖα τὰ ἐν ποσίν· παῦσαι κακόδαιμον, ἀποπνιγήσῃ ὑπὸ τοῦ γέλωτος.

ΜΩΜΟΣ Καὶ πῶς δυνατόν, ὦ Ζεῦ, ἐφ' οὕτω σαφεῖ καὶ προδήλῳ τῷ χρησμῷ ;

ΖΕΥΣ Οὐκοῦν καὶ ἡμῖν ἤδη ἑρμηνεύοις ἂν αὐτὸν ὅ τι καὶ λέγει.

ΜΩΜΟΣ Πάνυ πρόδηλα, ὥστε οὐδὲν ἡμῖν Θεμιστοκλέους δεήσει· φησὶ γὰρ τὸ λόγιον οὑτωσὶ διαρρήδην γόητα μὲν εἶναι τοῦτον, ὑμᾶς δὲ ὄνους κανθηλίους νὴ Δία καὶ ἡμιόνους, τοὺς πιστεύοντας αὐτῷ, οὐδ' ὅσον αἱ ἀκρίδες τὸν νοῦν ἔχοντας.

---

62. Voir *Zeus confondu*, 14, et la note.

63. Les premiers vers sont un assemblage absurde de citations d'HOMÈRE (*Iliade*, XVI, 428 ; *Odyssée*, XIX, 11, XXII, 302, etc.). L'allusion au mulet est inspirée par le troisième oracle rendu à Crésus (HÉRODOTE, *Enquêtes*, I, 55), lui annonçant qu'il ne pourrait être vaincu que par un mulet. Le roi crut que cela signifiait que nul ne le vaincrait, alors que la Pythie désignait Cyrus (mi-Mède, mi-Perse). L'image de l'âne est empruntée à ARISTOPHANE (*Cavaliers*, 197 sq.). Le tout n'a évidemment aucun sens.

MOMOS – Contente-toi de parler, mais de manière claire, Apollon*, sans qu'on ait besoin encore une fois d'un avocat ou d'un interprète, car il ne s'agit pas maintenant de viande d'agneau et de tortue qu'on fait bouillir ensemble en Lydie [62]. Tu connais l'objet du débat.

ZEUS – Que vas-tu donc dire, mon fils ? Comme ces symptômes avant-coureurs de l'oracle sont déjà terrifiants : teint altéré, yeux révulsés, cheveux hérissés, bonds de Corybante*. Bref, tout n'est plus que possession, frisson, transport mystique.

31. APOLLON – *Écoutez cet oracle d'Apollon**
                                         [prophète,
Sur le conflit glacial suscité par des hommes,
Aux cris aigus, casqués de paroles serrées.
De tous côtés quand le claquement du combat
Passe d'un camp à l'autre, ils frappent de terreur
L'extrémité du manche épais de la charrue.
Mais lorsque le vautour aux serres recourbées
Prendra la sauterelle, alors on entendra
Pour la dernière fois croasser les corneilles
Qui annoncent la pluie. Aux mulets la victoire !
Et l'âne frappera du front ses fils rapides [63].

ZEUS – Pourquoi t'es-tu esclaffé ainsi, Momos* ? La situation n'a rien de drôle. Cesse, misérable. Tu vas t'étouffer à force de rire.

MOMOS – Comment me retenir, Zeus*, devant un oracle si clair et manifeste ?

ZEUS – Alors tu pourrais nous expliquer maintenant, à nous aussi, ce qu'il veut dire.

MOMOS – C'est très clair. Nous n'aurons donc aucun besoin de Thémistocle [64], tant l'oracle est explicite : il dit que son auteur est un charlatan, que vous qui le croyez, vous êtes des ânes bâtés, par Zeus*, et des mulets, et que vous n'avez même pas autant d'esprit que les sauterelles.

---

64. Il interpréta un oracle rendu aux Athéniens avant Salamine (HÉRODOTE, *Enquêtes,* VII, 143).

32 ΗΡΑΚΛΗΣ Ἐγὼ δέ, ὦ πάτερ, εἰ καὶ μέτοικός εἰμι,
οὐκ ὀκνήσω ὅμως τὰ δοκοῦντά μοι εἰπεῖν· ὁπόταν γὰρ ἤδη
συνελθόντες διαλέγωνται, τηνικαῦτα, ἢν μὲν ὁ Τιμοκλῆς
ὑπέρσχῃ, ἐάσωμεν προχωρεῖν τὴν συνουσίαν ὑπὲρ ἡμῶν, ἢν
δέ τι ἑτεροῖον ἀποβαίνῃ, τότε ἤδη τὴν στοὰν αὐτὴν ἔγωγε,
εἰ δοκεῖ, διασείσας ἐμβαλῶ τῷ Δάμιδι, ὡς μὴ κατάρατος ὢν
ὑβρίζῃ ἐς ἡμᾶς.

ΖΕΥΣ Ἡράκλεις, ὦ Ἡράκλεις, ἄγροικον τοῦτο εἴρηκας
καὶ δεινῶς Βοιώτιον, συναπολέσαι ἑνὶ πονηρῷ τοσούτους καὶ
προσέτι τὴν στοὰν αὐτῷ Μαραθῶνι καὶ Μιλτιάδῃ καὶ Κυνε-
γείρῳ. Καὶ πῶς ἂν τούτων συνεμπεσόντων οἱ ῥήτορες ἔτι
ῥητορεύοιεν, τὴν μεγίστην εἰς τοὺς λόγους ὑπόθεσιν ἀφῃρημέ-
νοι ; Ἄλλως τε ζῶντι μέν σοι δυνατὸν ἴσως ἦν πρᾶξαι τοῦτο,
ἀφ' οὗ δὲ θεὸς γεγένησαι, μεμάθηκας, οἶμαι, ὡς αἱ Μοῖραι
μόναι τὰ τοιαῦτα δύνανται, ἡμεῖς δὲ αὐτῶν ἄμοιροί ἐσμεν.

ΗΡΑΚΛΗΣ Οὐκοῦν καὶ ὁπότε τὸν λέοντα ἢ τὴν ὕδραν
ἐφόνευον, αἱ Μοῖραι δι' ἐμοῦ ἐκεῖνα ἔπραττον ;

ΖΕΥΣ Καὶ μάλα.

ΗΡΑΚΛΗΣ Καὶ νῦν ἤν τις ὑβρίζῃ, εἰς ἐμὲ ἢ περισυλῶν
μου τὸν νεὼν ἢ ἀνατρέπων τὸ ἄγαλμα, ἢν μὴ ταῖς Μοίραις
πάλαι δεδογμένον ᾖ, οὐκ ἐπιτρίψω αὐτόν ;

ΖΕΥΣ Οὐδαμῶς.

ΗΡΑΚΛΗΣ Οὐκοῦν ἄκουσον, ὦ Ζεῦ, μετὰ παρρησίας·
ἐγὼ γάρ, ὡς ὁ κωμικὸς ἔφη,

ἄγροικός εἰμι τὴν σκάφην σκάφην λέγων·

---

65. Héraclès*, fils de mortelle n'est pas dieu de « plein droit ».

66. Dans de nombreuses éditions, cette réplique est attribuée à
Momos*, non à Zeus*.

67. Héraclès* était natif de Thèbes, en Béotie, et les Béotiens passaient pour particulièrement stupides.

68. Cynégiros, frère d'Eschyle, après la bataille de Marathon,
poursuivit les vaisseaux des Perses, et en saisit un de la main droite ;
cette main ayant été coupée, il saisit le vaisseau de la gauche, et celle-
ci ayant eu le même sort, il s'accrocha, dit-on, au bâtiment avec les
dents. Il mourut peu après. Pour le Portique, sur lequel étaient peints
ces personnages et ces scènes illustres, voir le chapitre 16 et la note.

32. HÉRACLÈS – Quant à moi, père, j'ai beau être un métèque [65], je n'hésiterai pas à donner mon avis. Quand ils seront déjà réunis et qu'ils discuteront, alors, si Timoclès a le dessus, nous laisserons le débat se poursuivre en notre faveur. Mais si les choses tournent autrement, dans ce cas, si vous voulez, je secouerai le Portique et je le ferai tomber sur Damis, pour que ce maudit ne nous insulte pas.

ZEUS [66] – Par Héraclès*, ô Héraclès*, tes propos sont d'un rustre et terriblement béotiens [67] : détruire avec un seul misérable tant d'hommes de bien, et en outre le Portique avec Marathon, Miltiade et Cynégeiros [68]. S'ils s'écroulent, comment les rhéteurs pourraient-ils encore faire de la rhétorique, privés du thème le plus important de leurs discours ? D'ailleurs quand tu étais en vie tu pouvais peut-être agir ainsi, mais depuis que tu es devenu dieu, tu as appris, j'imagine, que seules les Moires* peuvent accomplir ce genre de choses, et que nous n'avons pas cette prérogative [69].

HÉRACLÈS – Alors quand je tuais le lion ou l'hydre, c'étaient les Moires* qui le faisaient par mon intermédiaire ?

ZEUS – Absolument.

HÉRACLÈS – Et maintenant, si quelqu'un m'outrage, en pillant mon sanctuaire ou en renversant ma statue, je ne l'écraserai pas si les Moires* ne l'ont pas décidé longtemps auparavant ?

ZEUS – En aucune manière.

HÉRACLÈS – Alors écoute-moi, Zeus* : je serai franc. En effet, comme dit le comique,

Je suis un paysan, j'appelle une auge une auge [70].

---

69. C'est le thème principal du *Zeus confondu*. Voir aussi le chapitre 25 de ce dialogue.
70. On ignore l'auteur de ce vers.

εἰ τοιαῦτά ἐστιν τὰ ὑμέτερα, μακρὰ χαίρειν φράσας ταῖς
ἐνταῦθα τιμαῖς καὶ κνίσῃ καὶ ἱερείων αἵματι κάτειμι εἰς τὸν
Ἄιδην, ὅπου με γυμνὸν ἔχοντα τὸ τόξον κἂν τὰ εἴδωλα
φοβήσεται τῶν ὑπ' ἐμοῦ πεφονευμένων θηρίων.

ΖΕΥΣ Εὖ γε, οἴκοθεν ὁ μάρτυς, φασίν· ἀπέσωσάς γ' ἂν
οὖν τῷ Δάμιδι ταῦτα εἰπεῖν ὑποβαλών. 33 Ἀλλὰ τίς ὁ
σπουδῇ προσιὼν οὗτός ἐστιν, ὁ χαλκοῦς, ὁ εὔγραμμος, ὁ
εὐπερίγραφος, ὁ ἀρχαῖος τὴν ἀνάδεσιν τῆς κόμης ; Μᾶλλον
δὲ ὁ σός, ὦ Ἑρμῆ, ἀδελφός ἐστιν, ὁ ἀγοραῖος, ὁ παρὰ τὴν
Ποικίλην· πίττης γοῦν ἀναπέπλησται ὁσημέραι περιπλαττό-
μενος ὑπὸ τῶν ἀνδριαντοποιῶν. Τί, ὦ παῖ, δρομαῖος ἡμῖν
ἀφῖξαι ; Ἦ πού τι ἐκ γῆς νεώτερον ἀπαγγέλλεις ;

ΕΡΜΑΓΟΡΑΣ Ὑπέρμεγα, ὦ Ζεῦ, καὶ μυρίας τῆς
σπουδῆς δεόμενον.

ΖΕΥΣ Λέγε ἤδη, εἴ τι καὶ ἄλλο ἡμᾶς ἐπανιστάμενον
λέληθεν.

ΕΡΜΑΓΟΡΑΣ *Ἐτύγχανον μὲν ἄρτι χαλκουργῶν ὕπο*
πιττούμενος στέρνον τε καὶ μετάφρενον·
θώραξ δέ μοι γελοῖος ἀμφὶ σώματι
πλασθεὶς παρηώρητο μιμηλῇ τέχνῃ
σφραγῖδα χαλκοῦ πᾶσαν ἐκτυπούμενος·
ὁρῶ δ' ὄχλον στείχοντα καί τινας δύο
ὠχροὺς κεκράκτας, πυγμάχους σοφισμάτων,
Δᾶμίν τε καί...

ΖΕΥΣ Παύου, ὦ Ἑρμαγόρα βέλτιστε, τραγῳδῶν· οἶδα
γὰρ οὕστινας λέγεις. Ἀλλ' ἐκεῖνό μοι φράσον, εἰ πάλαι συγ-
κροτεῖται αὐτοῖς ἡ ἔρις.

---

71. Allusion au chignon que portaient les anciens Athéniens,
selon THUCYDIDE (I, VI, 3).

72. Voir le chapitre 16 et la note.

73. Hermagoras, comme son nom l'indique, est la statue
d'Hermès qui se dresse sur l'agora. Il joue ici le rôle d'un messager
de tragédie.

Si votre situation en est là, j'envoie promener les honneurs d'ici, la fumée des viandes et le sang des victimes et je descends chez Hadès* où, avec mon arc seulement, je terrifierai jusqu'aux fantômes des monstres que j'ai tués.

ZEUS – Bravo ! Voilà un témoin à charge qui vient de son propre camp, comme on dit. Vraiment tu nous aurais sauvés, si tu avais soufflé ces paroles à Damis.

Mais quel est celui-là qui arrive précipitamment – en bronze, belle ligne, beau galbe, cheveux relevés à l'ancienne mode [71] ? Ou plutôt... J'y suis, Hermès*, c'est ton frère, celui qui est sur l'agora, à côté du Pécile [72]. En tout cas, il est couvert de poix parce que chaque jour les sculpteurs en prennent des moulages. Pourquoi, mon garçon, arrives-tu en courant chez nous ? Nous apportes-tu quelque nouvelle de la terre ?

HERMAGORAS [73] – Une nouvelle énorme, Zeus*, qui nécessite une hâte extrême.

ZEUS – Parle vite. Une autre révolte s'est-elle encore produite à notre insu ?

HERMAGORAS – *Je venais d'être enduit de poix par*
[les bronziers,
Sur le ventre et le dos, couvert d'une cuirasse
Risible autour du corps, en hauteur suspendue
Par l'art imitateur. On prenait mon empreinte
Autour du bronze entier, lorsque soudain je vois
Une foule approcher, puis deux hommes fort pâles
Criards et combattant à grands coups de sophismes,
L'un Damis et [74]...

ZEUS – Cesse de jouer la tragédie, excellent Hermagoras : je sais de qui tu parles. Dis-moi plutôt si la bataille est engagée depuis longtemps.

---

74. Parodie d'un récit de messager dans la tragédie.

ΕΡΜΑΓΟΡΑΣ Οὐδέπω, ἀλλ' ἐν ἀκροβολισμοῖς ἔτι ἦσαν ἀποσφενδονῶντες ἀλλήλοις πόρρωθέν ποθεν λοιδορούμενοι.

ΖΕΥΣ Τί οὖν χρὴ ποιεῖν λοιπόν, ὦ θεοί, ἢ ἀκροάσασθαι ἐπικύψαντας αὐτῶν ; Ὥστε ἀφαιρείτωσαν αἱ Ὧραι τὸν μοχλὸν ἤδη καὶ ἀπάγουσαι τὰ νέφη ἀναπεταννύτωσαν τὰς πύλας τοῦ οὐρανοῦ. 34 Ἡράκλεις, ὅσον τὸ πλῆθος ἐπὶ τὴν ἀκρόασιν ἀπηντήκασιν. Ὁ δὲ Τιμοκλῆς οὗτος οὐ πάνυ μοι ἀρέσκει ὑποτρέμων καὶ ταραττόμενος· ἀπολεῖ πάντα οὗτος τήμερον· δῆλος γοῦν ἐστιν οὐδὲ ἀντάρασθαι τῷ Δάμιδι δυνησόμενος. Ἀλλ' ὅπερ ἡμῖν δυνατώτατον, εὐχώμεθα ὑπὲρ αὐτοῦ *σιγῇ ἐφ' ἡμείων, ἵνα μὴ Δᾶμίς γε πύθηται.*

35 ΤΙΜΟΚΛΗΣ Τί φῄς, ὦ ἱερόσυλε Δᾶμι, θεοὺς μὴ εἶναι μηδὲ προνοεῖν τῶν ἀνθρώπων ;

ΔΑΜΙΣ Οὔκ· ἀλλὰ σὺ πρότερος ἀπόκριναί μοι ᾧτινι λόγῳ ἐπείσθης εἶναι αὐτούς.

ΤΙΜΟΚΛΗΣ Οὐ μὲν οὖν, ἀλλὰ σύ, ὦ μιαρέ, ἀπόκριναι.

ΔΑΜΙΣ Οὐ μὲν οὖν, ἀλλὰ σύ.

ΖΕΥΣ Ταυτὶ μὲν παρὰ πολὺ ὁ ἡμέτερος ἄμεινον καὶ εὐφωνότερον τραχύνεται. Εὖ γε, ὦ Τιμόκλεις, ἐπίχει τῶν βλασφημιῶν· ἐν γὰρ τούτῳ σοι τὸ κράτος, ὡς τά γε ἄλλα ἰχθύν σε ἀποφανεῖ ἐπιστομίζων.

ΤΙΜΟΚΛΗΣ Ἀλλά, μὰ τὴν Ἀθηνᾶν, οὐκ ἂν ἀποκριναίμην σοι πρότερος.

ΔΑΜΙΣ Οὐκοῦν, ὦ Τιμόκλεις, ἐρώτα· ἐκράτησας γὰρ τοῦτό γε ὀμωμοκώς· ἀλλὰ ἄνευ τῶν βλασφημιῶν, εἰ δοκεῖ.

---

75. Littéralement : ils se lançaient avec des frondes. La première partie du combat se fait à distance (avec des lances, des javelots, des frondes) ; le corps à corps (à l'épée ou au coutelas) a lieu ensuite.

76. Variation sur un vers d'HOMÈRE (*Iliade*, VII, 195) : σιγῇ ἐφ' ὑμείων ἵνα μὴ Τρῶές γε πύθωνται (Δᾶμίς remplaçant Τρῶές et πύθηται remplaçant πύθωνται). Le retournement est savoureux : en principe on prie les dieux, ce ne sont pas eux qui prient.

HERMAGORAS – Elle ne l'est pas encore. Ils n'en étaient qu'aux préliminaires : ils se décochaient[75] des insultes de loin.

ZEUS – Que nous reste-t-il donc à faire maintenant, dieux, sinon nous pencher pour les écouter ? Par conséquent, que les Heures* enlèvent à présent la barre, qu'elles écartent les nuages et ouvrent les portes du ciel. 34 Par Héraclès*, quelle foule immense est venue les écouter. Ce Timoclès ne me plaît pas du tout : il tremble un peu, il se trouble. Il va tout perdre aujourd'hui : il est clair en tout cas qu'il ne pourra même pas tenir tête à Damis. Eh bien, prions pour lui – c'est ce que nous pouvons faire de mieux,

En silence à part nous pour que Damis l'ignore[76].

35. TIMOCLÈS – Pourquoi dis-tu, sacrilège Damis, que les dieux n'existent pas et qu'ils ne se soucient pas des hommes ?

DAMIS – Non, c'est à toi d'abord de me répondre. Pour quelle raison crois-tu qu'ils existent ?

TIMOCLÈS – Non, c'est à toi, scélérat de me répondre.

DAMIS – Non, c'est à toi.

ZEUS – Pour le moment notre champion a de loin le dessus ; sa voix rude est la plus sonore. Bravo, Timoclès, couvre-le d'injures. C'est ton point fort, car pour le reste, il te clouera le bec et te rendra muet comme un poisson.

TIMOCLÈS – Non, je le jure par Athéna*, je ne pourrais te répondre le premier.

DAMIS – Eh bien, interroge-moi, Timoclès, car tu as obtenu au moins cet avantage en prêtant serment[77]. Mais sans m'injurier, s'il te plaît.

---

77. Commentaire ironique : Damis le mécréant feint d'être impressionné par un serment. Selon certains critiques, il exprimerait son respect pour les Athéniens en ménageant Athéna*.

36 ΤΙΜΟΚΛΗΣ Εὖ λέγεις· εἰπὲ οὖν μοι, οὐ δοκοῦσί σοι, ὦ κατάρατε, προνοεῖν οἱ θεοί ;

ΔΑΜΙΣ Οὐδαμῶς.

ΤΙΜΟΚΛΗΣ Τί φῄς ; Ἀπρονόητα οὖν ταῦτα πάντα ;

ΔΑΜΙΣ Ναί.

ΤΙΜΟΚΛΗΣ Οὐδ' ὑπό τινι οὖν θεῷ τάττεται ἡ τῶν ὅλων ἐπιμέλεια ;

ΔΑΜΙΣ Οὔ.

ΤΙΜΟΚΛΗΣ Πάντα δὲ εἰκῆ φέρεται ;

ΔΑΜΙΣ Ναί.

ΤΙΜΟΚΛΗΣ Εἶτ' ἄνθρωποι ταῦτα ἀκούοντες ἀνέχεσθε καὶ οὐ καταλεύσετε τὸν ἀλιτήριον ;

ΔΑΜΙΣ Τί τοὺς ἀνθρώπους ἐπ' ἐμὲ παροξύνεις, ὦ Τιμόκλεις ; Ἢ τίς ὢν ἀγανακτεῖς ὑπὲρ τῶν θεῶν, καὶ ταῦτα ἐκείνων αὐτῶν οὐκ ἀγανακτούντων ; Οἵ γε οὐδὲν δεινὸν διατεθείκασί με πάλαι ἀκούοντες, εἴ γε ἀκούουσιν.

ΤΙΜΟΚΛΗΣ Ἀκούουσι γάρ, ὦ Δᾶμι, ἀκούουσι, καί σε μετίασίν ποτε χρόνῳ.

37 ΔΑΜΙΣ Καὶ πότε ἂν ἐκεῖνοι σχολὴν ἀγάγοιεν ἐπ' ἐμέ, τοσαῦτα, ὡς φῄς, πράγματα ἔχοντες καὶ τὰ ἐν τῷ κόσμῳ ἄπειρα τὸ πλῆθος ὄντα οἰκονομούμενοι ; Ὥστε οὐδὲ σέ πω ἠμύναντο ὧν ἐπιορκεῖς ἀεὶ καὶ τῶν ἄλλων, ἵνα μὴ βλασφημεῖν καὶ αὐτὸς ἀναγκάζωμαι παρὰ τὰ συγκείμενα. Καίτοι οὐχ ὁρῶ τίνα ἂν ἄλλην ἐπίδειξιν τῆς ἑαυτῶν προνοίας μείζω ἐξενεγκεῖν ἐδύναντο ἢ σὲ κακὸν κακῶς ἐπιτρίψαντες. Ἀλλὰ δῆλοί εἰσιν ἀποδημοῦντες, ὑπὲρ τὸν Ὠκεανὸν ἴσως

μετ' ἀμύμονας Αἰθιοπῆας·

ἔθος γοῦν αὐτοῖς συνεχῶς ἰέναι παρ' αὐτοὺς μετὰ δαῖτα καὶ ἀνεπαγγέλτοις ἐνίοτε.

---

78. Souvenir de la *Paix* d'ARISTOPHANE, 203.
79. Les dieux apprécient particulièrement cette destination : voir notamment *Iliade,* I, 423-424, *Odyssée,* I, 22-25.

36. TIMOCLÈS – Tu as raison. Eh bien, dis-moi, maudit, tu ne crois pas que les dieux se soucient de nous ?

DAMIS – Absolument pas.

TIMOCLÈS – Que dis-tu ? Tout ce que tu vois ne serait pas régi par la Providence ?

DAMIS – Non.

TIMOCLÈS – Et l'administration de l'univers n'est pas non plus dirigée par un dieu ?

DAMIS – Non.

TIMOCLÈS – Tout est emporté au hasard ?

DAMIS – Oui.

TIMOCLÈS – Eh bien, messieurs, vous supportez d'entendre ces paroles ? Vous n'allez pas lapider ce sacrilège ?

DAMIS – Pourquoi excites-tu les gens contre moi, Timoclès ? Qui es-tu pour te fâcher au nom des dieux, alors qu'eux-mêmes ne se fâchent pas ? En tout cas, ils ne m'ont fait aucun mal, alors qu'ils m'entendent depuis longtemps, si du moins ils m'entendent.

TIMOCLÈS – Ils t'entendent, Damis, ils t'entendent et ils te puniront un jour, avec le temps.

37. DAMIS – Et quand donc auraient-ils le loisir de s'occuper de moi, alors qu'ils ont, comme tu dis, tant d'affaires sur les bras, et qu'ils administrent celles de l'univers dont le nombre est infini ? Voilà pourquoi ils ne t'ont pas encore châtié toi non plus, pour tes parjures incessants et pour tes autres fautes… mais je ne voudrais pas être forcé de t'injurier à mon tour contrairement à nos conventions. Pourtant je ne vois pas quelle meilleure démonstration ils pourraient faire de leur Providence que de t'écraser misérablement, misérable que tu es. Il est évident qu'ils ont déménagé [78], peut-être au-delà de l'Océan,

Auprès des irréprochables Éthiopiens [79].

En tout cas, ils ont l'habitude d'aller sans cesse dîner chez eux, parfois même sans être invités.

38 ΤΙΜΟΚΛΗΣ Τί πρὸς τοσαύτην ἀναισχυντίαν εἴποιμι ἂν, ὦ Δᾶμι ;

ΔΑΜΙΣ Ἐκεῖνο, ὦ Τιμόκλεις, ὃ πάλαι ἐγὼ ἐπόθουν ἀκοῦσαί σου, ὅπως ἐπείσθης οἴεσθαι προνοεῖν τοὺς θεούς.

ΤΙΜΟΚΛΗΣ Ἡ τάξις με πρώτη τῶν γινομένων ἔπεισεν, ἥλιος ἀεὶ τὴν αὐτὴν ὁδὸν ἰὼν καὶ σελήνη κατὰ ταὐτὰ καὶ ὧραι τρεπόμεναι καὶ φυτὰ φυόμενα καὶ ζῷα γεννώμενα καὶ αὐτὰ ταῦτα οὕτως εὐμηχάνως κατεσκευασμένα ὡς τρέφεσθαι καὶ κινεῖσθαι καὶ ἐννοεῖν καὶ βαδίζειν καὶ τεκταίνεσθαι καὶ σκυτοτομεῖν καὶ τἄλλα· ταῦτα προνοίας ἔργα εἶναί μοι δοκεῖ.

ΔΑΜΙΣ Αὐτό που τὸ ζητούμενον, ὦ Τιμόκλεις, συναρπάζεις· οὐδέπω γὰρ δῆλον εἰ προνοίᾳ τούτων ἕκαστον ἀποτελεῖται. 'Αλλ' ὅτι μὲν τοιαῦτά ἐστιν τὰ γινόμενα φαίην ἂν καὶ αὐτός· οὐ μὴν αὐτίκα πεπεῖσθαι ἀνάγκη καὶ ὑπό τινος προμηθείας αὐτὰ γίγνεσθαι· ἔνι γὰρ καὶ ἄλλως ἀρξάμενα νῦν ὁμοίως καὶ κατὰ ταὐτὰ συνίστασθαι, σὺ δὲ τάξιν αὐτῶν ὀνομάζεις τὴν ἀνάγκην, εἶτα δηλαδὴ ἀγανακτήσεις εἴ τίς σοι μὴ ἀκολουθοίη τὰ γιγνόμενα μὲν ὁποῖά ἐστι καταριθμουμένῳ καὶ ἐπαινοῦντι, οἰομένῳ δὲ ἀπόδειξιν ταῦτα εἶναι τοῦ καὶ προνοίᾳ διατάττεσθαι αὐτῶν ἕκαστον. Ὥστε κατὰ τὸν κωμικόν·

τουτὶ μὲν ὑπομόχθηρον, ἄλλο μοι λέγε.

39 ΤΙΜΟΚΛΗΣ Ἐγὼ μὲν οὐκ οἶμαι καὶ ἄλλης ἐπὶ τούτοις δεῖν ἀποδείξεως. Ὅμως δ' οὖν ἐρῶ· ἀπόκριναι γάρ μοι, Ὅμηρός σοι δοκεῖ ἄριστος ποιητὴς γενέσθαι ;

ΔΑΜΙΣ Καὶ μάλα.

ΤΙΜΟΚΛΗΣ Οὐκοῦν ἐκείνῳ ἐπείσθην τὴν πρόνοιαν τῶν θεῶν ἐμφανίζοντι.

---

80. Raisonnement vicieux consistant à tenir pour vrai ce qui est l'objet même de la démonstration.

81. Autrement peut s'opposer à ce qui précède (l'intervention de la Providence) et donc signifier par hasard, ou s'opposer à ce qui suit

38. TIMOCLÈS – Que pourrais-je dire devant une telle impudence, Damis ?

DAMIS – Me dire, Timoclès, ce que je désirais depuis longtemps apprendre de toi : comment t'es-tu persuadé que les dieux se soucient de nous ?

TIMOCLÈS – C'est d'abord l'ordre de l'univers qui m'a convaincu : le soleil qui suit toujours la même route, la lune qui fait de même, le cycle des saisons, les plantes qui poussent, les êtres vivants qui naissent et sont si ingénieusement agencés qu'ils peuvent se nourrir, se mouvoir, penser, marcher, travailler le bois, découper le cuir, et tout le reste. Voilà qui me semble l'œuvre d'une Providence.

DAMIS – Tu fais là une pétition de principe [80], Timoclès, puisqu'il n'est pas encore prouvé que chacun de ces phénomènes soit réalisé par une Providence. Qu'ils se présentent ainsi, je peux le reconnaître moi aussi ; mais cela n'oblige pas à admettre aussitôt qu'ils sont causés par une sagesse supérieure, car il est également possible qu'ayant commencé autrement [81], ils se produisent maintenant régulièrement et uniformément. Or toi, tu donnes le nom d'ordre à la nécessité. Et ensuite, évidemment, tu te fâcheras si l'on ne te suit pas, quand énumérant et louant leurs qualités, tu y vois la preuve qu'une Providence organise chacun d'eux. Par conséquent, comme dit le comique,

Cela est très mauvais, dis-moi donc autre chose.

39. TIMOCLÈS – Pour ma part, je ne pense pas qu'il y ait besoin d'une autre démonstration après celle-ci. Pourtant je vais parler. Réponds-moi : penses-tu qu'Homère soit un excellent poète ?

DAMIS – Bien sûr.

TIMOCLÈS – Eh bien, c'est lui qui m'a convaincu, en mettant en évidence la Providence des dieux.

(la répétition et la régularité). A. M. HARMON rapproche ce passage de LUCRÈCE, *De rerum natura,* I, 1024-1028.

ΔΑΜΙΣ 'Αλλ', ὦ θαυμάσιε, ποιητὴν ἀγαθὸν Ὅμηρον γενέσθαι πάντες σοι συνομολογήσουσιν, μάρτυρα δὲ ἀληθῆ περὶ τῶν τοιούτων οὔτ' ἐκεῖνον οὔτε ἄλλον ποιητὴν οὐδένα· οὐ γὰρ ἀληθείας μέλει αὐτοῖς, οἶμαι, ἀλλὰ τοῦ κηλεῖν τοὺς ἀκούοντας, καὶ διὰ τοῦτο μέτροις τε κατάδουσι καὶ μύθοις κατέχουσι καὶ ὅλως ἅπαντα ὑπὲρ τοῦ τερπνοῦ μηχανῶνται.

40 'Ατὰρ ἡδέως ἂν καὶ ἀκούσαιμι οἷστισι μάλιστα ἐπείσθης τῶν Ὁμήρου· ἆρα οἷς περὶ τοῦ Διὸς λέγει, ὡς ἐπεβούλευον συνδῆσαι αὐτὸν ἡ θυγάτηρ καὶ ὁ ἀδελφὸς καὶ ἡ γυνή ; Καὶ εἴ γε μὴ τὸν Βριάρεων ἡ Θέτις ἐκάλεσεν ἐλεήσασα τὸ γιγνόμενον ἐπεπέδητο ἂν ἡμῖν ὁ βέλτιστος Ζεὺς συναρπασθείς. 'Ανθ' ὧν καὶ ἀπομνημονεύων τῇ Θέτιδι τὴν εὐεργεσίαν ἐξαπατᾷ τὸν 'Αγαμέμνονα ὄνειρόν τινα ψευδῆ ἐπιπέμψας, ὡς πολλοὶ τῶν 'Αχαιῶν ἀποθάνοιεν. Ὁρᾷς ; 'Αδύνατον γὰρ ἦν αὐτῷ κεραυνὸν ἐμβαλόντι καταφλέξαι τὸν 'Αγαμέμνονα αὐτὸν ἄνευ τοῦ ἀπατεῶνα εἶναι δοκεῖν. Ἢ ἐκεῖνά σε μάλιστα εἰς τὴν πίστιν ἐπεσπάσαντο,ἀκούοντα ὡς Διομήδης μὲν ἔτρωσε τὴν 'Αφροδίτην, εἶτα τὸν Ἄρην αὐτὸν 'Αθηνᾶς παρακελεύσει, μετὰ μικρὸν δὲ αὐτοὶ συμπεσόντες οἱ θεοὶ ἐμονομάχουν ἀναμὶξ ἄρρενες καὶ θήλειαι, καὶ 'Αθηνᾶ μὲν Ἄρη καταγωνίζεται ἅτε καὶ προπεπονηκότα, οἶμαι, ἐκ τοῦ τραύματος ὃ παρὰ τοῦ Διομήδους εἰλήφει,

Λητοῖ δ' ἀντέστη σῶκος ἐριούνιος Ἑρμῆς ;

---

82. *Iliade*, I, 396 sq.
83. Début du chant II de l'*Iliade*.
84. En envoyant le songe trompeur, Zeus* prête le flanc à cette accusation, ce qu'il aurait pu éviter s'il avait foudroyé Agamemnon.
85. *Iliade*, V, 336-351. C'est à cette occasion que, blessée, la déesse laisse couler de l'ichor et non du sang : « Les divinités bienheureuses ne mangeant pas le pain, ne buvant pas le vin aux sombres feux, n'ont point de sang et sont appelées immortelles. »
86. *Iliade*, V, 855-863 : « À son tour Diomède au puissant cri de guerre tend le corps en avant, sa pique de bronze à la main. Et Pallas Athéna* l'appuie contre le bas ventre d'Arès* [...]. C'est là que Diomède l'atteint et le blesse ; il déchire la belle peau puis ramène l'arme. Arès* de bronze pousse alors un cri, pareil à celui que lancent au combat neuf ou dix mille hommes engagés dans la lutte meurtrière.

DAMIS – Allons, mon admirable ami, tout le monde t'accordera qu'Homère a été un bon poète, mais qu'il soit un témoin véridique sur de pareils sujets, on ne le dira ni de lui ni d'aucun autre poète. Ces gens-là ne se soucient pas de la vérité, mais de charmer les auditeurs : voilà pourquoi ils les envoûtent par des cadences, les captivent par des fables, et de manière générale mettent tout en œuvre pour l'agrément. 40. D'ailleurs j'aimerais bien savoir quels passages d'Homère t'ont le plus poussé à croire. Ceux où il dit à propos de Zeus*, que sa fille, son frère et sa femme complotaient pour le faire prisonnier, et que, si Thétis*, prise de pitié devant sa situation, n'avait pas appelé Briarée*, notre excellent Zeus* aurait été capturé et enchaîné [82]. En échange, en souvenir du bienfait de Thétis*, il trompe Agamemnon en lui envoyant un songe mensonger afin de faire périr de nombreux Achéens [83]. Tu vois ? Il était incapable de lancer la foudre et de consumer Agamemnon lui-même, ce qui lui aurait évité de passer pour un trompeur [84]. Ou est-ce cet autre passage qui t'a surtout amené à croire, quand tu apprends que Diomède blessa Aphrodite* [85] puis Arès* en personne sur l'ordre d'Athéna* [86], et que, peu après, les dieux eux-mêmes en venaient aux mains et livraient des combats singuliers, mâles et femelles confondus, qu'Athéna* vainquit Arès* [87], parce qu'il avait été déjà affaibli, je pense, par la blessure que lui avait infligée Diomède, et que se dressa

Contre Léto* Hermès* le fort, le secourable [88] ?

Et un frisson saisit Troyens et Achéens : si fort a crié Arès* insatiable de guerre. »

87. *Iliade*, XXI, 400-433 : « Elle frappe l'ardent Arès* au cou et lui rompt les membres [...]. Ses cheveux sont souillés de poussière, ses armes vibrent sur lui. Pallas Athéna* éclate de rire et triomphante elle lui dit ces mots ailés : Pauvre sot tu n'as donc pas compris encore à quel point je puis me flatter d'être plus forte que toi. »

88. *Iliade*, XX, 72.

Ἤ τὰ περὶ τῆς Ἀρτέμιδός σοι πιθανὰ ἔδοξεν, ὡς ἐκείνη
μεμψιμοιροῦσα ἠγανάκτησεν οὐ κληθεῖσα ἐφ' ἑστίασιν ὑπὸ
τοῦ Οἰνέως, καὶ διὰ τοῦτο σῦν τινα ὑπερφυᾶ καὶ ἀνυπόστα-
τον τὴν ἀλκὴν ἐπαφῆκεν ἐπὶ τὴν χώραν αὐτοῦ ; Ἀρ' οὖν τὰ
τοιαῦτα λέγων σε Ὅμηρος πέπεικεν ;

41 ΖΕΥΣ Βαβαί· ἡλίκον, ὦ θεοί, ἀνεβόησεν τὸ πλῆθος,
ἐπαινοῦντες τὸν Δᾶμιν· ὁ δ' ἡμέτερος ἀπορουμένῳ ἔοικεν·
δέδιε γοῦν καὶ ὑποτρέμει καὶ δῆλός ἐστιν ἀπορρίψων τὴν
ἀσπίδα, καὶ ἤδη περιβλέπει οἷ παρεκδὺς ἀποδράσεται.

ΤΙΜΟΚΛΗΣ Οὐδ' Εὐριπίδης ἄρα σοι δοκεῖ λέγειν τι
ὑγιές, ὁπόταν αὐτοὺς ἀναβιβασάμενος τοὺς θεοὺς ἐπὶ τὴν
σκηνὴν δεικνύῃ σῴζοντας μὲν τοὺς χρηστοὺς τῶν ἡρώων,
τοὺς πονηροὺς δὲ καὶ κατὰ σὲ τὴν ἀσέβειαν ἐπιτρίβοντας ;

ΔΑΜΙΣ Ἀλλ', ὦ γενναιότατε φιλοσόφων Τιμόκλεις, εἰ
ταῦτα ποιοῦντες οἱ τραγῳδοὶ πεπείκασίν σε, ἀνάγκη δυοῖν
θάτερον, ἤτοι Πῶλον καὶ Ἀριστόδημον καὶ Σάτυρον
ἡγεῖσθαί σε θεοὺς εἶναι τότε ἢ τὰ πρόσωπα τῶν θεῶν αὐτὰ
καὶ τοὺς ἐμβάτας καὶ τοὺς ποδήρεις χιτῶνας καὶ χλαμύδας
καὶ χειρῖδας καὶ προγαστρίδια καὶ τἆλλα οἷς ἐκεῖνοι
σεμνύνουσι τὴν τραγῳδίαν, ὅπερ γελοιότατον· ἐπεὶ καθ'
ἑαυτὸν ὁπόταν ὁ Εὐριπίδης, μηδὲν ἐπειγούσης τῆς χρείας

---

89. *Iliade*, IX, 533 sq. « Artémis* au trône d'or avait naguère
déchaîné un fléau contre eux ; sa colère en voulait à Œnée qui ne lui
avait pas offert de prémices sur les pentes de son vignoble. Les autres
dieux avaient eu leur régal d'hécatombe ; à elle seule, la fille du grand
Zeus*, il n'avait rien offert. Qu'il l'eût oubliée ou qu'il n'y eût jamais
songé, son âme avait fait une lourde erreur. Dans son courroux, la
Sagittaire née de Zeus* avait donc déchaîné un sanglier sauvage, un
solitaire aux dents blanches qui, sans répit faisait de grands ravages
au milieu des vignes. »

90. Plusieurs tragédies faisaient apparaître le dieu sur la machine
de scène au moment du dénouement, pour assurer celui-ci.

91. Noms d'acteurs : pour les deux premiers, voir chapitre 3 et
la note. Satyros est le nom d'un acteur qui aurait conseillé Démosthène pour lui enseigner l'importance de l'action oratoire (PLU-
TARQUE, *Vie de Démosthène*, 7). L'orateur l'évoque dans *Sur
l'ambassade infidèle*, 192-195.

Ou bien as-tu cru devoir ajouter foi à ce qui est dit d'Artémis*, que cette déesse, qui était rancunière, se fâcha de n'avoir pas été invitée au festin par Œnée et que pour cette raison elle lança contre son pays un sanglier gigantesque, à la force invincible [89] ? Est-ce en faisant de tels récits qu'Homère t'a convaincu ?

41. ZEUS – Aïe, aïe, aïe ! Quels cris pousse la foule ! Ils font l'éloge de Damis. Notre champion semble dans l'embarras : en tout cas, il a peur, il tremble un peu. Il est clair qu'il va lâcher son bouclier. Déjà il cherche des yeux un endroit où se glisser furtivement pour fuir.

TIMOCLÈS – Alors selon toi, Euripide non plus ne dit rien de sensé quand il fait monter les dieux en personne sur scène et les montre sauvant les meilleurs des héros, écrasant les méchants, coupables comme toi d'impiété [90] ?

DAMIS – Allons Timoclès, toi le plus noble des philosophes, si c'est par là que les auteurs tragiques t'ont poussé à croire, il s'ensuit forcément de deux choses l'une : tu penses qu'étaient dieux à ce moment-là ou bien Polos, Aristodémos et Satyros [91], ou bien les masques des dieux [92], leurs cothurnes, leurs tuniques traînantes, leurs chlamydes, leurs gants, leurs ventres postiches [93], et tous les autres artifices avec lesquels ils donnent de la solennité à leurs tragédies. Ce serait très ridicule, car quand Euripide n'est pas contraint par les

---

92. Selon le principe que l'habit fait l'homme, et encore plus le comédien.

93. Lucien fait une autre allusion à cet artifice dans *Sur la danse*, 27 : « Quel spectacle à la fois répugnant et terrifiant qu'un homme arrangé pour avoir une taille démesurée, juché sur de hauts cothurnes, coiffé d'un masque qui remonte au-dessus de sa tête, qui ouvre une énorme bouche comme s'il voulait engloutir les spectateurs ! Je ne dis rien des poitrines et des ventres postiches qu'il emploie pour se donner une grosseur empruntée et artificielle, afin que sa hauteur démesurée ne paraisse pas suspecte sur un corps trop grêle. »

τῶν δραμάτων, τὰ δοκοῦντά οἱ λέγῃ, ἀκούσῃ αὐτοῦ τότε παρρησιαζομένου,

ὁρᾷς τὸν ὑψοῦ τόνδ᾽ ἄπειρον αἰθέρα
καὶ γῆν πέριξ ἔχονθ᾽ ὑγραῖς ἐν ἀγκάλαις ;
Τοῦτον νόμιζε Ζῆνα, τόνδ᾽ ἡγοῦ θεόν.

Καὶ πάλιν,

Ζεύς, ὅστις ὁ Ζεύς, οὐ γὰρ οἶδα, πλὴν λόγῳ
κλύων.

Καὶ τὰ τοιαῦτα.

42 ΤΙΜΟΚΛΗΣ Οὐκοῦν ἅπαντες ἄνθρωποι καὶ τὰ ἔθνη ἐξηπάτηνται θεοὺς νομίζοντες καὶ πανηγυρίζοντες ;

ΔΑΜΙΣ Εὖ γε, ὦ Τιμόκλεις, ὅτι με ὑπέμνησας τῶν κατὰ ἔθνη νομιζομένων, ἀφ᾽ ὧν μάλιστα συνίδοι τις ἂν ὡς οὐδὲν βέβαιον ὁ περὶ θεῶν λόγος ἔχει· πολλὴ γὰρ ἡ ταραχὴ καὶ ἄλλοι ἄλλα νομίζουσι, Σκύθαι μὲν ἀκινάκῃ θύοντες καὶ Θρᾷκες Ζαμόλξιδι, δραπέτῃ ἀνθρώπῳ ἐκ Σάμου ὡς αὐτοὺς ἥκοντι, φρύγες δὲ Μηνὶ καὶ Αἰθίοπες Ἡμέρᾳ καὶ Κυλλήνιοι φάλητι καὶ Ἀσσύριοι περιστερᾷ καὶ Πέρσαι πυρὶ καὶ Αἰγύπτιοι ὕδατι. Καὶ τοῦτο μὲν ἅπασι κοινὸν τοῖς Αἰγυπτίοις τὸ ὕδωρ, ἰδίᾳ δὲ Μεμφίταις μὲν ὁ βοῦς θεός, Πηλουσιώταις δὲ κρόμμυον, καὶ ἄλλοις ἶβις ἢ κροκόδειλος καὶ ἄλλοις κυνοκέφαλος ἢ αἴλουρος ἢ πίθηκος· καὶ ἔτι κατὰ κώμας τοῖς μὲν ὁ δεξιὸς ὦμος θεός, τοῖς δὲ κατ᾽ ἀντιπέρας οἰκοῦσιν ἅτερος· καὶ ἄλλοις κεφαλῆς ἡμίτομον, καὶ ἄλλοις

---

94. Fragment 941 NAUCK-SNELL.
95. Fragment 480 NAUCK.
96. Voir HÉRODOTE, *Enquêtes*, IV, 62.
97. *Ibid.*, IV, 94-96.
98. Voir chapitre 8 et la note.
99. Il s'agit du culte du Soleil ; voir HÉRODOTE, *Enquêtes*, III, 18.
100. La référence n'est pas claire : il s'agit peut-être de Phanès, divinité solaire orphique (voir J. BOMPAIRE, édition de la C.U.F., p. 70).
101. Voir *Sur la déesse de Syrie*, 14.
102. Voir HÉRODOTE, *Enquêtes*, I, 131.
103. Il s'agit du Nil.

besoins de l'action dramatique, et qu'il dit ce qu'il pense, on l'entend alors parler avec franchise :

Vois-tu dans les hauteurs cet éther infini
Qui enlace la terre entre ses bras humides ?
Dis-toi que voilà Zeus*, pense que c'est un dieu[94].

Et encore :

Zeus*, quel que soit ce Zeus*… Je ne le connais pas
Si ce n'est par ouï-dire[95].

Et les autres passages du même genre.

TIMOCLÈS – Alors tous les hommes et tous les peuples sont dans l'erreur quand ils croient aux dieux et qu'ils les célèbrent par des fêtes ?

42. DAMIS – Tu fais bien, Timoclès, de me rappeler les usages des différents peuples. Rien ne permet mieux de voir qu'il n'y a rien de solide dans ce qu'on dit des dieux. La confusion est immense ; chacun croit une chose différente. Les Scythes offrent des sacrifices à un cimeterre[96], les Thraces à Zalmoxis, un esclave fugitif qui est venu de Samos chez eux[97], les Phrygiens à Mèn[98], les Éthiopiens au Jour[99], les Cylléniens à Phalès[100], les Assyriens à une colombe[101], les Perses au feu[102], les Égyptiens à l'eau[103]. Et si cette eau est une divinité commune à tous les Égyptiens, chacun a des dieux particuliers : le bœuf pour les habitants de Memphis[104], pour ceux de Péluse un oignon[105], pour d'autres un ibis, ou un crocodile, pour d'autres encore un cynocéphale, un chat ou un singe[106]. Et ce n'est pas tout : selon les villages, l'épaule droite est un dieu pour les uns, tandis que c'est la gauche pour ceux qui habitent en face ; d'autres adorent une moitié de tête,

---

104. Il s'agit d'Apis* (voir HÉRODOTE, *Enquêtes*, III, 28).

105. Allusion à un interdit alimentaire signalé par AULU-GELLE, XX, 18.

106. Le cynocéphale est Anubis*, le dieu psychopompe au museau de chien. Ibis, crocodiles et chats étaient sacrés pour les Égyptiens.

ποτήριον κεραμεοῦν ἢ τρύβλιον. Ταῦτα πῶς οὐ γέλως ἐστίν, ὦ Τιμόκλεις ;

ΜΩΜΟΣ Οὐκ ἔλεγον, ὦ θεοί, ταῦτα πάντα ἥξειν εἰς τοὐμφανὲς καὶ ἀκριβῶς ἐξετασθήσεσθαι ;

ΖΕΥΣ Ἔλεγες, ὦ Μῶμε, καὶ ἐπετίμας ὀρθῶς, καὶ ἔγωγε πειράσομαι ἐπανορθώσασθαι αὐτά, ἢν τὸν ἐν ποσὶν τοῦτον κίνδυνον διαφύγωμεν.

43 ΤΙΜΟΚΛΗΣ Ἀλλ', ὦ θεοῖς ἐχθρὲ σύ, τοὺς χρησμοὺς καὶ προαγορεύσεις τῶν ἐσομένων τίνος ἔργον ἂν εἴποις ἢ θεῶν καὶ τῆς προνοίας τῆς ἐκείνων ;

ΔΑΜΙΣ Σιώπησον, ὦ ἄριστε, περὶ τῶν χρησμῶν· ἐρήσομαί γάρ σε τίνος αὐτῶν μάλιστα μεμνῆσθαι ἀξιοῖς ; Ἀρ' ἐκείνου ὃν τῷ Λυδῷ ὁ Πύθιος ἔχρησεν, ὃς ἀκριβῶς ἀμφηχὴς ἦν καὶ διπρόσωπος, οἷοί εἰσι τῶν Ἑρμῶν ἔνιοι, διττοὶ καὶ ἀμφοτέρωθεν ὅμοιοι πρὸς ὁπότερον ἂν αὐτῶν μέρος ἐπιστραφῇς ; Ἢ τί γὰρ μᾶλλον ὁ Κροῖσος διαβὰς τὸν Ἅλυν τὴν αὑτοῦ ἀρχὴν ἢ τὴν Κύρου καταλύσει ; Καίτοι οὐκ ὀλίγων ταλάντων ὁ Σαρδιανὸς ἐκεῖνος ὄλεθρος τὸ ἀμφιδέξιον τοῦτο ἔπος ἐπρίατο.

ΜΩΜΟΣ Αὐτά που, ὦ θεοί, ἀνὴρ διεξέρχεται λέγων ἃ ἐδεδίειν μάλιστα. Ποῦ νῦν ὁ καλὸς ἡμῖν κιθαρῳδός ; Ἀπολόγησαι αὐτῷ κατελθὼν πρὸς ταῦτα.

ΖΕΥΣ Σὺ ἡμᾶς ἐπισφάττεις, ὦ Μῶμε, οὐκ ἐν καιρῷ νῦν ἐπιτιμῶν.

44 ΤΙΜΟΚΛΗΣ Ὅρα οἷα ποιεῖς, ὦ ἀλιτήριε Δᾶμι, μονονουχὶ τὰ ἕδη αὐτὰ τῶν θεῶν ἀνατρέπεις τῷ λόγῳ καὶ βωμοὺς αὐτῶν.

ΔΑΜΙΣ Οὐ πάντας ἔγωγε τοὺς βωμούς, ὦ Τιμόκλεις. Τί γὰρ καὶ δεινὸν ἀπ' αὐτῶν γίγνεται, εἰ θυμιαμάτων καὶ εὐωδίας μεστοί εἰσιν ; Τοὺς δὲ ἐν Ταύροις τῆς Ἀρτέμιδος ἡδέως ἂν ἐπεῖδον ἐκ βάθρων ἐπὶ κεφαλὴν ἀνατρεπομένους, ἐφ' ὧν τοιαῦτα ἡ παρθένος εὐωχουμένη ἔχαιρεν.

---

107. Ici Lucien exagère et s'amuse.

108. Il s'agit de statues comportant deux faces, comme on en voit un bel exemplaire au musée de Fréjus, mais les faces ne sont pas aussi ressemblantes entre elles que l'affirme Lucien.

d'autres une coupe en argile ou une assiette [107]. Comment ne pas en rire, Timoclès ?

Momos – Ne vous disais-je pas, dieux, que tous ces abus seraient mis au grand jour et sévèrement examinés ?

Zeus – Oui, Momos*, tu le disais, et tu avais raison de critiquer. J'essaierai de les corriger, si nous échappons au danger présent.

43. Timoclès – Eh bien, ennemi des dieux, parlemoi des oracles et des prédictions de l'avenir. Qui en est l'auteur, sinon les dieux et leur Providence ?

Damis – Ne parle pas des oracles, mon excellent ami, car je te demanderai lequel d'entre eux tu juges le plus digne d'être mentionné. Celui que le Pythien rendit au Lydien, et qui était rigoureusement à double sens et à double figure, comme le sont certains des Hermès* [108], doubles et semblables des deux côtés, quelle que soit la face qu'on observe ? Pourquoi Crésus, s'il franchissait l'Halys, détruirait-il son propre empire plutôt que celui de Cyrus [109] ? Pourtant ce misérable Sardien avait acheté de beaucoup de talents cette prophétie ambiguë.

Momos – Et voilà, dieux ! L'homme en vient à ce que je redoutais le plus. Où est maintenant notre beau citharède [110] ? Descends te justifier contre ces accusations.

Zeus – C'est toi qui nous assassines, Momos*, avec tes critiques : ce n'est pas le moment.

44. Timoclès – Attention à ce que tu fais, sacrilège Damis. Pour un peu tu renverses par ton discours jusqu'aux demeures des dieux et leurs autels.

Damis – Moi ? Je ne les renverse pas tous, Timoclès. Quel mal peuvent-ils faire s'ils sont couverts d'aromates et de parfum ? Mais ceux d'Artémis* en Tauride [111], je les verrais volontiers renversés de fond en comble : la vierge s'y plaisait à de si terribles festins.

109. Voir chapitre 20.
110. Il s'agit bien sûr d'Apollon.

ΖΕΥΣ Τουτὶ πόθεν ἡμῖν τὸ ἄμαχον κακὸν ἐπιχεῖ ; Ὡς δαιμόνων οὐδενὸς ἀνὴρ φείδεται, ἀλλ' ἐξ ἁμάξης παρρησιάζεται καὶ

μάρπτει ἐξείης, ὅς τ' αἴτιος ὅς τε καὶ οὐκί.

ΜΩΜΟΣ Καὶ μὴν ὀλίγους ἄν, ὦ Ζεῦ, τοὺς ἀναιτίους εὕροις ἐν ἡμῖν· καί που τάχα προϊὼν ὁ ἄνθρωπος ἄψεται καὶ τῶν κορυφαίων τινός.

45 **ΤΙΜΟΚΛΗΣ** Οὐδὲ βροντῶντος ἄρα τοῦ Διὸς ἀκούεις, ὦ θεομάχε Δᾶμι ;

ΔΑΜΙΣ Καὶ πῶς οὐ μέλλω βροντῆς ἀκούειν, ὦ Τιμόκλεις ; Εἰ δὲ ὁ Ζεὺς ὁ βροντῶν ἐστιν, σὺ ἂν ἄμεινον εἰδείης ἐκεῖθέν ποθεν παρὰ τῶν θεῶν ἀφιγμένος· ἐπεὶ οἵ γε ἐκ Κρήτης ἥκοντες ἄλλα ἡμῖν διηγοῦνται, τάφον τινὰ κεῖθι δείκνυσθαι καὶ στήλην ἐφεστάναι δηλοῦσαν ὡς οὐκέτι βροντήσειεν ἂν ὁ Ζεὺς τεθνεὼς πάλαι.

ΜΩΜΟΣ Τοῦτ' ἐγὼ πρὸ πολλοῦ ἠπιστάμην ἐροῦντα τὸν ἄνθρωπον. Τί δ' οὖν, ὦ Ζεῦ, ὠχρίακας ἡμῖν καὶ συγκροτεῖς τοὺς ὀδόντας ὑπὸ τοῦ τρόμου ; Θαρρεῖν χρὴ καὶ τῶν τοιούτων ἀνθρωπίσκων καταφρονεῖν.

ΖΕΥΣ Τί λέγεις, ὦ Μῶμε ; Καταφρονεῖν ; Οὐχ ὁρᾷς ὅσοι ἀκούουσι καὶ ὡς συμπεπεισμένοι εἰσὶν ἤδη καθ' ἡμῶν καὶ ἀπάγει αὐτοὺς ἀναδησάμενος τῶν ὤτων ὁ Δᾶμις ;

---

111. Dans l'*Iphigénie en Tauride,* Euripide imagine qu'Iphigénie a été transportée en Tauride, où elle est devenue la prêtresse d'Artémis*. La déesse exige qu'on lui sacrifie tous les Grecs qui abordent dans le pays. Les rites sont si horribles que la jeune fille refuse d'en parler (*Iphigénie en Tauride,* 36-41).

112. Expression proverbiale : allusion, semble-t-il, à un usage des Dionysies.

113. *Iliade,* XV, 137. Citation particulièrement comique puisque chez Homère le sujet est précisément Zeus* lui-même.

ZEUS – Où est-il allé chercher cette méchanceté impossible à combattre qu'il déverse sur nous ? Cet homme n'épargne aucun des dieux : du haut d'un tombereau [112], il parle avec franchise, et

Tour à tour il saisit le fautif, l'innocent [113].

MOMOS – Vraiment ils sont rares, Zeus*, ceux d'entre nous que tu trouverais exempts de fautes. Bientôt peut-être l'homme va s'en prendre sur sa lancée à l'une de nos éminences.

45. TIMOCLÈS – Alors, tu n'entends même pas Zeus* tonner, Damis, toi qui fais la guerre aux dieux ?

DAMIS – Comment pourrais-je ne pas entendre le tonnerre, Timoclès ? Mais est-ce Zeus* qui tonne ? Tu devrais le savoir mieux que moi, puisque tu arrives de quelque part, là-bas, chez les dieux. Car ceux qui viennent de Crète nous font un récit différent ; ils disent qu'on montre là-bas un tombeau et qu'une stèle dressée déclare que Zeus* serait désormais incapable de tonner, car il est mort depuis belle lurette [114].

MOMOS – Je savais depuis un moment que cet individu dirait cela. Que se passe-t-il, Zeus* ? Nous te voyons tout pâle ; la peur te fait claquer des dents ? Il faut avoir courage et mépriser ces pauvres avortons.

ZEUS – Que dis-tu, Momos* ? Les mépriser ? Ne vois-tu pas combien les auditeurs sont nombreux, comme ils sont déjà prévenus contre nous, et comme Damis les entraîne, en les tenant attachés par les oreilles [115] ?

---

114. Lucien revient abondamment sur ce motif (*Timon,* 6 ; *Philopseudès,* 3) : cette idée d'un tombeau de Zeus* reposerait sur une interprétation erronée de l'épitaphe de Minos*. Le premier mot, Minos*, aurait été effacé, ne laissant subsister que les mots τοῦ Διός (tombeau de Zeus*), alors qu'il fallait comprendre (tombeau de Minos*, fils de Zeus*).

115. Cette image d'un orateur, et même d'un dieu, tirant les auditeurs par les oreilles se trouve dans la description que Lucien fait d'Héraclès-Ogmios (*Héraclès,* 3).

ΜΩΜΟΣ Ἀλλὰ σύ, ὁπόταν, ὦ Ζεῦ, θελήσῃς, σειρὴν χρυσείην καθεὶς ἅπαντας αὐτοὺς
αὐτῇ κεν γαίῃ ἐρύσαις αὐτῇ τε θαλάσσῃ.

46 ΤΙΜΟΚΛΗΣ Εἰπέ μοι, ὦ κατάρατε, πέπλευκας ἤδη ποτέ ;

ΔΑΜΙΣ Καὶ πολλάκις, ὦ Τιμόκλεις.

ΤΙΜΟΚΛΗΣ Οὔκουν ἔφερε μὲν ὑμᾶς τότε ἢ ἄνεμος ἐμπίπτων τῇ ὀθόνῃ καὶ ἐμπιμπλὰς τὰ ἀκάτια ἢ οἱ ἐρέττοντες, ἐκυβέρνα δέ τις ἐφεστὼς καὶ ἔσῳζε τὴν ναῦν ;

ΔΑΜΙΣ Καὶ μάλα.

ΤΙΜΟΚΛΗΣ Εἶτα ἡ ναῦς μὲν οὐκ ἂν ἔπλει μὴ κυβερνωμένη, τὸ δὲ ὅλον τοῦτο ἀκυβέρνητον οἴει καὶ ἀνηγεμόνευτον φέρεσθαι ;

ΖΕΥΣ Εὖ γε, συνετῶς ὁ Τιμοκλῆς ταῦτα καὶ ἰσχυρῷ τῷ παραδείγματι.

47 ΔΑΜΙΣ Ἀλλ', ὦ θεοφιλέστατε Τιμόκλεις, τὸν μὲν κυβερνήτην ἐκεῖνον εἶδες ἂν ἀεὶ τὰ συμφέροντα ἐπινοοῦντα καὶ πρὸ τοῦ καιροῦ παρασκευαζόμενον καὶ προστάττοντα τοῖς ναύταις, ἀλυσιτελὲς δὲ οὐδὲ ἄλογον οὐδέν τι εἶχεν ἡ ναῦς ὃ μὴ χρήσιμον πάντως καὶ ἀναγκαῖον ἦν πρὸς τὴν ναυτιλίαν αὐτοῖς· ὁ δὲ σὸς οὗτος κυβερνήτης, ὃν τῇ μεγάλῃ ταύτῃ νηὶ ἐφεστάναι ἀξιοῖς, καὶ οἱ συνναῦται αὐτοῦ οὐδὲν εὐλόγως οὐδὲ κατὰ τὴν ἀξίαν διατάττουσιν, ἀλλ' ὁ μὲν πρότονος, εἰ τύχοι, ἐς τὴν πρύμναν ἀποτέταται, οἱ πόδες δ' ἐς τὴν πρῶραν ἀμφότεροι· καὶ χρυσαῖ μὲν αἱ ἄγκυραι ἐνίοτε, ὁ χηνίσκος δὲ μολυβδοῦς, καὶ τὰ μὲν ὕφαλα κατάγραφα, τὰ δὲ ἔξαλα τῆς νεὼς ἄμορφα.

48 Καὶ αὐτῶν δὲ τῶν ναυτῶν ἴδοις ἂν τὸν μὲν ἀργὸν καὶ ἄτεχνον καὶ ἄτολμον πρὸς τὰ ἔργα διμοιρίτην ἢ τριμοιρίτην, τὸν δὲ κατακολυμβῆσαί τε ἄοκνον καὶ ἐπὶ τὴν κεραίαν ἀναπηδῆσαι ῥάδιον καὶ εἰδότα τῶν χρησίμων

---

116. Voir *Zeus confondu*, 4, et la note.
117. Le câble qui lie le mât à la proue.
118. Ornement de l'extrémité de la poupe. Il est normalement fait d'un métal plus précieux que l'ancre, laquelle est sans cesse plongée dans l'eau.

Momos – Mais toi, quand tu voudras, Zeus*, si tu fais descendre une chaîne d'or, tu pourras eux tous
Les soulever avec la terre, avec la mer [116].

46. Timoclès – Dis-moi, maudit, as-tu déjà navigué ?

Damis – Oui, et souvent, Timoclès.

Timoclès – Et à ce moment-là, n'est-ce pas, ce qui vous faisait vous mouvoir, c'était soit le vent qui frappait la grand-voile et gonflait le reste de la voilure, soit les rameurs, tandis qu'un homme aux commandes, dirigeait et sauvait le bateau ?

Damis – Assurément.

Timoclès – Alors, si le bateau ne pouvait naviguer sans pilote, comment peux-tu penser que cet univers soit emporté sans pilote ni conducteur ?

Zeus – Bravo. Timoclès a parlé intelligemment : son exemple est solide.

47. Damis – Eh bien, Timoclès, toi qui aimes tant les dieux, tu aurais pu voir ce pilote se préoccuper constamment de ce qui est utile, se préparer à l'avance, donner des ordres aux marins : quant au navire, il ne contenait rien d'inutile ni de déraisonnable, rien qui ne soit absolument indispensable et nécessaire à leur navigation. Mais ton autre pilote, celui à qui tu veux attribuer les commandes de ce grand navire, et son équipage ne font rien logiquement ni comme il le faudrait. L'étai de misaine [117], si cela se trouve, est tendu vers la poupe, et les deux écoutes vers la proue ; les ancres sont parfois en or, alors que le chénisque [118] est en plomb ; la partie immergée du bateau est peinte tandis que la partie émergée est sans grâce.

48. Quant aux marins eux-mêmes, tu pourrais voir l'un qui est inactif, ignorant, et renâcle à l'ouvrage recevoir double ou triple salaire, tandis que celui qui n'hésite pas à plonger, qui grimpe volontiers sur la vergue et qui connaît toutes les manœuvres utiles est

ἕκαστα, μόνον τοῦτον ἀντλεῖν προστεταγμένον· τὰ δὲ αὐτὰ καὶ ἐν τοῖς ἐπιβάταις, μαστιγίαν μέν τινα ἐν προεδρίᾳ παρὰ τὸν κυβερνήτην καθήμενον καὶ θεραπευόμενον, καὶ ἄλλον κίναιδον ἢ πατραλοίαν ἢ ἱερόσυλον ὑπερτιμώμενον καὶ τὰ ἄκρα τῆς νεὼς κατειληφότα, χαρίεντας δὲ πολλοὺς ἐν μυχῷ τοῦ σκάφους στενοχωρουμένους καὶ ὑπὸ τῶν πρὸς ἀλήθειαν χειρόνων πατουμένους· ἐννόησον γοῦν ὅπως Σωκράτης ἔπλευσεν καὶ Φωκίων, οὐδὲ τὰ ἄλφιτα διαρκῆ ἔχοντες οὐδὲ ἀποτεῖναι τοὺς πόδας δυνάμενοι ἐπὶ γυμνῶν τῶν σανίδων παρὰ τὸν ἄντλον, ὅσοις δὲ ἀγαθοῖς Καλλίας καὶ Μειδίας καὶ Σαρδανάπαλλος ἐντρυφῶντες καὶ τῶν ὑπὲρ αὐτοὺς καταπτύοντες.

49 Τοιαῦτα ἐν τῇ νηῒ σου γίγνεται, ὦ σοφώτατε Τιμό-κλεις· διὰ τοῦτο αἱ ναυαγίαι μυρίαι. Εἰ δέ τις κυβερνήτης ἐφεστὼς ἑώρα καὶ διέταττεν ἕκαστα, πρῶτον μὲν οὐκ ἂν ἠγνόησεν οἵτινες οἱ χρηστοὶ καὶ οἵτινες οἱ φαῦλοι τῶν ἐμπλεόντων, ἔπειτα ἑκάστῳ κατὰ τὴν ἀξίαν τὰ προσήκοντα ἀπένειμεν ἄν, χώραν τε τὴν ἀμείνω τοῖς ἀμείνοσι παρὰ αὐτὸν ἄνω, τὴν κάτω δὲ τοῖς χείροσιν, καὶ συσσίτους ἔστιν οὓς καὶ συμβούλους ἐποιήσατ' ἄν, καὶ τῶν ναυτῶν ὁ μὲν πρόθυμος ἢ πρῴρας ἐπιμελητὴς ἀπεδέδεικτ' ἂν ἢ τοίχου ἄρχων ἢ πάντως πρὸ τῶν ἄλλων, ὁ δὲ ὀκνηρὸς καὶ ῥάθυμος ἐπαίετ' ἂν τῷ καλῳδίῳ πεντάκις τῆς ἡμέρας εἰς τὴν κεφα-λήν. Ὥστε σοι, ὦ θαυμάσιε, τὸ τῆς νεὼς τοῦτο παράδειγμα κινδυνεύει περιτετράφθαι κακοῦ τοῦ κυβερνήτου τετυχηκός.

50 ΜΩΜΟΣ Ταυτὶ μὲν ἤδη κατὰ ῥοῦν προχωρεῖ τῷ Δάμιδι καὶ πλησίστιος ἐπὶ τὴν νίκην φέρεται.

ΖΕΥΣ Ὀρθῶς, ὦ Μῶμε, εἰκάζεις. Ὁ δ' οὐδὲν ἰσχυρὸν ὁ Τιμοκλῆς ἐπινοεῖ, ἀλλὰ τὰ κοινὰ ταῦτα καὶ καθ' ἡμέραν ἄλλα ἐπ' ἄλλοις εὐπερίτρεπτα πάντα ἐπαντλεῖ.

---

119. Littéralement quelqu'un qui mérite le fouet.
120. Sur tous ces personnages, voir Zeus confondu, 16.

seulement chargé d'écoper la sentine. Même chose pour les passagers : un gibet de potence [119] est assis à la place d'honneur à côté du pilote et comblé d'attentions, un autre, qui est prostitué, parricide ou sacrilège, reçoit des honneurs extraordinaires et occupe le pont supérieur du bateau, alors que beaucoup d'honnêtes gens sont entassés à fond de cale et piétinés par ceux qui sont vraiment pires qu'eux. Pense à la manière dont Socrate et Phocion ont fait la traversée, sans même avoir une ration suffisante de farine ni pouvoir étendre leurs pieds sur les planches nues près de la sentine. Pense à tous les biens dont jouissaient Callias, Meidias et Sardanapale [120], qui crachaient sur ceux qui étaient meilleurs qu'eux.

49. Voilà ce qui se passe dans ton navire, très sage Timoclès. Voilà pourquoi les naufrages sont innombrables. S'il y avait aux commandes un pilote qui voyait et organisait toute chose, d'abord il n'aurait pas ignoré lesquels des passagers sont bons et lesquels méchants. En conséquence il aurait attribué à chacun son dû conformément à son mérite, aux meilleurs la meilleure place, près de lui, en haut, celle d'en bas aux plus méchants. Il aurait pris certains d'entre eux pour commensaux et conseillers. Quant aux matelots, l'homme énergique aurait été désigné pour surveiller la proue ou pour commander un bord, en tout cas placé devant les autres, tandis que le nonchalant et le paresseux serait frappé à coups de cordes sur la tête cinq fois par jour. Par conséquent, mon admirable ami, ton exemple du navire risque de chavirer complètement, parce qu'il n'a pas reçu un bon pilote.

MOMOS – Maintenant, voilà que le courant est favorable à Damis : il est emporté à pleines voiles vers la victoire.

ZEUS – Ta comparaison est juste, Momos*. Timoclès ne pense rien de solide : il puise dans la sentine ces lieux communs et d'autres banalités. Tout cela est facile à faire chavirer.

51 ΤΙΜΟΚΛΗΣ Οὐκοῦν ἐπεὶ τῆς νεὼς τὸ παράδειγμα οὐ πάνυ σοι ἰσχυρὸν ἔδοξεν εἶναι, ἄκουσον ἤδη τὴν ἱεράν, φασίν, ἄγκυραν καὶ ἣν οὐδεμιᾷ μηχανῇ ἀπορρήξεις.

ΖΕΥΣ Τί ποτε ἄρα καὶ ἐρεῖ ;

ΤΙΜΟΚΛΗΣ Ἴδοις γὰρ εἰ ἀκόλουθα ταῦτα συλλογίζομαι, καὶ εἴ πη αὐτὰ δυνατόν σοι περιτρέψαι. Εἰ γὰρ εἰσὶν βωμοί, εἰσὶ καὶ θεοί· ἀλλὰ μὴν εἰσὶ βωμοί, εἰσὶν ἄρα καὶ θεοί. Τί πρὸς ταῦτα φής ;

ΔΑΜΙΣ Ἢν πρότερον γελάσω ἐς κόρον, ἀποκρινοῦμαί σοι.

ΤΙΜΟΚΛΗΣ Ἀλλ᾽ ἔοικας οὐδὲ παύσεσθαι γελῶν· εἰπὲ δὲ ὅμως ὅπῃ σοι γελάσιμον ἔδοξεν τὸ εἰρημένον εἶναι.

ΔΑΜΙΣ Ὅτι οὐκ αἰσθάνῃ ἀπὸ λεπτῆς κρόκης ἐξαψάμενός σου τὴν ἄγκυραν, καὶ ταῦτα ἱερὰν οὖσαν· τὸ γὰρ εἶναι θεοὺς τῷ βωμοὺς εἶναι συνδήσας ἰσχυρὸν οἴει ποιήσασθαι ἀπ᾽ αὐτῶν τὸν ὅρμον. Ὥστε ἐπεὶ μηδὲν ἄλλο τούτου φὴς ἔχειν εἰπεῖν ἱερώτερον, ἀπίωμεν ἤδη.

52 ΤΙΜΟΚΛΗΣ Ὁμολογεῖς τοίνυν ἡττῆσθαι προαπιών ;

ΔΑΜΙΣ Ναί, ὦ Τιμόκλεις. Σὺ γὰρ ὥσπερ οἱ ὑπό τινων βιαζόμενοι ἐπὶ τοὺς βωμοὺς ἡμῖν καταπέφευγας. Ὥστε, νὴ τὴν ἄγκυραν τὴν ἱεράν, ἐθέλω σπείσασθαι ἤδη πρὸς σὲ ἐπ᾽ αὐτῶν γε τῶν βωμῶν, ὡς μηκέτι περὶ τούτων ἐρίζοιμεν.

ΤΙΜΟΚΛΗΣ Εἰρωνεύῃ ταῦτα πρὸς ἐμέ, τυμβωρύχε καὶ μιαρὲ καὶ κατάπτυστε καὶ μαστιγία καὶ κάθαρμα ; Οὐ γὰρ ἴσμεν οὗτινος μὲν πατρὸς εἶ, πῶς δὲ ἡ μήτηρ σου ἐπορνεύετο, καὶ ὡς τὸν ἀδελφὸν ἀπέπνιξας καὶ μοιχεύεις καὶ τὰ μειράκια διαφθείρεις, λιχνότατε καὶ ἀναισχυντό-

---

221. Le syllogisme est l'arme préférée des stoïciens. Celui-ci est critiqué comme étant particulièrement simpliste dans *Hermotimos*, 70.
222. Le rire est une des attitudes préférées de Lucien.

51 TIMOCLÈS – Eh bien, puisque l'exemple du navire ne t'a pas paru très solide, écoute à présent mon ancre sacrée, comme on dit, celle que tu ne pourras briser par aucun moyen.

ZEUS – Que va-t-il bien dire ?

TIMOCLÈS – Vois si le syllogisme suivant est cohérent et si tu as quelque moyen de le faire chavirer [121]. S'il y a des autels, il y a aussi des dieux ; or il y a des autels ; donc il y a aussi des dieux. Que réponds-tu à cela ?

DAMIS – Je te répondrai quand j'aurai ri d'abord tout mon soûl [122].

TIMOCLÈS – J'ai l'impression que tu ne vas pas cesser de rire. Dis-moi pourtant en quoi mes paroles t'ont semblé ridicules.

DAMIS – C'est que tu ne te rends pas compte à quel fil ténu tu as attaché ton ancre, et une ancre sacrée, qui plus est. En liant l'existence des dieux à celle des autels, tu t'imagines que tu as amarré solidement ton navire au port. Par conséquent, puisque tu dis n'avoir rien à dire de plus sacré que cela, allons-nous-en maintenant.

52. TIMOCLÈS – Tu te reconnais donc vaincu puisque tu t'en vas le premier ?

DAMIS – Oui, Timoclès. Comme ceux qui sont vaincus par plus forts qu'eux, tu t'es réfugié près des autels pour m'échapper. Par conséquent, au nom de ton ancre sacrée, je veux à présent m'engager par un pacte avec toi, sur ces autels précisément, à ce que nous ne nous disputions plus sur ces questions.

TIMOCLÈS – Tu fais de l'ironie avec moi, pilleur de tombes, créature immonde, abominable, gibet de potence, ordure ? Ne savons-nous pas qui est ton père, que ta mère était une putain, que tu as étranglé ton frère, que tu es un adultère, que tu corromps les jeunes gens, toi le plus glouton et le plus impudent des

τατε ; Μὴ φεῦγε δ' οὖν, ἕως καὶ παρ' ἐμοῦ πληγὰς λαβὼν
ἀπέλθῃς· ἤδη γάρ σε τουτῳὶ τῷ ὀστράκῳ ἀποσφάξω
παμμίαρον ὄντα.

53 ΖΕΥΣ Ὁ μὲν γελῶν, ὦ θεοί, ἄπεισιν, ὁ δ' ἀκολουθεῖ
λοιδορούμενος, οὐ φέρων κατατρυφῶντα τὸν Δᾶμιν, καὶ
ἔοικεν πατάξειν αὐτὸν τῷ κεράμῳ ἐς τὴν κεφαλήν. Ἡμεῖς
δὲ τί ποιῶμεν ἐπὶ τούτοις ;

ΕΡΜΗΣ Ὀρθῶς ἐκεῖνό μοι ὁ κωμικὸς εἰρηκέναι δοκεῖ,
οὐδὲν πέπονθας δεινόν, ἂν μὴ προσποιῇ.

Τί γὰρ μέγα κακόν, εἰ ὀλίγοι ἄνθρωποι πεπεισμένοι
ταῦτα ἀπίασι ; Πολλῷ γὰρ οἱ τἀναντία γιγνώσκοντες
πλείους, Ἑλλήνων ὁ πολὺς λεὼς βάρβαροί τε πάντες.

ΖΕΥΣ Ἀλλ', ὦ Ἑρμῆ, τὸ τοῦ Δαρείου πάνυ καλῶς ἔχον
ἐστίν, ὃ εἶπεν ἐπὶ τοῦ Ζωπύρου· ὥστε καὶ αὐτὸς ἐβουλόμην
ἂν ἕνα τοῦτον ἔχειν τὸν Δᾶμιν σύμμαχον ἢ μυρίας μοι
Βαβυλῶνας ὑπάρχειν.

hommes [123] ? Ne t'enfuis pas : tu ne partiras qu'après que je t'aurai roué de coups. Je vais t'égorger à l'instant avec le tesson que voici, immonde individu.

53. ZEUS – L'un s'en va en riant, dieux, l'autre le suit en l'injuriant, car il ne supporte pas que Damis le nargue. On dirait qu'il va le frapper sur le crâne avec sa poterie. Et nous, qu'allons-nous faire après cela ?

HERMÈS – Il me semble que le comique a eu raison de dire :

Tu n'es pas maltraité si tu ne l'admets pas [124].

Est-ce un si grand malheur que quelques hommes repartent convaincus par ces idées ? Ils sont bien plus nombreux à penser le contraire : la foule des Grecs, et tous les barbares sans exception.

ZEUS – Pourtant, Hermès*, ce qu'a dit Darios à propos de Zopyros [125] est vraiment beau. Moi aussi, je préférerais avoir ce seul Damis pour allié que de posséder dix mille Babylone.

---

123. Les orateurs attaquent souvent la moralité et la famille de leurs adversaires (le meilleur exemple en est fourni par les échanges d'insultes entre Démosthène et Eschine). L'effet comique vient ici du rapprochement très rapide de toutes ces invectives, dont aucune n'est explicitée.

124. Fragment de MÉNANDRE (KOCK 179).

125. HÉRODOTE, *Enquêtes*, III, 154-5 sq., raconte que le Perse Zopyros se mutila pour tromper les Babyloniens et permettre à Darios de prendre la ville. Darios en fut immensément reconnaissant (*Enquêtes*, III, 160) : on rapporte que Darios déclarait souvent qu'il eût mieux aimé que Zopyros ne se fût pas traité si cruellement, que de devenir maître de vingt autres villes comme Babylone.

III. Introduction à *Prométhée*

Ce dialogue porte le n° 7 dans la vulgate et occupe la 23ᵉ place dans le corpus du Vatic. Γ. Il est difficile à dater.

Le rapprochement avec le *Prométhée enchaîné* d'Eschyle s'impose, notamment par l'évocation, au début du texte, de l'espace désolé du Caucase, les allusions aux souffrances du Titan*, et la mention finale de l'oracle lié à Thétis* qui laisse espérer la délivrance future.

Par d'autres aspects, le texte se rapproche des *Dialogues des dieux*, lesquels comprennent d'ailleurs une discussion entre Zeus* et Prométhée* : le dialogue 5 (1). Certains aspects familiers et gouailleurs du personnage d'Hermès* se rattachent à cette veine : sa peur d'être puni par Zeus*, son indignation constante devant le partage injuste de la nourriture.

L'inspiration du dialogue est surtout rhétorique. Il appartient à l'éloquence judiciaire, mais comme Hermès* se contente d'énumérer les chefs d'accusation, l'intérêt se concentre sur la défense, l'apologie de Prométhée*. Celle-ci consiste en un très long discours, sans la moindre interruption, prononcé par le fils du Titan* qui semble avoir oublié le cadre terrible et les supplices qui l'attendent.

Les remarques d'Hermès* qui l'encadrent soulignent qu'il s'agit moins d'un débat judiciaire que d'une démonstration d'éloquence épidictique. Avant de

donner la parole à Prométhée*, il rappelle que le discours n'a aucun enjeu puisqu'il vient trop tard, la cause étant déjà entendue : il ne peut fournir qu'un passe-temps en attendant la venue de l'aigle, une « audition sophistique », assez semblable à l'ἐπίδειξις que présentaient les rhéteurs (et Lucien lui-même). Dans le même esprit, une fois l'apologie terminée, Hermès* déclare que ce qu'il vient d'entendre est l'œuvre d'un « sophiste valeureux ».

Le plan en est très net. Prométhée* se défend tour à tour des trois chefs d'accusation qui lui sont imputés : la répartition des viandes, la création des hommes et le vol du feu. Dans les trois cas, les références à Hésiode sont explicites ou implicites. La répartition des viandes est traitée légèrement, comme une simple plaisanterie de banquet que Zeus* a tort de prendre au sérieux. Le vol du feu insiste surtout sur le fait que cet élément est nécessaire aux sacrifices et qu'on ne perd rien en le partageant. Beaucoup plus développée est la réflexion centrale sur la création des hommes. Alors qu'Hésiode n'attribuait à Prométhée* que la création de la femme, il est question ici de l'humanité tout entière. Une relation étroite, complémentaire, entre hommes et dieux est suggérée : ceux-ci semblent avoir paradoxalement plus besoin des hommes que ceux-ci n'ont besoin des dieux. Non seulement les hommes leur offrent des sacrifices, mais ils civilisent le monde, et permettent aux dieux d'avoir des témoins et des points de comparaison de leur bonheur. Prométhée* suggère même que les soins qu'ils prodiguent à l'humanité leur procure un passe-temps, une raison de vivre.

Par-delà le jeu rhétorique, il semble donc que le *Prométhée* soit plus ambitieux qu'il n'y paraît, esquissant une réelle réflexion sur la religion [1]. Peut-être ne faut-il

---

1. Voir M. CASTER, *op. cit.*, p. 200-204, et J. BOMPAIRE, édition de la C.U. F., p. 161 et la note 4.

pas forcer le texte. En tout cas, à la fin du dialogue, il
est clair que le Titan* a gagné la sympathie d'Hermès*.
Le jeune dieu fait des vœux pour la délivrance du sup-
plicié. Celui-ci a les qualités ambiguës du sophiste.
Hermès* le dit d'abord πανουργότατος (4), épithète qui
est également appliquée aux hommes dans ce dialogue
(3), et qui exprime à la fois l'habileté et la fourberie.
Mais l'adjectif γενναῖος, employé après l'audition (20),
n'est que positif, suggérant la vaillance et la noblesse.

III. PROMÉTHÉE

ΠΡΟΜΗΘΕΥΣ

1 ΕΡΜΗΣ Ὁ μὲν Καύκασος, ὦ Ἥφαιστε, οὗτος, ᾧ τὸν ἄθλιον Τιτᾶνα τουτονὶ προσηλῶσθαι δεήσει· περισκοπῶμεν δὲ ἤδη κρημνόν τινα ἐπιτήδειον, εἴ που τῆς χιόνος γυμνός ἐστιν, ὡς βεβαιότερον καταπαγείη τὰ δεσμὰ καὶ οὗτος ἅπασι περιφανὴς εἴη κρεμάμενος.

ΗΦΑΙΣΤΟΣ Περισκοπῶμεν, ὦ Ἑρμῆ· οὔτε γὰρ ταπεινὸν καὶ πρόσγειον ἐσταυρῶσθαι χρή, ὡς μὴ ἐπαμύνοιεν αὐτῷ τὰ πλάσματα αὐτοῦ οἱ ἄνθρωποι, οὔτε μὴν κατὰ τὸ ἄκρον, - ἀφανὴς γὰρ ἂν εἴη τοῖς κάτω - ἀλλ᾽ εἰ δοκεῖ κατὰ μέσον ἐνταῦθά που ὑπὲρ τῆς φάραγγος ἀνεσταυρώσθω ἐκπετασθεὶς τὼ χεῖρε ἀπὸ τουτουὶ τοῦ κρημνοῦ πρὸς τὸν ἐναντίον.

ΕΡΜΗΣ Εὖ λέγεις· ἀπότομοί τε γὰρ αἱ πέτραι καὶ ἀπρόσβατοι πανταχόθεν, ἠρέμα ἐπινενευκυῖαι, καὶ τῷ ποδὶ στενὴν ταύτην ὁ κρημνὸς ἔχει τὴν ἐπίβασιν, ὡς ἀκροποδητί που μόλις ἑστάναι, καὶ ὅλως ἐπικαιρότατος ἂν ὁ σταυρὸς γένοιτο. Μὴ μέλλε οὖν, Προμηθεῦ, ἀλλὰ ἀνάβαινε καὶ πάρεχε σεαυτὸν καταπαγησόμενον πρὸς τὸ ὄρος.

2 ΠΡΟΜΗΘΕΥΣ Ἀλλ᾽ ὑμεῖς γοῦν, ὦ Ἥφαιστε καὶ Ἑρμῆ, κατελεήσατέ με παρὰ τήν ἀξίαν δυστυχοῦντα.

ΕΡΜΗΣ Τοῦτ᾽ ἔφης, ὦ Προμηθεῦ, ἀντὶ τοῦ ἀνασκολοπισθῆναι αὐτίκα μάλα παρακούσαντας τοῦ ἐπιτάγματος· ἢ οὐχ ἱκανὸς εἶναί σοι δοκεῖ ὁ Καύκασος καὶ ἄλλους χωρῆσαι

---

2. Prométhée est le fils du Titan Japet*.

PROMÉTHÉE

1. HERMÈS – Voici le Caucase, Héphaïstos*, auquel tu devras clouer le malheureux Titan [2]* ici présent. Cherchons maintenant un escarpement qui fasse l'affaire, à un endroit que la neige ne couvre pas, afin que les liens soient fixés plus solidement et que tous à la ronde puissent le voir suspendu.

HÉPHAÏSTOS – Cherchons*, Hermès*. Il ne faut pas qu'il soit crucifié en bas, près de la terre, de peur que les êtres qu'il a modelés, les humains, ne viennent à son secours, mais pas non plus vers le sommet, car ils ne pourraient le voir d'en bas. Si tu veux, crucifions-le à mi-pente quelque part par ici, au-dessus du précipice, les deux mains étendues de cet escarpement à celui d'en face.

HERMÈS – Tu as raison. Les rochers sont à pic, inaccessibles de tous côtés, presque à la verticale, et le roc escarpé n'offre aux pieds que cet étroit point d'appui, qui permet à peine de se tenir debout sur leur pointe. Bref, voilà un endroit particulièrement adapté pour la crucifixion. Eh bien, ne tarde pas, Prométhée*. Monte et laisse-toi clouer à la montagne.

2. PROMÉTHÉE – Allons, vous au moins, Héphaïstos* et Hermès*, ayez pitié de moi : je n'ai pas mérité mon malheur.

HERMÈS – Autant nous demander, Prométhée*, d'être empalés sur-le-champ, si nous désobéissons à l'ordre. Le Caucase n'offre-t-il pas suffisamment de

δύο προσπατταλευθέντας ; Ἀλλὰ ὄρεγε τὴν δεξιάν· σὺ δέ,
ὦ Ἥφαιστε, κατάκλειε καὶ προσήλου καὶ τὴν σφῦραν
ἐρρωμένως κατάφερε. Δὸς καὶ τὴν ἑτέραν· κατειλήφθω εὖ
μάλα καὶ αὕτη. Εὖ ἔχει. Καταπτήσεται δὲ ἤδη καὶ ὁ ἀετὸς
ἀποκερῶν τὸ ἧπαρ, ὡς πάντα ἔχοις ἀντὶ τῆς καλῆς καὶ
εὐμηχάνου πλαστικῆς.

3 ΠΡΟΜΗΘΕΥΣ ῏Ω Κρόνε καὶ Ἰαπετὲ καὶ σὺ ὦ μῆτερ,
οἷα πέπονθα ὁ κακοδαίμων οὐδὲν δεινὸν εἰργασμένος.

ΕΡΜΗΣ Οὐδὲν δεινόν, ὦ Προμηθεῦ, εἰργάσω, ὃς
πρῶτα μὲν τὴν νομὴν τῶν κρεῶν ἐγχειρισθεὶς οὕτως ἄδικον
ἐποιήσω καὶ ἀπατηλήν, ὡς σαυτῷ μὲν τὰ κάλλιστα ὑπεξε-
λέσθαι, τὸν Δία δὲ παραλογίσασθαι,

ὀστᾶ καλύψας ἀργέτι δημῷ ;

ΠΡΟΜΗΘΕΥΣ Μέμνημαι Ἡσιόδου νὴ Δί' οὕτως
εἰπόντος.

ΕΡΜΗΣ Ἔπειτα δὲ τοὺς ἀνθρώπους ἀνέπλασας,
πανουργότατα ζῷα, καὶ μάλιστά γε τὰς γυναῖκας· ἐπὶ πᾶσι
δὲ τὸ τιμιώτατον κτῆμα τῶν θεῶν τὸ πῦρ κλέψας, καὶ τοῦτο
ἔδωκας τοῖς ἀνθρώποις ; Τοσαῦτα δεινὰ εἰργασμένος φὴς
μηδὲν ἀδικήσας δεδέσθαι ;

4 ΠΡΟΜΗΘΕΥΣ Ἔοικας, ὦ Ἑρμῆ, καὶ σὺ κατὰ τὸν
ποιητὴν

ἀναίτιον αἰτιάασθαι,

ὃς τὰ τοιαῦτα προφέρεις, ἐφ' οἷς ἔγωγε τῆς ἐν πρυτα-
νείῳ σιτήσεως, εἰ τὰ δίκαια ἐγίγνετο, ἐτιμησάμην ἂν

---

3. HÉSIODE, *Théogonie*, 541. Prométhée* présenta deux parts à
Zeus* : l'une où il avait caché des os sous de la graisse brillante,
l'autre où il avait caché dans une panse peu appétissante la viande et
les abats. Zeus*, trompé par la belle apparence de la graisse, choisit
la mauvaise part. Voilà pourquoi, lors des sacrifices, les humains
n'offrent aux dieux que les os et la graisse, gardant pour eux-mêmes
la viande et les abats.

4. Dans la plupart des éditions, cette réplique est attribuée à
Hermès*, et il n'y a pas de changement de personnage.

5. Prométhée* passe pour avoir créé les premiers hommes avec
de l'argile. HÉSIODE n'évoque que la création de la femme, qui fut
faite avec l'aide d'Athéna* et d'Héphaïstos* (*Théogonie*, 570 sq.).

place pour qu'on y cloue en plus deux autres condamnés ? Allons, tends ta main droite. Et toi, Héphaïstos*, enchaîne-la, cloue-la et frappe fort avec ton marteau. Donne aussi l'autre main ; qu'elle soit solidement retenue elle aussi. C'est bien. L'aigle va bientôt descendre te ronger le foie afin que tu reçoives tout ce que tu mérites pour ton modelage si beau, si ingénieux.

3. PROMÉTHÉE – Ô Cronos*, et Japet* et toi, ma mère ! Voyez comme je suis traité, malheureux, alors que je n'ai rien fait de mal.

HERMÈS – Tu n'as rien fait de mal, Prométhée* ? Toi qui premièrement, alors que tu étais chargé de la répartition des viandes, l'as fait de manière si injuste et frauduleuse, pour te garder les plus beaux morceaux, et te jouer de Zeus*,

Dissimulant les os sous de la graisse blanche [3].

PROMÉTHÉE – Je me souviens, par Zeus*, de ces paroles d'Hésiode [4].

HERMÈS – Ensuite, tu as modelé les humains, créatures pleines de fourberie, surtout les femmes [5]. Et pour couronner le tout, tu as volé le bien le plus précieux des dieux, le feu, et tu l'as donné aux hommes [6]. Et après avoir commis tous ces crimes, tu prétends qu'on t'enchaîne alors que tu n'as rien fait de mal ?

4. PROMÉTHÉE – Tu m'as l'air, Hermès*, toi aussi, comme dit le poète,

D'accuser l'innocent [7].

Tu me reproches des actions pour lesquelles moi je me serais estimé digne d'être nourri au Prytanée [8], si le

---

6. Mécontent d'avoir été trompé lors de la répartition des viandes, Zeus* priva les humains du feu. Alors Prométhée* dissimula le feu dans la tige d'un fenouil et l'apporta aux hommes (HÉSIODE, *Théogonie*, 565 sq.).

7. *Iliade*, XIII, 775 : réponse de Pâris* aux accusations d'Hector.

8. Allusion à la proposition ironique de Socrate qui réclamait pareillement d'être nourri aux frais de l'État au lieu d'être condamné (PLATON, *Apologie de Socrate*, 36).

ἐμαυτῷ. Εἰ γοῦν σχολή σοι, ἡδέως ἂν καὶ δικαιολογησαίμην ὑπὲρ τῶν ἐγκλημάτων, ὡς δείξαιμι ἄδικα ἐγνωκότα περὶ ἐμοῦ τὸν Δία· σὺ δὲ (στωμύλος γὰρ εἶ καὶ δικανικός) ἀπολόγησαι ὑπὲρ αὐτοῦ ὡς δικαίαν τὴν ψῆφον ἔθετο, ἀνεσταυρῶσθαί με πλησίον τῶν Κασπίων τούτων πυλῶν ἐπὶ τοῦ Καυκάσου, οἴκτιστον θέαμα πᾶσι Σκύθαις.

ΕΡΜΗΣ Ἕωλον μέν, ὦ Προμηθεῦ, τὴν ἔφεσιν ἀγωνιεῖ καὶ ἐς οὐδὲν δέον· ὅμως δ᾽ οὖν λέγε· καὶ γὰρ ἄλλως περιμένειν ἀναγκαῖον, ἔστ᾽ ἂν ὁ ἀετὸς καταπτῇ ἐπιμελησόμενός σου τοῦ ἥπατος. Τὴν ἐν τῷ μέσῳ δὴ ταύτην σχολὴν καλῶς ἂν εἴη ἔχον εἰς ἀκρόασιν καταχρήσασθαι σοφιστικήν, οἷος εἶ σὺ πανουργότατος ἐν τοῖς λόγοις.

5 ΠΡΟΜΗΘΕΥΣ Πρότερος οὖν, ὦ Ἑρμῆ, λέγε, καὶ ὅπως μου ὡς δεινότατα κατηγορήσῃς μηδὲ καθυφῇς τι τῶν δικαίων τοῦ πατρός. Σὲ δέ, ὦ Ἥφαιστε, δικαστὴν ποιοῦμαι ἔγωγε.

ΗΦΑΙΣΤΟΣ Μὰ Δί᾽, ἀλλὰ κατήγορον ἀντὶ δικαστοῦ ἴσθι με ἕξων, ὃς τὸ πῦρ ὑφελόμενος ψυχράν μοι τὴν κάμινον ἀπολέλοιπας.

ΠΡΟΜΗΘΕΥΣ Οὐκοῦν διελόμενοι τὴν κατηγορίαν, σὺ μὲν περὶ τῆς κλοπῆς ἤδη σύνειρε, Ἑρμῆς δὲ καὶ τὴν ἀνθρωποποιίαν καὶ τὴν κρεανομίαν αἰτιάσεται· ἄμφω δὲ τεχνῖται καὶ εἰπεῖν δεινοὶ ἐοίκατε εἶναι.

ΗΦΑΙΣΤΟΣ Ὁ Ἑρμῆς καὶ ὑπὲρ ἐμοῦ ἐρεῖ· ἐγὼ γὰρ οὐ πρὸς λόγοις τοῖς δικανικοῖς εἰμι, ἀλλὰ ἀμφὶ τὴν κάμινον ἔχω τὰ πολλά· ὁ δὲ ῥήτωρ ἐστίν, καὶ τῶν τοιούτων οὐ παρέργως μεμέληκεν αὐτῷ.

ΠΡΟΜΗΘΕΥΣ Ἐγὼ μὲν οὐκ ἄν ποτε ᾤμην καὶ περὶ τῆς κλοπῆς τὸν Ἑρμῆν ἐθελῆσαι ἂν εἰπεῖν οὐδὲ ὀνειδιεῖν μοι τὸ

---

9. Les Scythes, qui habitent les environs du Caucase, ne sont pas considérés comme particulièrement enclins à la pitié.

10. Dans les procès athéniens, c'est toujours l'accusateur qui parle en premier.

11. Dans beaucoup d'éditions, les deux groupes sont présentés dans l'ordre inverse.

monde était juste. Si tu avais le temps, j'aimerais me justifier de ces griefs et te montrer que Zeus* a pris une décision injuste à mon égard. Et toi, puisque tu es beau parleur et habile juriste, présente sa défense et prouve qu'il a porté une sentence juste en me condamnant à être cloué près de ces Portes Caspiennes sur le Caucase, spectacle qui inspirera la pitié à tous les Scythes [9].

HERMÈS – Ce procès en appel que tu vas soutenir, Prométhée*, vient trop tard et ne servira à rien. Parle cependant. D'ailleurs nous sommes obligés de rester jusqu'à ce que l'aigle descende s'occuper de ton foie. En attendant, ce serait peut-être une bonne idée de consacrer ce délai à une audition sophistique : tu es un orateur tellement retors.

5. PROMÉTHÉE – Parle donc le premier, Hermès* [10]. Accuse-moi de la manière la plus terrible, et ne néglige rien de ce qui peut justifier ton père. Et toi, Héphaïstos*, je te fais notre juge.

HÉPHAÏSTOS – Non, par Zeus*. Je serai ton accusateur, sache-le, et non ton juge : en volant le feu, tu as laissé ma forge glacée.

PROMÉTHÉE – Eh bien, répartissez-vous l'accusation. Toi débite maintenant ton discours sur le vol. Ensuite Hermès* présentera l'accusation concernant la création des hommes et la répartition des viandes [11]. Vous m'avez l'air tous deux d'experts et d'orateurs habiles.

HÉPHAÏSTOS – Hermès* parlera aussi pour moi. Je ne connais pas le langage des tribunaux : je passe le plus clair de mon temps dans ma forge. Mais lui est orateur et ce n'est pas en amateur qu'il s'est entraîné à ce genre d'activités.

PROMÉTHÉE – Je n'aurais jamais imaginé qu'Hermès* accepterait de parler aussi du vol et irait me reprocher un acte de cette nature, à moi son collègue [12].

---

12. Hermès*, lui-même voleur dès son plus jeune âge (voir le *Dialogue des dieux*, 11), est le protecteur des voleurs.

τοιοῦτο ὁμοτέχνῳ ὄντι. Πλὴν ἀλλ' εἰ καὶ τοῦτο, ὦ Μαίας παῖ, ὑφίστασαι, καιρὸς ἤδη περαίνειν τὴν κατηγορίαν.

6 ΕΡΜΗΣ Πάνυ γοῦν, ὦ Προμηθεῦ, μακρῶν δεῖ λόγων καὶ ἱκανῆς τινος παρασκευῆς ἐπὶ τὰ σοὶ πεπραγμένα, οὐχὶ δὲ ἀπόχρη μόνα τὰ κεφάλαια εἰπεῖν τῶν ἀδικημάτων, ὅτι ἐπιτραπέν σοι μοιρᾶσαι τὰ κρέα σαυτῷ μὲν τὰ κάλλιστα ἐφύλαττες, ἐξηπάτας δὲ τὸν βασιλέα, καὶ τοὺς ἀνθρώπους ἀνέπλασας, οὐδὲν δέον, καὶ τὸ πῦρ κλέψας παρ' ἡμῶν ἐκόμισας ἐς αὐτούς· καί μοι δοκεῖς, ὦ βέλτιστε, μὴ συνιέναι ἐπὶ τοῖς τηλικούτοις πάνυ φιλανθρώπου τοῦ Διὸς πεπειραμένος. Εἰ μὲν οὖν ἔξαρνος εἶ μὴ εἰργάσθαι αὐτά, δεήσει καὶ διελέγχειν καὶ ῥῆσίν τινα μακρὰν ἀποτείνειν καὶ πειρᾶσθαι ὡς ἔνι μάλιστα ἐμφανίζειν τὴν ἀλήθειαν· εἰ δὲ φὴς τοιαύτην πεποιῆσθαι τὴν νομὴν τῶν κρεῶν καὶ τὰ περὶ τοὺς ἀνθρώπους καινουργῆσαι καὶ τὸ πῦρ κεκλοφέναι, ἱκανῶς κατηγόρηταί μοι, καὶ μακρότερα οὐκ ἂν εἴποιμι· λῆρος γὰρ ἄλλως τὸ τοιοῦτον.

7 ΠΡΟΜΗΘΕΥΣ Εἰ μὲν καὶ ταῦτα λῆρός ἐστιν ἃ εἴρηκας, ὀψόμεθα μικρὸν ὕστερον· ἐγὼ δέ, ἐπείπερ ἱκανὰ φὴς εἶναι τὰ κατηγορημένα, πειράσομαι ὡς ἂν οἷός τε ὦ διαλύσασθαι τὰ ἐγκλήματα. Καὶ πρῶτόν γε ἄκουσον τὰ περὶ τῶν κρεῶν. Καίτοι, νὴ τὸν Οὐρανόν, καὶ νῦν λέγων ταῦτα αἰσχύνομαι ὑπὲρ τοῦ Διός, εἰ οὕτω μικρολόγος καὶ μεμψίμοιρός ἐστιν, ὡς, διότι μικρὸν ὀστοῦν ἐν τῇ μερίδι εὗρεν, ἀνασκολοπισθησόμενον πέμπειν παλαιὸν οὕτω θεόν, μήτε τῆς συμμαχίας μνημονεύσαντα μήτε αὖ τὸ τῆς ὀργῆς κεφάλαιον ὅ ἐστιν ἐννοήσαντα καὶ ὡς μειρακίου τὸ τοιοῦτον, ὀργίζεσθαι καὶ ἀγανακτεῖν εἰ μὴ τὸ μεῖζον αὐτὸς λήψεται.

8 Καίτοι τάς γε ἀπάτας, ὦ Ἑρμῆ, τὰς τοιαύτας συμποτικὰς οὔσας οὐ χρή, οἶμαι, ἀπομνημονεύειν, ἀλλ' εἰ καί τι ἡμάρτηται μεταξὺ εὐωχουμένων, παιδιὰν ἡγεῖσθαι καὶ αὐτοῦ ἐν τῷ συμποσίῳ καταλιπεῖν τὴν ὀργήν· ἐς δὲ τὴν

---

13. Retournement comique. C'est traditionnellement Prométhée* qu'on dit avoir été humain ou philanthrope, en dérobant le feu.

14. Lors de la guerre contre les Titans* : voir ESCHYLE, *Prométhée enchaîné*, 218-221.

Cependant, fils de Maïa*, si tu te charges aussi de cela, il est temps que tu prononces ton accusation.

6. HERMÈS – Assurément, Prométhée*, il faudrait de longs discours et une préparation convenable pour exposer tes agissements. Il ne suffit pas d'énumérer les seuls chefs d'accusation, à savoir que chargé de répartir les viandes, tu gardais pour toi les plus beaux morceaux et trompais le roi, que tu as modelé les hommes, ce que tu n'aurais dû faire en aucune façon, enfin que tu nous as dérobé le feu et le leur as apporté. Il me semble, mon excellent ami, que tu ne comprends pas à quel point Zeus* s'est montré humain [13] à ton égard après de tels méfaits. Si tu nies les avoir commis, je devrai te réfuter, développer un long discours et tenter, autant que je le peux, de mettre en lumière la vérité. Mais si tu admets avoir réparti les viandes ainsi, fait cette invention concernant les hommes, et volé le feu, mon accusation est suffisante et je ne devrais pas en dire plus long : ce ne serait que vain bavardage.

7. PROMÉTHÉE – Ce que tu viens de dire est peut-être aussi du vain bavardage : nous verrons cela plus tard. Quant à moi, puisque tu juges que les chefs d'accusation suffisent, j'essaierai, dans la mesure de mes moyens, de réfuter ces griefs. Écoute d'abord ce que j'ai à te dire concernant les viandes. Je te jure par Ouranos* qu'au moment où je te parle, j'ai encore honte pour Zeus* si, sous prétexte qu'il a trouvé un petit os dans sa portion, il est assez mesquin et rancunier pour vouloir faire empaler un dieu aussi ancien que moi, sans se rappeler que j'ai combattu à ses côtés [14], sans réfléchir non plus au motif de sa querelle : c'est se conduire comme un gamin de se fâcher et de s'indigner de ne pas avoir la plus grosse part. 8. Ce genre de farces qu'on se fait entre convives, on ne doit pas les garder en mémoire, Hermès*. Même si une faute a été commise au cours d'un festin, il faut y voir une plaisanterie et abandonner sa colère dans la salle du banquet. Mais

αὔριον ταμιεύεσθαι τὸ μῖσος καὶ μνησικακεῖν καὶ ἕωλόν
τινα μῆνιν διαφυλάττειν, ἄπαγε, οὔτε θεοῖς πρέπον οὔτε
ἄλλως βασιλικόν· ἦν γοῦν ἀφέλῃ τις τῶν συμποσίων τὰς
κομψείας ταύτας, ἀπάτην καὶ σκώμματα καὶ τὸ σιλλαίνειν
καὶ ἐπιγελᾶν, τὸ καταλειπόμενόν ἐστι μέθη καὶ κόρος καὶ
σιωπή, σκυθρωπὰ καὶ ἀτερπῆ πράγματα καὶ ἥκιστα συμποσίῳ πρέποντα. Ὥστε ἐγὼ οὐδὲ μνημονεύσειν εἰς τὴν
ὑστεραίαν ἔτι ᾤμην τούτων τὸν Δία, οὐχ ὅπως καὶ τηλικαῦτα ἐπ᾽ αὐτοῖς ἀγανακτήσειν καὶ πάνδεινα ἡγήσεσθαι
πεπονθέναι, εἰ διανέμων τις κρέα παιδιάν τινα ἔπαιξε
πειρώμενος εἰ διαγνώσεται τὸ βέλτιον ὁ αἱρούμενος.

9 Τίθει δέ, ὦ Ἑρμῆ, τὸ χαλεπώτερον, μὴ τὴν ἐλάττω
μοῖραν ἀπονενεμηκέναι τῷ Διί, τὴν δ᾽ ὅλην ὑφῃρῆσθαι· τί
οὖν ; Διὰ τοῦτο ἐχρῆν, τὸ τοῦ λόγου, τῇ γῇ τὸν οὐρανὸν ἀνα-
μεμῖχθαι καὶ δεσμὰ καὶ σταυροὺς καὶ Καύκασον ὅλον ἐπινοεῖν καὶ ἀετοὺς καταπέμπειν καὶ τὸ ἧπαρ ἐκκολάπτειν ;
Ὅρα γὰρ μὴ πολλὴν ταῦτα κατηγορῇ τοῦ ἀγανακτοῦντος
αὐτοῦ μικροψυχίαν καὶ ἀγένειαν τῆς γνώμης καὶ πρὸς
ὀργὴν εὐχέρειαν. Ἢ τί γὰρ ἂν ἐποίησεν οὗτος ὅλον βοῦν
ἀπολέσας, εἰ κρεῶν ὀλίγων ἕνεκα τηλικαῦτα ὀργίζεται ;

10 Καίτοι πόσῳ οἱ ἄνθρωποι εὐγνωμονέστερον διάκειν-
ται πρὸς τὰ τοιαῦτα, οὓς εἰκὸς ἦν καὶ τὰ ἐς ὀργὴν ὀξυτέρους
εἶναι τῶν θεῶν ; Ἀλλ᾽ ὅμως ἐκείνων οὐκ ἔστιν ὅστις τῷ
μαγείρῳ σταυροῦ ἂν τιμήσαιτο, εἰ τὰ κρέα ἕψων καθεὶς τὸν
δάκτυλον τοῦ ζωμοῦ περιελιχμήσατο ἢ ὀπτωμένων ἀποσπάσας τῶν κρεῶν κατεβρόχθισεν, ἀλλὰ συγγνώμην ἀπονέμου-
σιν αὐτοῖς· εἰ δὲ καὶ πάνυ ὀργισθεῖεν, ἢ κονδύλους ἐνέτριψαν
ἢ κατὰ κόρρης ἐπάταξαν, ἀνεσκολοπίσθη δὲ οὐδεὶς παρ᾽
αὐτοῖς τῶν τηλικούτων ἕνεκα. Καὶ περὶ μὲν τῶν κρεῶν
τοσαῦτα, αἰσχρὰ μὲν κἀμοὶ ἀπολογεῖσθαι, πολὺ δὲ αἴσχίω
κατηγορεῖν ἐκείνῳ.

garder sa haine en réserve pour lendemain, nourrir de la rancune et conserver sa colère de la veille… Pas question ! Cela ne convient pas aux dieux et n'a vraiment rien de royal. Si l'on supprime des banquets ce qui en fait le charme, les farces, les railleries, les taquineries et le rire, il ne reste que l'ivresse, la satiété et le silence, réalités sinistres et dépourvues de charme, particulièrement déplacées dans un banquet. Je n'imaginais même pas que Zeus* se souviendrait encore de cette histoire le lendemain ; j'étais loin de penser qu'il se fâcherait à ce point pour cela, et se jugerait terriblement offensé parce qu'en répartissant les viandes, on lui avait joué un tour pour voir si celui qui choisirait distinguerait la meilleure part.

9. Mais suppose, Hermès*, que la faute ait été plus grave, qu'au lieu de donner à Zeus* la part la plus petite, je lui aie soustrait la totalité. Eh bien ? Fallait-il pour autant remuer ciel et terre, comme on dit, inventer des chaînes, des croix, le Caucase tout entier, faire descendre des aigles pour me becqueter le foie ? Demande-toi si cette conduite ne révèle pas chez celui qui se fâche une grande mesquinerie, de la bassesse d'esprit et de la propension à la colère ? Qu'aurait-il fait s'il avait perdu un bœuf entier, s'il se met dans une telle colère pour quelques bouts de viande ?

10. Combien les humains sont plus indulgents en pareil cas ! Il serait pourtant naturel qu'ils soient plus prompts à la colère que les dieux. Or il n'y en a pas un qui condamnerait son cuisinier à être crucifié si, faisant bouillir les viandes, il avait plongé le doigt dans le bouillon pour le lécher, ou si les faisant griller, il en avait soustrait un morceau pour l'avaler : ils leur pardonnent. S'ils sont vraiment très en colère, ils leur donnent des coups de poing ou des soufflets ; chez eux personne n'a été crucifié pour si peu. En voilà assez pour les viandes – un sujet sur lequel il est honteux pour moi de me défendre, et encore plus honteux pour Zeus* de m'accuser.

11 Περὶ δὲ τῆς πλαστικῆς καὶ ὅτι τοὺς ἀνθρώπους ἐποίησα, καιρὸς ἤδη λέγειν. Τοῦτο δέ, ὦ Ἑρμῆ, διττὴν ἔχον τὴν κατηγορίαν, οὐκ οἶδα καθ' ὁπότερον αἰτιᾶσθέ με, πότερα ὡς οὐδὲ ὅλως ἐχρῆν τοὺς ἀνθρώπους γεγονέναι, ἀλλ' ἄμεινον ἦν ἀτρεμεῖν αὐτοὺς γῆν ἄλλως ὄντας ἀνέργαστον, ἢ ὡς πεπλάσθαι μὲν ἐχρῆν, ἄλλον δέ τινα καὶ μὴ τοῦτον διεσχηματίσθαι τὸν τρόπον. Ἐγὼ δὲ ὅμως ὑπὲρ ἀμφοῖν ἐρῶ· καὶ πρῶτόν γε, ὡς οὐδεμία τοῖς θεοῖς ἀπὸ τούτου βλάβη γεγένηται, τῶν ἀνθρώπων ἐς τὸν βίον παραχθέντων, πειράσομαι δεικνύειν· ἔπειτα δέ, ὡς συμφέροντα καὶ ἀμείνω ταῦτα αὐτοῖς παρὰ πολὺ ἢ εἰ ἐρήμην καὶ ἀπάνθρωπον συνέβαινεν τὴν γῆν μένειν.

12 Ἦν τοίνυν πάλαι - ῥᾷον γὰρ οὕτω δῆλον ἂν γένοιτο, εἴ τι ἠδίκηκα ἐγὼ μετακοσμήσας καὶ νεωτερίσας τὰ περὶ τοὺς ἀνθρώπους - τὸ θεῖον μόνον καὶ τὸ ἐπουράνιον γένος, ἡ γῆ δὲ ἄγριόν τι χρῆμα καὶ ἄμορφον, ὕλαις ἅπασα καὶ ταύταις ἀνημέροις λάσιος, οὔτε δὲ βωμοὶ θεῶν ἢ νεῴ, - πόθεν δέ ; - ἢ ἄγαλμα ἢ ξόανον ἤ τι ἄλλο τοιοῦτο, οἷα πολλὰ νῦν ἁπανταχόθι φαίνεται μετὰ πάσης ἐπιμελείας τιμώμενα· ἐγὼ δὲ - ἀεὶ γάρ τι προβουλεύω ἐς τὸ κοινὸν καὶ σκοπῶ ὅπως αὐξηθήσεται μὲν τὰ τῶν θεῶν, ἐπιδώσει δὲ καὶ τἆλλα πάντα ἐς κόσμον καὶ κάλλος - ἐνενόησα ὡς ἄμεινον εἴη ὀλίγον ὅσον τοῦ πηλοῦ λαβόντα ζῷά τινα συστήσασθαι καὶ ἀναπλάσαι τὰς μορφὰς ἡμῖν αὐτοῖς προσεοικότα· καὶ γὰρ ἐνδεῖν τι ᾤμην τῷ θείῳ, μὴ ὄντος τοῦ ἐναντίου αὐτῷ καὶ πρὸς ὃ ἔμελλεν ἡ ἐξέτασις γινομένη εὐδαιμονέστερον ἀποφαίνειν αὐτό· θνητὸν μέντοι εἶναι τοῦτο, εὐμηχανώτατον δ' ἄλλως καὶ συνετώτατον καὶ τοῦ βελτίονος αἰσθανόμενον.

11. Il est temps maintenant d'en venir au modelage que j'ai fait, à ma fabrication des humains. Il y a là, Hermès*, deux chefs d'accusation, et je ne sais lequel vous me reprochez. Est-ce qu'il ne fallait pas du tout que les hommes existent, et valait-il mieux les laisser à l'état de terre brute ? Ou fallait-il les façonner, mais en leur donnant une autre forme et non celle-ci ? Je répondrai sur les deux points. J'essaierai d'abord de montrer que les dieux n'ont subi aucun dommage du fait que les hommes aient été amenés à la vie. Je montrerai ensuite qu'ils y ont gagné, et que leur situation est bien meilleure que si la terre avait dû rester déserte et sans humains.

12. Il y avait autrefois (je remonte là pour qu'on voie plus facilement si j'ai eu tort de modifier l'univers et d'introduire cette innovation avec les hommes), il y avait donc seulement l'engeance divine et céleste. La terre était une chose sauvage et informe, entièrement couverte de forêts, et celles-ci farouches. Les dieux n'avaient ni autels ni temples (comment y en aurait-il eu ?), ni statues, ni effigies de bois, ni aucun monument comme ceux qu'on voit maintenant absolument partout, honorés avec le plus grand soin. Alors moi, qui prévois [15] toujours quelque chose pour la communauté, qui cherche comment augmenter la prospérité des dieux, comment amener tout ce qui les entoure à l'ordre et à la beauté, j'ai cru améliorer les choses en prenant un peu d'argile, pour en fabriquer des êtres vivants et les modeler à notre ressemblance. Je trouvais en effet qu'il manquait quelque chose à la divinité, si n'existait pas son contraire à quoi la comparer pour montrer qu'elle était la plus heureuse. Je voulus que cette créature fût mortelle, mais par ailleurs très ingénieuse, très intelligente et capable de comprendre le bien.

---

15. Προβουλεύω : délibérer à l'avance. C'est le sens même du nom Prométhée* (προμηθοῦμαι signifie se soucier à l'avance).

13 Καὶ δὴ κατὰ τὸν ποιητικὸν λόγον,
  γαῖαν ὕδει φύρας,
καὶ διαμαλάξας ἀνέπλασα τοὺς ἀνθρώπους, καὶ τὴν
Ἀθηνᾶν παρακαλέσας συνεπιλαβέσθαι μοι τοῦ ἔργου.
Ταῦτ' ἐστὶν ἃ μεγάλα ἐγὼ τοὺς θεοὺς ἠδίκηκα. Καὶ τὸ
ζημίωμα ὁρᾷς πηλίκον, εἰ ἐκ πηλοῦ ζῷα ἐποίησα καὶ τὸ
τέως ἀκίνητον εἰς κίνησιν ἤγαγον· καί, ὡς ἔοικεν, τὸ ἀπ'
ἐκείνου ἧττον θεοί εἰσιν οἱ θεοί, διότι καὶ ἐπὶ γῆς τινα
θνητὰ ζῷα γεγένηται· οὕτω γὰρ καὶ ἀγανακτεῖ ὁ Ζεὺς
ὥσπερ ἐλαττουμένων τῶν θεῶν ἐκ τῆς τῶν ἀνθρώπων γενέ-
σεως, εἰ μὴ ἄρα τοῦτο δέδιεν, μὴ καὶ οὗτοι ἀπόστασιν ἐπ'
αὐτὸν βουλεύσωσι καὶ πόλεμον ἐξενέγκωσι πρὸς τοὺς θεοὺς
ὥσπερ οἱ Γίγαντες. Ἀλλ' ὅτι μὲν δὴ οὐδὲν ἠδίκησθε πρὸς
ἐμοῦ, ὦ Ἑρμῆ, καὶ τῶν ἐμῶν ἔργων, δῆλον· ἢ σὺ δεῖξον κἂν
ἕν τι μικρότατον, κἀγὼ σιωπήσομαι καὶ δίκαια ἔσομαι
πεπονθὼς πρὸς ὑμῶν.

14 Ὅτι δὲ καὶ χρήσιμα ταῦτα γεγένηται τοῖς θεοῖς,
οὕτως ἂν μάθοις, εἰ ἐπιβλέψειας τὴν γῆν οὐκέτι αὐχμηρὰν
καὶ ἀκαλλῆ οὖσαν, ἀλλὰ πόλεσι καὶ γεωργίαις καὶ φυτοῖς
ἡμέροις διακεκοσμημένην καὶ τὴν θάλατταν πλεομένην καὶ
τὰς νήσους κατοικουμένας, ἁπανταχοῦ δὲ βωμοὺς καὶ
θυσίας καὶ ναοὺς καὶ πανηγύρεις·
  μεσταὶ δὲ Διὸς πᾶσαι μὲν ἀγυιαί,
  πᾶσαι δὲ ἀνθρώπων ἀγοραί.
Καὶ γὰρ εἰ μὲν ἐμαυτῷ μόνῳ κτῆμα τοῦτο ἐπλασάμην,
ἐπλεονέκτουν ἂν τῆς χρήσεως, νῦν δ' εἰς τὸ κοινὸν φέρων
κατέθηκα ὑμῖν αὐτοῖς· μᾶλλον δὲ Διὸς μὲν καὶ Ἀπόλλωνος
καὶ σοῦ δέ, ὦ Ἑρμῆ, νεὼς ἰδεῖν ἁπανταχοῦ ἐστιν, Προμηθέως δὲ οὐδαμοῦ. Ὁρᾷς ὅπως τἀμαυτοῦ μόνα σκοπῶ, τὰ
κοινὰ δὲ καταπροδίδωμι καὶ ἐλάττω ποιῶ ;

13. Alors, comme dit le poète,
Mêlant la terre à l'eau[16],
et la pétrissant, je modelai les hommes, ayant appelé
Athéna* pour qu'elle m'assiste dans cette tâche. Voilà
le grand crime dont je suis coupable envers les dieux. Tu
vois comme je suis puni pour avoir fabriqué des êtres
vivants avec de l'argile, et avoir fait se mouvoir ce qui
jusque là était immobile. On dirait que depuis ce temps
les dieux sont moins dieux parce que sur terre sont nés
aussi des êtres mortels : Zeus* est en colère, comme si
les dieux étaient rabaissés par la naissance des hommes.
À moins qu'il ne craigne que les hommes ne projettent
eux aussi une révolte contre lui et ne portent la guerre
contre les dieux comme l'ont fait les Géants*. Mais
vous n'avez subi aucun tort de ma part ni de ce que j'ai
créé, Hermès*, c'est évident. Montre m'en un seul, si
petit soit-il, et je me tairai, et le traitement que vous
m'avez infligé sera juste.

14. Mais ce que j'ai créé a même été utile aux dieux :
tu peux l'apprendre en observant la terre, qui n'est plus
aride ni laide, mais parée de cités, de champs, de plantes
cultivées, la mer couverte de navires, les îles habitées, et
partout des autels, des sacrifices, des temples, des
panégyries.
Pleins de Zeus sont tous les chemins, toutes les places
Des humains*[17].
D'ailleurs si j'avais créé les hommes pour qu'ils
soient ma propriété exclusive, j'aurais travaillé à mon
profit ; mais je les ai apportés et mis en commun avec
vous tous. Bien plus, alors qu'on peut voir partout des
temples de Zeus*, d'Apollon* et de toi, Hermès*, il n'y
en a nulle part de Prométhée*. Tu vois comme je
cherche mon seul intérêt, comme je trahis et affaiblis
ceux de la communauté !

---

16. HÉSIODE, *Travaux et jours*, 61.
17. ARATOS, *Phénomènes*, 2-3.

15 Ἔτι δέ μοι, ὦ Ἑρμῆ, καὶ τόδε ἐννόησον, εἴ τι σοι δοκεῖ ἀγαθὸν ἀμάρτυρον, οἷον κτῆμα ἢ ποίημα ὃ μηδεὶς ὄψεται μηδὲ ἐπαινέσεται, ὁμοίως ἡδὺ καὶ τερπνὸν ἔσεσθαι τῷ ἔχοντι. Πρὸς δὴ τί τοῦτ' ἔφην ; Ὅτι μὴ γενομένων τῶν ἀνθρώπων ἀμάρτυρον συνέβαινε τὸ κάλλος εἶναι τῶν ὅλων, καὶ πλοῦτόν τινα πλουτήσειν ἐμέλλομεν οὔτε ὑπ' ἄλλου τινὸς θαυμασθησόμενον οὔτε ἡμῖν αὐτοῖς ὁμοίως τίμιον· οὐδὲ γὰρ ἂν εἴχομεν πρὸς ὅ τι ἔλαττον παραθῶμεν αὐτόν, οὐδ' ἂν συνίεμεν ἡλίκα εὐδαιμονοῦμεν οὐχ ὁρῶντες ἀμοίρους τῶν ἡμετέρων τινάς· οὕτω γὰρ δὴ καὶ τὸ μέγα δειχθείη ἂν μέγα, εἰ τῷ μικρῷ παραμετροῖτο. Ὑμεῖς δέ, τιμᾶν ἐπὶ τῷ πολιτεύματι τούτῳ δέον, ἀνεσταυρώκατέ με καὶ ταύτην μοι τὴν ἀμοιβὴν ἀποδεδώκατε τοῦ βουλεύματος.

16 Ἀλλὰ κακοῦργοί τινες, φής, ἐν αὐτοῖς καὶ μοιχεύουσι καὶ πολεμοῦσιν καὶ ἀδελφὰς γαμοῦσιν καὶ πατράσιν ἐπιβουλεύουσιν. Παρ' ἡμῖν γὰρ οὐχὶ πολλὴ τούτων ἀφθονία ; Καὶ οὐ δήπου διὰ τοῦτο αἰτιάσαιτ' ἄν τις τὸν Οὐρανὸν καὶ τὴν Γῆν, ὅτι ἡμᾶς συνεστήσαντο. Ἔτι καὶ τοῦτο ἴσως φαίης ἄν, ὅτι ἀνάγκη πολλὰ ἡμᾶς ἔχειν πράγματα ἐπιμελουμένους αὐτῶν. Οὐκοῦν διά γε τοῦτο καὶ ὁ νομεὺς ἀχθέσθω ἐπὶ τῷ ἔχειν τὴν ἀγέλην, διότι ἀναγκαῖον αὐτῷ ἐπιμελεῖσθαι αὐτῆς. Καίτοι τό γε ἐργῶδες τοῦτο καὶ ἡδὺ ἄλλως, καὶ ἡ φροντὶς οὐκ ἀτερπὴς ἔχουσά τινα διατριβήν. Τί γὰρ ἂν ἐπράττομεν οὐκ ἔχοντες ὧν προνοῶμεν ; Ἡγοῦμεν ἂν καὶ τὸ νέκταρ ἐπίνομεν καὶ τῆς ἀμβροσίας ἐνεφορούμεθα οὐδὲν ποιοῦντες.

17 Ὃ δὲ μάλιστά με πνίγει τοῦτ' ἐστίν, ὅτι μεμφόμενοι τὴν ἀνθρωποποιίαν καὶ μάλιστά τὰς γυναῖκας ὅμως ἐρᾶτε αὐτῶν καὶ οὐ διαλείπετε κατιόντες, ἄρτι μὲν ταῦροι, ἄρτι δὲ σάτυροι καὶ κύκνοι γενόμενοι, καὶ θεοὺς ἐξ αὐτῶν ποιεῖσθαι ἀξιοῦντες. Ἀλλ' ἐχρῆν μέν, ἴσως φήσεις, ἀναπε-

15. Fais-moi encore le plaisir de réfléchir à ceci, Hermès*. As-tu l'impression qu'un bien dont nul n'est témoin, par exemple une propriété ou un ouvrage que personne ne verra ni ne louera, apportera à son propriétaire le même plaisir, le même charme ? Pourquoi cette question ? Parce que si les humains n'existaient pas, la beauté de l'univers se trouverait sans témoin : nous jouirions d'une richesse que personne d'autre n'admirerait, et qui n'aurait pas le même prix à nos yeux. Nous n'aurions rien d'inférieur à quoi la comparer, et nous ne connaîtrions pas l'étendue de notre bonheur, si nous ne voyions pas que certains sont exclus de ce que nous avons. De même, le grand ne peut se définir comme tel que par rapport à ce qui est petit. Et vous, qui devriez me récompenser pour cette politique, vous m'avez crucifié : voilà comment vous m'avez récompensé pour mon idée.

16. Tu dis qu'il y a des criminels parmi eux, qu'ils sont adultères, font la guerre, épousent leurs sœurs et conspirent contre leurs pères. Mais ne trouve-t-on pas chez nous ces désordres en abondance ? Nul n'irait pour autant reprocher pour autant à Ouranos* et à Gaïa* de nous avoir fait naître. Tu ajouteras peut-être que nous occuper d'eux nous cause forcément beaucoup de tracas, mais dans ces conditions, le berger aussi doit s'irriter de posséder un troupeau, parce qu'il est obligé de s'en occuper. Et cette tâche comporte d'ailleurs de l'agrément, ces soins ne sont pas déplaisants : ils nous procurent un passe-temps. Que ferions-nous si nous n'avions personne sur qui veiller ? Nous serions désœuvrés, boirions du nectar* et nous gaverions d'ambroisie* sans aucune activité.

17. Or voici ce qui me suffoque le plus : alors que vous me reprochez d'avoir créé les humains, et surtout les femmes, cela ne vous empêche pas d'en tomber amoureux et de descendre sans cesse sur terre en vous transformant parfois en taureaux, parfois en satyres* et cygnes [18], et vous jugez bon de procréer des dieux avec

πλάσθαι τοὺς ἀνθρώπους ἄλλον τινὰ τρόπον, ἀλλὰ μὴ ἡμῖν
ἐοικότας· καὶ τί ἂν ἄλλο παράδειγμα τούτου ἄμεινον προεσ-
τησάμην, ὃ πάντως καλὸν ἠπιστάμην ; Ἢ ἀσύνετον καὶ
θηριῶδες ἔδει καὶ ἄγριον ἀπεργάζεσθαι τὸ ζῷον ; Καὶ πῶς
ἂν ἢ θεοῖς ἔθυσαν ἢ τὰς ἄλλας ὑμῖν τιμὰς ἀπένειμαν οὐχὶ
τοιοῦτοι γενόμενοι ; Ἀλλ' ὑμεῖς, ὅταν μὲν ὑμῖν τὰς ἑκατόμβας προσάγωσιν, οὐκ ὀκνεῖτε, κἂν ἐπὶ τὸν Ὠκεανὸν ἐλθεῖν
δέῃ

μετ' ἀμύμονας Αἰθιοπῆας ,

τὸν δὲ τῶν τιμῶν ὑμῖν καὶ τῶν θυσιῶν αἴτιον ἀνεσ-
ταυρώκατε.

18 Περὶ μὲν οὖν τῶν ἀνθρώπων καὶ ταῦτα ἱκανά. Ἤδη
δὲ ἐπὶ τὸ πῦρ, εἰ δοκεῖ, μέτειμι καὶ τὴν ἐπονείδιστον ταύτην
κλοπήν. Καὶ πρὸς θεῶν τοῦτό μοι ἀπόκριναι μηδὲν ὀκνή-
σας· ἔσθ' ὅ τι ἡμεῖς τοῦ πυρὸς ἀπολωλέκαμεν, ἐξ ὅτου καὶ
παρ' ἀνθρώποις ἐστίν ; Οὐκ ἂν εἴποις. Αὕτη γάρ, οἶμαι,
φύσις τουτουὶ τοῦ κτήματος, οὐδέν τι ἔλαττον γίγνεται, εἰ
καί τις ἄλλος αὐτοῦ μεταλάβοι· οὐ γὰρ ἀποσβέννυται ἐναυ-
σαμένου τινός· φθόνος δὲ δὴ ἄντικρυς τὸ τοιοῦτο, ἀφ' ὧν
μηδὲν ὑμεῖς ἠδίκησθε, τούτων κωλύειν μεταδιδόναι τοῖς
δεομένοις. Καίτοι θεούς γε ὄντας ἀγαθοὺς εἶναι χρὴ καὶ

δωτῆρας ἐάων

καὶ ἔξω φθόνου παντὸς ἑστάναι· ὅπου γε καὶ εἰ τὸ πᾶν τοῦτο
πῦρ ὑφελόμενος κατεκόμισα εἰς τὴν γῆν μηδ' ὅλως τι αὐτοῦ
καταλιπών, οὐ μεγάλα ὑμᾶς ἠδίκουν· οὐδὲν γὰρ ὑμεῖς
δεῖσθε αὐτοῦ μήτε ῥιγοῦντες μήτε ἕψοντες τὴν ἀμβροσίαν
μήτε φωτὸς ἐπιτεχνητοῦ δεόμενοι.

19 Οἱ δὲ ἄνθρωποι καὶ εἰς τὰ ἄλλα μὲν ἀναγκαίως
χρῶνται τῷ πυρί, μάλιστα δὲ ἐς τὰς θυσίας, ὅπως ἔχοιεν
κνισᾶν τὰς ἀγυιὰς καὶ τοῦ λιβανωτοῦ θυμιᾶν καὶ τὰ μηρία

---

18. Sur les différentes métamorphoses de Zeus*, voir *Zeus tragédien,* 2, et la note.
19. Voir *Zeus tragédien,* 37, et la note.
20. *Odyssée,* VIII, 325.

elles. Tu me diras peut-être qu'il aurait fallu façonner les hommes d'une autre manière, non à notre ressemblance. Mais quel autre modèle aurais-je pu prendre, meilleur que celui-ci, que je savais parfaitement beau ? Fallait-il rendre cet être stupide, bestial et sauvage ? Dans ces conditions, comment auraient-ils offert des sacrifices aux dieux, et vous auraient-ils accordé les autres honneurs, s'ils n'étaient pas tels qu'ils sont ? Quand ils vous présentent leurs hécatombes, vous n'hésitez pas, même s'il vous faut aller jusqu'à l'Océan,

Auprès des irréprochables Éthiopiens [19].

Mais celui qui vous a procuré honneurs et sacrifices, vous l'avez crucifié.

18. Concernant les humains, en voilà également assez. J'en viens à présent, si tu veux bien, au feu et à ce vol qu'on me reproche. Au nom des dieux, réponds-moi sans hésiter. Avons-nous perdu la moindre parcelle de feu, depuis qu'il est aussi chez les hommes ? Tu ne pourrais le soutenir. Car telle est la nature du bien en question : il ne diminue aucunement, même si quelqu'un d'autre en prend une part, car il ne s'éteint pas si on allume un nouveau feu. C'était donc pure jalousie, alors que ce partage ne vous faisait aucun tort, d'interdire d'en donner une part à ceux qui en avaient besoin. Or, étant dieux, vous devez être bons,

Dispensateurs de biens [20],

et vous abstenir de toute jalousie. D'ailleurs même si j'avais volé tout votre feu pour l'emporter en bas sur terre, sans rien en laisser, je ne vous faisais pas grand tort : vous n'en avez aucun besoin puisque vous ne sentez pas le froid, ne faites pas bouillir l'ambroisie* et n'avez pas besoin de lumière artificielle.

19. Mais pour les hommes, le feu est absolument nécessaire, de manière générale, et surtout pour les sacrifices, afin qu'ils puissent emplir les rues de l'odeur des viandes, faire brûler l'encens et griller sur les autels les cuisses des victimes. Or je le vois, vous appréciez

καίειν ἐπὶ τῶν βωμῶν. Ὁρῶ δέ γε ὑμᾶς μάλιστα χαίροντας τῷ καπνῷ καὶ τὴν εὐωχίαν ταύτην ἡδίστην οἰομένους, ὁπόταν εἰς τὸν οὐρανὸν ἡ κνῖσα παραγένηται

ἑλισσομένη περὶ καπνῷ.

Ἐναντιωτάτη τοίνυν ἡ μέμψις ἂν γένοιτο αὕτη τῇ ὑμετέρᾳ ἐπιθυμίᾳ. Θαυμάζω δὲ ὅπως οὐχὶ καὶ τὸν ἥλιον κεκωλύκατε καταλάμπειν αὐτούς· καίτοι πῦρ καὶ οὗτός ἐστι πολὺ θειότερόν τε καὶ πυρωδέστερον. Ἢ κἀκεῖνον αἰτιᾶσθε ὡς σπαθῶντα ἡμῶν τὸ κτῆμα ; Εἴρηκα. Σφὼ δέ, ὦ Ἑρμῆ καὶ Ἥφαιστε, εἴ τι μὴ καλῶς εἰρῆσθαι δοκεῖ, διευθύνετε καὶ διελέγχετε, κἀγὼ αὖθις ἀπολογήσομαι.

20 ΕΡΜΗΣ Οὐ ῥάδιον, ὦ Προμηθεῦ, πρὸς οὕτω γενναῖον σοφιστὴν ἁμιλλᾶσθαι· πλὴν ἀλλὰ ὤνησο, διότι μὴ καὶ ὁ Ζεὺς ταῦτα ἐπήκουσέ σου· εὖ γὰρ οἶδα ὡς ἑκκαίδεκα γῦπας ἂν ἐπέστησέ σοι τὰ ἔγκατα ἐξαιρήσοντας· οὕτω δεινῶς αὐτοῦ κατηγόρηκας ἀπολογεῖσθαι δοκῶν. Ἐκεῖνο δέ γε θαυμάζω, πῶς μάντις ὢν οὐ προεγίγνωσκες ἐπὶ τούτοις κολασθησόμενος.

ΠΡΟΜΗΘΕΥΣ Ἠπιστάμην, ὦ Ἑρμῆ, καὶ ταῦτα μὲν καὶ διότι δὲ ἀπολυθήσομαι αὖθις οἶδα, καὶ ἤδη τις ἐκ Θηβῶν ἀφίξεται σὸς ἀδελφὸς οὐκ εἰς μακρὰν κατατοξεύσων ὃν φῂς ἐπιπτήσεσθαί μοι τὸν ἀετόν.

ΕΡΜΗΣ Εἰ γὰρ γένοιτο, ὦ Προμηθεῦ, ταῦτα καὶ ἐπίδοιμί σε λελυμένον, κοινῇ σὺν ἡμῖν εὐωχούμενον, οὐ μέντοι καὶ κρεανομοῦντά γε.

21 ΠΡΟΜΗΘΕΥΣ Θάρρει· καὶ συνευωχήσομαι ὑμῖν καὶ ὁ Ζεὺς λύσει με οὐκ ἀντὶ μικρᾶς εὐεργεσίας.

ΕΡΜΗΣ Τίνος ταύτης ; Μὴ γὰρ ὀκνήσῃς εἰπεῖν.

---

21. *Iliade*, I, 317.

22. Dans plusieurs éditions on trouve ὑμῶν et non ἡμῶν : pour J. Bompaire, Prométhée* légitime davantage son acte en s'incluant parmi les dieux.

23. Voir le chapitre 12 et la note. Le nom de Prométhée* est lié à la connaissance et au souci de l'avenir.

beaucoup la fumée, et vous jugez que c'est un régal très agréable quand vous sentez l'odeur des viandes grillées monter jusqu'au ciel,

En tournoyant dans la fumée [21].

Par conséquent ces reproches seraient en contradiction totale avec vos désirs. Je m'étonne d'ailleurs que vous n'ayez pas empêché également le soleil d'éclairer l'humanité : il est pourtant un feu lui aussi, encore plus divin et enflammé. Lui reprochez-vous à lui aussi de gaspiller ce qui nous [22] appartient ?

J'ai terminé. Vous deux, Hermès* et Héphaïstos*, si vous jugez que j'ai tort sur quelque point, corrigez, réfutez, et je présenterai de nouveau ma défense.

20. HERMÈS – Il n'est pas facile, Prométhée*, de lutter contre un sophiste aussi valeureux. En tout cas, félicite-toi que Zeus* n'ait pas entendu ton discours : je sais parfaitement qu'il aurait chargé seize vautours de t'arracher les entrailles : tu as porté contre lui des accusations si terribles en feignant de présenter ta défense. Mais une chose m'étonne. Comment, étant prophète [23], n'as-tu pas prévu que tu serais châtié pour cela ?

PROMÉTHÉE – Je le savais, Hermès*. Je sais aussi que je serai délivré, et que bientôt quelqu'un viendra de Thèbes, ton frère [24], qui dans peu de temps abattra de ses flèches l'aigle qui, dis-tu, va fondre sur moi.

HERMÈS – Puisse-t-il en être ainsi, Prométhée* ! Puissé-je te voir délivré, festoyer avec nous, à condition seulement que tu ne fasses pas le partage des viandes.

21. PROMÉTHÉE – Ne t'inquiète pas. Je festoierai avec vous. Zeus* me délivrera, en échange d'un service considérable.

HERMÈS – Quel service ? Parle sans hésiter.

---

24. Il s'agit d'Héraclès*, qui est fils de Zeus* comme Hermès*.

ΠΡΟΜΗΘΕΥΣ Οἶσθα, ὦ Ἑρμῆ, τὴν Θέτιν ; Ἀλλ' οὐ χρὴ λέγειν· φυλάττειν γὰρ ἄμεινον τὸ ἀπόρρητον, ὡς μισθὸς εἴη καὶ λύτρα μοι ἀντὶ καταδίκης.

ΕΡΜΗΣ Ἀλλὰ φύλαττε, ὦ Τιτάν, εἰ τοῦτ' ἄμεινον. Ἡμεῖς δὲ ἀπίωμεν, ὦ Ἥφαιστε· καὶ γὰρ οὗτος ἤδη πλησίον ὁ ἀετός. Ὑπόμενε οὖν καρτερῶς· εἴη δέ γε ἤδη σοι τὸν Θηβαῖον ὃν φὴς τοξότην ἐπιφανῆναι, ὡς παύσειέ σε ἀνατεμνόμενον ὑπὸ τοῦ ὀρνέου.

PROMÉTHÉE – Tu connais Thétis*, Hermès* [25] ? Mais il ne faut pas que je parle. Mieux vaut garder le secret afin qu'il me serve de monnaie d'échange et de rançon pour échapper à ma condamnation.

HERMÈS – Eh bien, garde-le, Titan*, si cela vaut mieux. Quant à nous, Héphaïstos*, allons-nous-en. Voici déjà l'aigle qui approche. Supporte donc ton sort avec courage. Puisses-tu voir bientôt paraître l'archer thébain dont tu parles, pour que grâce à lui tu cesses d'être déchiré par l'oiseau.

---

25. Prométhée* sait que le fils qui naîtra de Thétis* sera plus puissant que son père. Or Zeus* est amoureux de Thétis* et risque d'engendrer un fils qui le détrônera. Voir *Dialogues des dieux*, 5.

IV. Introduction à *Sur les sacrifices*

Ce dialogue porte le n° 13 dans la vulgate et occupe la 30ᵉ place dans le corpus du Vatic. Γ.

Il appartient au genre littéraire de la diatribe. Comme c'est toujours le cas dans la diatribe, texte à visée moralisatrice, il s'agit de flétrir un comportement collectif. Le texte s'ouvre sur la mention des « insensés » (μάταιοι), et se clôt sur celle de la foule (οἱ πολλοί), dont le philosophe se démarque avec orgueil.

Le thème choisi est la religion. Lucien s'en prend d'abord aux légendes mythologiques, dont il souligne les absurdités et les invraisemblances. Après une description de la vie des dieux dans l'Olympe, il en vient aux cultes proprement dits : le choix des lieux, les représentations des dieux dans la peinture et la sculpture, les rituels des sacrifices qui ont donné son titre à l'ouvrage. Il termine avec la peinture des cultes égyptiens, qui lui paraissent les plus ridicules de tous.

Les critiques formulées ici rejoignent celles que Lucien présente tout au long de son œuvre. Le Damis de *Zeus tragédien* souligne lui aussi l'absurdité de la mythologie [1]. Les exemples sont souvent les mêmes d'un ouvrage à l'autre : la cruauté des sacrifices humains en l'honneur d'Artémis* [2], la colère de cette

---

1. On peut rapprocher *Sur les sacrifices*, 5, de *Zeus tragédien*, 40.
2. *Sur les sacrifices*, 13, et Zeus *tragédien*, 44. Dans les deux cas, la référence est purement littéraire : il s'agit de l'*Iphigénie en Tauride* d'EURIPIDE.

même déesse pour n'avoir pas été invitée par Œnée [3]. Les mystères de l'Égypte, notamment ses dieux zoomorphes suscitent constamment la verve de notre auteur [4].

On peut s'interroger sur l'inspiration philosophique de *Sur les sacrifices*. À l'époque de Lucien, la diatribe est surtout cynico-stoïcienne. Lucien se rapproche souvent du stoïcisme quand il flétrit les passions humaines, mais en matière religieuse, cette philosophie, qui implique la foi en une Providence, est totalement étrangère à sa pensée. Notre texte se rapproche plutôt de l'épicurisme [5], tout en étant comme dans *Zeus tragédien,* fortement mêlé de cynisme et de scepticisme.

Ce qui importe surtout à Lucien, c'est la liberté intérieure. Il invite l'homme à se dégager de la superstition, cette maladie de l'âme. Dans le *Philopseudès,* après avoir fait entendre, non sans une certaine gourmandise, des histoires qui font la part belle à des phénomènes surnaturels, son porte-parole, Tychiadès, redevient sérieux et sévère, et demande à ceux qui les rapportent de se taire :

> [...] Par égard pour ces adolescents, sinon, sans que vous vous en rendiez compte, ils seront contaminés par des terreurs et des fables extravagantes. Vous devez les ménager et ne pas les habituer à entendre des histoires pareilles qui les troubleront et les obséderont toute leur vie, leur faisant redouter le moindre son et leur communiquant la superstition sous toutes ses formes [6].

---

3. *Sur les sacrifices*, 1 ; *Zeus tragédien*, 40.
4. *Zeus confondu*, 42 ; *Assemblée des dieux*, 10-11.
5. Dans *Zeus tragédien*, 16, Damis est présenté comme un épicurien.
6. *Philopseudès*, 37.

Si l'indignation de Tychiadès est peut-être un peu trop vertueuse pour être totalement sincère, il n'en exprime pas moins une véritable horreur pour tout ce qui risque d'altérer la lucidité humaine.

> Voilà, Philoclès, quelles histoires j'ai entendues, et depuis, par Zeus* ! je vais et je viens comme ceux qui ont bu du vin doux : j'ai le ventre gonflé et besoin de vomir. J'aimerais acheter quelque part, même cher, une drogue qui me ferait oublier les propos que j'ai entendus, car je crains que leur souvenir ne me fasse du mal en demeurant en moi : j'ai l'impression de voir des monstres, des démons, des Hécate [7].

Cette drogue qui le guérira, il la trouve bientôt.

> Nous disposons d'un antidote puissant pour combattre de tels dangers : la vérité et la droite raison appliquée à toute chose. Si nous en faisons usage, nous ne serons troublés par aucun de ces mensonges creux et vains [8].

Le traité *Sur les sacrifices* obéit à la même exigence. Et ce n'est pas un hasard s'il se conclut sur l'évocation du couple antinomique d'Héraclite et de Démocrite, qui est également présenté de manière complémentaire dans *Vies à vendre* :

> UN ACHETEUR. Par Zeus*, quel contraste ! L'un ne cesse de rire, l'autre de pleurer : il est tout en larmes. Eh bien ! toi, qu'y a-t-il, pourquoi ris-tu ?
> DÉMOCRITE. Tu le demandes ? Toutes vos affaires me semblent ridicules, autant que vous-mêmes. [...]

---

7. *Ibid.*, 39.
8. *Ibid.*, 40.

ACHETEUR. Quant à toi, pourquoi pleures-tu, mon cher ? Je préfère de beaucoup causer avec toi.

HÉRACLITE. Je considère, étranger, que les affaires humaines sont pitoyables, lamentables, et qu'il n'est rien en elles qui ne soit soumis à un destin funeste [9].

Rire et pleurs sont en effet complémentaires : ils représentent la force thérapeutique, curative, que Lucien prête à la satire. Elle déplore et ridiculise à la fois, dans le but de libérer les hommes.

---

9. *Vies à vendre*, 13-14.

IV. SUR LES SACRIFICES

ΠΕΡΙ ΘΥΣΙΩΝ

1 Ἃ μὲν γὰρ ἐν ταῖς θυσίαις οἱ μάταιοι πράττουσι καὶ ταῖς ἑορταῖς καὶ προσόδοις τῶν θεῶν καὶ ἃ αἰτοῦσι καὶ ἃ εὔχονται καὶ ἃ γιγνώσκουσι περὶ αὐτῶν, οὐκ οἶδα εἴ τις οὕτως κατηφής ἐστι καὶ λελυπημένος ὅστις οὐ γελάσεται τὴν ἀβελτερίαν ἐπιβλέψας τῶν δρωμένων. Καὶ πολύ γε, οἶμαι, πρότερον τοῦ γελᾶν πρὸς ἑαυτὸν ἐξετάσει πότερον εὐσεβεῖς αὐτοὺς χρὴ καλεῖν ἢ τοὐναντίον θεοῖς ἐχθροὺς καὶ κακοδαίμονας, οἵ γε οὕτω ταπεινὸν καὶ ἀγενὲς τὸ θεῖον ὑπειλήφασιν ὥστε εἶναι ἀνθρώπων ἐνδεὲς καὶ κολακευόμενον ἥδεσθαι καὶ ἀγανακτεῖν ἀμελούμενον. Τὰ γοῦν Αἰτωλικὰ πάθη καὶ τὰς τῶν Καλυδωνίων συμφορὰς καὶ τοὺς τοσούτους φόνους καὶ τὴν Μελεάγρου διάλυσιν, πάντα ταῦτα ἔργα φασὶν εἶναι τῆς Ἀρτέμιδος μεμψιμοιρούσης ὅτι μὴ παρελήφθη πρὸς τὴν θυσίαν ὑπὸ τοῦ Οἰνέως· οὕτως ἄρα βαθέως καθίκετο αὐτῆς ἡ τῶν ἱερείων διαφορά. Καί μοι δοκῶ ὁρᾶν αὐτὴν ἐν τῷ οὐρανῷ τότε μόνην τῶν ἄλλων θεῶν εἰς Οἰνέως πεπορευμένων, δεινὰ ποιοῦσαν καὶ σχετλιάζουσαν οἵας ἑορτῆς ἀπολειφθήσεται.

---

10. Voir *Zeus tragédien*, 40, et la note. Œnée, roi de Calydon, cité d'Étolie, l'ayant omise alors qu'il offrait les prémices des récoltes, Artémis* envoya un sanglier ravager le pays. L'animal fut tué par le fils d'Œnée, Méléagre. Artémis* suscita alors entre Étoliens et Curètes une guerre dont l'enjeu était la dépouille du sanglier. Au cours du combat, Méléagre tua un ou plusieurs de ses oncles maternels, qui combattaient aux côtés des Curètes. Pour venger le meurtre

SUR LES SACRIFICES

1. Venons-en au comportement des insensés pendant les sacrifices, les fêtes et les processions des dieux, à leurs demandes à leurs prières, aux idées qu'ils se font sur tout cela. Je ne sais s'il existe quelqu'un d'assez triste et grincheux pour ne pas rire en voyant la sottise de leur conduite. Je pense d'ailleurs que, bien avant de rire, on se demandera s'il faut appeler ces gens-là religieux, ou au contraire ennemis des dieux et misérables, puisqu'ils imaginent la divinité assez basse et vile pour avoir besoin des hommes, se réjouir de leurs flatteries et se fâcher s'ils la négligent.

À les en croire, les calamités des Étoliens, les malheurs des Calydoniens, les meurtres si nombreux et la mort de Méléagre[10], tout cela aurait été causé par Artémis*, pleine de rancune parce qu'Œnée ne l'avait pas invitée au sacrifice : tant elle avait été impressionnée par le caractère exceptionnel des victimes[11]. Je crois la voir dans le ciel à ce moment-là, alors que les autres dieux sont partis chez Œnée, toute seule, malheureuse et indignée parce qu'elle sera privée d'une si belle fête.

_____

de ses frères, sa mère Althée voua Méléagre à la mort : selon certaines versions, elle jeta au feu le tison auquel était attachée la vie de son fils.

11. Plusieurs éditions donnent διαμαρτία et non διαφορά. Le sens est alors : tant elle avait été vexée de n'avoir pas eu droit aux victimes.

2 Τοὺς δ' αὖ Αἰθίοπας καὶ μακαρίους καὶ τρισευδαίμονας εἴποι τις ἄν, εἴ γε ἀπομνημονεύει τὴν χάριν αὐτοῖς ὁ Ζεὺς ἣν πρὸς αὐτὸν ἐπεδείξαντο δώδεκα ἑξῆς ἡμέρας ἑστιάσαντες, καὶ ταῦτα ἐπαγόμενον καὶ τοὺς ἄλλους θεούς. Οὕτως οὐδέν, ὡς ἔοικεν, ἀμισθὶ ποιοῦσιν ὧν ποιοῦσιν, ἀλλὰ πωλοῦσιν τοῖς ἀνθρώποις τἀγαθά, καὶ ἔνεστι πρίασθαι παρ' αὐτῶν τὸ μὲν ὑγιαίνειν, εἰ τύχοι, βοϊδίου, τὸ δὲ πλουτεῖν βοῶν τεττάρων, τὸ δὲ βασιλεύειν ἑκατόμβης, τὸ δὲ σῶον ἐπανελθεῖν ἐξ Ἰλίου εἰς Πύλον ταύρων ἐννέα, καὶ τὸ ἐκ τῆς Αὐλίδος εἰς Ἴλιον διαπλεῦσαι παρθένου βασιλικῆς. Ἡ μὲν γὰρ Ἑκάβη τὸ μὴ ἁλῶναι τὴν πόλιν τότε ἐπρίατο παρὰ τῆς Ἀθηνᾶς βοῶν δώδεκα καὶ πέπλου. Εἰκάζειν δὲ χρὴ πολλὰ εἶναι ἀλεκτρυόνος καὶ στεφάνου καὶ λιβανωτοῦ μόνου παρ' αὐτοῖς ὤνια.

3 Ταῦτά γε, οἶμαι, καὶ ὁ Χρύσης ἐπιστάμενος ἅτε ἱερεὺς ὢν καὶ γέρων καὶ τὰ θεῖα σοφός, ἐπειδὴ ἄπρακτος ἀπήει παρὰ τοῦ Ἀγαμέμνονος, ὡς ἂν καὶ προδανείσας τῷ Ἀπόλλωνι τὴν χάριν δικαιολογεῖται καὶ ἀπαιτεῖ τὴν ἀμοιβὴν καὶ μόνον οὐκ ὀνειδίζει λέγων· 'ὦ βέλτιστε Ἀπόλλον, ἐγὼ μέν σου τὸν νεὼν τέως ἀστεφάνωτον ὄντα πολλάκις ἐστεφάνωσα, καὶ τοσαῦτά σοι μηρία ταύρων τε καὶ αἰγῶν ἔκαυσα ἐπὶ τῶν βωμῶν, σὺ δὲ ἀμελεῖς μου τοιαῦτα πεπονθότος καὶ παρ' οὐδὲν τίθεσαι τὸν εὐεργέτην.' Τοιγαροῦν οὕτω κατεδυσώπησεν αὐτὸν ἐκ τῶν λόγων, ὥστε ἁρπασάμενος τὰ τόξα καὶ ἐπὶ τοῦ ναυστάθμου καθίσας ἑαυτὸν κατετόξευσε τῷ λοιμῷ τοὺς Ἀχαιοὺς αὐταῖς ἡμιόνοις καὶ κυσίν.

---

12. Sur l'hospitalité des Éthiopiens, voir *Zeus tragédien*, 37, et la note.

13. Le sacrifice à Pylos de neuf taureaux est décrit au début du chant III de l'*Odyssée*.

14. Allusion au sacrifice d'Iphigénie.

15. Dans l'*Iliade*, VI, 270 sq., Hector envoie Hécube offrir douze génisses et un voile à Athéna*, pour qu'elle écarte Diomède de Troie.

2. Inversement, on pourrait dire les Éthiopiens [12] fortunés et trois fois bienheureux, s'il est vrai que Zeus* garde en mémoire la bonté qu'ils lui ont manifestée en lui offrant l'hospitalité douze jours de suite, alors qu'il amenait aussi avec lui les autres dieux. Ainsi les dieux, semble-t-il, ne font rien de ce qu'ils font gratuitement, mais ils vendent leurs bienfaits aux hommes. On peut leur acheter la santé, par exemple, contre un petit bœuf, la richesse contre quatre bœufs, la royauté contre une hécatombe, le retour sain et sauf d'Ilion à Pylos contre neuf taureaux [13], la traversée d'Aulis à Ilion contre la fille d'un roi [14]. Si Hécube obtint d'Athéna* que la cité ne fût momentanément pas prise en lui payant douze bœufs et un voile [15], il faut imaginer qu'ils ont beaucoup de choses à vendre pour un coq, une couronne ou seulement de l'encens.

3. Chrysès [16] savait cela, j'imagine, car il était prêtre, âgé et instruit des choses divines. Revenant de chez Agamemnon sans avoir rien obtenu, il réclame justice à Apollon*, lui redemande son dû, comme si ses bons offices précédents avaient été un prêt, et c'est tout juste s'il ne l'insulte pas quand il dit : « Excellent Apollon*, j'ai souvent offert des couronnes à ton temple qui jusque-là n'en avait pas, j'ai fait griller tant de cuisses de taureaux et de chèvres sur tes autels, et toi, tu me négliges alors qu'on m'a traité si mal, tu ne fais aucun cas de ton bienfaiteur [17]. » Par ces paroles il lui inspira une telle honte que le dieu, saisissant son arc et prenant position au-dessus du mouillage, décocha la peste sur les Achéens, leurs mulets et leurs chiens.

---

16. Agamemnon enleva la fille de Chrysès, prêtre d'Apollon*. Le vieil homme supplia son dieu de le venger : Apollon* décocha des flèches porteuses de peste sur le camp des Achéens (l'épisode est raconté au début du chant I de l'*Iliade*).

17. Paraphrase burlesque de l'*Iliade*, I, 37-42.

4 Ἐπεὶ δὲ ἅπαξ τοῦ Ἀπόλλωνος ἐμνήσθην, βούλομαι καὶ τὰ ἄλλα εἰπεῖν, ἃ περὶ αὐτοῦ οἱ σοφοὶ τῶν ἀνθρώπων λέγουσιν, οὐχ ὅσα περὶ τοὺς ἔρωτας ἐδυστύχησεν οὐδὲ τοῦ Ὑακίνθου τὸν φόνον οὐδὲ τῆς Δάφνης τὴν ὑπεροψίαν, ἀλλ' ὅτι καὶ καταγνωσθεὶς ἐπὶ τῷ τῶν Κυκλώπων θανάτῳ καὶ ἐξοστρακισθεὶς διὰ τοῦτο ἐκ τοῦ οὐρανοῦ, ἐπέμφθη εἰς τὴν γῆν ἀνθρωπίνη χρησόμενος τῇ τύχῃ· ὅτε δὴ καὶ ἐθήτευσεν ἐν Θετταλίᾳ παρὰ Ἀδμήτῳ καὶ ἐν Φρυγίᾳ παρὰ Λαομέδοντι, παρὰ τούτῳ μέν γε οὐ μόνος ἀλλὰ μετὰ τοῦ Ποσειδῶνος, ἀμφότεροι πλινθεύοντες ὑπ' ἀπορίας καὶ ἐργαζόμενοι τὸ τεῖχος· καὶ οὐδὲ ἐντελῆ τὸν μισθὸν ἐκομίσαντο παρὰ τοῦ Φρυγός, ἀλλὰ προσώφειλεν αὐτοῖς πλέον ἢ τριάκοντα, φασί, δραχμὰς Τρωϊκάς.

5 Ἦ γὰρ οὐ ταῦτα σεμνολογοῦσιν οἱ ποιηταὶ περὶ τῶν θεῶν καὶ πολὺ τούτων ἱερώτερα περί τε Ἡφαίστου καὶ Προμηθέως καὶ Κρόνου καὶ Ῥέας καὶ σχεδὸν ὅλης τῆς τοῦ Διὸς οἰκίας; καὶ ταῦτα παρακαλέσαντες τὰς Μούσας συνῳδοὺς ἐν ἀρχῇ τῶν ἐπῶν, ὑφ' ὧν δὴ ἔνθεοι γενόμενοι, ὡς τὸ εἰκός, ᾄδουσιν ὡς ὁ μὲν Κρόνος ἐπειδὴ τάχιστα ἐξέτεμε τὸν πατέρα τὸν Οὐρανόν, ἐβασίλευσέν τε ἐν αὐτῷ καὶ τὰ τέκνα κατήσθιεν ὥσπερ ὁ Ἀργεῖος Θυέστης ὕστερον· ὁ δὲ Ζεὺς κλαπεὶς ὑπὸ τῆς Ῥέας ὑποβαλομένης τὸν λίθον εἰς τὴν Κρήτην ἐκτεθεὶς ὑπ' αἰγὸς ἀνετράφη καθάπερ ὁ Τήλεφος ὑπὸ ἐλάφου καὶ ὁ Πέρσης Κῦρος ὁ πρότερος ὑπὸ τῆς

---

18. Pour venger la mort de son fils Asclépios*, Apollon* tua les Cyclopes* qui avaient forgé la foudre de Zeus*.

19. L'épisode est raconté dans le prologue de l'*Alceste* d'Euripide.

20. Deuxième roi de Troie, Laomédon fit bâtir les murs de sa ville par Apollon* et Poséidon*. Quand les dieux eurent achevé le travail, Laomédon leur refusa le salaire promis, c'est-à-dire trente drachmes troyennes. En punition, Apollon* frappa la cité de la peste, pendant que Poséidon* faisait surgir un monstre marin.

21. Toute la phrase reprend, avec ironie, les légendes évoquées par Hésiode dans la *Théogonie*.

22. Pour le punir d'avoir séduit sa femme, Atrée fit manger à son frère jumeau Thyeste les enfants nés de cet adultère, puis lui révéla la vérité.

4. Puisque j'ai fait une première mention d'Apollon*, je veux également évoquer les autres récits que les savants font à son sujet. Je ne parlerai pas de tous ses malheurs amoureux, ni du meurtre d'Hyacinthe*, ni du mépris de Daphné*, mais je rappellerai que lorsqu'il fut condamné pour la mort des Cyclopes* [18] et banni pour cela du ciel, il fut envoyé sur la terre afin d'y subir la condition humaine. Il fut alors travailleur à gages en Thessalie chez Admète [19], et en Phrygie chez Laomédon [20]. Chez ce dernier d'ailleurs, il n'était pas seul, mais avec Poséidon* : tous deux, contraints par la misère, fabriquaient des briques et travaillaient au rempart, et ils ne reçurent même pas du Phrygien leur salaire complet : il leur resta redevable, dit-on, de plus de trente drachmes troyennes.

5. Les poètes ne font-ils pas avec emphase ces récits concernant les dieux, et d'autres plus sacrés encore sur Héphaïstos*, Prométhée*, Cronos*, Rhéa*, sur presque toute la maison de Zeus*, et cela, après avoir invité, au début de leurs poèmes, les Muses* à s'associer à leurs chants ? C'est inspiré par elles, naturellement, qu'ils chantent comment Cronos* [21], dès qu'il eut châtré son père Ouranos*, devint roi à sa place et se mit à dévorer ses enfants, comme le fit plus tard l'Argien Thyeste [22] ; puis Zeus*, dérobé par Rhéa* qui avait mis la [23] pierre à sa place, fut exposé en Crète, nourri par une chèvre, comme Télèphe [24] par une biche et le Perse Cyrus l'Ancien par la chienne [25] ; ensuite, ayant chassé son

---

23. Lucien emploie l'article défini pour souligner que l'épisode est célèbre.

24. Fils d'Héraclès* et d'Augé, prêtresse d'Athéna*, vouée à la chasteté, Télèphe fut exposé sur le mont Parthénion, puis élevé par un berger.

25. HÉRODOTE (*Enquêtes*, I, 110) raconte qu'Astyage, redoutant d'être détrôné, fit exposer son petit-fils Cyrus, qui fut recueilli par un couple de bergers : la femme se nommait Spaco, ce qui signifie chienne dans la langue des Mèdes.

κυνός, εἶτ' ἐξελάσας τὸν πατέρα καὶ εἰς τὸ δεσμωτήριον
καταβαλὼν αὐτὸς ἔσχε τὴν ἀρχὴν ἔγημε δὲ πολλὰς μὲν καὶ
ἄλλας, ὑστάτην δὲ τὴν ἀδελφὴν κατὰ τοὺς Περσῶν καὶ
Ἀσσυρίων νόμους· ἐρωτικὸς δὲ ὢν καὶ εἰς τὰ ἀφροδίσια
ἐκκεχυμένος ῥᾳδίως ἐνέπλησε παίδων τὸν οὐρανόν, τοὺς
μὲν ἐξ ὁμοτίμων ποιησάμενος, ἐνίους δὲ νόθους ἐκ τοῦ
θνητοῦ καὶ ἐπιγείου γένους, ἄρτι μὲν ὁ γεννάδας γενόμενος
χρυσός, ἄρτι δὲ ταῦρος ἢ κύκνος ἢ ἀετός, καὶ ὅλως ποι-
κιλώτερος αὐτοῦ Πρωτέως· μόνην δὲ τὴν Ἀθηνᾶν ἔφυσεν
ἐκ τῆς ἑαυτοῦ κεφαλῆς ὑπ' αὐτὸν ἀτεχνῶς τὸν ἐγκέφαλον
συλλαβών· τὸν μὲν γὰρ Διόνυσον ἡμιτελῆ, φασίν, ἐκ τῆς
μητρὸς ἔτι καιομένης ἁρπάσας ἐν τῷ μηρῷ φέρων
κατώρυξε κᾆτα ἐξέτεμεν τῆς ὠδῖνος ἐνστάσης.

6 Ὅμοια δὲ τούτοις καὶ περὶ τῆς Ἥρας ᾄδουσιν, ἄνευ
τῆς πρὸς τὸν ἄνδρα ὁμιλίας ὑπηνέμιον αὐτὴν παῖδα
γεννῆσαι τὸν Ἥφαιστον, οὐ μάλα εὐτυχῆ τοῦτον, ἀλλὰ
βάναυσον καὶ χαλκέα καὶ πυρίτην, ἐν καπνῷ τὸ πᾶν βιοῦντα
καὶ σπινθήρων ἀνάπλεων οἷα δὴ καμινευτήν, καὶ οὐδὲ
ἄρτιον τὼ πόδε· χωλευθῆναι γὰρ αὐτὸν ἀπὸ τοῦ πτώματος,
ὁπότε ἐρρίφη ὑπὸ τοῦ Διὸς ἐξ οὐρανοῦ, καὶ εἴ γε μὴ οἱ
Λήμνιοι καλῶς ποιοῦντες ἔτι φερόμενον αὐτὸν ὑπεδέξαντο,
κἂν ἐτεθνήκει ἡμῖν ὁ Ἥφαιστος ὥσπερ ὁ Ἀστυάναξ ἀπὸ τοῦ
πύργου καταπεσών. Καίτοι τὰ μὲν Ἡφαίστου μέτρια· τὸν δὲ
Προμηθέα τίς οὐκ οἶδεν οἷα ἔπαθεν, διότι καθ' ὑπερβολὴν
φιλάνθρωπος ἦν ; καὶ γὰρ αὖ καὶ τοῦτον εἰς τὴν Σκυθίαν
ἀγαγὼν ὁ Ζεὺς ἀνεσταύρωσεν ἐπὶ τοῦ Καυκάσου, τὸν ἀετὸν
αὐτῷ παρακαταστήσας τὸ ἧπαρ ὁσημέραι κολάψοντα.

---

26. Il s'agit d'Héra*, fille comme lui de Cronos* et de Rhéa*.
27. Voir Zeus tragédien, 2, et la note.
28. Voir le Dialogue des dieux, 13.
29. Ibid., 12.
30. Littéralement plein de vent, vide.
31. Héphaïstos* accuse Zeus* de cette chute dans l'Iliade, I, 590
sq. Mais au chant XVIII, 395 sq., il en rend responsable Héra*.

père et l'ayant jeté en prison, il eut le pouvoir, épousa des femmes diverses et variées, et en dernier lieu sa sœur [26], selon les usages des Perses et des Assyriens ; comme il était porté sur l'amour et s'abandonnait facilement aux plaisirs, il emplit le ciel de ses enfants, certains nés de divinités comme lui, d'autres bâtards, de naissance mortelle et terrestre : tantôt le géniteur se changeait en or, tantôt en taureau, ou en cygne, ou en aigle [27] – en un mot plus polymorphe que Protée* lui-même ; Athéna* fut la seule qu'il engendra de sa propre tête [28], ayant eu son cerveau véritablement engrossé par lui-même, car pour Dionysos*, qui n'était, disent-ils, qu'à moitié formé, il l'arracha à sa mère encore en flammes et l'enfouit en toute hâte dans sa cuisse qu'il incisa ensuite quand vinrent les douleurs de l'accouchement [29].

6. Ils chantent des récits semblables à propos d'Héra*. Sans avoir eu de rapports avec son époux, elle donna naissance à un enfant sans germe [30], Héphaïstos*, lequel n'eut vraiment pas de chance : il fut artisan, chaudronnier, souffleur de feu, et passa toute sa vie dans la fumée, couvert d'étincelles, puisqu'il était forgeron. Il n'avait même pas les deux jambes égales : il était devenu boiteux à la suite de sa chute, quand Zeus* le lança du haut du ciel [31], et si les Lemniens [32] n'avaient pas eu la bonté de le recueillir avant qu'il ne touche le sol, Héphaïstos* serait mort, comme Astyanax, précipité du haut du rempart.

Pour Héphaïstos*, passe encore. Mais concernant Prométhée*, qui ignore les traitements qu'il subit pour avoir trop aimé l'humanité [33] ? Alors Zeus* l'emmena en Scythie, le crucifia sur le Caucase, et plaça près de lui l'aigle qui devait lui becqueter le foie chaque jour.

---

32. Lemnos, île volcanique, était pour les Anciens une des résidences d'Héphaïstos* : la ville principale se nommait Héphaisteia.

33. Sur la « philanthropie » de Prométhée*, voir le dialogue précédent.

7 Οὗτος μὲν οὖν ἐξετέλεσε τὴν καταδίκην. ἡ Ῥέα δὲ —
χρὴ γὰρ ἴσως καὶ ταῦτα εἰπεῖν — πῶς οὐκ ἀσχημονεῖ καὶ
δεινὰ ποιεῖ, γραῦς μὲν ἤδη καὶ ἔξωρος οὖσα καὶ τοσούτων
μήτηρ θεῶν, παιδεραστοῦσα δὲ ἔτι καὶ ζηλοτυποῦσα καὶ
τὸν Ἄττιν ἐπὶ τῶν λεόντων περιφέρουσα, καὶ ταῦτα μηκέτι
χρήσιμον εἶναι δυνάμενον ; ὥστε πῶς ἂν ἔτι μέμφοιτό τις ἢ
τῇ Ἀφροδίτῃ ὅτι μοιχεύεται, ἢ τῇ Σελήνῃ πρὸς τὸν
Ἐνδυμίωνα κατιούσῃ πολλάκις ἐκ μέσης τῆς ὁδοῦ ;

8 Φέρε δὲ ἤδη τούτων ἀφέμενοι τῶν λόγων εἰς αὐτὸν
ἀνέλθωμεν τὸν οὐρανὸν ποιητικῶς ἀναπτάμενοι κατὰ τὴν
αὐτὴν Ὁμήρῳ καὶ Ἡσιόδῳ ὁδὸν καὶ θεασώμεθα ὅπως δια-
κεκόσμηται τὰ ἄνω. Καὶ ὅτι μὲν χαλκοῦς ἐστιν τὰ ἔξω, καὶ
πρὸ ἡμῶν τοῦ Ὁμήρου λέγοντος ἠκούσαμεν, ὑπερβάντι δὲ
καὶ ἀνακύψαντι μικρὸν εἰς τὸ ἄνω καὶ ἀτεχνῶς ἐπὶ τοῦ
νώτου γενομένῳ φῶς τε λαμπρότερον φαίνεται καὶ ἥλιος
καθαρώτερος καὶ ἄστρα διαυγέστερα καὶ τὸ πᾶν ἡμέρα καὶ
χρυσοῦν τὸ δάπεδον. Εἰσιόντων δὲ πρῶτα μὲν οἰκοῦσιν αἱ
Ὧραι· πυλωροῦσι γάρ· ἔπειτα δ᾽ ἡ Ἶρις καὶ ὁ Ἑρμῆς ὄντες
ὑπηρέται καὶ ἀγγελιαφόροι τοῦ Διός, ἑξῆς δὲ τοῦ Ἡφαίστου
τὸ χαλκεῖον ἀνάμεστον ἁπάσης τέχνης, μετὰ δὲ αἱ τῶν θεῶν
οἰκίαι καὶ τοῦ Διὸς τὰ βασίλεια, ταῦτα πάντα περικαλλῆ
τοῦ Ἡφαίστου κατασκευάσαντος.

9 *Οἱ δὲ θεοὶ πὰρ Ζηνὶ καθήμενοι*
(πρέπει γάρ, οἶμαι, ἄνω ὄντα μεγαληγορεῖν), ἀποσκοποῦσιν
εἰς τὴν γῆν καὶ πάντῃ περιβλέπουσιν ἐπικύπτοντες εἴ ποθεν
ὄψονται πῦρ ἀναπτόμενον ἢ ἀναφερομένην κνῖσαν
ἑλισσομένην περὶ καπνῷ.

---

34. Dans l'*Iliade*, XVII, 425, Homère parle du « ciel de bronze ».
35. La réflexion sur la splendeur du monde céleste peut être
inspirée du *Phédon*, 110 sq. Dans l'*Iliade*, I, 607-608, Homère écrit
qu'Héphaïstos* a construit les différentes demeures des dieux.

7. Il subit jusqu'au bout ce châtiment. Quant à Rhéa* (il faut peut-être aussi parler de cela), comment n'a-t-elle pas honte de se conduire si mal ? Une vieille, déjà hors d'âge, et mère de tant de dieux, qui s'amourache encore d'un enfant, se montre jalouse, et promène partout à la ronde Attis* sur son attelage de lions, alors qu'il ne peut plus lui servir à rien ! Après cela, comment peut-on reprocher encore à Aphrodite* d'être adultère, ou à Séléné* de descendre souvent au milieu de sa course rejoindre Endymion* ?

8. Allons, laissons maintenant ces récits, pour monter vers le ciel lui-même, en nous envolant poétiquement par la même route qu'Homère et Hésiode. Contemplons l'agencement du monde d'en haut. L'extérieur est en bronze : nous l'avons appris d'Homère qui l'a dit avant nous [34]. Si l'on monte davantage, si on lève un peu la tête vers les hauteurs, et si l'on parvient véritablement sur le dos du ciel, on voit paraître une lumière plus brillante, un soleil plus pur, des astres plus lumineux : le jour baigne tout, le sol est en or. Si l'on entre, on trouve d'abord les maisons des Heures* (elles gardent la porte), puis Iris* et Hermès* qui sont les serviteurs et les messagers de Zeus*, aussitôt après, la forge d'Héphaïstos*, remplie de tous ses instruments, ensuite, les maisons des dieux, le palais royal de Zeus*. Tout cela est splendide : c'est Héphaïstos* qui l'a aménagé [35].

9. *Alors les dieux, auprès de Zeus* ayant pris place* [36], (il convient à mon avis, quand on est dans les hauteurs, d'adopter un ton grandiose) baissent les yeux vers la terre et se penchent pour regarder de tous côtés, au cas où ils verraient quelque part s'élever la lueur d'un feu, ou l'odeur des viandes grillées monter,
En tournoyant dans la fumée [37].

---

36. *Iliade*, IV, 1.
37. *Iliade*, I, 317 : citation également présente dans *Prométhée*, 19.

Κἂν μὲν θύῃ τις, εὐωχοῦνται πάντες ἐπικεχηνότες τῷ καπνῷ καὶ τὸ αἷμα πίνοντες τοῖς βωμοῖς προσχεόμενον ὥσπερ αἱ μυῖαι· ἢν δὲ οἰκοσιτῶσιν, νέκταρ καὶ ἀμβροσία τὸ δεῖπνον. Πάλαι μὲν οὖν καὶ ἄνθρωποι συνειστιῶντο καὶ συνέπινον αὐτοῖς, ὁ Ἰξίων καὶ ὁ Τάνταλος· ἐπεὶ δὲ ἦσαν ὑβρισταὶ καὶ λάλοι, ἐκεῖνοι μὲν ἔτι καὶ νῦν κολάζονται, ἄβατος δὲ τῷ θνητῷ γένει καὶ ἀπόρρητος ὁ οὐρανός.

10 Τοιοῦτος ὁ βίος τῶν θεῶν. Τοιγαροῦν καὶ οἱ ἄνθρωποι συνῳδὰ τούτοις καὶ ἀκόλουθα περὶ τὰς θρησκείας ἐπιτηδεύουσιν. Καὶ πρῶτον μὲν ὕλας ἀπετέμοντο καὶ ὄρη ἀνέθεσαν καὶ ὄρνεα καθιέρωσαν καὶ φυτὰ ἐπεφήμισαν ἑκάστῳ θεῷ. Μετὰ δὲ νειμάμενοι κατὰ ἔθνη σέβουσι καὶ πολίτας αὐτῶν ἀποφαίνουσιν, ὁ μὲν Δελφὸς τὸν Ἀπόλλω καὶ ὁ Δήλιος, ὁ δὲ Ἀθηναῖος τὴν Ἀθηνᾶν — μαρτυρεῖται γοῦν τὴν οἰκειότητα τῷ ὀνόματι — καὶ τὴν Ἥραν ὁ Ἀργεῖος καὶ ὁ Μυγδόνιος τὴν Ῥέαν καὶ τὴν Ἀφροδίτην ὁ Πάφιος. Οἱ δ' αὖ Κρῆτες οὐ γενέσθαι παρ' αὐτοῖς οὐδὲ τραφῆναι μόνον τὸν Δία λέγουσιν, ἀλλὰ καὶ τάφον αὐτοῦ δεικνύουσιν· καὶ ἡμεῖς ἄρα τοσοῦτον ἠπατήμεθα χρόνον οἰόμενοι τὸν Δία βροντᾶν τε καὶ ὕειν καὶ τὰ ἄλλα πάντα ἐπιτελεῖν, ὁ δὲ ἐλελήθει πάλαι τεθνεὼς παρὰ Κρησὶ τεθαμμένος.

11 Ἔπειτα δὲ ναοὺς ἐγείραντες ἵνα αὐτοῖς μὴ ἄοικοι μηδὲ ἀνέστιοι δῆθεν ὦσιν, εἰκόνας αὐτοῖς ἀπεικάζουσιν παρακαλέσαντες ἢ Πραξιτέλην ἢ Πολύκλειτον ἢ Φειδίαν, οἱ δὲ οὐκ οἶδ' ὅπου ἰδόντες ἀναπλάττουσι γενειήτην μὲν τὸν Δία, παῖδα δὲ εἰς ἀεὶ τὸν Ἀπόλλωνα καὶ τὸν Ἑρμῆν ὑπηνήτην καὶ τὸν Ποσειδῶνα κυανοχαίτην καὶ γλαυκῶπιν τὴν Ἀθηνᾶν. Ὅμως δ' οὖν οἱ παριόντες εἰς τὸν νεὼν οὔτε τὸν

---

38. Héra* avait un grand temple à Argos où elle était particulièrement honorée.
39. C'est-à-dire la Phrygie.
40. Voir *Zeus tragédien*, 45, et la note.
41. Les trois plus grands sculpteurs de l'époque classique, voir *Zeus tragédien*, 9, et la note.

S'il y a un sacrifice, tous se régalent de la fumée, bouche grande ouverte et buvant le sang qui coule sur les autels, comme le font les mouches. S'ils mangent à la maison, ils dînent de nectar* et d'ambroisie*. Autrefois des hommes partageaient aussi leur nourriture et leur boisson : ce fut le cas d'Ixion* et de Tantale*, mais ils se montrèrent arrogants et bavards. Ils en furent punis, eux, d'un châtiment qui dure encore ; quant à l'engeance humaine, le ciel lui est désormais inaccessible et interdit.

10. Telle est la vie des dieux. Aussi les cultes que les hommes leur rendent sont-ils en harmonie et en accord avec eux. Ils ont d'abord consacré des forêts, voué des montagnes, dédié des oiseaux et ils ont attribué des plantes à chacun d'eux. Ensuite, ils se les sont répartis par nations pour les honorer et en faire leurs concitoyens. C'est le cas du peuple de Delphes et de Délos pour Apollon*, de celui d'Athènes pour Athéna* (son nom témoigne de cette parenté), de celui d'Argos pour Héra*[38], de celui de la Mygdonie[39] pour Rhéa* et de celui de Paphos pour Aphrodite*. Quant aux Crétois, non contents d'affirmer que Zeus* est né et a été nourri chez eux, ils vont jusqu'à montrer son tombeau[40]. Il y avait donc longtemps que nous étions abusés, quand nous pensions que Zeus* lance le tonnerre, fait tomber la pluie et accomplit tout le reste : nous ne savions pas qu'il était mort depuis belle lurette et enterré chez les Crétois.

11. Ils ont ensuite élevé des temples, évidemment pour ne pas laisser les dieux sans maison ni foyer. Ils ont réalisé des statues, faisant appel à Praxitèle, Polyclète ou Phidias[41], lesquels, ayant vu les dieux je ne sais où, représentent Zeus* barbu, Apollon* en éternel adolescent, Hermès* avec un duvet naissant, Poséidon* avec une crinière bleu sombre, Athéna* avec un regard de chouette[42]. Cependant, ceux qui entrent dans le

---

42. Voir *Zeus tragédien*, 1, et la note.

ἐξ Ἰνδῶν ἐλέφαντα ἔτι οἴονται ὁρᾶν οὔτε τὸ ἐκ τῆς Θρᾴκης μεταλλευθὲν χρυσίον ἀλλ᾽ αὐτὸν τὸν Κρόνου καὶ Ῥέας, εἰς τὴν γῆν ὑπὸ Φειδίου μετῳκισμένον καὶ τὴν Πισαίων ἐρημίαν ἐπισκοπεῖν κεκελευσμένον, ἀγαπῶντα εἰ διὰ πέντε ὅλων ἐτῶν θύσει τις αὐτῷ πάρεργον Ὀλυμπίων.

12 Θέμενοι δὲ βωμοὺς καὶ προρρήσεις καὶ περιρραντή-ρια προσάγουσι τὰς θυσίας, βοῦν μὲν ἀροτῆρα ὁ γεωργός, ἄρνα δὲ ὁ ποιμὴν καὶ αἶγα ὁ αἰπόλος, ὁ δέ τις λιβανωτὸν ἢ πόπανον, ὁ δὲ πένης ἱλάσατο τὸν θεὸν κύσας μόνον τὴν ἑαυτοῦ δεξιάν. Ἀλλ᾽ οἵ γε θύοντες — ἐπ᾽ ἐκείνους γὰρ ἐπά-νειμι — στεφανώσαντες τὸ ζῷον καὶ πολύ γε πρότερον ἐξε-τάσαντες εἰ ἐντελὲς εἴη, ἵνα μηδὲ τῶν ἀχρήστων τι κατασφάττωσιν, προσάγουσι τῷ βωμῷ καὶ φονεύουσιν ἐν ὀφθαλμοῖς τοῦ θεοῦ γοερόν τι μυκώμενον καὶ ὡς τὸ εἰκὸς εὐφημοῦν καὶ ἡμίφωνον ἤδη τῇ θυσίᾳ ἐπαυλοῦν. Τίς οὐκ ἂν εἰκάσειεν ἥδεσθαι ταῦτα ὁρῶντας τοὺς θεούς ;

13 Καὶ τὸ μὲν πρόγραμμά φησι μὴ παριέναι εἰς τὸ εἴσω τῶν περιρραντηρίων ὅστις μὴ καθαρός ἐστιν τὰς χεῖρας· ὁ δὲ ἱερεὺς αὐτὸς ἕστηκεν ᾑμαγμένος καὶ ὥσπερ ὁ Κύκλωψ ἐκεῖνος ἀνατέμνων καὶ τὰ ἔγκατα ἐξαιρῶν καὶ καρδιουλκῶν καὶ τὸ αἷμα τῷ βωμῷ περιχέων καὶ τί γάρ οὐκ εὐσεβὲς ἐπι-τελῶν ; ἐπὶ πᾶσι δὲ πῦρ ἀνακαύσας ἐπέθηκε φέρων αὐτῇ δορᾷ τὴν αἶγα καὶ αὐτοῖς ἐρίοις τὸ πρόβατον· ἡ δὲ κνῖσα θεσπέσιος καὶ ἱεροπρεπὴς χωρεῖ ἄνω καὶ εἰς αὐτὸν τὸν οὐρανὸν ἠρέμα διασκίδναται. Ὁ μέν γε Σκύθης πάσας τὰς θυσίας ἀφεὶς καὶ ἡγησάμενος ταπεινὰς αὐτοὺς τοὺς

---

43. Ancienne ville d'Élide, proche d'Olympie, où se trouvait la célèbre statue chryséléphantine de Zeus*, œuvre de Phidias.

44. Les concours Olympiques avaient lieu, comme nos jeux Olympiques, tous les quatre ans, mais les Grecs ne calculaient pas les intervalles comme nous : ils prenaient en compte l'année du début et l'année de la fin de chaque Olympiade.

45. Même remarque et même expression dans *Timon*, 4.

46. Instrument de musique à anche double, assez proche de notre hautbois.

temple ne croient plus avoir devant les yeux l'ivoire venu de chez les Indiens ni l'or extrait des mines de Thrace, mais le fils même de Cronos* et de Rhéa*, que Phidias a fait habiter sur terre, auquel il a ordonné de surveiller le désert de Pisa [43], et qui s'estime heureux si, tous les cinq ans [44], quelqu'un vient lui offrir un sacrifice en marge des concours Olympiques [45].

12. Après avoir élevé des autels, prononcé des formules préliminaires et disposé des vases d'eau lustrale, ils amènent les offrandes : pour le paysan, c'est un bœuf de labour, pour le berger, un agneau, pour le chevrier, une chèvre, pour un autre, de l'encens ou une galette ; le pauvre se concilie le dieu en se contentant de lui baiser la main droite. Quant aux sacrificateurs (je reviens à eux), après avoir couronné l'animal et avoir longtemps auparavant examiné s'il était sans défaut, pour ne pas aller égorger une victime impropre au sacrifice, ils le conduisent devant l'autel et le tuent sous les yeux du dieu. L'animal pousse des gémissements plaintifs et, ce qui est apparemment de bon augure, sa voix déjà diminuée accompagne, tel un aulos [46], le sacrifice. Qui irait supposer que les dieux ne se réjouissent pas d'un tel spectacle ?

13. Le panneau interdit à quiconque n'aurait pas les mains pures de pénétrer dans l'espace délimité par les vases, mais le prêtre lui-même s'y tient, couvert de sang. Tel le Cyclope*, il découpe la bête, arrache ses entrailles, retire le cœur et répand le sang sur l'autel. Fait-il là quoi que ce soit qui ne soit religieux ? Après quoi, il allume le feu et place dessus la chèvre avec sa peau, le mouton avec sa toison ; alors l'odeur de la graisse brûlée, divine et sacrée, s'élève et se répand doucement vers le ciel même.

Quant aux Scythes, renonçant à toutes ces victimes qu'ils jugent méprisables, ils vont jusqu'à offrir des

ἀνθρώπους τῇ Ἀρτέμιδι παρίστησι καὶ οὕτως ποιῶν ἀρέσκει τὴν θεόν.

14 Ταῦτα μὲν δὴ ἴσως μέτρια καὶ τὰ ὑπ' Ἀσσυρίων γιγνόμενα καὶ ὑπὸ Φρυγῶν καὶ Λυδῶν, ἢν δ' εἰς τὴν Αἴγυπτον ἔλθῃς, τότε δὴ τότε ὄψει πολλὰ τὰ σεμνὰ καὶ ὡς ἀληθῶς ἄξια τοῦ οὐρανοῦ, κριοπρόσωπον μὲν τὸν Δία, κυνοπρόσωπον δὲ τὸν βέλτιστον Ἑρμῆν καὶ τὸν Πᾶνα ὅλον τράγον καὶ ἶβίν τινα καὶ κροκόδειλον ἕτερον καὶ πίθηκον.

Εἰ δ' ἐθέλεις καὶ ταῦτα δαήμεναι, ὄφρ' εὖ εἰδῇς, ἀκούσῃ πολλῶν σοφιστῶν καὶ γραμματέων καὶ προφητῶν ἐξυρημένων διηγουμένων, — πρότερον δέ, φησὶν ὁ λόγος, θύρας δ' ἐπίθεσθε βέβηλοι — ὡς ἄρα ὑπὸ τὸν πόλεμον καὶ τῶν γιγάντων τὴν ἐπανάστασιν οἱ θεοὶ φοβηθέντες ἧκον εἰς τὴν Αἴγυπτον ὡς δὴ ἐνταῦθα λησόμενοι τοὺς πολεμίους· εἶθ' ὁ μὲν αὐτῶν ὑπέδυ τράγον, ὁ δὲ κριὸν ὑπὸ τοῦ δέους, ὁ δὲ θηρίον ἢ ὄρνεον· διὸ δὴ εἰσέτι καὶ νῦν φυλάττεσθαι τὰς τότε μορφὰς τοῖς θεοῖς. Ταῦτα γὰρ ἀμέλει ἐν τοῖς ἀδύτοις ἀπόκειται γραφέντα πλεῖον ἢ πρὸ ἐτῶν μυρίων.

15 Αἱ δὲ θυσίαι καὶ παρ' ἐκείνοις αἱ αὐταί, πλὴν ὅτι πενθοῦσι τὸ ἱερεῖον καὶ κόπτονται περιστάντες ἤδη πεφονευμένον. Οἱ δὲ καὶ θάπτουσι μόνον ἀποσφάξαντες. Ὁ μὲν γὰρ Ἆπις, ὁ μέγιστος αὐτοῖς θεός, ἐὰν ἀποθάνῃ, τίς οὕτω περὶ πολλοῦ ποιεῖται τὴν κόμην ὅστις οὐκ ἀπεξύρησε καὶ ψιλὸν ἐπὶ τῆς κεφαλῆς τὸ πένθος ἐπεδείξατο, κἂν τὸν Νίσου

---

47. Voir *Zeus tragédien*, 44, et la note.

48. Il s'agit du dieu Ammon, très souvent identifié à Zeus*.

49. Il s'agit d'Anubis*, et de sa tête de chacal.

50. Voir *Zeus tragédien*, 42.

51. *Iliade*, VI, 150.

52. Fragment d'une formule orphique qu'on trouve employée de manière à demi-ironique par Alcibiade dans le *Banquet*, 218 b : εἴ τις ἄλλος ἐστὶν βεβηλός τε καὶ ἄγροικος, πύλας πάνυ μεγάλας τοῖς ὠσὶν ἐπίθεσθε (« quant à vous autres, profanes et ignares, placez des portes très épaisses sur vos oreilles »).

53. C'est-à-dire qu'ils ne la brûlent pas et n'en mangent pas la chair, pratiques qui, pour les Grecs, sont inséparables du sacrifice.

54. Voir HÉRODOTE, *Enquêtes* III, 27.

sacrifices humains à Artémis* [47] et, quand ils font cela, ils plaisent à la déesse.

14. Concernant ces pratiques, passe encore, ainsi que pour celles des Assyriens, des Lydiens et des Phrygiens. Mais si tu vas en Égypte, alors, oui, alors, tu découvriras beaucoup de cultes vénérables, vraiment dignes du ciel : Zeus* avec une tête de bélier [48], l'excellent Hermès* avec une tête de chien [49], Pan* bouc de la tête aux pieds, un dieu ibis, un autre crocodile, un autre même singe [50].

Si tu veux être instruit aussi de ces matières,
Pour les connaître bien [51],

tu entendras les récits de nombreux sophistes, scribes et prophètes au crâne rasé – mais auparavant comme dit la formule, « profanes, fermez vos portes [52] ! » Ils te raconteront comment les dieux, effrayés par la guerre et le soulèvement des Géants*, se rendirent en Égypte, dans l'idée, évidemment, qu'à cet endroit leurs ennemis ne les verraient pas ; ensuite pris de peur, ils se glissèrent, l'un dans la peau d'un bouc, un autre dans celle d'un bélier, un autre dans une bête sauvage ou un oiseau : voilà pourquoi, de nos jours encore, les dieux gardent la forme qu'ils prirent en ce temps-là. Car ces récits sont conservés, sans aucun doute, dans les arcanes des sanctuaires : ils ont été écrits voici plus de dix mille ans.

15. Chez eux, les sacrifices sont les mêmes qu'ailleurs, sauf qu'ils portent le deuil de la victime, et l'entourent en se frappant la poitrine après l'avoir tuée. D'autres vont jusqu'à l'enterrer, après s'être contentés de l'égorger [53]. Chaque fois qu'Apis*, leur dieu le plus grand, vient à mourir [54], qui tient assez à sa chevelure

ἔχῃ πλόκαμον τὸν πορφυροῦν ; ἔστι δὲ ὁ Ἆπις ἐξ ἀγέλης
θεός, ἐπὶ τῷ προτέρῳ χειροτονούμενος ὡς πολὺ καλλίων καὶ
σεμνότερος τῶν ἰδιωτῶν βοῶν. Ταῦτα οὕτω γιγνόμενα καὶ
ὑπὸ τῶν πολλῶν πιστευόμενα δεῖσθαί μοι δοκεῖ τοῦ μὲν ἐπι-
τιμήσοντος οὐδενός, Ἡρακλείτου δέ τινος ἢ Δημοκρίτου,
τοῦ μὲν γελασομένου τὴν ἄγνοιαν αὐτῶν, τοῦ δὲ τὴν
ἄνοιαν ὀδυρουμένου.

pour refuser de la raser et d'afficher son deuil en dénudant sa tête, aurait-il la boucle pourpre de Nisos [55] ? Or Apis* est un dieu tiré du troupeau, élu pour remplacer le précédent, parce qu'il est jugé beaucoup plus beau et noble que les bœufs ordinaires [56].

Telles sont les conduites et les croyances de la plupart des gens : il n'y a pas besoin d'un censeur, me semble-t-il, mais d'un Héraclite ou un Démocrite, l'un pour rire de leur ignorance, l'autre pour pleurer sur leur démence [57].

---

55. Roi de Mégare, Nisos avait un cheveu pourpre auquel, suivant l'oracle, était attachée la conservation de son royaume. Scylla, sa fille, coupa ce cheveu pour le donner à Minos*.

56. HÉRODOTE (*Enquêtes*, III, 27-28) raconte qu'Apis* est un jeune veau doté de signes distinctifs très particuliers, qui naît à de longs intervalles de temps, et dans lequel les Égyptiens voient l'incarnation de leur dieu.

57. Il y a une paronomase entre ἄγνοια et ἄνοια : nous avons essayé de la rendre par l'homéotéleute.

V. Introduction au *Jugement des déesses*

Aucun épisode n'a été davantage traité en littérature que le jugement de Pâris*. Isocrate en donne une interprétation moralisante, expliquant que Pâris* a su choisir le véritable bien [1]. Si Euripide présente une version assez traditionnelle de la scène elle-même dans son *Hélène** [2], il lui ajoute très vite dans la même pièce un changement de taille : Héra*, furieuse de n'avoir pas été choisie, s'arrange pour que Pâris* n'obtienne pas la véritable Hélène*, laquelle est envoyée en Égypte auprès de Protée*, tandis que Pâris* ne s'empare que d'un fantôme fait de vent.

Siècles après siècles, poètes et artistes jouent avec le motif, et le modifient subtilement [3]. Évoquons, entre d'innombrables exemples, le traitement « galant » que lui applique Ovide [4]. À l'époque de Lucien, le thème est tellement populaire qu'il donne lieu à des pantomimes. Apulée nous en décrit une, haute en couleurs et fortement érotique [5]. En voici le dénouement :

---

1. ISOCRATE, *Éloge d'Hélène*, 41-44.
2. EURIPIDE, *Hélène*, 23-30.
3. Il est amusant de constater qu'il a continué à féconder, même parodiquement, l'imaginaire européen, bien longtemps après la chute de Rome et de Constantinople : pensons entre autres à *La Belle Hélène* d'Offenbach.
4. OVIDE, *Héroïdes*, XVI, 53 sq.
5. APULÉE, *Métamorphoses*, X, 29-32.

> Voici Vénus qui s'avance, accueillie avec ardeur par les spectateurs, et qui s'arrête au milieu de la scène, entourée d'une foule de très joyeux petits enfants. Elle sourit doucement, sa pose est charmante. En voyant ces petits enfants ronds et blancs, tu croirais que de vrais Cupidons se sont envolés des cieux ou de la mer. [...] Les tibias font entendre des chants sur le mode lydien. Tandis qu'ils émeuvent doucement les cœurs, Vénus, encore plus douce qu'eux, entreprend de danser, d'un pas d'abord hésitant, sa taille flexible ondule. [...] Alors, sans hésiter, le jeune Phrygien donne la pomme d'or qu'il tenait, prix de la victoire, à la jeune femme.

À l'inverse, certains orateurs s'amusent à démystifier l'épisode. C'est le cas de Dion Chrysostome. Dans un discours paradoxal, où il soutient que la guerre de Troie n'a jamais eu lieu, il déclare que le fameux jugement est hautement improbable et indigne des divinités. Comment imaginer qu'Athéna* ait pu vouloir détruire une cité sur l'acropole de laquelle elle était honorée, qu'Héra* ait souhaité plaire à un autre qu'à son mari, alors qu'il est le roi des dieux, et qu'elle se soit ensuite montrée « mauvaise joueuse », qu'Aphrodite* pour remercier Pâris* lui ait accordé Hélène*, cause d'une guerre funeste pour la cité et les parents du jeune homme[6] ?

La perspective adoptée par Lucien est beaucoup plus sage et respectueuse de la tradition. Le texte occupe la 30ᵉ place dans le corpus du Vatic. Γ. Dans la vulgate, il est regroupé avec les *Dialogues des dieux,* qui portent le n° 8 : il est considéré comme le 20ᵉ. Un tel classement se comprend fort bien. *Le Jugement des déesses* a de nombreux points communs avec les *Dialogues des dieux.* Même présentation burlesque des

---

6. DION CHRYSOSTOME, *Discours 11 sur Troie*, 11 sq.

dieux, affligés de travers humains : méfiance d'Athéna*, qui craint qu'Aphrodite* ne s'entende avec Hermès* contre elle, aigreur d'Héra* qui reproche à Aphrodite* ses amours avec Anchise*, vanité et arrogance d'Aphrodite*, lâcheté de Zeus* qui se récuse de peur de s'attirer la haine des deux perdantes…

Les innovations de Lucien par rapport à la tradition n'ont rien ici de tapageur. C'est un travail tout en finesse. Les figures mythologiques convenues perdent leur raideur pour devenir de vrais personnages, humains, fragiles, touchants… L'ensemble est d'une grande drôlerie. Le portrait du jeune Pâris* est particulièrement réussi. Il est niais quand il se dit plus doué pour choisir entre des chèvres ou des génisses qu'entre des déesses, ou quand il s'étonne naïvement qu'on puisse s'unir à une femme mariée. Mais il sait aussi être grivois, en exigeant de voir les déesses nues ou en demandant une description du physique d'Hélène*. La fin du texte le montre déjà amoureux, partagé entre la méfiance et l'impatience, n'hésitant pas à dicter ses conditions à Aphrodite*.

V. LE JUGEMENT DES DÉESSES

ΘΕΩΝ ΚΡΙΣΙΣ

ΖΕΥΣ Έρμῆ, λαβὼν τουτὶ τὸ μῆλον ἄπιθι εἰς τὴν Φρυγίαν παρὰ τὸν Πριάμου παῖδα τὸν βουκόλον — νέμει δὲ τῆς Ἴδης ἐν τῷ Γαργάρῳ — καὶ λέγε πρὸς αὐτόν ὅτι σέ, ὦ Πάρι, κελεύει ὁ Ζεύς, ἐπειδὴ καλός τε αὐτὸς εἶ καὶ σοφὸς τὰ ἐρωτικά, δικάσαι ταῖς θεαῖς, ἥτις αὐτῶν ἡ καλλίστη ἐστίν· τοῦ δὲ ἀγῶνος τὸ ἆθλον ἡ νικῶσα λαβέτω τὸ μῆλον. Ὥρα δὲ ἤδη καὶ ὑμῖν αὐταῖς ἀπιέναι παρὰ τὸν δικαστήν· ἐγὼ γὰρ ἀπωθοῦμαι τὴν δίαιταν ἐπ᾿ ἴσης τε ὑμᾶς ἀγαπῶν, καὶ εἴ γε οἷόν τε ἦν, ἡδέως ἂν ἀπάσας νενικηκυίας ἰδών. Ἄλλως τε καὶ ἀνάγκη, μιᾷ τὸ καλλιστεῖον ἀποδόντα πάντως ἀπεχθάνεσθαι ταῖς πλείοσιν. Διὰ ταῦτα αὐτὸς μὲν οὐκ ἐπιτήδειος ὑμῖν δικαστής, ὁ δὲ νεανίας οὗτος ὁ Φρὺξ ἐφ᾿ ὃν ἄπιτε· βασιλικὸς μέν ἐστι καὶ Γανυμήδους τουτουὶ συγγενής, τὰ ἄλλα δὲ ἀφελὴς καὶ ὄρειος, κοὐκ ἄν τις αὐτὸν ἀπαξιώσειε τοιαύτης θέας.

2 ΑΦΡΟΔΙΤΗ Ἐγὼ μέν, ὦ Ζεῦ, εἰ καὶ τὸν Μῶμον αὐτὸν ἐπιστήσειας ἡμῖν δικαστήν, θαρροῦσα βαδιοῦμαι πρὸς τὴν ἐπίδειξιν· τί γὰρ ἂν καὶ μωμήσαιτό μου ; χρὴ δὲ καὶ ταύταις ἀρέσκειν τὸν ἄνθρωπον.

ΗΡΑ Οὐδ᾿ ἡμεῖς, ὦ Ἀφροδίτη, δέδιμεν, οὐδ᾿ ἂν ὁ Ἄρης ὁ σὸς ἐπιτραπῇ τὴν δίαιταν· ἀλλὰ δεχόμεθα καὶ τοῦτον, ὅστις ἂν ᾖ, τὸν Πάριν.

---

7. Le plus haut sommet de l'Ida, massif de Phrygie.

LE JUGEMENT DES DÉESSES

1. ZEUS – Prends la pomme que voici, Hermès*, et va en Phrygie auprès du fils de Priam, le bouvier : il garde ses troupeaux sur le Gargaros de l'Ida [7]. Dis-lui : « Pâris*, puisque tu es beau toi-même et expert en amours, Zeus* t'ordonne de juger les déesses et de déclarer laquelle est la plus belle. Que la gagnante reçoive la pomme comme prix du concours. » Il est temps maintenant pour vous aussi, déesses, d'aller trouver le juge. Moi, je me récuse, car je vous aime chacune pareillement, et si c'était possible, je serais heureux de vous voir victorieuses toutes les trois. De plus, il est inévitable, si je donne le prix de beauté à l'une, que je m'attire forcément la haine des autres, qui seront plus nombreuses. Voilà pourquoi, je ne conviens pas comme juge. Mais cet adolescent phrygien, que vous irez trouver, est un prince, apparenté à Ganymède* ici présent ; par ailleurs il est simple, homme des montagnes, et nul ne pourrait le juger indigne d'un tel spectacle.

2. APHRODITE – Pour ma part, Zeus*, nous donnerais-tu Momos* en personne pour juge, j'irai hardiment me montrer à lui : que pourrait-il railler en moi ? Mais il faut que l'homme plaise aussi aux autres.

HÉRA – Nous non plus, Aphrodite*, nous n'avons pas peur, quand bien même ton Arès* serait chargé d'arbitrer. Nous acceptons ce Pâris*, quel qu'il puisse être.

ΖΕΥΣ ᾿Η καὶ σοὶ ταῦτα, ὦ θύγατερ, συνδοκεῖ ; τί φής ; ἀποστρέφῃ καὶ ἐρυθριᾷς ; ἔστι μὲν ἴδιον τὸ αἰδεῖσθαι τὰ τοιαῦτα ὑμῶν τῶν παρθένων· ἐπινεύεις δ᾽ ὅμως. Ἄπιτε οὖν καὶ μὴ χαλεπήνητε τῷ δικαστῇ αἱ νενικημέναι μηδὲ κακὸν ἐντρίψησθε τῷ νεανίσκῳ· οὐ γὰρ οἷόν τε ἐπ᾽ ἴσης πάσας εἶναι καλάς.

3 ΕΡΜΗΣ Προΐωμεν εὐθὺ τῆς Φρυγίας, ἐγὼ μὲν ἡγούμενος, ὑμεῖς δὲ μὴ βραδέως ἀκολουθεῖτέ μοι καὶ θαρρεῖτε. οἶδα ἐγὼ τὸν Πάριν. Νεανίας ἐστὶ καλὸς καὶ τἆλλα ἐρωτικὸς καὶ τὰ τοιαῦτα κρίνειν ἱκανώτατος. Οὐκ ἂν ἐκεῖνος δικάσειεν κακῶς.

ΑΦΡΟΔΙΤΗ Τοῦτο μὲν ἅπαν ἀγαθὸν καὶ πρὸς ἐμοῦ λέγεις, τὸ δίκαιον ἡμῖν εἶναι τὸν δικαστήν· πότερα δὲ ἄγαμός ἐστιν οὗτος ἢ καὶ γυνή τις αὐτῷ σύνεστιν ;

ΕΡΜΗΣ Οὐ παντελῶς ἄγαμος, ὦ Ἀφροδίτη.

ΑΦΡΟΔΙΤΗ Πῶς λέγεις ;

ΕΡΜΗΣ Δοκεῖ τις αὐτῷ συνοικεῖν Ἰδαία γυνή, ἱκανὴ μέν, ἀγροῖκος δὲ καὶ δεινῶς ὄρειος, ἀλλ᾽ οὐ σφόδρα προσέχειν αὐτῇ ἔοικε. Τίνος δ᾽ οὖν ἕνεκα ταῦτα ἐρωτᾷς ;

ΑΦΡΟΔΙΤΗ Ἄλλως ἠρόμην.

4 ΑΘΗΝΑ Παραπρεσβεύεις, ὦ οὗτος, ἰδίᾳ πάλαι ταύτῃ κοινολογούμενος

ΕΡΜΗΣ Οὐδέν, ὦ Ἀθηνᾶ, δεινὸν οὐδὲ καθ᾽ ὑμῶν, ἀλλ᾽ ἤρετό με εἰ ἄγαμος ὁ Πάρις ἐστίν.

ΑΘΗΝΑ Ὡς δὴ τί τοῦτο πολυπραγμονοῦσα ;

ΕΡΜΗΣ Οὐκ οἶδα· φησὶ δ᾽ οὖν ὅτι ἄλλως ἐπελθόν, οὐκ ἐξεπίτηδες ἤρετο,

ΑΘΗΝΑ Τί οὖν ; ἄγαμός ἐστιν ;

ΕΡΜΗΣ Οὐ δοκεῖ.

ΑΘΗΝΑ Τί δέ ; τῶν πολεμικῶν ἐστιν αὐτῷ ἐπιθυμία καὶ φιλόδοξός τις, ἢ τὸ πᾶν βουκόλος ;

---

8. La nymphe Œnone fut la première compagne de Pâris* : elle lui prédit qu'il serait blessé et qu'elle seule pourrait le soigner. Pâris* l'abandonna pour Hélène*. Lorsqu'il fut blessé pendant la guerre de Troie, il lui demanda de l'aide, mais elle refusa (selon d'autres versions, elle arriva trop tard). Prise de remords, elle se poignarda.

ZEUS – Es-tu d'accord toi aussi, ma fille ? Que dis-tu ? Tu te détournes et tu rougis ? C'est votre habitude, à vous, les vierges, d'être gênées dans ce genre de situation. Tu fais quand même un signe affirmatif. Partez donc et ne vous fâchez pas contre le juge si vous êtes vaincues : ne faites pas de mal à ce jeune homme, puisqu'il n'est pas possible que vous soyez toutes belles à égalité.

3. HERMÈS – Partons immédiatement pour la Phrygie. Je suis votre guide ; suivez-moi sans tarder. Courage ! Pâris*, je le connais, moi. C'est un beau jeune homme ; de manière générale il est porté sur l'amour, et fort compétent pour arbitrer en pareille matière. Il ne saurait être mauvais juge.

APHRODITE – Voilà qui est fort bien et qui joue en ma faveur, si, comme tu le dis, notre juge est juste. Est-il célibataire ou une femme vit-elle avec lui ?

HERMÈS – Il n'est pas totalement célibataire, Aphrodite*.

APHRODITE – Comment cela ?

HERMÈS – Je crois qu'une femme de l'Ida [8] vit avec lui : elle est convenable, mais rustique et terriblement montagnarde. Mais apparemment il ne tient pas beaucoup à elle. Pourquoi donc cette question ?

APHRODITE – Pour rien.

4. ATHÉNA – Tu t'écartes de ta mission, toi : voici un moment que tu parles en particulier avec elle.

HERMÈS – Je ne faisais rien de mal, Athéna*, rien contre vous. Elle me demandait si Pâris* est célibataire.

ATHÉNA – Pourquoi cette curiosité ?

HERMÈS – Je ne sais pas. Elle dit que l'idée lui est venue par hasard, qu'elle posait la question sans but précis.

ATHÉNA – Alors ? Il est célibataire ?

HERMÈS – Je ne crois pas.

ATHÉNA – Et alors ? Il désire la guerre, il aime la gloire, ou il est seulement un bouvier ?

ΕΡΜΗΣ Τὸ μὲν ἀληθὲς οὐκ ἔχω εἰπεῖν, εἰκάζειν δὲ χρὴ νέον ὄντα καὶ τούτων ὀρέγεσθαι τυχεῖν καὶ βούλεσθαι ἂν πρῶτον αὐτὸν εἶναι κατὰ τὰς μάχας.

ΑΦΡΟΔΙΤΗ Ὁρᾷς, οὐδὲν ἐγὼ μέμφομαι οὐδὲ ἐγκαλῶ σοι τὸ πρὸς ταύτην ἰδίᾳ λαλεῖν· μεμψιμοίρων γὰρ καὶ οὐκ Ἀφροδίτης τὰ τοιαῦτα.

ΕΡΜΗΣ Καὶ αὕτη σχεδὸν τὰ αὐτά με ἤρετο· διὸ μὴ χαλεπῶς ἔχε μηδ᾿ οἴου μειονεκτεῖν, εἴ τι καὶ ταύτῃ κατὰ τὸ ἁπλοῦν ἀπεκρινάμην. 5 Ἀλλὰ μεταξὺ λόγων ἤδη πολὺ προϊόντες ἀπεσπάσαμεν τῶν ἀστέρων καὶ σχεδόν γε κατὰ τὴν Φρυγίαν ἐσμέν. Ἐγὼ δὲ καὶ τὴν Ἴδην ὁρῶ καὶ τὸ Γάργαρον ὅλον ἀκριβῶς, εἰ δὲ μὴ ἐξαπατῶμαι, καὶ αὐτὸν ὑμῶν τὸν δικαστὴν τὸν Πάριν.

ΗΡΑ Ποῦ δέ ἐστιν ; οὐ γὰρ κἀμοὶ φαίνεται.

ΕΡΜΗΣ Ταύτῃ, ὦ Ἥρα, πρὸς τὰ λαιὰ περισκόπει, μὴ πρὸς ἄκρῳ τῷ ὄρει, παρὰ δὲ τὴν πλευράν, οὗ τὸ ἄντρον, ἔνθα καὶ τὴν ἀγέλην ὁρᾷς.

ΗΡΑ Ἀλλ᾿ οὐχ ὁρῶ τὴν ἀγέλην.

ΕΡΜΗΣ Πῶς φής ; οὐχ ὁρᾷς βοίδια κατὰ τὸν ἐμὸν οὑτωσὶ δάκτυλον ἐκ μέσων τῶν πετρῶν προερχόμενα καί τινα ἐκ τοῦ σκοπέλου καταθέοντα καλαύροπα ἔχοντα καὶ ἀνείργοντα, μὴ πρόσω διασκίδνασθαι τὴν ἀγέλην ;

ΗΡΑ Ὁρῶ νῦν, εἴ γε ἐκεῖνός ἐστιν.

ΕΡΜΗΣ Ἀλλὰ ἐκεῖνος. Ἐπειδὴ δὲ πλησίον ἤδη ἐσμέν, ἐπὶ τῆς γῆς, εἰ δοκεῖ, καταστάντες βαδίζωμεν, ἵνα μὴ διαταράξωμεν αὐτὸν ἄνωθεν ἐξ ἀφανοῦς καθιπτάμενοι.

ΗΡΑ Εὖ λέγεις, καὶ οὕτω ποιῶμεν. Ἐπεὶ δὲ καταβεβήκαμεν, ὥρα σοι, ὦ Ἀφροδίτη, προϊέναι καὶ ἡγεῖσθαι ἡμῖν τῆς ὁδοῦ· σὺ γὰρ ὡς τὸ εἰκὸς ἔμπειρος εἶ τοῦ χωρίου πολλάκις, ὡς λόγος, κατελθοῦσα πρὸς Ἀγχίσην.

HERMÈS – En vérité, je n'en sais trop rien. Comme il est jeune, il faut supposer qu'il aspire à ces exploits aussi, et qu'il voudrait être le premier dans les batailles.

APHRODITE – Tu vois ? Moi, je ne me plains pas, je ne te reproche pas de bavarder en particulier avec elle. Aphrodite* n'est pas du genre à chicaner pour ce genre de choses.

HERMÈS – Elle me posait presque la même question que toi. Ne te fâche donc pas et ne te crois pas lésée si je lui ai répondu tout simplement, à elle aussi. 5. Mais, tout en parlant, nous avons déjà bien avancé : nous voici dégagés des astres. Oui, nous sommes presque au-dessus de la Phrygie. Je vois l'Ida et tout le Gargaros avec précision, et si je ne m'abuse, votre juge lui-même, Pâris*.

HÉRA – Où est-il ? Je ne le vois pas, moi.

HERMÈS – Par ici, Héra*. Regarde vers la gauche, non pas vers le sommet de la montagne, mais sur son flanc, à l'emplacement de la grotte, là où tu vois aussi le troupeau.

HÉRA – Mais je ne vois pas le troupeau.

HERMÈS – Que dis-tu ? Tu ne vois pas, au bout de mon doigt, là, des petites vaches qui sortent du milieu des pierres, et quelqu'un qui dévale en courant la pente rocheuse, avec un bâton, pour empêcher le troupeau de se disperser plus loin ?

HÉRA – Je le vois maintenant, si c'est bien lui.

HERMÈS – C'est lui. Et puisque nous sommes maintenant tout près, posons-nous sur terre, si vous le voulez bien, et marchons : il ne faut pas l'effrayer en nous abattant sur lui d'en haut, sans qu'il nous ait vus venir.

HÉRA – Tu as raison, faisons ainsi. Et puisque nous avons mis pied à terre, il est temps, Aphrodite*, que tu prennes la tête et que tu nous montres le chemin, car je suppose que tu connais la région : on dit que tu y es souvent descendue rejoindre Anchise*.

ΑΦΡΟΔΙΤΗ Οὐ σφόδρα, ὦ Ἥρα, τούτοις ἄχθομαι τοῖς σκώμμασιν.

6 ΕΡΜΗΣ Ἀλλ' οὖν ἐγὼ ὑμῖν ἡγήσομαι· καὶ γὰρ αὐτὸς ἐνδιέτριψα τῇ Ἴδῃ, ὁπότε δὴ ὁ Ζεὺς ἤρα τοῦ μειρακίου τοῦ Φρυγός, καὶ πολλάκις δεῦρο ἦλθον ὑπ' ἐκείνου καταπεμφθεὶς εἰς ἐπισκοπὴν τοῦ παιδός. Καὶ ὁπότε γε ἤδη ἐν τῷ ἀετῷ ἦν, συμπαριπτάμην αὐτῷ καὶ συνεκούφιζον τὸν καλόν, καὶ εἴ γε μέμνημαι, ἀπὸ ταυτησὶ τῆς πέτρας αὐτὸν ἀνήρπασεν. Ὁ μὲν γὰρ ἔτυχε τότε συρίζων πρὸς τὸ ποίμνιον, καταπτάμενος δὲ ὄπισθεν αὐτοῦ ὁ Ζεὺς κούφως μάλα τοῖς ὄνυξι περιβαλὼν καὶ τῷ στόματι τὴν ἐπὶ τῇ κεφαλῇ τιάραν ἔχων ἀνέφερε τὸν παῖδα τεταραγμένον καὶ τῷ τραχήλῳ ἀπεστραμμένῳ εἰς αὐτὸν ἀποβλέποντα. Τότε οὖν ἐγὼ τὴν σύριγγα λαβών, ἀποβεβλήκει γὰρ αὐτὴν ὑπὸ τοῦ δέους — ἀλλὰ γὰρ ὁ διαιτητὴς οὑτοσὶ πλησίον, ὥστε προσείπωμεν αὐτόν. 7 Χαῖρε, ὦ βουκόλε.

ΠΑΡΙΣ Νὴ καὶ σύ γε, ὦ νεανίσκε. Τίς δ' ὧν δεῦρο ἀφῖξαι πρὸς ἡμᾶς ; ἢ τίνας ταύτας ἄγεις τὰς γυναῖκας ; οὐ γὰρ ἐπιτήδειαι ὀρεοπολεῖν, οὕτως γε οὖσαι καλαί.

ΕΡΜΗΣ Ἀλλ' οὐ γυναῖκές εἰσιν, Ἥραν δέ, ὦ Πάρι, καὶ Ἀθηνᾶν καὶ Ἀφροδίτην ὁρᾷς· κἀμὲ τὸν Ἑρμῆν ἀπέστειλεν ὁ Ζεὺς — ἀλλὰ τί τρέμεις καὶ ὠχριᾷς ; μὴ δέδιθι· χαλεπὸν γὰρ οὐδέν. Κελεύει δέ σε δικαστὴν γενέσθαι τοῦ κάλλους αὐτῶν·ἐπεὶ γάρ, φησί, καλός τε αὐτὸς εἶ καὶ σοφὸς τὰ ἐρωτικά, σοὶ τὴν γνῶσιν ἐπιτρέπω. Τοῦ δὲ ἀγῶνος τὸ ἆθλον εἴσῃ ἀναγνοὺς τὸ μῆλον.

ΠΑΡΙΣ Φέρ' ἴδω τί καὶ βούλεται. Ἡ καλή, φησίν, λαβέτω. Πῶς ἂν οὖν, ὦ δέσποτα Ἑρμῆ, δυνηθείην ἐγὼ θνητὸς αὐτὸς καὶ ἀγροῖκος ὢν δικαστὴς γενέσθαι παραδόξου θέας καὶ μείζονος ἢ κατὰ βουκόλον ; τὰ γὰρ τοιαῦτα κρίνειν τῶν ἁβρῶν μᾶλλον καὶ ἀστικῶν. Τὸ δὲ ἐμόν, αἶγα μὲν αἰγὸς ὁποτέρα ἡ καλλίων καὶ δάμαλιν ἄλλης δαμάλεως, τάχ' ἂν δικάσαιμι κατὰ τὴν τέχνην. 8 Αὗται δὲ πᾶσαί τε

---

9. Ganymède*.

10. Il s'agit des serres et du bec de l'aigle, mais Lucien emploie les mots du corps humain.

APHRODITE – Tes railleries, Héra*, ne m'atteignent pas du tout.

6. HERMÈS – Eh bien, c'est moi qui vous guiderai. J'ai moi-même fréquenté l'Ida, quand Zeus* était amoureux du jeune Phrygien [9] : je suis venu souvent ici, quand il m'y envoyait pour épier l'enfant. Et lorsque Zeus* était déjà déguisé en aigle, j'ai volé à ses côtés, et je l'aidais à soutenir le beau garçon. Si j'ai bonne mémoire, voici le rocher d'où il l'enleva. Il était alors en train de jouer de la syrinx à son troupeau : Zeus* s'est abattu derrière lui, l'a entouré très doucement de ses ongles, et mordant de sa bouche [10] le turban qu'il avait sur la tête, il a enlevé vers les hauteurs l'enfant épouvanté qui renversait la nuque pour regarder vers lui. Alors j'ai pris la syrinx qu'il avait laissée tomber dans sa terreur, et… Mais voici l'arbitre tout près ; adressons-lui la parole. 7. Salut, bouvier.

PÂRIS – Salut à toi aussi, jeune homme. Qui es-tu, toi qui viens ici vers nous ? Et quelles sont ces femmes que tu amènes ? Elles ne sont pas faites pour vivre dans les montagnes : elles sont tellement belles.

HERMÈS – Ce ne sont pas des femmes : celles que tu vois, Pâris*, ce sont Héra*, Athéna* et Aphrodite*. Quant à moi, je suis Hermès*. Zeus* m'a envoyé… Mais pourquoi trembles-tu ? Pourquoi pâlis-tu ? Ne crains rien, il n'y a aucun danger. Il t'ordonne d'être juge de leur beauté. Voici ses paroles : "Puisque tu es beau toi-même et expert en amours, je te confie la décision." Le prix du concours, tu le sauras en lisant ce qui est écrit sur la pomme.

PÂRIS – Donne, que je voie ce qu'elle indique. Elle dit : "Pour la belle." Comment donc, seigneur Hermès*, pourrais-je moi, un mortel, un garçon de la campagne, être juge d'un spectacle extraordinaire, qui dépasse les compétences d'un bouvier ? Trancher de telles questions c'est plutôt l'affaire de gens raffinés, de messieurs de la ville. Pour moi, je pourrais peut-être juger entre

ὁμοίως καλαὶ καὶ οὐκ οἶδ' ὅπως ἄν τις ἀπὸ τῆς ἑτέρας ἐπὶ τὴν ἑτέραν μεταγάγοι τὴν ὄψιν ἀποσπάσας· οὐ γὰρ ἐθέλει ἀφίστασθαι ῥᾳδίως, ἀλλ' ἔνθα ἂν ἀπερείσῃ τὸ πρῶτον, τούτου ἔχεται καὶ τὸ παρὸν ἐπαινεῖ· κἂν ἐπ' ἄλλο μεταβῇ, κἀκεῖνο καλὸν ὁρᾷ καὶ παραμένει, καὶ ὑπὸ τῶν πλησίον παραλαμβάνεται. Καὶ ὅλως περικέχυταί μοι τὸ κάλλος αὐτῶν καὶ ὅλον περιείληφέ με καὶ ἄχθομαι, ὅτι μὴ καὶ αὐτὸς ὥσπερ ὁ Ἄργος ὅλῳ βλέπειν δύναμαι τῷ σώματι. Δοκῶ δ' ἄν μοι καλῶς δικάσαι πάσαις ἀποδοὺς τὸ μῆλον. Καὶ γὰρ αὖ καὶ τόδε, ταύτην μὲν εἶναι συμβέβηκεν τοῦ Διὸς ἀδελφὴν καὶ γυναῖκα, ταύτας δὲ θυγατέρας· πῶς οὖν οὐ χαλεπὴ καὶ οὕτως ἡ κρίσις ;

ΕΡΜΗΣ Οὐκ οἶδα· πλὴν οὐχ οἷόν τε ἀναδῦναι πρὸς τοῦ Διὸς κεκελευσμένον.

9 ΠΑΡΙΣ Ἕν τοῦτο, ὦ Ἑρμῆ, πεῖσον αὐτάς, μὴ χαλεπῶς ἔχειν μοι τὰς δύο τὰς νενικημένας, ἀλλὰ μόνων τῶν ὀφθαλμῶν ἡγεῖσθαι τὴν διαμαρτίαν.

ΕΡΜΗΣ Οὕτω φασὶ ποιήσειν· ὥρα δέ σοι ἤδη περαίνειν τὴν κρίσιν.

ΠΑΡΙΣ Πειρασόμεθα· τί γὰρ ἂν καὶ πάθοι τις ; ἐκεῖνο δὲ πρότερον εἰδέναι βούλομαι, πότερ' ἐξαρκέσει σκοπεῖν αὐτὰς ὡς ἔχουσιν, ἢ καὶ ἀποδῦσαι δεήσει πρὸς τὸ ἀκριβὲς τῆς ἐξετάσεως ;

ΕΡΜΗΣ Τοῦτο μὲν σὸν ἂν εἴη τοῦ δικαστοῦ, καὶ πρόσταττε ὅπῃ καὶ θέλεις.

ΠΑΡΙΣ Ὅπῃ καὶ θέλω ; γυμνὰς ἰδεῖν βούλομαι.

ΕΡΜΗΣ Ἀπόδυτε, ὦ αὗται· σὺ δ' ἐπισκόπει· ἐγὼ δὲ ἀπεστράφην.

10 ΑΦΡΟΔΙΤΗ Καλῶς, ὦ Πάρι· καὶ πρώτη γε ἀποδύσομαι, ὅπως μάθῃς ὅτι μὴ μόνας ἔχω τὰς ὠλένας λευκὰς

---

11. Argos avait une infinité d'yeux répartis sur tout son corps.

12. Héra* était, comme Zeus*, fille de Cronos* et de Rhéa* ; voir *Sur les sacrifices*, 5, et la note.

deux chèvres ou deux génisses laquelle est la plus belle :
mon métier me le permet. 8. Mais celles-là sont toutes
pareillement belles, et je ne sais comment on pourrait
arracher son regard de l'une pour le porter vers l'autre.
Les yeux n'acceptent pas facilement de se détacher, mais
restent fixés là où ils se sont posés d'abord, admirant ce
qu'ils ont devant eux. Et s'ils se tournent vers un autre
objet, ils voient que celui-ci est également beau, ils s'y
attardent, retenus par ce qui est près d'eux. Je suis totalement subjugué par leur beauté ; elle m'a envahi tout
entier et je regrette de ne pouvoir, comme Argos [11], les
regarder de tout mon corps. Il me semble que je serais
bon juge si je leur donnais la pomme à toutes. De plus, il
se trouve que celle-ci est la sœur et l'épouse de Zeus* [12], et
que celles-là sont ses filles : comment si l'on tient compte
également de cela, ne serait-il pas difficile de juger ?

HERMÈS – Je ne sais pas. Mais il est impossible de
se dérober quand on reçoit un ordre de Zeus*.

9. PÂRIS – Persuade-les seulement d'une chose,
Hermès* : les deux qui seront vaincues ne doivent pas
m'en vouloir, mais n'accuser que mes yeux de leur
erreur.

HERMÈS – Elles disent qu'elles feront ainsi. Il est
temps maintenant que tu procèdes au jugement.

PÂRIS – Nous allons essayer. Après tout, qu'est-ce
qu'on risque ? Mais auparavant il y a quelque chose que
je veux savoir. Sera-t-il suffisant de les regarder comme
elles sont, ou faudra-t-il aussi les déshabiller pour que
l'examen soit rigoureux ?

HERMÈS – Ce serait à toi de choisir : tu es le juge.
Ordonne selon ton désir.

PÂRIS – Selon mon désir ? Je veux les voir nues.

HERMÈS – Vous autres, déshabillez-vous. Et toi
examine. Quant à moi, j'ai tourné les talons.

10. APHRODITE – Très bien, Pâris*. Je serai la première à me déshabiller pour que tu saches que ce ne
sont pas seulement mes bras qui sont blancs et que je

μηδὲ τῷ βοῶπις εἶναι μέγα φρονῶ, ἐπ᾽ ἴσης δέ εἰμι πᾶσα καὶ ὁμοίως καλή.

ΑΘΗΝΑ Μὴ πρότερον ἀποδύσῃς αὐτήν, ὦ Πάρι, πρὶν ἂν τὸν κεστὸν ἀπόθηται — φαρμακὶς γάρ ἐστιν — μή σε καταγοητεύσῃ δι᾽ αὐτοῦ. Καίτοι γε ἐχρῆν μηδὲ οὕτω κεκαλλωπισμένην παρεῖναι μηδὲ τοσαῦτα ἐντετριμμένην χρώματα καθάπερ ὡς ἀληθῶς ἑταίραν τινά, ἀλλὰ γυμνὸν τὸ κάλλος ἐπιδεικνύειν.

ΠΑΡΙΣ Εὖ λέγουσι τὸ περὶ τοῦ κεστοῦ, καὶ ἀπόθου.

ΑΦΡΟΔΙΤΗ Τί οὖν οὐχὶ καὶ σύ, ὦ Ἀθηνᾶ, τὴν κόρυν ἀφελοῦσα ψιλὴν τὴν κεφαλὴν ἐπιδεικνύεις, ἀλλ᾽ ἐπισείεις τὸν λόφον καὶ τὸν δικαστὴν φοβεῖς ; ἢ δέδιας μή σοι ἐλέγχηται τὸ γλαυκὸν τῶν ὀμμάτων ἄνευ τοῦ φοβεροῦ βλεπόμενον ;

ΑΘΗΝΑ Ἰδού σοι ἡ κόρυς αὕτη ἀφῄρηται.

ΑΦΡΟΔΙΤΗ Ἰδοὺ καί σοι ὁ κεστός.

ΗΡΑ Ἀλλὰ ἀποδυσώμεθα.

11 ΠΑΡΙΣ Ὦ Ζεῦ τεράστιε τῆς θέας, τοῦ κάλλους, τῆς ἡδονῆς. Οἵα μὲν ἡ παρθένος, ὡς δὲ βασιλικὸν αὕτη καὶ σεμνὸν ἀπολάμπει καὶ ἀληθῶς ἄξιον τοῦ Διός, ἥδε δ᾽ ὁρᾷ ἡδύ τι καὶ γλαφυρόν, καὶ προσαγωγὸν ἐμειδίασεν — ἀλλ᾽ ἤδη μὲν ἅλις ἔχω τῆς εὐδαιμονίας· εἰ δοκεῖ δέ, καὶ ἰδίᾳ καθ᾽ ἑκάστην ἐπιδεῖν βούλομαι, ὡς νῦν γε ἀμφίβολός εἰμι καὶ οὐκ οἶδα πρὸς ὅ τι ἀποβλέψω, πάντῃ τὰς ὄψεις περισπώμενος.

ΑΦΡΟΔΙΤΗ Οὕτω ποιῶμεν.

ΠΑΡΙΣ Ἄπιτε οὖν αἱ δύο· σὺ δέ, ὦ Ἥρα, περίμενε.

ΗΡΑ Περιμενῶ, κἀπειδάν με ἀκριβῶς ἴδῃς, ὥρα σοι καὶ τἆλλα ἤδη σκοπεῖν εἰ καλά σοι, τὰ δῶρα τῆς ψήφου τῆς

---

13. Athéna* se moque ici d'Héra* en insinuant que sa beauté se limite aux deux éléments mentionnés par Homère, les bras blancs et le regard de vache.

14. Allusion à la ceinture (qui serait plutôt une sorte de soutien-gorge, car Aphrodite* le porte sur son sein) qu'Héra* emprunte à Aphrodite* pour pousser Zeus* à lui faire l'amour et à s'endormir, en négligeant de protéger les Troyens (*Iliade*, XIV, 214 sq.).

15. Pâris* désire évidemment voir les seins d'Aphrodite*.

ne m'enorgueillis pas de mes yeux de vache [13], mais que je suis tout entière pareillement et uniformément belle.

ATHÉNA – Ne la déshabille pas avant qu'elle ait enlevé sa ceinture [14], Pâris* : c'est une sorcière. Qu'elle ne s'en serve pas pour t'envoûter. D'ailleurs elle n'aurait pas dû non plus venir ainsi maquillée, couverte de tant de couleurs, vraiment comme une hétaïre, mais montrer sa beauté nue.

PÂRIS – Elles ont raison pour la ceinture. Enlève-la [15].

APHRODITE – Pourquoi donc, Athéna*, n'enlèves-tu pas toi aussi ton casque pour montrer ta tête découverte, au lieu d'agiter ton panache et d'effrayer le juge ? Crains-tu qu'il ne te reproche tes yeux de chouette [16], si la peur ne l'empêche plus de les voir ?

ATHÉNA – Voilà pour toi. Le casque est enlevé.

APHRODITE – Et voilà pour toi. La ceinture aussi.

HÉRA - Allons, déshabillons-nous.

11. PÂRIS – Ô Zeus*, dieu des prodiges, quel spectacle ! Quelle beauté ! Quel plaisir ! Comme elle est belle, la vierge ! Comme elle brille, cette autre, d'un éclat royal, majestueux et vraiment digne de Zeus* ! Et celle-ci : son regard est doux et gracieux, elle m'a souri de manière engageante ! Eh bien, j'ai maintenant assez de bonheur. S'il vous plaît, je voudrais vous voir chacune séparément, l'une après l'autre, car à présent je suis indécis et ne sais où regarder : mes yeux sont attirés dans toutes les directions.

LES DÉESSES – Faisons ainsi.

PÂRIS – Vous deux, éloignez vous. Toi, Héra*, reste.

HÉRA – Je reste, et quand tu m'auras observée avec précision, il sera temps pour toi de te demander si tu trouves également beaux les autres cadeaux que je te

---

16. L'adjectif γλαυκός peut se traduire par brillant, glauque, ou faire référence à la chouette dont Athéna* tire son surnom γλαυκῶπις (aux yeux de chouette) ; voir *Zeus tragédien*, 1, et la note.

ἐμῆς. Ἦν γάρ με, ὦ Πάρι, δικάσῃς εἶναι καλήν, ἁπάσης ἔσῃ τῆς Ἀσίας δεσπότης.

ΠΑΡΙΣ Οὐκ ἐπὶ δώροις μὲν τὰ ἡμέτερα. Πλὴν ἄπιθι· πεπράξεται γὰρ ἅπερ ἂν δοκῇ. 12 Σὺ δὲ πρόσιθι ἡ Ἀθηνᾶ.

ΑΘΗΝΑ Παρέστηκά σοι, καὶ ἤν με, ὦ Πάρι, δικάσῃς καλήν, οὔποτε ἥττων ἄπει ἐκ μάχης, ἀλλ᾽ ἀεὶ κρατῶν· πολεμιστὴν γάρ σε καὶ νικηφόρον ἀπεργάσομαι.

ΠΑΡΙΣ Οὐδέν, ὦ Ἀθηνᾶ, δεῖ μοι πολέμου καὶ μάχης· εἰρήνη γάρ, ὡς ὁρᾷς, τὰ νῦν ἐπέχει τὴν Φρυγίαν τε καὶ Λυδίαν καὶ ἀπολέμητος ἡμῖν ἡ τοῦ πατρὸς ἀρχή. Θάρρει δέ· οὐ μειονεκτήσεις γάρ, κἂν μὴ ἐπὶ δώροις δικάζωμεν. Ἀλλ᾽ ἔνδυθι ἤδη καὶ ἐπίθου τὴν κόρυν· ἱκανῶς γὰρ εἶδον. Τὴν Ἀφροδίτην παρεῖναι καιρός.

13 ΑΦΡΟΔΙΤΗ Αὕτη σοι ἐγὼ πλησίον, καὶ σκόπει καθ᾽ ἓν ἀκριβῶς μηδὲν παρατρέχων, ἀλλ᾽ ἐνδιατρίβων ἑκάστῳ τῶν μερῶν. Εἰ δ᾽ ἐθέλεις, ὦ καλέ, καὶ τάδε μου ἄκουσον. Ἐγὼ γὰρ πάλαι ὁρῶσά σε νέον ὄντα καὶ καλὸν ὁποῖον οὐκ οἶδα εἴ τινα ἕτερον ἡ Φρυγία τρέφει, μακαρίζω μὲν τοῦ κάλλους, αἰτιῶμαι δὲ τὸ μὴ ἀπολιπόντα τοὺς σκοπέλους καὶ ταυτασὶ τὰς πέτρας κατ᾽ ἄστυ ζῆν, ἀλλὰ διαφθείρειν τὸ κάλλος ἐν ἐρημίᾳ. Τί μὲν γὰρ ἂν σὺ ἀπολαύσειας τῶν ὀρῶν; τί δ᾽ ἂν ἀπόναιντο τοῦ σοῦ κάλλους αἱ βόες; ἔπρεπεν δὲ ἤδη σοι καὶ γεγαμηκέναι, μὴ μέντοι ἀγροικόν τινα καὶ χωρῖτιν, οἷαι κατὰ τὴν Ἴδην αἱ γυναῖκες, ἀλλά τινα ἐκ τῆς Ἑλλάδος, ἢ Ἀργόθεν ἢ ἐκ Κορίνθου ἢ Λάκαιναν οἵαπερ ἡ Ἑλένη ἐστίν, νέα τε καὶ καλὴ καὶ κατ᾽ οὐδὲν ἐλάττων ἐμοῦ, καὶ τὸ δὴ μέγιστον, ἐρωτική. Ἐκείνη γὰρ εἰ καὶ μόνον θεάσαιτό σε, εὖ οἶδα ἐγὼ ὡς ἅπαντα ἀπολιποῦσα καὶ παρασχοῦσα ἑαυτὴν ἔκδοτον ἔψεται καὶ συνοικήσει. Πάντως δὲ καὶ σὺ ἀκήκοάς τι περὶ αὐτῆς.

donnerai si tu votes pour moi. Si tu juges, Pâris*, que je suis la belle, tu seras maître absolu de toute l'Asie.

PÂRIS – Les cadeaux n'ont aucune influence sur notre décision. Écarte-toi. 12. Je ferai comme il me semblera bon. Toi, Athéna*, avance.

ATHÉNA – Me voici devant toi, Pâris*. Si tu juges que je suis la belle, jamais tu ne quitteras le combat en étant vaincu : tu auras toujours le dessus, car je ferai de toi un guerrier et un vainqueur.

PÂRIS – Je n'ai nul besoin, Athéna*, de guerre et de bataille. La paix, comme tu vois, règne maintenant sur la Phrygie et la Lydie, et le royaume de mon père n'a pas d'ennemis. Mais courage ; tu ne seras pas désavantagée, même si les cadeaux n'ont aucune influence sur notre jugement. Allons, rhabille-toi maintenant, et remets ton casque ; j'ai suffisamment vu. C'est au tour d'Aphrodite* de se présenter.

13. APHRODITE – Me voici près de toi. Regarde tout en détail, avec précision, sans rien omettre, en t'attardant sur chaque partie. Et si tu veux bien, mon bel ami, permets-moi de te dire encore ceci. Depuis longtemps, en voyant que tu es jeune et tellement beau que j'ignore si la Phrygie nourrit un autre garçon comme toi, je te juge heureux de cette beauté, mais je te reproche de ne pas quitter ces rochers et ces terrains cailouteux pour aller vivre en ville, au lieu de gâter ta beauté dans un désert. Quel profit peux-tu attendre de ces montagnes ? En quoi ta beauté est-elle utile à tes vaches ? Tu devrais être déjà marié, et non à une paysanne ou à une villageoise, comme le sont les femmes de l'Ida, mais à quelque épouse venue de Grèce, que ce soit d'Argos, de Corinthe ou de Lacédémone… Hélène* par exemple : elle est jeune, belle, ne me le cède en rien, et, ce qui est le plus important, elle est portée sur l'amour. Si seulement elle te voyait, je sais bien que, laissant tout, se livrant à toi sans réserve, elle te suivrait et irait vivre avec toi. Tu as forcément entendu parler d'elle.

ΠΑΡΙΣ Οὐδέν, ὦ Ἀφροδίτη· νῦν δὲ ἡδέως ἂν ἀκούσαιμί σου τὰ πάντα διηγουμένης.

14 ΑΦΡΟΔΙΤΗ Αὕτη θυγάτηρ μέν ἐστι Λήδας ἐκείνης τῆς καλῆς ἐφ᾽ ἣν ὁ Ζεὺς κατέπτη κύκνος γενόμενος.

ΠΑΡΙΣ Ποία δὲ τὴν ὄψιν ἐστί ;

ΑΦΡΟΔΙΤΗ Λευκὴ μέν, οἵαν εἰκὸς ἐκ κύκνου γεγενημένην, ἁπαλὴ δέ, ὡς ἐν ᾠῷ τραφεῖσα, γυμνὰς τὰ πολλὰ καὶ παλαιστική, καὶ οὕτω δή τι περισπούδαστος ὥστε καὶ πόλεμον ἀμφ᾽ αὐτῇ γενέσθαι, τοῦ Θησέως ἄωρον ἔτι ἁρπάσαντος. Οὐ μὴν ἀλλ᾽ ἐπειδήπερ εἰς ἀκμὴν κατέστη, πάντες οἱ ἄριστοι τῶν Ἀχαιῶν ἐπὶ τὴν μνηστείαν ἀπήντησαν, προεκρίθη δὲ Μενέλεως τοῦ Πελοπιδῶν γένους. Εἰ δὴ θέλοις, ἐγώ σοι καταπράξομαι τὸν γάμον.

ΠΑΡΙΣ Πῶς φής ; τὸν τῆς γεγαμημένης ;

ΑΦΡΟΔΙΤΗ Νέος εἶ σὺ καὶ ἀγροῖκος, ἐγὼ δὲ οἶδα ὡς χρὴ τὰ τοιαῦτα δρᾶν.

ΠΑΡΙΣ Πῶς ; ἐθέλω γὰρ καὶ αὐτὸς εἰδέναι.

15 ΑΦΡΟΔΙΤΗ Σὺ μὲν ἀποδημήσεις ὡς ἐπὶ θέαν τῆς Ἑλλάδος, κἀπειδὰν ἀφίκῃ εἰς τὴν Λακεδαίμονα, ὄψεταί σε ἡ Ἑλένη. Τοὐντεῦθεν δὲ ἐμὸν ἂν εἴη τὸ ἔργον, ὅπως ἐρασθήσεταί σου καὶ ἀκολουθήσει.

ΠΑΡΙΣ Τοῦτο αὐτὸ καὶ ἄπιστον εἶναί μοι δοκεῖ, τὸ ἀπολιποῦσαν τὸν ἄνδρα ἐθελῆσαι βαρβάρῳ καὶ ξένῳ συνεκπλεῦσαι.

ΑΦΡΟΔΙΤΗ Θάρρει τούτου γε ἕνεκα. Παῖδε γάρ μοι ἐστὸν δύο καλώ, Ἵμερος καὶ Ἔρως, τούτω σοι παραδώσω ἡγεμόνε τῆς ὁδοῦ γενησομένω· καὶ ὁ μὲν Ἔρως ὅλος παρελθὼν εἰς αὐτὴν ἀναγκάσει τὴν γυναῖκα ἐρᾶν, ὁ δ᾽ Ἵμερος αὐτῷ σοι περιχυθεὶς τοῦθ᾽ ὅπερ ἐστίν, ἱμερτόν τε θήσει καὶ ἐράσμιον. Καὶ αὐτὴ δὲ συμπαροῦσα δεήσομαι καὶ τῶν Χαρίτων ἀκολουθεῖν καὶ οὕτως ἅπαντες αὐτὴν ἀναπείσομεν.

---

17. Puisqu'elle vit à Sparte, où les filles participent aux mêmes exercices que les garçons.
18. Le Désir.

PÂRIS – Pas du tout, Aphrodite* ; mais maintenant j'aurais plaisir à t'entendre me raconter tout.

14. APHRODITE – C'est la fille de Léda*, cette beauté près de laquelle Zeus* descendit en volant, sous la forme d'un cygne.

PÂRIS – À quoi ressemble-t-elle ?

APHRODITE – Elle est blanche, ce qui est normal puisqu'elle est née d'un cygne, délicate, puisqu'elle a été nourrie dans un œuf, elle passe le plus clair de son temps au gymnase et à la palestre [17]. Elle est tellement recherchée qu'on a même fait la guerre pour elle : Thésée l'a enlevée alors qu'elle n'était pas encore nubile. Et depuis qu'elle a atteint la fleur de l'âge, tous les meilleurs des Achéens sont venus demander sa main. C'est Ménélas, de la famille des Pélopides, qui a été choisi. Si tu veux je m'arrangerai pour que tu l'épouses.

PÂRIS – Que dis-tu ? Épouser une femme mariée ?

APHRODITE – Tu es jeune, tu viens de la campagne, mais je sais comment faire en pareille situation.

PÂRIS – Comment ? J'ai envie de le savoir moi aussi.

15. APHRODITE – Tu partiras en voyage, sous prétexte de visiter la Grèce, et quand tu seras arrivé à Lacédémone, Hélène* te verra. À partir de là, c'est mon affaire : je m'arrangerai pour qu'elle tombe amoureuse de toi et qu'elle te suive.

PÂRIS – C'est précisément cela qui me paraît incroyable : qu'elle veuille laisser son mari et s'embarquer avec un barbare, un étranger.

APHRODITE – Sois rassuré sur ce point. J'ai deux beaux enfants, Himéros [18] et Éros*. Je te les donnerai tous deux comme guides sur la route. Éros* s'insinuant tout entier en cette femme, la forcera à aimer, et Himéros, se répandant sur toute ta personne, te rendra désirable, comme il l'est, et digne d'être aimé. Je serai à tes côtés, moi aussi, et je demanderai également aux Charites* de m'accompagner ; à nous tous, nous la persuaderons.

ΠΑΡΙΣ Ὅπως μὲν ταῦτα χωρήσει, ἄδηλον, ὦ Ἀφροδίτη· πλὴν ἐρῶ γε ἤδη τῆς Ἑλένης καὶ οὐκ οἶδ' ὅπως καὶ ὁρᾶν αὐτὴν οἴομαι καὶ πλέω εὐθὺ τῆς Ἑλλάδος καὶ τῇ Σπάρτῃ ἐπιδημῶ καὶ ἐπάνειμι ἔχων τὴν γυναῖκα — καὶ ἄχθομαι ὅτι μὴ ταῦτα ἤδη πάντα ποιῶ.

16 ΑΦΡΟΔΙΤΗ Μὴ πρότερον ἐρασθῇς, ὦ Πάρι, πρὶν ἐμὲ τὴν προμνήστριαν καὶ νυμφαγωγὸν ἀμείψασθαι τῇ κρίσει· πρέποι γὰρ ἂν κἀμὲ νικηφόρον ὑμῖν συμπαρεῖναι καὶ ἑορτάζειν ἅμα καὶ τοὺς γάμους καὶ τὰ ἐπινίκια. Πάντα γὰρ ἔνεστί σοι — τὸν ἔρωτα, τὸ κάλλος, τὸν γάμον — τουτουὶ τοῦ μήλου πρίασθαι.

ΠΑΡΙΣ Δέδοικα μή μου ἀμελήσῃς μετὰ τὴν κρίσιν.

ΑΦΡΟΔΙΤΗ Βούλει οὖν ἐπομόσομαι;

ΠΑΡΙΣ Μηδαμῶς, ἀλλ' ὑπόσχου πάλιν.

ΑΦΡΟΔΙΤΗ Ὑπισχνοῦμαι δή σοι τὴν Ἑλένην παραδώσειν γυναῖκα, καὶ ἀκολουθήσειν γέ σοι αὐτὴν καὶ ἀφίξεσθαι παρ' ὑμᾶς εἰς τὴν Ἴλιον· καὶ αὐτὴ παρέσομαι καὶ συμπράξω τὰ πάντα.

ΠΑΡΙΣ Καὶ τὸν Ἔρωτα καὶ τὸν Ἵμερον καὶ τὰς Χάριτας ἄξεις;

ΑΦΡΟΔΙΤΗ Θάρρει, καὶ τὸν Πόθον καὶ τὸν Ὑμέναιον ἔτι πρὸς τούτοις παραλήψομαι.

ΠΑΡΙΣ Οὐκοῦν ἐπὶ τούτοις δίδωμι τὸ μῆλον· ἐπὶ τούτοις λάμβανε.

PÂRIS – Qu'adviendra-t-il de tout cela, Aphrodite* ? Nul ne le sait. Mais je suis déjà amoureux d'Hélène* et j'ignore comment cela se fait, mais il me semble même que je la vois. Je m'embarque aussitôt pour la Grèce, je séjourne à Sparte et je reviens avec la femme. Je suis fâché de ne pas faire tout cela dès maintenant.

16. APHRODITE – Ne t'abandonne pas à l'amour, Pâris*, avant de m'avoir récompensée par ton jugement, moi qui suis ta marieuse, ta demoiselle d'honneur. Il conviendrait que je vous accompagne en étant victorieuse, moi aussi, et que je fête à la fois vos noces et mon triomphe. Tu peux tout acheter, l'amour, la beauté, le mariage, avec la pomme que voici.

PÂRIS – J'ai peur que tu ne m'oublies après le jugement.

APHRODITE – Veux-tu donc que je prête serment ?

PÂRIS – Pas du tout, mais promets encore une fois.

APHRODITE – Je te promets que je te donnerai Hélène* comme femme, qu'elle t'accompagnera, et se rendra chez vous, à Ilion. Moi-même, je serai à tes côtés et je t'aiderai à tout réaliser.

PÂRIS – Et tu amèneras Éros*, Himéros et les Charites* ?

APHRODITE – Ne crains rien : en plus d'eux, je prendrai encore Désir et Hyménée.

PÂRIS – Alors, à ces conditions je te donne la pomme ; à ces conditions, tiens, la voici.

VI. Introduction à *La Déesse de Syrie*

Le texte occupe la 44e place dans le corpus du Vatic. Γ et, dans la vulgate, il porte le n° 72.

Il est consacré au sanctuaire de la déesse Atargatis* (que Lucien identifie à Héra*) à Héliopolis, au nord-est d'Alep. Historiens et archéologues se sont vivement intéressés à ce texte [1]. La description, longue, riche et fouillée qui en est donnée, constitue un document passionnant sur un lieu bien réel, dont Lucien, originaire de Commagène, devait avoir une connaissance directe. Peut-être même, comme il le raconte dans le dernier chapitre, a-t-il consacré une boucle de ses cheveux dans le temple – à moins qu'il ne s'agisse, comme si souvent dans son œuvre, d'un simple motif littéraire.

Cependant la pensée religieuse qui s'y exprime est très différente du reste de l'œuvre de Lucien. Alors qu'il fait preuve partout ailleurs d'un scepticisme ironique, il semble accepter ici avec une crédulité totale la présence du merveilleux dans le sanctuaire d'Hiérapolis. Manifestations divines, oracles, cultes, miracles prodiges sont rapportés sans la moindre distance critique, avec admiration, vénération, piété. Le contraste d'esprit et de ton est si fort qu'on a parfois jugé l'ouvrage apocryphe [2].

---

1. J. L. LIGHTFOOT, *Lucian, On the Syrian Goddess,* Oxford, 2003.

2. Voir M. CASTER, *op. cit.*, p. 360-364.

Il s'agit en fait d'un pastiche d'Hérodote. Si dans les *Histoires vraies*, Lucien s'amuse à le traiter de menteur[3], comme il le fait ailleurs de l'Ulysse homérique[4], il exprime son admiration pour lui dans *Hérodote ou Aetion* :

> S'il était possible d'imiter Hérodote ! Je ne dis pas tout ce qu'il a, ce serait trop demander, mais ne serait-ce qu'une de ses qualités : la beauté des mots, leur harmonie, leur caractère typiquement ionien, la supériorité de son intelligence, et toutes les beautés qu'il a réunies et qui dépassent tout espoir de pouvoir l'imiter[5].

Ce défi, il le relève brillamment dans *La Déesse de Syrie*. Il lui emprunte d'abord bon nombre d'informations. Quand il évoque le temple d'Héraclès-Melkart à Tyr (3-4), il reprend ce qu'en dit Hérodote[6], et il fait appel au même passage de l'historien pour la pierre précieuse qui éclaire le temple d'Hiérapolis (chapitre 32). Sa description du lac sacré d'Hiérapolis (46) doit beaucoup à celle du lac Mœris dans les *Enquêtes*[7]. La description du fleuve du Liban (8) imite le grand développement hydrographique consacré au Nil[8]. On pourrait multiplier les exemples.

Et surtout, la perspective adoptée est la même. Comme le fait Hérodote tout au long de son œuvre, le narrateur se présente sous les traits d'un observateur qui a vu ce qu'il décrit (chapitres 5, 6, 9, 37, 45), et qui hésite à parler de ce qu'il n'a pas vu (chapitres 5, 48). C'est un enquêteur (chapitre 11 : ἱστορέοντι δέ μοι), et

---

3. *Histoires vraies*, B, 31.
4. *Ibid.*, A, 3.
5. *Hérodote ou Ætion*, 1.
6. HÉRODOTE, *Enquêtes*, II, 43-4.
7. *Ibid.*, 149.
8. *Ibid.*, 10 sq.

le verbe fait bien sûr écho aux *Enquêtes* d'Hérodote. Comme celui-ci, il s'est instruit auprès des prêtres (chapitres 1, 4) ou de sages (chapitres 8, 15). Il propose plusieurs légendes concurrentes (chapitres 12-16) ou plusieurs explications d'un même rituel (chapitre 28), intervenant parfois pour préciser la version qu'il préfère (chapitres 16, 28) ou au contraire déclarer qu'il n'en accepte aucune (chapitre 11).

Comme chez Hérodote, les péripéties évoquées sont souvent liées à l'amour : c'est le cas de la charmante histoire du jeune prince amoureux de sa belle-mère (chapitres 17-18). On rencontre des femmes fortes et dangereuses : Stratonice et Sémiramis* sont de l'étoffe de Tomyris ou d'Atossa. La sexualité et les détails très crus, si fréquents chez Hérodote [9], ne manquent pas : les allusions à la castration sont innombrables, qu'il s'agisse d'Attis*, de Combabos, des Galles*.

Le pastiche se manifeste jusque dans le détail de l'écriture, en particulier celle des transitions. À l'imitation de celles d'Hérodote, elles sont très appuyées : le narrateur conclut fortement son développement (« en voilà assez sur ce sujet ») avant d'annoncer le suivant (« je dirai maintenant »). La phrase désinvolte qui clôt le chapitre 23 (« que les choses soient comme elles ont été ! ») est une citation presque textuelle des *Enquêtes* [10], clin d'œil adressé au lecteur cultivé. Autre allusion savoureuse – qui ne peut être goûtée pleinement que si l'on connaît bien son Hérodote –, l'autorisation que le roi donne à Combabos de venir le trouver sans être annoncé, même s'il est au lit avec une femme (chapitre 25). Le motif est repris à Hérodote, mais avec une modification de taille : chez Hérodote, les princes

---

9. Elles commencent dès le début des *Enquêtes* avec l'étrange perversion de Candaule qui veut forcer son ami à voir sa femme nue (I, 8 sq.).

10. *Enquêtes*, II, 28.

pourront rencontrer Darios sans être annoncés... sauf s'il est au lit [11] !

Mais la ressemblance la plus grande tient au choix d'écrire dans la langue d'Hérodote : l'ionien. En rééditant récemment la traduction française proposée par Émile Chambry en 1933-1934, Alain Billault note que le travail de Lucien sur la langue ionienne est « une performance littéraire. La traduction française ne permet pas de la saisir complètement. Il aurait fallu par exemple recourir à un pastiche de la langue française du XVIᵉ siècle, comme le fait Anatole France pastichant Rabelais dans *Monsieur Bergeret à Paris* [12]».

Nous avons essayé de relever le défi, comme l'avait fait Auris Morris Harmon dans son édition anglaise en *middle english* [13]. Nous nous sommes appuyée principalement sur Rabelais qui connaissait parfaitement ce texte de Lucien [14], et auquel nous avons emprunté beaucoup de mots, d'expressions et de constructions. Le danger était grand cependant de proposer au lecteur moderne un texte inintelligible, qui aurait nécessité, chose absurde, une seconde traduction. Nous avons donc toujours privilégié la clarté sur l'orthodoxie lexicale ou syntaxique, et travaillé surtout la « couleur » de l'ensemble. Nous exprimons toute notre gratitude à Mme Sylvie Guichard qui a bien voulu guider nos premiers pas en « moyen françois ».

---

11. *Enquêtes,* III, 84 et 118.
12. *Lucien de Samosate, Œuvres complètes, traduction d'É. CHAMBRY,* révisée et annotée par A. Billault et É. Marquis, Paris, 2015, p. 636.
13. A. M. HARMON, *Lucian,* IV, Londres, 1925.
14. Il le démarque clairement dans la description du temple de la Dive Bouteille (*Cinquième livre,* chapitres 34-42), surtout quand il évoque la lampe (chapitre 40), les pierres précieuses et les statues (chapitre 42).

VI. LA DÉESSE DE SYRIE

ΠΕΡΙ ΤΗΣ ΣΥΡΙΗΣ ΘΕΟΥ

1 Ἔστιν ἐν Συρίῃ πόλις οὐ πολλὸν ἀπὸ τοῦ Εὐφρήτεω ποταμοῦ, καλέεται δὲ Ἰρή, καὶ ἔστιν ἱρὴ τῆς Ἥρης τῆς Ἀσσυρίης. Δοκέει δέ μοι, τόδε τὸ οὔνομα οὐκ ἅμα τῇ πόλει οἰκεομένῃ ἐγένετο, ἀλλὰ τὸ μὲν ἀρχαῖον ἄλλο ἦν, μετὰ δὲ σφίσι τῶν ἱρῶν μεγάλων γιγνομένων ἐς τόδε ἡ ἐπωνυμίη ἀπίκετο. Περὶ ταύτης ὦν τῆς πόλιος ἔρχομαι ἐρέων ὁκόσα ἐν αὐτῇ ἐστιν· ἐρέω δὲ καὶ νόμους τοῖσιν ἐς τὰ ἱρὰ χρέωνται, καὶ πανηγύριας τὰς ἄγουσιν καὶ θυσίας τὰς ἐπιτελέουσιν. Ἐρέω δὲ καὶ ὁκόσα καὶ περὶ τῶν τὸ ἱρὸν εἱσαμένων μυθολογέουσι, καὶ τὸν νηὸν ὅκως ἐγένετο. Γράφω δὲ Ἀσσύριος ἐών, καὶ τῶν ἀπηγέομαι τὰ μὲν αὐτοψίῃ μαθών, τὰ δὲ παρὰ τῶν ἱρέων ἐδάην, ὁκόσα ἐόντα ἐμεῦ πρεσβύτερα ἐγὼ ἱστορέω.

2 Πρῶτοι μὲν ὦν ἀνθρώπων τῶν ἡμεῖς ἴδμεν Αἰγύπτιοι λέγονται, θεῶν τε ἐννοίην λαβεῖν καὶ ἱρὰ εἵσασθαι καὶ τεμένεα καὶ πανηγύριας ἀποδεῖξαι. Πρῶτοι δὲ καὶ οὐνόματα ἱρὰ ἔγνωσαν καὶ λόγους ἱροὺς ἔλεξαν. Μετὰ δὲ οὐ πολλοστῷ

---

15. Il s'agit d'Hiérapolis dont le nom signifie sainte ville, au nord-ouest d'Alep, non loin de l'Euphrate.

16. La confusion entre Syrie et Assyrie est expliquée par Hérodote qui déclare (*Enquêtes*, VII, 63) que ceux que les Grecs nomment Syriens sont appelés Assyriens par les Barbares.

17. La ville s'appela d'abord Mabog puis Bambyké : elle reçut son nom grec sous le règne d'Antiochos IV (175-163 av. J.-C.).

18. Littéralement les panégyries.

19. Le verbe ἱστορέω (enquêter) est une allusion appuyée aux *Enquêtes* d'Hérodote.

LA DÉESSE DE SYRIE

1. Il est en Syrie une cité, pou esloignée d'Euphrates, qui a nom Cité Saincte [15], laquelle est cité saincte d'Héra* Assyrienne [16]. Si comme je croy, le nom de la cité n'estoit poinct tel quand elle fust fondée : anciennement aultre estoit, mais de grands et saincts rituels y estant pratiqués depuis, le surnom est venu à cela [17]. De ceste cité diroy donc tout ce qui est en elle, diroy de leurs usaiges pour les sainctes festes, des grandes cerymonies [18] qu'ilz menent et des sacrifices qu'ilz fonct, et encore diroy tout ce qu'ilz content de ceux qui fonderent le sanctuaire, et comment le temple fust faict. Moy qui ecris suis Assyrien, et des choses que je narre, j'ay cogneues les unes, pour ce qu'en fus tesmoing, j'ay eté instruict des aultres par les prebstres, toutes lesquelles advinrent avant mon aage et desquelles j'enqueste [19].

2. De tous les hommes dont nous avons cognoissance, les Ægyptiens les premiers [20], ce dict-on, entendirent à l'existence de dieux, fonderent sanctuaires et enclos sacrés, et desployerent grandes cerymonies, et les premiers ilz cogneurent mots saincts et firent saincts recits. Ne demeura poinct longtemps après que les Assyriens, ayant ouy les Ægyptiens parler de dieux,

---

20. Voir HÉRODOTE, *Enquêtes*, II, 4.

χρόνῳ παρ᾿ Αἰγυπτίων λόγον Ἀσσύριοι ἐς θεοὺς ἤκουσαν, καὶ ἱρὰ καὶ νηοὺς ἤγειραν, ἐν τοῖς καὶ ἀγάλματα ἔθεντο καὶ ξόανα ἐστήσαντο.

3 Τὸ δὲ παλαιὸν καὶ παρ᾿ Αἰγυπτίοισιν ἀξόανοι νηοὶ ἔσαν. Καὶ ἔστιν ἱρὰ καὶ ἐν Συρίῃ οὐ παρὰ πολὺ τοῖς Αἰγυπτίοισιν ἰσοχρονέοντα, τῶν ἐγὼ πλεῖστα ὄπωπα, τό γε τοῦ Ἡρακλέος τὸ ἐν Τύρῳ, οὐ τούτου τοῦ Ἡρακλέος τὸν Ἕλληνες ἀείδουσιν, ἀλλὰ τὸν ἐγὼ λέγω πολλὸν ἀρχαιότερος καὶ Τύριος ἥρως ἐστίν.

4 Ἔνι δὲ καὶ ἄλλο ἱρὸν ἐν Φοινίκῃ μέγα, τὸ Σιδόνιοι ἔχουσιν. Ὡς μὲν αὐτοὶ λέγουσιν, Ἀστάρτης ἐστὶν· Ἀστάρτην δ᾿ ἐγὼ δοκέω Σεληναίην ἔμμεναι. Ὡς δὲ μοί τις τῶν ἱρέων ἀπηγέετο, Εὐρώπης ἐστὶν τῆς Κάδμου ἀδελφεῆς· ταύτην δὲ ἐοῦσαν Ἀγήνορος τοῦ βασιλέως θυγατέρα, ἐπειδὴ τε ἀφανὴς ἐγεγόνεεν οἱ Φοίνικες τῷ νηῷ ἐτιμήσαντο καὶ λόγον ἱρὸν ἐπ᾿ αὐτῇ ἔλεξαν, ὅτι ἐοῦσαν καλὴν Ζεὺς ἐπόθεεν καὶ τὸ εἶδος ἐς ταῦρον ἀμειψάμενος ἥρπασεν καί μιν ἐς Κρήτην φέρων ἀπίκετο. Τάδε μὲν καὶ τῶν ἄλλων Φοινίκων ἤκουον, καὶ τὸ νόμισμα τῷ Σιδόνιοι χρέωνται τὴν Εὐρώπην ἐφεζομένην ἔχει τῷ ταύρῳ τῷ Διί· τὸν δὲ νηὸν οὐκ ὁμολογέουσιν Εὐρώπης ἔμμεναι.

5 Ἔχουσι δὲ καὶ ἄλλο Φοίνικες ἱρόν, οὐκ Ἀσσύριον ἀλλ᾿ Αἰγύπτιον, τὸ ἐξ Ἡλίου πόλιος ἐς τὴν Φοινίκην ἀπίκετο. ἐγὼ μέν μιν οὐκ ὄπωπα, μέγα δὲ καὶ τόδε καὶ ἀρχαῖόν ἐστιν.

6 Εἶδον δὲ καὶ ἐν Βύβλῳ μέγα ἱρὸν Ἀφροδίτης Βυβλίης, ἐν τῷ καὶ τὰ ὄργια ἐς Ἄδωνιν ἐπιτελέουσιν· ἐδάην δὲ καὶ τὰ ὄργια. Λέγουσι γὰρ δὴ ὦν τὸ ἔργον τὸ ἐς Ἄδωνιν ὑπὸ τοῦ συὸς ἐν τῇ χώρῃ τῇ σφετέρῃ γενέσθαι, καὶ μνήμην τοῦ πάθεος τύπτονταί τε ἑκάστου ἔτεος καὶ θρηνέουσι καὶ τὰ

---

21. Le ξόανον est une statue primitive en bois. Le mot image ou ymage est couramment employé jusqu'au XVIᵉ siècle pour désigner une statue ; un imagier est un sculpteur. Mais Rabelais emploie aussi les mots effigie et statue.

22. Il s'agit de Melkart, héros civilisateur assimilé à Héraclès, dont HÉRODOTE dit avoir visité le temple à Tyr (Enquêtes, II, 44).

23. Déesse guerrière du Moyen-Orient, également connue à Babylone sous le nom d'Ishtar.

erigerent sanctuaires et temples dedans lesquelz ilz mirent statues sacrees et placerent ymages antiques [21]. 3. Anciennement chez les Ægyptiens mesmes, les temples n'avoient poinct d'ymages, et en Syrie il y a des sanctuaires a un peu du mesme temps que ceulx des Ægyptiens desquels, quant est de moy, j'ay veu plusieurs, à tout le moins celuy d'Héraclès* en Tyr, poinct cestuy Héraclès* que chantent les Grecz, car celuy que je dis, moult plus ancien, est le heros de Tyr [22].

4. Il est un aultre grand sanctuaire en Phenicie, qui est aux Sidoniens. Si comme ilz disent, c'est temple d'Astarté [23], mais moy je cuyde qu'Astarté est Séléné* [24], et si comme un des prebstres me l'enseigna, il est dedié à Europe*, seur de Cadmos*, laquelle estoit fille du roy Agénor, et quand elle disparust, les Pheniciens l'honorerent de ce temple, et firent sur elle un sainct recit, qu'elle estoit belle, que Zeus* la convoita, qu'ayant changé sa figure en taureau, il la ravit et l'emporta en Crète. Lequel recit j'ay ouy des aultres Pheniciens aussi, et la monnoye dont usent les Sidoniens figure Europe* assise sur le taureau, mais quant est du temple, ilz n'accordent pas tous qu'il est d'Europe*.

5. Les Pheniciens ont un aultre sanctuaire, lequel n'est poinct assyrien mais ægyptien, et fust introduict d'Héliopolis en Phenicie. Quant est de moy, je ne l'ay poinct veu, mais il est pareillement grand et antique.

6. J'ay veu encore en Byblos un grand sanctuaire d'Aphrodite* de Byblos, dedans lequel ilz celebrent aussi les mysteres d'Adonis*, et j'ay eté instruict encore de ces mysteres. Ilz disent que la navrure d'Adonis* par le sanglier advint dans leur pays, et en remembrance de ceste adventure, tous les ans chascun frappe sa poictrine, ilz se lamentent, fonct les mysteres et menent grand dueil par le pays. Quand ilz se sont frappés et se

---

24. Cette assimilation est tardive est mal fondée.

ὄργια ἐπιτελέουσι καὶ σφίσι μεγάλα πένθεα ἀνὰ τὴν χώρην
ἵσταται. Ἐπεὰν δὲ ἀποτύψωνταί τε καὶ ἀποκλαύσωνται,
πρῶτα μὲν καταγίζουσι τῷ Ἀδώνιδι ὅκως ἐόντι νέκυι, μετὰ
δὲ τῇ ἑτέρῃ ἡμέρῃ ζώειν τέ μιν μυθολογέουσι καὶ ἐς τὸν
ἠέρα πέμπουσι καὶ τὰς κεφαλὰς ξύρονται ὅκως Αἰγύπτιοι
ἀποθανόντος Ἄπιος. Γυναικῶν δὲ ὁκόσαι οὐκ ἐθέλουσι
ξύρεσθαι, τοιήνδε ζημίην ἐκτελέουσιν ἐν μιῇ ἡμέρῃ ἐπὶ
πρήσει τῆς ὥρης ἵστανται· ἡ δὲ ἀγορὴ μούνοισι ξείνοισι
παρακέαται, καὶ ὁ μισθὸς ἐς τὴν Ἀφροδίτην θυσίη γίγνεται.

7 Εἰσὶ δὲ ἔνιοι Βυβλίων οἳ λέγουσι παρὰ σφίσι τεθάφθαι
τὸν Ὄσιριν τὸν Αἰγύπτιον, καὶ τὰ πένθεα καὶ τὰ ὄργια οὐκ
ἐς τὸν Ἄδωνιν ἀλλ᾽ ἐς τὸν Ὄσιριν πάντα πρήσσεσθαι. Ἐρέω
δὲ καὶ ὁκόθεν καὶ τάδε πιστὰ δοκέουσι. Κεφαλὴ ἑκάστου
ἔτεος ἐξ Αἰγύπτου ἐς τὴν Βύβλον ἀπικνέεται πλώουσα τὸν
μεταξὺ πλόον ἑπτὰ ἡμερέων, καί μιν οἱ ἄνεμοι φέρουσι θείῃ
ναυτιλίῃ· τρέπεται δὲ οὐδαμά, ἀλλ᾽ ἐς μούνην τὴν Βύβλον
ἀπικνέεται. Καὶ ἔστι τὸ σύμπαν θωῦμα. Καὶ τοῦτο ἑκάστου
ἔτεος γίγνεται, τὸ καὶ ἐμεῦ παρεόντος ἐν Βύβλῳ ἐγένετο καὶ
τὴν κεφαλὴν ἐθεησάμην Βυβλίνην.

8. Ἔνι δὲ καὶ ἄλλο θωῦμα ἐν τῇ χώρῃ τῇ Βυβλίῃ.
Ποταμὸς ἐκ τοῦ Λιβάνου τοῦ οὔρεος ἐς τὴν ἅλα ἐκδιδοῖ·
οὔνομα τῷ ποταμῷ Ἄδωνις ἐπικέαται. Ὁ δὲ ποταμὸς
ἑκάστου ἔτεος αἱμάσσεται καὶ τὴν χροίην ὀλέσας ἐσπίπτει
ἐς τὴν θάλασσαν καὶ φοινίσσει τὸ πολλὸν τοῦ πελάγεος
καὶ σημαίνει τοῖς Βυβλίοις τὰ πένθεα. Μυθέονται δὲ ὅτι
ταύτῃσι τῇσι ἡμέρῃσιν ὁ Ἄδωνις ἀνὰ τὸν Λίβανον
τιτρώσκεται, καὶ τὸ αἷμα ἐς τὸ ὕδωρ ἐρχόμενον ἀλλάσσει
τὸν ποταμὸν καὶ τῷ ῥόῳ τὴν ἐπωνυμίην διδοῖ. Ταῦτα μὲν οἱ
πολλοὶ λέγουσιν. Ἐμοὶ δέ τις ἀνὴρ Βύβλιος ἀληθέα δοκέων

---

25. Dans l'*Idylle* 15, 135 sq., les Syracusaines mises en scène par
Théocrite célèbrent les fêtes d'Adonis* et disent que, le lendemain,
elles le confieront aux flots. Peut-être y a-t-il confusion chez Lucien
entre l'air et l'eau ?

26. Voir *Sur les sacrifices,* 13, et la note.

27. Il s'agit de la prostitution sacrée (voir HÉRODOTE,
Enquêtes, I, 199).

sont lamentés, ilz presentent d'abord des sacrifices à Adonis* comme s'il feust mort, et ensuite, le second jour, ilz content qu'il est vif, l'envoyent dans l'air [25] et rasent leur teste, si comme les Ægyptiens à la mort d'Apis* [26]. Les femmes qui ne veulent poinct raser leur teste payent amende telle : pendant un jour, elles fonct commerce de leur fleur [27], le marché estant ouvert aux estrangiers seulement, et du salaire est faict un sacrifice à Aphrodite*.

7. Il est des gens de Byblos qui disent que l'Ægyptien Osiris* est enterré en leur pays, qu'ilz ne menent poinct les deuils et les mysteres pour Adonis*, mais fonct tout cela pour Osiris*, et je diroy encore pourquoy ilz estiment cela digne de creance. Tous les ans, une teste arrive d'Ægypte en Byblos, voguant par sept jours entre les contrees, et les vens la poussent par navigage divin, laquelle ne s'escarte aulcunement, mais aborde seulement en Byblos. C'est entiere merveille qui advient tous les ans et advint aussi quand j'estois en Byblos, et j'ay veu la teste de Byblos [28].

8. Il est encore une aultre merveille dedans la contree de Byblos, pour ce qu'un fleuve decoulle du mont Liban, qui s'espand dans la mer et a nom Adonis [29], lequel fleuve tous les ans, devient sanglant, et se jette en la mer, ayant perdu sa couleur propre et il teinct de pourpre la pluspart des flots et signifie aux gens de Byblos qu'il fault deuil mener. Ilz content qu'en ces propres jours Adonis* est navré dans le Liban, que le sang qui va dans l'eau altere le fleuve et donne au cours son surnom. Si disent les plusieurs, mais à moy, un homme de Byblos, qui me sembloit dire vray, enseigna une aultre cause de l'adventure. Si me disoit : « Le

---

28. Jeu sur le mot βύβλος qui désigne la grande ville phénicienne, mais aussi le papyrus. La tête dont il s'agit devait être un simulacre en une sorte de papier mâché.

29. Ce fleuve s'appelle aujourd'hui Nahr Ibrahim.

λέγειν ἑτέρην ἀπηγέετο τοῦ πάθεος αἰτίην. Ἔλεγεν δὲ ὧδε·
ὁ Ἄδωνις ὁ ποταμός, ὦ ξεῖνε, διὰ τοῦ Λιβάνου ἔρχεται· ὁ δὲ
Λίβανος κάρτα ξανθόγεώς ἐστιν. Ἄνεμοι ὦν τρηχέες
ἐκείνῃσι τῇσι ἡμέρῃσι ἱστάμενοι τὴν γῆν τῷ ποταμῷ ἐπιφέ-
ρουσιν ἐοῦσαν ἐς τὰ μάλιστα μιλτώδεα, ἡ δὲ γῆ μιν αἱμώδεα
τίθησιν καὶ τοῦδε τοῦ πάθεος οὐ τὸ αἷμα, τὸ λέγουσιν, ἀλλ'
ἡ χώρη αἰτίη. Ὁ μέν μοι Βύβλιος τοσάδε ἀπηγέετο· εἰ δὲ
ἀτρεκέως ταῦτα ἔλεγεν, ἐμοὶ μὲν δοκέει κάρτα θείη καὶ τοῦ
ἀνέμου ἡ συντυχίη.

9 Ἀνέβη δὲ καὶ ἐς τὸν Λίβανον ἐκ Βύβλου, ὁδὸν ἡμέρης,
πυθόμενος αὐτόθι ἀρχαῖον ἱρὸν Ἀφροδίτης ἔμμεναι, τὸ
Κινύρης εἴσατο, καὶ εἶδον τὸ ἱρόν, καὶ ἀρχαῖον ἦν. Τάδε μέν
ἐστι τὰ ἐν τῇ Συρίῃ ἀρχαῖα καὶ μεγάλα ἱρά.

10 Τοσούτων δὲ ἐόντων ἐμοὶ δοκέει οὐδὲν τῶν ἐν τῇ ἱρῇ
πόλει μέζον ἔμμεναι οὐδὲ νηὸς ἄλλος ἁγιώτερος οὐδὲ χώρη
ἄλλη ἱροτέρη. Ἔνι δὲ ἐν αὐτῷ καὶ ἔργα πολυτελέα καὶ
ἀρχαῖα ἀναθήματα καὶ πολλὰ θωύματα καὶ ξόανα θεοπρε-
πέα. Καὶ θεοὶ δὲ κάρτα αὐτοῖσιν ἐμφανέες· ἱδρώει γὰρ δὴ
ὦν παρὰ σφίσι τὰ ξόανα καὶ κινέεται καὶ χρησμηγορέει, καὶ
βοὴ δὲ πολλάκις ἐγένετο ἐν τῷ νηῷ κλεισθέντος τοῦ ἱροῦ,
καὶ πολλοὶ ἤκουσαν. Ναὶ μὴν καὶ ὄλβου πέρι ἐν τοῖσιν ἐγὼ
οἶδα πρῶτόν ἐστιν· πολλὰ γὰρ αὐτοῖσιν ἀπικνέεται χρήματα
ἔκ τε Ἀραβίης καὶ Φοινίκων καὶ Βαβυλωνίων καὶ ἄλλα ἐκ
Καππαδοκίης, τὰ δὲ καὶ Κίλικες φέρουσι, τὰ δὲ καὶ Ἀσσύριοι. Εἶδον δὲ ἐγὼ καὶ τὰ ἐν τῷ νηῷ λάθρη ἀποκέαται,
ἐσθῆτα πολλὴν καὶ ἄλλα ὁκόσα ἐς ἄργυρον ἢ ἐς χρυσὸν ἀπο-
κέκριται. Ὁρταὶ μὲν γὰρ καὶ πανηγύριες οὐδαμοῖσιν ἄλλοισιν ἀνθρώπων τοσαίδε ἀποδεδέχαται.

11 Ἱστορέοντι δέ μοι ἐτέων πέρι, ὁκόσα τῷ ἱρῷ ἐστιν,
καὶ τὴν θεὸν αὐτοὶ ἥντινα δοκέουσιν, πολλοὶ λόγοι ἐλέγοντο,
τῶν οἱ μὲν ἱροί, οἱ δὲ ἐμφανέες, οἱ δὲ κάρτα μυθώδεες, καὶ
ἄλλοι βάρβαροι, οἱ μὲν τοῖσιν Ἕλλησιν ὁμολογέοντες τοὺς
ἐγὼ πάντας μὲν ἐρέω, δέκομαι δὲ οὐδαμά.

---

30. Fils d'Apollon* et père incestueux qui conçut Adonis* avec
sa fille Myrrha.

fleuve Adonis, estrangier, traverse le Liban, et le Liban est fort jaune de sol. Adoncques les vens, qui sont drus en ces jours, traisnent la terre dedans le fleuve, laquelle est de pluspart vermeil, et la terre le faict couleur de sang, et la cause de l'adventure n'est poinct pour le sang, si comme les gens disent, mais pour la contree. ». Si m'enseignoit l'homme de Byblos, mais s'il parloit vray, me semble pourtant fort divine la survenue du vent proprement en ces jours.

9. Je suis monté encore en Liban depuis Byblos, à une journée, ayant ouy qu'il y estoit un antique sanctuaire d'Aphrodite*, fondé par Cinyras [30], et j'ay veu le sanctuaire et il estoit antique. Tels sont les sanctuaires antiques et grands en Syrie.

10. Mais etant si nombreux, aulcun, ce me semble, n'est plus grand que ceulx de la Cité Saincte, aulcun aultre temple plus sacré, aulcune aultre contree plus saincte, car sont dedans le temple ouvraiges precieux, offrandes antiques, moult merveilles et ymages dignes des dieux, lesquels se manifestent fort à eux, car icy les ymages remuent, vaticinent, et souventes foys une voix sonne dedans le temple, cependant que le sanctuaire est clos, que plusieurs ont ouie. Au reguard de la prosperité, ce temple est le premier de ceux que je cognois, pour ce que moult richesses viennent chez eux d'Arabie, des Pheniciens et les Babyloniens, aulcunes encore de Cappadoce, les Ciliciens en apportent d'aultres, les Assyriens pareillement. Quant est de moy, j'ay mesme veu ce qui est deposé en secret dedans le temple, quantité de vesteures et aultres biens en or et en argent reservés à l'escart. Et au reguard des festes et grandes cerymonies, chez aulcuns aultres hommes n'y sont de telles desployées.

11 Quand j'enquerois combien d'ans a le temple et quelle ilz croient estre la déesse, moult recits me furent faicts, aulcuns sacrés, d'aultres prophanes, d'aultres tres fabuleux et d'aultres barbares, aulcuns accordés aux Grecz, lesquels je rapporteroy tous, mais en rien ne les agrée.

12 Οἱ μὲν ὦν πολλοὶ Δευκαλίωνα τὸν Σκύθεα τὸ ἱρὸν
εἴσασθαι λέγουσιν, τοῦτον Δευκαλίωνα ἐπὶ τοῦ τὸ πολλὸν
ὕδωρ ἐγένετο. Δευκαλίωνος δὲ πέρι λόγον ἐν Ἕλλησιν
ἤκουσα, τὸν Ἕλληνες ἐπ' αὐτῷ λέγουσιν. Ὁ δὲ μῦθος ὧδε
ἔχει. Ἥδε ἡ γενεή, οἱ νῦν ἄνθρωποι, οὐ πρῶτοι ἐγένοντο,
ἀλλ' ἐκείνη μὲν ἡ γενεὴ πάντες ὤλοντο, οὗτοι δὲ γένεος τοῦ
δευτέρου εἰσί, τὸ αὖτις ἐκ Δευκαλίωνος ἐς πληθὺν ἀπίκετο.
Ἐκείνων δὲ πέρι τῶν ἀνθρώπων· τάδε μυθέονται ὑβρισταὶ
κάρτα ἐόντες ἀθέμιστα ἔργα ἔπρησσον, οὔτε γὰρ ὅρκια ἐφύ-
λασσον οὔτε ξείνους ἐδέκοντο οὔτε ἱκετέων ἠνείχοντο, ἀνθ'
ὧν σφίσιν ἡ μεγάλη συμφορὴ ἀπίκετο. Αὐτίκα ἡ γῆ πολλὸν
ὕδωρ ἐκδιδοῖ καὶ ὄμβροι μεγάλοι ἐγένοντο καὶ οἱ ποταμοὶ
κατέβησαν μέζονες καὶ ἡ θάλασσα ἐπὶ πολλὸν ἀνέβη, ἐς ὃ
πάντα ὕδωρ ἐγένοντο καὶ πάντες ὤλοντο, Δευκαλίων δὲ
μοῦνος ἀνθρώπων ἐλίπετο ἐς γενεὴν δευτέρην εὐβουλίης τε
καὶ τοῦ εὐσεβέος εἵνεκα. Ἡ δὲ οἱ σωτηρίη ἥδε ἐγένετο λάρ-
νακα· μεγάλην, τὴν αὐτὸς εἶχεν, ἐς ταύτην ἐσβιβάσας
παῖδάς τε καὶ γυναῖκας ἑωυτοῦ ἐσέβη· ἐσβαίνοντι δέ οἱ
ἀπίκοντο σύες καὶ ἵπποι καὶ λεόντων γένεα καὶ ὄφιες καὶ
ἄλλα ὁκόσα ἐν γῇ νέμονται, πάντα ἐς ζεύγεα. Ὁ δὲ πάντα
ἐδέκετο, καί μιν οὐκ ἐσίνοντο, ἀλλά σφι μεγάλη διόθεν
φιλίη ἐγένετο. Καὶ ἐν μιῇ λάρνακι πάντες ἔπλευσαν ἔστε τὸ
ὕδωρ ἐπεκράτεεν τὰ μὲν Δευκαλίωνος πέρι Ἕλληνες
ἱστορέουσι.

13 Τὸ δὲ ἀπὸ τούτου λέγεται λόγος ὑπὸ τῶν ἐν τῇ ἱρῇ
πόλει μεγάλως ἄξιος θωυμάσαι, ὅτι ἐν τῇ σφετέρῃ χώρῃ
χάσμα μέγα ἐγένετο καὶ τὸ σύμπαν ὕδωρ κατεδέξατο· Δευκαλίων δέ, ἐπεὶ τάδε ἐγένετο, βωμούς τε ἔθετο καὶ νηὸν ἐπὶ

---

31. Deucalion, fils de Prométhée* (c'est par erreur que Lucien le
dit scythe) et son épouse furent les seuls survivants du Déluge décidé
par Zeus*. Réfugiés sur le mont Parnasse, ils reçurent l'oracle de
Thémis* leur ordonnant de jeter derrière eux les os de leur grand-
mère afin de repeupler la terre. Comprenant qu'il s'agissait de Gaïa*
(la Terre), dont les pierres sont les os, ils ramassèrent des pierres et
les jetèrent derrière eux : celles que jetait Deucalion se changèrent en
hommes, et celles que jetait Pyrrha, en femmes (voir OVIDE, *Métamorphoses*, I, 262-405).

12. Si comme disent les plusieurs, le scythe Deucalion [31] fonda le sanctuaire, cestuy Deucalion de l'aage où se fict le deluge. Quant est de Deucalion, j'ay ouy chez les Grecz le recit que les Grecz fonct de luy, et le conte est tel. Notre engeance, les hommes de notre aage, ne fust pas la premiere, car ceux de la premiere engeance moururent tous, mais ilz sont de la seconde engeance, yssue de Deucalion, laquelle vint depuis à multitude. Quant est des premiers hommes, ilz content que fort insolens, ilz faisoient actes abominables, ne tenoient poinct leurs juremens, ne recevoient poinct estrangiers, n'enduroient poinct supplians, ce pourquoy advint la grande calamité : incontinent la terre rejecta abondance d'eaue, de grandes pluyes se firent, les fleuves enflerent, et la mer remonta fort avant, à tant que toutes choses devinrent eaue, et tous moururent. Deucalion seul des hommes fust laissé pour une seconde engeance, à raison de sa sagesse et pieté. Et le salut luy vint de telle maniere : il avoit une grande arche [32] en laquelle il fict monter ses enfans et ses femmes, puis monta luy-mesme, et cependant qu'il y montoit, luy vinrent sangliers, chevaulx, engeances de lions, serpens et tous les aultres animaux qui vivent en la terre, chascuns par paires. Il les reçeut tous, et ilz ne luy porterent poinct nuisance mais se fict entre eux une grande amitié venue de Zeus*, et ilz voguerent tous dedans ceste unique arche tandis que l'eau domina [33]. Pour Deucalion, tels sont les contes des Grecz.

13. De ce qui advint depuis, les habitans de la Cité Saincte fonct un recit moult merveilleux, disant que dedans leur contree se fict une grande crevasse, laquelle reçeut toute l'eaue, après quoy Deucalion edifia des

---

32. Le mot désigne un coffre.
33. Dans la légende grecque Deucalion et Pyrrha voguent seuls. La présence dans l'arche de couples d'animaux se rencontre dans les traditions babylonienne (épopée de Gilgamesh) et juive (Genèse).

τῷ χάσματι Ἥρης ἅγιον ἐστήσατο. Ἐγὼ δὲ καὶ τὸ χάσμα εἶδον, καὶ ἔστιν ὑπὸ τῷ νηῷ κάρτα μικρόν. Εἰ μὲν ὦν πάλαι καὶ μέγα ἐὸν νῦν τοιόνδε ἐγένετο, οὐκ οἶδα· τὸ δὲ ἐγὼ εἶδον, μικρόν ἐστιν. Σῆμα δὲ τῆς ἱστορίης τόδε πρήσσουσιν. Δὶς ἑκάστου ἔτεος ἐκ θαλάσσης ὕδωρ ἐς τὸν νηὸν ἀπικνέεται. Φέρουσι δὲ οὐκ ἱρέες μοῦνον, ἀλλὰ πᾶσα Συρίη καὶ Ἀραβίη, καὶ πέρηθεν τοῦ Εὐφρήτεω πολλοὶ ἄνθρωποι ἐς θάλασσαν ἔρχονται καὶ πάντες ὕδωρ φέρουσιν, τὸ πρῶτα μὲν ἐν τῷ νηῷ ἐκχέουσι, μετὰ δὲ ἐς τὸ χάσμα κατέρχεται, καὶ δέκεται τὸ χάσμα μικρὸν ἐὸν ὕδατος χρῆμα πολλόν. Τὰ δὲ ποιέοντες Δευκαλίωνα ἐν τῷ ἱρῷ τόνδε νόμον θέσθαι λέγουσι συμφορῆς τε καὶ εὐεργεσίης μνῆμα ἔμμεναι. Ὁ μὲν ὦν ἀρχαῖος αὐτοῖσι λόγος ἀμφὶ τοῦ ἱροῦ τοιόσδε ἐστίν.

14 Ἄλλοι δὲ Σεμίραμιν τὴν Βαβυλωνίην, τῆς δὴ πολλὰ ἔργα ἐν τῇ Ἀσίῃ ἐστίν, ταύτην καὶ τόδε τὸ ἕδος εἴσασθαι νομίζουσιν, οὐκ Ἥρῃ δὲ εἴσασθαι ἀλλὰ μητρὶ ἑωυτῆς, τῆς Δερκετὼ οὔνομα. Δερκετοῦς δὲ εἶδος ἐν Φοινίκῃ ἐθεησάμην, θέημα ξένον· ἡμισέη μὲν γυνή, τὸ δὲ ὁκόσον ἐκ μηρῶν ἐς ἄκρους πόδας ἰχθύος οὐρὴ ἀποτείνεται. Ἡ δὲ ἐν τῇ ἱρῇ πόλει πᾶσα γυνή ἐστι, πίστιες δὲ τοῦ λόγου αὐτοῖσιν οὐ κάρτα ἐμφανέες. Ἰχθύας χρῆμα ἱρὸν νομίζουσιν καὶ οὔκοτε ἰχθύων ψαύουσι καὶ ὄρνιθας· τοὺς μὲν ἄλλους σιτέονται, περιστερὴν δὲ μούνην οὐ σιτέονται, ἀλλὰ σφίσιν ἥδε ἱρή. Τὰ δὲ γιγνόμενα δοκέει αὐτοῖς ποιέεσθαι Δερκετοῦς καὶ Σεμιράμιος εἵνεκα, τὸ μὲν ὅτι Δερκετὼ μορφὴν ἰχθύος ἔχει, τὸ δὲ ὅτι τὸ Σεμιράμιος τέλος ἐς περιστερὴν ἀπίκετο. Ἀλλ᾽ ἐγὼ τὸν μὲν νηὸν ὅτι Σεμιράμιος ἔργον ἐστὶν τάχα κου δέξομαι· Δερκετοῦς δὲ τὸ ἱρὸν ἔμμεναι οὐδαμὰ πείθομαι, ἐπεὶ καὶ παρ᾽ Αἰγυπτίων ἐνίοισιν ἰχθύας οὐ σιτέονται, καὶ τάδε οὐ Δερκετοῖ χαρίζονται.

---

34. Atargatis*, ou Derkéto*, est la grande déesse syrienne, souveraine des eaux et des sources, à qui est dédié le sanctuaire d'Hiérapolis.

autels et bastit sur la crevasse un temple d'Héra*. Pour moy, j'ay veu ceste crevasse, laquelle est dessoubz le temple et fort petite. Je ne sçais si elle estoit grande anciennement et ores est devenue telle, mais celle que moy j'ay veue est petite.

En remembrance de l'histoire, ilz fonct ainsi. Deux fois l'an, de l'eaue vient de la mer dedans le temple qu'apportent non seulement les presbtres, mais toute la Syrie et l'Arabie, et quantité d'hommes d'outre Euphrates vont aussi à la mer. Tous apportent de l'eaue, et premierement la versent dedans le temple, puis elle va dedans la crevasse, et la crevasse qui est petite recueille grant abondance d'eaue, et ce faisant, ilz disent que Deucalion a instauré ceste loy dans le sanctuaire en remembrance de la calamité et du bienfaict. Leur antique recit sur le sanctuaire est doncques tel.

14. D'aultres pensent que Sémiramis* la Babylo-nienne, de laquelle en Asie sont moult ouvraiges, fonda aussi cet edifice, et le fonda non poinct pour Héra*, mais pour sa mere, qui avoit nom Derkéto* [34]. J'ay veu une figure de Derkéto* en Phenicie – chose estrange à voir : femme pour moictié, et depuis les cuisses jusques au bout des pieds s'estend la queue d'un poisson. Mais celle de la Cité Saincte est femme tout partout, et les preuves qu'ilz donnent ne sont pas tres nettes : ilz estiment le poisson chose sacrée et ne touchent oncques aux poissons, et des oiseaux, mangent les aultres, fors la columbe, la seule qu'ilz ne mangent poinct, laquelle leur est sacrée. Ilz croient qu'ilz ont ces usaiges pour Derkéto* et Sémiramis* : le premier, par ce que Der-kéto* a la forme d'un poisson, le second pour ce que finalement Sémiramis* devint columbe. Quant est de moy, je pourrois recevoir ce temple ouvraige de Sémira-mis*, mais ne croy nullement le sanctuaire de Derkéto*, car chez les Ægyptiens mesmes, aulcuns ne mangent poinct les poissons, et ce n'est poinct pour complaire à Derkéto*.

15 Ἔστιν δὲ καὶ ἄλλος λόγος ἱρός, τὸν ἐγὼ σοφοῦ ἀνδρὸς ἤκουσα, ὅτι ἡ μὲν θεὴ Ῥέη ἐστίν, τὸ δὲ ἱρὸν Ἄττεω ποίημα. Ἄττης δὲ γένος μὲν Λυδὸς ἦν, πρῶτος δὲ τὰ ὄργια τὰ ἐς Ῥέην ἐδιδάξατο. Καὶ τὰ Φρύγες καὶ Λυδοὶ καὶ Σαμόθρᾳκες ἐπιτελέουσιν, Ἄττεω πάντα ἔμαθον. Ὡς γάρ μιν ἡ Ῥέη ἔτεμεν, βίου μὲν ἀνδρηίου ἀπεπαύσατο, μορφὴν δὲ θηλέην ἠμείψατο καὶ ἐσθῆτα γυναικηίην ἐνεδύσατο καὶ ἐς πᾶσαν γῆν φοιτέων ὄργιά τε ἐπετέλεεν καὶ τὰ ἔπαθεν ἀπηγέετο καὶ Ῥέην ἤειδεν. Ἐν τοῖσιν καὶ ἐς Συρίην ἀπίκετο. Ὡς δὲ οἱ πέρην Εὐφρήτεω ἄνθρωποι οὔτε αὐτὸν οὔτε ὄργια ἐδέκοντο, ἐν τῷδε τῷ χώρῳ τὸ ἱρὸν ἐποιήσατο. Σημήια δέ ἡ θεὸς τὰ πολλὰ ἐς Ῥέην ἐπικνέεται· λέοντες γάρ μιν φέρουσι καὶ τύμπανον ἔχει καὶ ἐπὶ τῇ κεφαλῇ πυργοφορέει, ὁκοίην Ῥέην Λυδοὶ ποιέουσιν. Ἔλεγεν δὲ καὶ Γάλλων πέρι, οἳ εἰσιν ἐν τῷ ἱρῷ, ὅτι Γάλλοι Ἥρῃ μὲν οὐδαμά, Ῥέῃ δὲ τέμνονται καὶ Ἄττεα μιμέονται. Τὰ δέ μοι εὐπρεπέα μὲν δοκέει ἔμμεναι, ἀληθέα δὲ οὔ· ἐπεὶ καὶ τῆς τομῆς ἄλλην αἰτίην ἤκουσα πολλὸν πιστοτέρην.

16 Ἀνδάνει δέ μοι ἃ λέγουσιν τοῦ ἱροῦ πέρι τοῖς Ἕλλησι τὰ πολλὰ ὁμολογέοντες, τὴν μὲν θεὸν Ἥρην δοκέοντες, τὸ δ᾽ ἔργον Διονύσου τοῦ Σεμέλης ποίημα· καὶ γὰρ δὴ Διόνυσος ἐς Συρίην ἀπίκετο κείνην ὁδὸν τὴν ἦλθεν ἐς Αἰθιοπίην. Καὶ ἔστι πολλὰ ἐν τῷ ἱρῷ Διονύσου ποιητέων σήματα, ἐν τοῖσι καὶ ἐσθῆτες βάρβαροι καὶ λίθοι Ἰνδοὶ καὶ ἐλεφάντων κέρεα, τὰ Διόνυσος ἐξ Αἰθιόπων ἤνεικεν, καὶ φαλλοὶ δὲ ἑστᾶσι ἐν τοῖσι προπυλαίοισι δύο κάρτα μεγάλοι,

---

35. Pour les Anciens, cesser d'être un homme, c'est se changer en femme. On trouve la même idée dans le poème que Catulle a consacré à Attis*. Aussitôt la castration accomplie, le jeune homme est désigné par le féminin (en alternance parfois avec le masculin pour marquer l'aspect indéterminé du personnage).

36. Les Galles* sont les prêtres de Rhéa* qui s'émasculent pour imiter Attis*. Rabelais, qui visiblement était très familier de *La Déesse de Syrie* dont il reprend beaucoup de motifs, parle (*Tiers livre*, chapitre 45) de « Galles* escouillés et retaillatz fanatiques ». Nous avons hésité à reprendre ces termes savoureux à propos de la castration. Il nous a semblé que le texte de Lucien texte n'était pas suffisamment truculent pour autoriser ce niveau de langue.

15. Il est un aultre sainct recit que j'ay ouy d'un homme sage, que la déesse est Rhéa*, et le sanctuaire ouvraige d'Attis*. Cestuy Attis* estoit Lydien de naissance, et enseigna le premier les mysteres de Rhéa*, et tout ce que les Phrygiens, les Lydiens et les Samothraciens accomplissent, ilz l'ont appris d'Attis*. Quand Rhéa* l'eust chastré, il laissa la vie de masle [35], changea en figure feminine, endossa accoultremens de femmes, et peregrinant en chasque terre, il celebroit les mysteres, narroit ce qui luy estoit advenu et chantoit Rhéa*, et ce faisant, il vint mesme en Syrie. Pour ce que les hommes oultre Euphrates ne le recevoient poinct, ni luy ni ses mysteres, il fonda le sanctuaire à ceste place. En preuve, la déesse ressemble moult Rhéa*, car des lions la portent, elle a un tabourin, et sur sa teste porte des tours, si comme les Lydiens figurent Rhéa*. Il me disoit encore, au reguard des Galles* [36] qui sont dedans le sanctuaire, que les Galles* ne se chastrent nullement pour Héra*, mais pour Rhéa*, en imitation d'Attis*. Je cuyde ceste invention subtile, mais non vraye, pour ce que j'ay ouy une aultre cause de leur castration, trop plus digne de foy.

16. Moult me plaict ce qu'ilz disent du sanctuaire en s'accordant de pluspart aux Grecz, car ilz cuydent que la déesse est Héra*, et le temple ouvraige de Dionysos*, fils de Sémélé*, pour ce que Dionysos* vint en Syrie par le chemin où il estoit venu en Éthiopie, et dedans le temple sont moult signes que Dionysos* est son fondateur : accoultremens barbares, pierreries indiennes, cornes d'elephans que Dionysos* apporta des Éthiopiens [37]. Des phallus [38] sont dressés emmi les portiques [39], deux

---

37. Dans beaucoup de traditions (voir entre autres le prologue des *Bacchantes* d'Euripide), Dionysos* répandit son culte en Orient avant de venir en Grèce.

38. Il s'agit de piliers phalliques, symboles de fécondité.

39. Les propylées.

ἐπὶ τῶν ἐπίγραμμα τοιόνδε ἐπιγέγραπται· τούσδε φαλλοὺς
Διόνυσος Ἥρῃ μητρυιῇ ἀνέθηκα. Τὸ ἐμοὶ μέν νυν καὶ τόδε
ἀρκέει, ἐρέω δὲ καὶ ἄλλ' ὅ τι ἐστὶν ἐν τῷ νηῷ Διονύσου
ὄργιον. Φαλλοὺς Ἕλληνες Διονύσῳ ἐγείρουσιν, ἐπὶ τῶν καὶ
τοιόνδε τι φέρουσιν, ἄνδρας μικροὺς ἐκ ξύλου πεποιημέ-
νους, μεγάλα αἰδοῖα ἔχοντας· καλέεται δὲ τάδε νευρό-
σπαστα. Ἔστι δὲ καὶ τόδε ἐν τῷ ἱρῷ ἐν δεξιῇ τοῦ νηοῦ
κάθηται μικρὸς ἀνὴρ χάλκεος ἔχων αἰδοῖον μέγα.

17 Τοσάδε μὲν ἀμφὶ τῶν οἰκιστέων τοῦ ἱροῦ μυθολογέουσιν. Ἤδη δὲ ἐρέω καὶ τοῦ νηοῦ πέρι θέσιός τε ὅκως ἐγένετο
καὶ ὅστις μιν ἐποιήσατο. Λέγουσι τὸν νηὸν τὸν νῦν ἐόντα μὴ
ἔμμεναι τὸν τὴν ἀρχὴν γεγενημένον, ἀλλ' ἐκεῖνον μὲν κατε-
νεχθῆναι χρόνῳ ὕστερον, τὸν δὲ νῦν ἐόντα Στρατονίκης ἔμμεναι ποίημα, γυναικὸς τοῦ Ἀσσυρίων βασιλέως. Δοκέει δέ μοι
ἡ Στρατονίκη ἐκείνη ἔμμεναι, τῆς ὁ πρόγονος ἠρήσατο, τὸν
ἤλεγξεν τοῦ ἰητροῦ ἐπινοίη· ὡς γάρ μιν ἡ συμφορὴ κατέλαβεν,
ἀμηχανέως τῷ κακῷ αἰσχρῷ δοκέοντι κατ' ἡσυχίην ἐνόσεεν,
ἔκειτο δὲ ἀλγέων οὐδέν, καὶ οἱ ἥ τε χροιὴ πάμπαν ἐτρέπετο
καὶ τὸ σῶμα δι' ἡμέρης ἐμαραίνετο. Ὁ δὲ ἰητρὸς ὡς εἶδέ μιν ἐς
οὐδὲν ἐμφανὲς ἀρρωστέοντα, ἔγνω τὴν νοῦσον ἔρωτα ἔμμεναι.
Ἔρωτος δὲ ἀφανέος πολλὰ σημήια, ὀφθαλμοί τε ἀσθενέες καὶ
φωνὴ καὶ χροιὴ καὶ δάκρυα. Μαθὼν δὲ ταῦτα ἐποίεε· χειρὶ
μὲν τῇ δεξιῇ εἶχε τοῦ νεηνίσκου τὴν καρδίην, ἐκάλεε δὲ τοὺς
ἀνὰ τὴν οἰκίην πάντας· ὁ δὲ τῶν μὲν ἄλλων ἐσιόντων πάντων
ἐν ἠρεμίη μεγάλη ἦν, ὡς δὲ ἡ μητρυιὴ ἀπίκετο, τήν τε χροιὴν
ἠλλάξατο καὶ ἱδρώειν ἄρξατο καὶ τρόμῳ εἴχετο καὶ ἡ καρδίη

---

40. Héra* est la belle-mère d'Héraclès*, puisque le héros était fils
de Zeus*, l'époux d'Héra*, et d'Alcmène.

41. Marionnettes à fils. Voir HÉRODOTE (*Enquêtes,* II, 48) : « Ils
ont inventé des figures d'environ une coudée de haut, qu'on fait mouvoir par le moyen d'une corde. Les femmes portent dans les bourgs
et les villages ces figures, dont le sexe n'est guère moins grand que le
reste du corps, et qu'elles font remuer. [...] Pourquoi ces figures ont-
elles le sexe d'une grandeur si peu proportionnée, et pourquoi ne
remuent-elles que cette partie ? On en donne une raison sainte ; mais
je ne dois pas la rapporter. »

fort grands esquels est insculpée ceste escripture : *Ces phallus, moy Dionysos* les ay voués à Héra*, la mienne marastre*[40]. A moy, ceste preuve suffict, mais je diroy encore un aultre signe des mysteres de Dionysos* qui est dedans le temple. Les Grecz erigent des phallus à Dionysos*, sur quoy ilz portent des sortes de petits hommes faicts de bois avec de grandes genitoires, qu'on nomme *neurospasta*[41]. On voit cela pareillement dedans le sanctuaire, et à la dextre part du temple est assiz un petit homme d'airain avecques une grande genitoire.

17. Au reguard des contes qu'ilz fonct des fondateurs du sanctuaire, il suffict. Ores diroy de ce temple comment il fust faict et qui le fist. Ilz disent que le temple de ceste heure n'est poinct celui qui estoit au commencement, mais que le premier fust detruict par les ans et que le temple de notre aage est ouvraige de Stratonice, femme du roy des Assyriens. Je cuyde que ceste Stratonice est celle que convoita son filastre, ce que descouvrit l'abillité du medicin[42]. Quand l'infortune le saisit, ne pouvant soustenir ce qu'il cuydoit estre mal affreux, il estoit malade tout doulcement, gisoit sans nulle douleur, le teint tout alteré et le corps languissant de jour en jour. Le medicin, qui le voyait deperissant sans nul mal visible, comprist que la maladie estoit l'amour. Et d'amour il avoit moult signes : œilz languides, voix, couleur, pleurs. Quand le medicin comprist, il fist ainsi. Tenant de sa dextre le cœur du jouvenceau, il manda tous les habitans de la maison. Quand vinrent tous les aultres il estoit tres tranquille, mais incontinent qu'entra sa marastre, il changea de couleur, se prist à suer, il trembloit et son cœur bondis-

---

42. Stratonice était la fille de Démétrios Poliorcète et l'épouse de Séleucos Nicator qui la céda à son fils, Antiochos Soter. L'épisode est raconté par PLUTARQUE, *Vie de Démétrios*, 38.

ἀνεπάλλετο. Τὰ δὲ γιγνόμενα ἐμφανέα τῷ ἰητρῷ τὸν ἔρωτα ἐποίεεν, καί μιν ὧδε ἰήσατο.

18 Καλέσας τοῦ νεηνίσκου τὸν πατέρα κάρτα ὀρρωδέοντα, ἥδε ἡ νοῦσος, ἔφη, ἣν ὁ παῖς ὅδε ἀρρωστέει, οὐ νοῦσός ἐστιν, ἀλλὰ ἀδικίη· ὅδε γάρ τοι ἀλγέει μὲν οὐδέν, ἔρως δέ μιν καὶ φρενοβλαβείη ἔχει. Ἐπιθυμέει δὲ τῶν οὐδαμὰ τεύξεται, φιλέων γυναῖκα ἐμήν, τὴν ἐγὼ οὔτι μετήσομαι. Ὁ μὲν ὦν τοιάδε σοφίη ἐψεύδετο. Ὁ δὲ αὐτίκα ἐλίσσετο· πρός τε σοφίης καὶ ἰητρικῆς, μή μοι παῖδα ὀλέσῃς· οὐ γὰρ ἐθέλων ταύτῃ συμφορῇ ἔσχετο, ἀλλὰ οἱ ἡ νοῦσος ἀεκουσίη. Τῷ σὺ μηδαμὰ ζηλοτυπέων πένθος ἐγεῖραι πάσῃ βασιληίῃ μηδὲ ἰητρὸς ἐὼν φόνον προξενέειν ἰητρικῇ. Ὁ μὲν ὧδε ἀγνὼς ἐὼν ἐδέετο. Ὁ δέ μιν αὖτις ἀμείβετο· ἀνόσια σπεύδεις γάμον ἐμὸν ἀπαιρεόμενος ἠδὲ ἰητρὸν ἄνδρα βιώμενος. Σὺ δὲ κῶς ἂν αὐτὸς ἔπρηξας, εἴ τοι σὴν γυναῖκα ἐπόθεεν, ἐμεῦ τάδε δεόμενος; ὁ δὲ πρὸς τάδε ἔλεγεν ὡς οὐδ᾽ αὐτὸς ἄν κοτε γυναικὸς ἐφείσατο οὐδὲ παιδὶ σωτηρίης ἐφθόνεεν, εἰ καί τι μητρυιῆς ἐπεθύμεεν· οὐ γὰρ ὁμοίην συμφορὴν ἔμμεναι γαμετὴν ἢ παῖδα ὀλέσαι. Ὡς δὲ τάδε ὁ ἰητρὸς ἤκουσεν· τί τοι, ἔφη, ἐμὲ λίσσεαι; καὶ γάρ τοι σὴν γυναῖκα ποθέει· τὰ δὲ ἐγὼ ἔλεγον πάντα ἔην ψεύδεα. Πείθεται μὲν τουτέοισι, καὶ τῷ μὲν παιδὶ λείπει καὶ γυναῖκα καὶ βασιληίην, αὐτὸς δὲ ἐς τὴν Βαβυλωνίην χώρην ἀπίκετο καὶ πόλιν ἐπὶ τῷ Εὐφρήτῃ ἐπώνυμον ἑωυτοῦ ἐποιήσατο, ἔνθα οἱ καὶ ἡ τελευτὴ ἐγένετο. Ὧδε μὲν ὁ ἰητρὸς ἔρωτα ἔγνω τε καὶ ἰήσατο.

19 Ἤδε δὴ ὦν ἡ Στρατονίκη ἔτι τῷ προτέρῳ ἀνδρὶ συνοικέουσα ὄναρ τοιόνδε ἐθεήσατο, ὥς μιν ἡ Ἥρη ἐκέλευεν ἐγεῖραί οἱ τὸν ἐν τῇ ἱρῇ πόλει νηόν, εἰ δὲ ἀπειθέοι, πολλὰ οἱ καὶ κακὰ ἀπείλεεν. Ἡ δὲ τὰ μὲν πρῶτα οὐδεμίαν ὤρην ἐποιέετο· μετὰ δέ, ὥς μιν μεγάλη νοῦσος ἔλαβεν, τῷ τε ἀνδρὶ τὴν ὄψιν ἀπηγήσατο καὶ τὴν Ἥρην ἱλάσκετο καὶ στήσειν τὸν νηὸν ὑπεδέξατο. Καὶ αὐτίκα ὑγιέα γενομένην ὁ ἀνὴρ ἐς τὴν ἱρὴν πόλιν ἔπεμπε, σὺν δὲ οἱ καὶ χρήματα καὶ στρατιὴν πολλήν, τοὺς μὲν οἰκοδομέειν, τοὺς δὲ καὶ τοῦ

soit, lesquels signes rendirent l'amour manifeste au medicin et il le cura de telle maniere.

18. Il manda le pere du jouvenceau, qui estoit fort inquiet, et luy dict : « Ceste maladie qui oste les forces à cet enfant n'est poinct maladie, mais injure, car il n'a nulle douleur, mais est tenu par l'amour et une phrenesie. Il desire ce qu'il n'aura nullement, pour ce qu'il convoite ma femme, laquelle je ne cederoy poinct. » Il faisoit tels mensonges par sagesse, et le roy le pria incontinent : « En nom de la sagesse et de la medicine, ne sois poinct cause du trespas de mon filz, car il ne souffre poinct ceste infortune expres et sa maladie n'est poinct voulue. Ne suscite poinct par envie le dueil de tout le royaulme, et, etant medicin, ne fais poinct entrer le meurtre en la medicine. » Si prioit-il, ne sçachant poinct. Le medicin repartit : « Tu appetes choses abominables, m'ostant ma femme et oultrageant un medicin, car toy qui me fais ceste requeste, que ferois-tu s'il convoitoit ta femme ? » À quoy respondit le roy que luy n'espargneroit poinct sa femme ni ne refuseroit de saulver son filz, mesme s'il convoitoit sa marastre, car ce n'estoit poinct calamité pareille de perdre femme que filz. Quand le medicin ouit cela, il dict : « Pourquoi doncques me pries-tu ? Il convoite ta femme et tout ce que je disois estoit menteries. » Le roy fust convaincu par ces mots et habandonna à son filz femme et royaulme. Quant est de luy, partit en pays de Babylone, et fonda sur Euphrates une cité à son nom, en laquelle il mourut. Ainsi le medicin cogneut l'amour et le cura.

19. Adoncques ceste Stratonice, cependant qu'elle vivoit encore avecques son premier mary, avoit veu telle songerie : qu'Héra* ordonnait de luy bastir un temple dans la Cité Saincte, luy faisant menasse de moult maux si elle n'obeissoit poinct. La royne n'en fist premierement nul cas, puis quand un grave mal la saisit, elle narra la songerie à son mary, apaisa Héra* et consentit de bastir le temple. Elle fust curée incontinent, et son mary l'envoya en la Cité Saincte, et avecques elle des

ἀσφαλέος εἵνεκα. Καλέσας δέ τινα τῶν ἑωυτοῦ φίλων, νεηνίην κάρτα καλόν, τῷ οὔνομα ἦν Κομβάβος· ἐγώ τοι, ἔφη, ὦ Κομβάβε, ἐσθλὸν ἐόντα φιλέω τε μάλιστα φίλων ἐμῶν καὶ πάμπαν ἐπαινέω σοφίης τε καὶ εὐνοίης τῆς ἐς ἡμέας, ἣν δὴ ἐπεδέξαο. Νῦν δέ μοι χρειὼ μεγάλης πίστιος, τῷ σε θέλω γυναικὶ ἐμῇ ἑσπόμενον ἔργον τέ μοι ἐπιτελέσαι καὶ ἱρὰ τελέσαι καὶ στρατιῆς ἐπικρατέειν· σοὶ δὲ ἀπικομένῳ ἐξ ἡμέων τιμὴ μεγάλη ἔσσεται. Πρὸς τάδε ὁ Κομβάβος αὐτίκα λίσσετο πολλὰ λιπαρέων μή μιν ἐκπέμπειν μηδὲ πιστεύειν οἱ τὰ πολλὸν ἑωυτοῦ μέζονα χρήματα καὶ γυναῖκα καὶ ἔργον ἱρόν. Τὰ δὲ ὀρρώδεεν μὴ κοτέ οἱ ζηλοτυπίη χρόνῳ ὑστέρῳ ἐς τὴν Στρατονίκην γένοιτο, τὴν μοῦνος ἀπάξειν ἔμελλεν.

20 Ὡς δὲ οὐδαμὰ ἐπείθετο, ὁ δὲ ἱκεσίης δευτέρης ἅπτεται δοῦναί οἱ χρόνον ἑπτὰ ἡμερέων, μετὰ δὲ ἀποστεῖλαί μιν τελέσαντά τι τῶν μάλιστα ἐδέετο. Τυχὼν δὲ ῥηιδίως, ἐς τὸν ἑωυτοῦ οἶκον ἀπικνέεται καὶ πεσὼν χαμᾶζε τοιάδε ὠδύρετο· ὦ δείλαιος, τί μοι ταύτης τῆς πίστιος ; τί δέ μοι ὁδοῦ, τῆς τέλος ἤδη δέρκομαι ; νέος μὲν ἐγὼ καὶ γυναικὶ καλῇ ἕψομαι. Τὸ δέ μοι μεγάλη συμφορὴ ἔσσεται, εἰ μὴ ἔγωγε πᾶσαν αἰτίην κακοῦ ἀποθήσομαι τῷ με χρῆν μέγα ἔργον ἀποτελέσαι, τό μοι πάντα φόβον ἰήσεται. Τάδε εἰπὼν ἀτελέα ἑωυτὸν ἐποίεεν, καὶ ταμὼν τὰ αἰδοῖα ἐς ἀγγήιον μικρὸν κατέθετο σμύρνῃ τε ἅμα καὶ μέλιτι καὶ ἄλλοισι θυώμασι· καὶ ἔπειτα σφρηγῖδι τὴν ἐφόρεε σημηνάμενος τὸ τρῶμα ἰῆτο, μετὰ δέ, ὥς μιν ὁδοιπορέειν ἐδόκεεν, ἀπικόμενος ἐς τὸν βασιλέα πολλῶν παρεόντων διδοῖ τε ἅμα τὸ ἀγγήιον καὶ λέγει ὧδε· ὦ δέσποτα, τόδε μοι μέγα κειμήλιον ἐν τοῖσι οἰκείοισι ἀπεκέατο, τὸ ἐγὼ κάρτα ἐπόθεο· νῦν δὲ ἐπεὶ μεγάλην ὁδὸν ἔρχομαι, παρὰ σοὶ τόδε θήσομαι. Σὺ δέ μοι ἀσφαλέως ἔχειν· τόδε γάρ μοι χρυσοῦ βέλτερον, τόδε μοι ψυχῆς

---

43. Le nom Combabos a été rapproché de celui de l'adversaire de Gilgamesh, Humbaba, gardien de la forêt où vivent les dieux.

richesses et une grande armée, des hommes pour bastir, d'aultres pour seurté. Ayant mandé un de ses amis, un jouvenceau fort beau qui avoit nom Combabos[43], il luy dict : « Pour moy, Combabos, de mes amis, c'est toy que j'ayme le plus, car tu es homme de bien, et je loue tout à plain ta sagesse et le bon vouloir que tu as desploié envers nous. Maintenant je suis en besoing d'une grande foy, parquoy je veux que tu convoies ma femme, accomplisses l'ouvraige pour moy, celebres les sacrifices et conduises l'armée, et quand tu retourneras, nous te baillerons grand honneur. » À ces mots, Combabos incontinent le supplia avec force prieres qu'il ne l'envoyast poinct, et qu'il ne luy remist ni ces biens, moult trop grands pour luy, ni sa femme ni ceste mission sacrée, car il craignoit que le roy ne sentist de l'envie depuis, à cause de Stratonice qu'il alloit convoyer seul.

20. Comme il ne pouvoit nullement le persuader, il luy fict une seconde priere, qu'il luy baillast un delay de sept jours, après quoy il l'envoyroit, ayant accompli ce dont il estoit fort en besoing. Ce qui luy fust aisement octroyé. Il alla en sa maison, et se jectant à terre, ainsi se lamenta : « Malheureux, que me chault ceste foy ? Que me chault ce voyage dont je vois ja-desja la fin ? Je suis jeune et je convoyeroy une belle femme. Un grand mal m'adviendra, si je ne m'oste pas tout ce qui peut l'amener. Adoncques il fault faire un grand acte qui me curera de toute paour. » Si dict-il et se mutila, trancha ses genitoires et les mit dedans un petit flascon, avecques de la myrrhe, du miel, et aultres aromates, puis, après qu'il eust scellé le flascon par le scel qu'il portoit, il cura sa navrure. Ensuite, quand il pensa qu'il pouvoit voyager, il alla vers le roy et, devers moult assistans, luy remist le flacon en luy disant : « Sire, voicy un grand tresor qui estoit reservé dedans ma maison et duquel je faisois grand cas. Ores, pour ce que je vas faire un long voyage, je te le commettroy. Garde-le-moy en seureté, car il est plus precieux à moy que l'or, il vault

ἐμῆς ἀντάξιον. Εὖτ' ἂν δὲ ἀπίκωμαι, σόον αὖτις ἀποίσομαι.
ὁ δὲ δεξάμενος ἑτέρῃ σφρηγῖδι ἐσημαίνετο καὶ τοῖσι
ταμίῃσι φρουρέειν ἐνετείλατο.

21 Κομβάβος μέν νυν τὸ ἀπὸ τοῦδε ἀσφαλέα ὁδὸν ἤνυεν·
ἀπικόμενοι δὲ ἐς τὴν ἱρὴν πόλιν σπουδῇ τὸν νηὸν οἰκοδό-
μεον καὶ σφίσι τρία ἔτεα ἐν τῷ ἔργῳ ἐξεγένετο, ἐν τοῖσι ἀπέ-
βαινε τάπερ ὁ Κομβάβος ὀρρώδεεν. Ἡ Στρατονίκη γὰρ
χρόνον ἐπὶ πολλὸν συνόντα μιν ποθέειν ἄρχετο, μετὰ δὲ οἱ
καὶ κάρτα ἐπεμήνατο. Καὶ λέγουσιν οἱ ἐν τῇ ἱρῇ πόλει τὴν
Ἥρην τουτέων αἰτίην ἐθέλουσαν γενέσθαι, Κομβάβον
ἐσθλὸν μὲν ἐόντα λαθέειν μηδαμά, Στρατονίκην δὲ
τίσασθαι, ὅτι οὐ ῥηιδίως τὸν νηὸν ὑπίσχετο.

22 Ἡ δὲ τὰ μὲν πρῶτα ἐσωφρόνεεν καὶ τὴν νοῦσον
ἔκρυπτεν· ὡς δέ οἱ τὸ κακὸν μέζον ἡσυχίης ἐγένετο, ἐς
ἐμφανὲς ἐτρύχετο κλαίεσκέν τε δι' ἡμέρης καὶ Κομβάβον
ἀνεκαλέετο καὶ οἱ πάντα Κομβάβος ἦν. Τέλος δὲ ἀμηχα-
νέουσα τῇ συμφορῇ εὐπρεπέα ἱκεσίην ἐδίζητο. Ἄλλῳ μὲν ὦν
τὸν ἔρωτα ὁμολογέειν ἐφυλάσσετο, αὐτὴ δὲ ἐπιχειρέειν
αἰδέετο. Ἐπινοέει ὦν τοιάδε, οἴνῳ ἑωυτὴν μεθύσασα ἐς
λόγους οἱ ἐλθεῖν. Ἅμα δὲ οἴνῳ ἐσιόντι παρρησίη τε ἐσέρχεται καὶ ἡ ἀποτυχίη οὐ κάρτα αἰσχρή, ἀλλὰ τῶν πρησσο-
μένων ἕκαστα ἐς ἀγνοίην ἀναχωρέει. Ὡς δέ οἱ ἐδόκεε, καὶ
ἐποίεε ταῦτα. Καὶ ἐπεὶ ἐκ δείπνου ἐγένοντο, ἀπικομένη ἐς τὰ
οἰκεῖα ἐν τοῖσι Κομβάβος αὐλίζετο, λίσσετό τε καὶ γούνων
ἅπτετο καὶ τὸν ἔρωτα ὡμολόγεεν. Ὁ δὲ τόν τε λόγον ἀπη-
νέως ἀπεδέκετο καὶ τὸ ἔργον ἀναίνετο καὶ οἱ τὴν μέθην ἐπε-
κάλεεν. Ἀπειλούσης δὲ μέγα τι κακὸν ἑωυτὴν ἐργάσασθαι,
δείσας πάντα οἱ λόγον ἔφηνεν καὶ πᾶσαν τὴν ἑωυτοῦ πάθην
ἀπηγήσατο καὶ τὸ ἔργον ἐς ἐμφανὲς ἤνεικεν. Ἰδοῦσα δὲ ἡ
Στρατονίκη τὰ οὔποτε ἔλπετο, μανίης μὲν ἐκείνης ἔσχετο,
ἔρωτος δὲ οὐδαμὰ ἐλήθετο, ἀλλὰ πάντα οἱ συνεοῦσα ταύτην
παραμυθίην ἐποιέετο ἔρωτος ἀπρήκτοιο. Ἔστιν ὁ ἔρως
οὗτος ἐν τῇ ἱρῇ πόλει καὶ ἔτι νῦν γίγνεται· γυναῖκες Γάλλων

à moy autant que ma vie, et quand je retourneroy, je le recouvreroy sauf. » Le roy le prist, le scella d'un second scel et le remist à ses intendans affin qu'ilz le gardent.

21. Adoncques Combabos voyageoit desores en seureté. Quand ilz vinrent dedans la Cité Saincte, bastirent le temple à toutes hastes, et feurent à cet ouvraige trois ans, esquels advint proprement ce que craignoit Combabos, car Stratonice comme il estoit longuement avecques elle, se prist à le convoiter, puis fust du tout affolee de luy. Les habitans de la Cité Saincte disent qu'Héra* en fut cause, pour ne poinct laisser mescongnue la bonté de Combabos et venger Stratonice d'avoir faict difficulté à promettre le temple.

22. Tout premierement, la reine estoit sage et dissimuloit son mal. Puis quand sa douleur fust plus forte que son repos, elle se consumoit de chagrin devers tous, pleuroit tout le jour, appeloit Combabos, et Combabos estoit tout pour elle. Enfin ne pouvant contenir son infortune, elle chercha comment le prier habilement. Elle se gardoit de monstrer son amour à quiconque et avoit vergogne d'entreprendre. Si apensa de luy venir parler en estant yvre, car quand vient le vin, vient aussi parole franche, un rebut n'est nullement honteux, et de tout ce qui se faict n'est plus memoire.

Si fist comme elle avoit pensé, vint apres disner es chambres où logeoit Combabos, le supplia, luy prist les genoux et luy confessa son amour, lesquels mots il reçeut roidement, rejecta sa demande, et luy reprocha d'estre yvre. Mais comme elle menassoit de se faire grand mal, il eust peur, luy enseigna tout, narra toute son adventure et fict veoir la chose. Quand Stratonice vit ce qu'elle n'eust oncques pensé, elle laissa sa folie, mais n'oublia nullement son amour, car estant toujours avec Combabos, elle avoit ce soulas de son amour non achevé. Ceste sorte d'amour se rencontre encore de present dedans la Cité Saincte : aulcunes femmes s'eprennent du desir de Galles*, et des

ἐπιθυμέουσι καὶ γυναιξὶ Γάλλοι ἐπιμαίνονται, ζηλοτυπέει δὲ οὐδείς, ἀλλὰ σφίσι τὸ χρῆμα κάρτα ἱρὸν νομίζουσιν.

23 Τὰ δ᾽ ὧν ἐν τῇ ἱρῇ πόλει ἀμφὶ τὴν Στρατονίκην οὐδαμὰ τὸν βασιλέα λέληθεν, ἀλλὰ πολλοὶ ἀπικνεόμενοι κατηγόρεον καὶ τὰ γιγνόμενα ἀπηγέοντο. Ἐπὶ τοῖσι περιαλγέων ἐξ ἀτελέος τοῦ ἔργου Κομβάβον μετεκάλεεν. Ἄλλοι δὲ λέγουσι λόγον οὔτι ἀληθέα, τὴν Στρατονίκην, ἐπειδὴ ἀπέτυχε τῶν ἐδέετο, αὐτὴν γράψασαν ἐς τὸν ἄνδρα τοῦ Κομβάβου κατηγορέειν πείρην οἱ ἐπικαλέουσαν, καὶ τὸ Ἕλληνες Σθενεβοίης πέρι λέγουσι καὶ Φαίδρης τῆς Κνωσσίης, ταυτὶ καὶ Ἀσσύριοι ἐς Στρατονίκην μυθολογέουσιν. Ἐγὼ μέν νυν οὐδὲ Σθενεβοίην πείθομαι οὐδὲ Φαίδρην τοιάδε ἐπιτελέσαι, εἰ τὸν Ἱππόλυτον ἀτρεκέως ἐπόθεε Φαίδρη. Ἀλλὰ τὰ μὲν ἐχέτω ὅκως καὶ ἐγένετο.

24 Ὡς δὲ ἡ ἀγγελίη ἐς τὴν ἱρὴν πόλιν ἀπίκετο ἔγνω τε ὁ Κομβάβος τὴν αἰτίην, θαρσέων τε ἦεν, ὅτι οἱ ἡ ἀπολογίη οἴκοι ἐλείπετο, καί μιν ἐλθόντα ὁ βασιλεὺς αὐτίκα μὲν ἔδησέν τε καὶ ἐν φρουρῇ εἶχεν· μετὰ δέ, παρεόντων οἱ τῶν φίλων οἳ καὶ τότε πεμπομένῳ τῷ Κομβάβῳ παρεγένοντο, παραγαγὼν ἐς μέσον κατηγορέειν ἄρχετο καί οἱ μοιχείην τε καὶ ἀκολασίην προὔφερεν· κάρτα δὲ δεινοπαθέων πίστιν τε καὶ φιλίην ἀνεκάλεετο, λέγων τρισσὰ Κομβάβον ἀδικέειν μοιχόν τε ἐόντα καὶ ἐς πίστιν ὑβρίσαντα καὶ ἐς θεὸν ἀσεβέοντα, τῆς ἐν τῷ ἔργῳ τοιάδε ἔπρηξεν. Πολλοὶ δὲ παρεστεῶτες ἤλεγχον ὅτι ἀναφανδὸν σφέας ἀλλήλοισι συνεόντας εἶδον. Πᾶσιν δὲ τέλος ἐδόκεεν αὐτίκα θνήσκειν Κομβάβον θανάτου ἄξια ἐργασμένον.

---

44. Sthénébée, épouse du roi Proétos, fut amoureuse de Bellérophon : comme celui-ci la repoussait, elle l'accusa auprès de son mari d'avoir voulu la séduire. De même, Phèdre accusa son beau-fils Hippolyte auprès de Thésée. Le motif de la femme amoureuse qui par dépit inverse la situation et accuse celui qui a rejeté ses avances est un grand classique de la littérature : voir également dans la Bible Joseph et la femme de Putiphar (Genèse, 39, 1-20).

Galles* s'affolent de femmes, à quoy nul ne trouve à redire, et cela est reputé fort sainct.

23. Or l'affaire de Stratonice dedans la Cité Saincte n'echappa nullement à la cognoissance du roy auquel mains venoient denoncier et narrer ce qui advenoit. Si en fust tres dolant, retira Combabos de l'ouvraige encore non achevé, et le rappela vers luy. D'aulcuns disent, mais ce n'est pas vray, que Stratonice elle-mesme, après ses prieres rebutées, accusa Combabos, par le moyen de lettres à son mary, qu'il l'avoit voulue forcer, et ce que les Grecz content de Sthénébée et de la Cnossienne Phèdre [44], les Assyriens le disent de Stratonice. Quant est de moy, je ne cuide pas mesme que Sthénébée fict cela, non plus que Phèdre, si voir estoit qu'elle fust esprise de l'amour d'Hippolyte. Mais atant je laisse à parler de ces choses [45].

24. Quand le message vint en la Cité Saincte et que Cambabos cogneut l'accusement, il alla hardiment, pour ce qu'il avoit laissé en son pays de quoy se justifier, et sitost qu'il fust là, le roy le mist incontinent es fers et le tint en prison, puis devers les amis qui estoient là quand Combabos avoit eté envoyé, le fict venir devant tous et commença de le resprouver, luy reprochant adultere et desbauche. Fort esmu, luy ramentant sa foy et son amitié, il disoit que Combabos estoit trois fois coulpable, estant adultere, foy menti et injurieux envers la déesse puisqu'il avoit ainsi faulté cependant qu'il œuvroit pour elle. Moult assistans denonçoient avoir vu les amans s'entrebaiser ouvertement. Enfin tous arres-terent que Combabos mourroit incontiment, ayant faict agissemens dignes de mort.

---

45. Littéralement : que les choses soient comme elles ont été : parodie de certaines transitions d'Hérodote (par exemple, *Enquêtes*, II, 28 : ταῦτα μέν νυν ἔστω ὡς ἔστι τε καὶ ὡς ἀρχὴν ἐγένετο – « que les choses soient comme elles sont et comme elles furent »).

25 Ὁ δέ τέως μὲν ἑστήκεεν λέγων οὐδέν· ἐπεὶ δὲ ἤδη ἐς τὸν φόνον ἤγετο, φθέγξατό τε καὶ τὸ κειμήλιον αἴτεε, λέγων ὡς ἀναιρέει μιν οὐχ ὕβριος οὐδὲ γάμων εἵνεκα, ἀλλὰ ἐκείνων ἐπιθυμέων τὰ οἱ ἀπιὼν παρεθήκατο. Πρὸς τάδε ὁ βασιλεὺς καλέσας τὸν ταμίην ἐκέλευεν ἐνεῖκαι τὰ οἱ φρουρέειν ἔδωκεν· ὡς δὲ ἤνεικεν, λύσας τὴν σφρηγῖδα ὁ Κομβάβος τά τε ἐνεόντα ἐπέδειξεν καὶ ἑωυτὸν ὁκοῖα ἐπεπόνθεεν, ἔλεξέ τε· ὦ βασιλεῦ, τάδε τοι ἐγὼ ὀρρωδέων, εὖτέ με ταύτην ὁδὸν ἔπεμπες, ἀέκων ἦον· καὶ ἐπεί με ἀναγκαίη μεγάλη ἐκ σέο κατέλαβεν, τοιάδε ἐπετέλεσα, ἐσθλά μὲν ἐς δεσπότεα, ἐμοὶ δὲ οὐκ εὐτυχέα. Τοιόσδε μέντοι ἐὼν ἀνδρὸς ἐπ᾿ ἀδικίην ἐγκαλέομαι.

26 Ὁ δὲ πρὸς τάδε ἀμβώσας περιέβαλέν τέ μιν καὶ δακρύων ἅμα ἔλεγεν· ὦ Κομβάβε, τί μέγα κακὸν εἰργάσαο; τί δὲ σεωυτὸν οὕτως ἀεικέλιον ἔργον μοῦνος ἀνδρῶν ἔπρηξας; τὰ οὐ πάμπαν ἐπαινέω. Ὦ σχέτλιε, ὃς τοιάδε ἔτλης, οἷα μήτε σὲ παθέειν μήτε ἐμὲ ἰδέσθαι ὤφελεν· οὐ γάρ μοι ταύτης ἀπολογίης ἔδεεν. Ἀλλ᾿ ἐπεὶ δαίμων τοιάδε ἤθελεν, πρῶτα μέν σοι τίσις ἐξ ἡμέων ἔσσεται, αὐτέων συκοφαντέων ὁ θάνατος, μετὰ δὲ μεγάλη δωρεὴ ἀπίξεται χρυσός τε πολλὸς καὶ ἄργυρος ἄπλετος καὶ ἐσθῆτες Ἀσσύριαι καὶ ἵπποι βασιλήιοι. Ἀπίξεαι δὲ παρ᾿ ἡμέας ἄνευ ἐσαγγελέος οὐδέ τις ἀπέρξει σε ἡμετέρης ὄψιος, οὐδ᾿ ἢν γυναικὶ ἅμα εὐνάζωμαι. Τάδε εἶπέν τε ἅμα καὶ ἐποίεεν· καὶ οἱ μὲν αὐτίκα ἐς φόνον ἤγοντο, τῷ δὲ τὰ δῶρα ἐδέδοτο καὶ ἡ φιλίη μέζων

25. Jusques là il estoit debout sans mot dire, mais cependant qu'on le menoit ja-desja pour l'occire, il cria et redemanda son tresor, disant que le roy ne le tuoit poinct pour injure ou adultere, mais parce qu'il vouloit ce qu'il luy avoit commis en departant. Sur quoy le roy manda son intendant et luy commanda d'apporter ce qu'il luy avoit baillé. Quand il l'apporta, Combabos, brisant le scel, monstra le dedans du flacon et ce qu'il s'estoit faict à luy-mesme, disant : « Roy, quand tu m'envoyois en ce voyage je craignois cela et departois a envis. Si comme tu m'as contrainct de vive force, j'ay faict cela, benefice pour mon maistre mais non joye pour moy. Mais estant tel, je suis reproché de l'injure que seul un homme peut infliger ! »

26. Sur ce, le roi, se rescriant, l'embrassa et disoit en pleurant : « Combabos, quel grand forfaict as-tu accompli ? Pourquoy, seul de tous les hommes, t'es-tu faict telle indignité ? Ce que je ne loue pas du tout, car malheureux, tu as osé ce qu'il ne falloit poinct que toy tu souffres ni que moy je voye, car je n'estois pas en besoing de telle excuse. Mais pour ce qu'un dieu l'a ainsi voulu, je te donneroy premierement en vengement la mort de ceux qui t'ont denoncé ; ensuite viendront à toy, en grands presens, force d'or, abondance d'argent, vesteures assyriennes et chevaulx royaulx. Tu auras libre entrée auprès de nous [46], et nul n'empeschera que tu nous voyes, mesme si je suis au lit avecques une femme [47]. » Si fict-il comme il avoit dict, et ceulx qui l'avoient denoncié furent incontinent occis, les presens luy furent portés, et l'amictié du roy s'augmenta, et

---

46. Littéralement : tu viendras auprès de nous sans être annoncé.
47. Ou : avec ma femme. Souvenir d'HÉRODOTE, *Enquêtes*, III, 84 et 118 : les sept prétendants au trône décident qu'ils pourront rencontrer celui d'entre eux qui deviendra roi sans être annoncés, mais dans le texte d'Hérodote, il y a une négation (sauf quand il sera au lit). La modification apportée par Lucien est savoureuse.

ἐγεγόνεεν. Ἐδόκεεν δὲ οὐδεὶς ἔτι Ἀσσυρίων Κομβάβῳ σοφίην καὶ εὐδαιμονίην εἴκελος. Μετὰ δὲ αἰτησάμενος ἐκτελέσαι τὰ λείποντα τῷ νηῷ — ἀτελέα γάρ μιν ἀπολελοίπεεν — αὖτις ἐπέμπετο, καὶ τόν τε νηὸν ἐξετέλεσε καὶ τὸ λοιπὸν αὐτοῦ ἔμενεν. Ἔδωκεν δέ οἱ βασιλεὺς ἀρετῆς τε καὶ εὐεργεσίης εἵνεκα ἐν τῷ ἱρῷ ἑστάναι χάλκεον· καὶ ἔτι ἐς τιμὴν ἐν τῷ ἱρῷ Κομβάβος χάλκεος, Ἑρμοκλέος τοῦ Ῥοδίου ποίημα, μορφὴν μὲν ὁκοίη γυνή, ἐσθῆτα δὲ ἀνδρηίην ἔχει. Λέγεται δὲ τῶν φίλων τοὺς μάλιστά οἱ εὐνοέοντας ἐς παραμυθίην τοῦ πάθεος κοινωνίην ἑλέσθαι τῆς συμφορῆς ἔτεμον γὰρ ἑωυτοὺς καὶ δίαιταν τὴν αὐτὴν ἐκείνῳ διαιτέοντο. Ἄλλοι δὲ ἱρολογέουσιν ἐπὶ τῷ πρήγματι, λέγοντες ὡς ἡ Ἥρη φιλέουσα Κομβάβον πολλοῖσι τὴν τομὴν ἐπὶ νόον ἔβαλλεν, ὅκως μὴ μοῦνος ἐπὶ τῇ ἀνδρηίῃ λυπέοιτο.

27 Τὸ δὲ ἔθος τοῦτο ἐπειδὴ ἅπαξ ἐγένετο, ἔτι νῦν μένει καὶ πολλοὶ ἑκάστου ἔτεος ἐν τῷ ἱρῷ τάμνονται καὶ θηλύνονται, εἴτε Κομβάβον παραμυθεόμενοι εἴτε καὶ Ἥρῃ χαρίζονται· τάμνονται δ' ὦν. Ἐσθῆτα δὲ οἶδε οὐκέτι ἀνδρηίην ἔχουσιν, ἀλλὰ εἵματά τε γυναικήια φορέουσιν καὶ ἔργα γυναικῶν ἐπιτελέουσιν. Ὡς δὲ ἐγὼ ἤκουον, ἀνακέαται καὶ τουτέων ἐς Κομβάβον ἡ αἰτίη· συνενείχθη γάρ οἱ καὶ τάδε. Ξείνη γυνὴ ἐς πανήγυριν ἀπικομένη, ἰδοῦσα καλόν τε ἐόντα καὶ ἐσθῆτα ἔτι ἀνδρηίην ἔχοντα, ἔρωτι μεγάλῳ ἔσχετο, μετὰ δὲ μαθοῦσα ἀτελέα ἐόντα ἑωυτὴν διειργάσατο. Ἐπὶ τοῖσι Κομβάβος, ἀθυμέων ὅτι οἱ ἀτυχέως τὰ ἐς Ἀφροδίτην ἔχει, ἐσθῆτα γυναικηίην ἐνεδύσατο, ὅκως μηκέτι ἑτέρη γυνὴ ἴσα ἐξαπατέοιτο. Ἥδε αἰτίη Γάλλοισι στολῆς θηλέης.

desores aulcun des Assyriens ne sembloit l'esgal de Combabos en sagesse ou en fortune.

Après quoy, Combabos requist d'achiever ce qui restoit à faire dedans le temple, qu'il avoit laissé non achievé. Il y fut envoyé de rechief, achieva le temple et demoura desores en ce pays. Le roy luy octroya, pour sa vertu et ses bons offices, d'avoir une ymage d'airain dedans le sanctuaire, et à ceste heure encore on honore dedans le sanctuaire un Combabos d'airain, ouvraige d'Hermoclès de Rhodes [48], qui a figure de femme, mais accoultremens virils.

On dict qu'iceulx de ses amis qui luy estoient les plus bienvueillans vouleurent, pour le consoler de son estat, avoir part à son infortune, lesquels se chastrerent et menerent mesme vie que luy. D'aultres fonct encore de l'affaire un recit sacré, disant qu'Héra*, qui aimoit Combabos, donna à plusieurs inspiration de se chastrer, affin qu'il ne fust pas seul à lamenter sa virilité, 27. lequel usaige une fois institué a cours à ceste heure encore, et plusieurs, tous les ans, se chastrent dedans le sanctuaire et deviennent femmes, soit pour porter soulas à Combabos, soit pour complaire à Héra*. Adoncques ilz se chastrent et n'ont plus vesteure virile mais endossent accoultremens feminins et accomplissent ouvraiges de femmes. J'ay ouy dire que la cause de ces usaiges vient aussi de Combabos, car il eust encore telle aventure. Une femme estrangiere, qui estoit venue à une grande cerymonie, le voyant beau et encore en vesteure virile, s'esprist pour luy de grant amour, puis cognoissant qu'il estoit mutilé, se donna la mort. Alors Combabos, fort marri de son infortune es arts d'Aphrodite*, endossa accoultremens feminins affin qu'aulcune aultre femme ne fust plus abusée pareillement, et la cause de l'accoultrement feminin des Galles* est telle.

---

48. Ce sculpteur ne nous est connu que par ce texte.

Κομβάβου μέν μοι τοσάδε εἰρήσθω, Γάλλων δὲ αὖτις ἐγὼ λόγῳ ὑστέρῳ μεμνήσομαι, τομῆς τε αὐτέων, ὅκως τάμνονται, καὶ ταφῆς ὁκοίην θάπτονται, καὶ ὅτευ εἵνεκα ἐς τὸ ἱρὸν οὐκ ἐσέρχονται· πρότερον δέ μοι θυμὸς εἰπεῖν θέσιός τε πέρι τοῦ νηοῦ καὶ μεγάθεος, καὶ δῆτα ἐρέω.

28 Ὁ μὲν χῶρος αὐτός, ἐν τῷ τὸ ἱρὸν ἵδρυται, λόφος ἐστίν, κέαται δὲ κατὰ μέσον μάλιστα τῆς πόλιος, καὶ οἱ τείχεα δοιὰ περικέαται. Τῶν δὲ τειχέων τὸ μὲν ἀρχαῖον, τὸ δὲ οὐ πολλὸν ἡμέων πρεσβύτερον. Τὰ δὲ προπύλαια τοῦ ἱροῦ ἐς ἄνεμον βορέην ἀποκέκρινται, μέγαθος ὅσον τε ἑκατὸν ὀργυιέων. Ἐν τούτοισι τοῖσι προπυλαίοισι καὶ οἱ φαλλοὶ ἑστᾶσι τοὺς Διόνυσος ἐστήσατο, ἡλικίην καὶ οἵδε τριηκοσίων ὀργυιέων. Ἐς τουτέων τὸν ἕνα φαλλὸν ἀνὴρ ἑκάστου ἔτεος δὶς ἀνέρχεται οἰκέει τε ἐν ἄκρῳ τῷ φαλλῷ χρόνον ἑπτὰ ἡμερέων. Αἰτίη δέ οἱ τῆς ἀνόδου ἥδε λέγεται. Οἱ μὲν πολλοὶ νομίζουσιν ὅτι ὑψοῦ τοῖσι θεοῖσιν ὁμιλέει καὶ ἀγαθὰ ξυναπάσῃ Συρίῃ αἰτέει, οἱ δὲ τῶν εὐχωλέων ἀγχόθεν ἐπαΐουσιν. Ἄλλοισιν δὲ δοκέει καὶ τάδε Δευκαλίωνος εἵνεκα ποιέεσθαι, ἐκείνης ξυμφορῆς μνήματα, ὁκότε οἱ ἄνθρωποι ἐς τὰ οὔρεα καὶ ἐς τὰ περιμήκεα τῶν δενδρέων ᾖσαν τὸ πολλὸν ὕδωρ ὀρρωδέοντες. Ἐμοὶ μέν νυν καὶ τάδε ἀπίθανα. Δοκέω γε μὲν Διονύσῳ σφέας καὶ τάδε ποιέειν, συμβάλλομαι δὲ τουτέοισι. Φαλλοὺς ὅσοι Διονύσῳ ἐγείρουσι, ἐν τοῖσι φαλλοῖσι καὶ ἄνδρας ξυλίνους κατίζουσιν, ὅτευ μὲν εἵνεκα ἐγὼ οὐκ ἐρέω. Δοκέει δ᾽ ὦν μοι, καὶ ὅδε ἐς ἐκείνου μίμησιν τοῦ ξυλίνου ἀνδρὸς ἀνέρχεται.

---

49. Dans les chapitres 50-52.
50. Les propylées.
51. Le vent du nord, d'où le nord.
52. Environ 180 m.
53. Environ 540 m. Certains critiques, par souci de vraisemblance, ont voulu réduire les 300 brasses à 30, mais Lucien aime les exagérations.

Mais quant est de Combabos, il suffict. Au reguard des Galles* et de leur castration, je ramenteroy plus loing[49] comment ilz se castrent, selon quelle mode on les enterre et pourquoy ilz n'entrent pas dedans le sanctuaire. Mais auparavant je veux parler de la situation du temple et de sa haulteur. Adoncques j'en parleroy.

28. La place où se trouve le sanctuaire est une eminence, laquelle est tres au milieu de la cité. Deux murailles sont en son tour, et de ces murailles, l'une est antique, l'aultre guere plus vieille que nous. Les portiques[50] du sanctuaire sont encontre le Borée[51], la haulteur d'yceulx peu plus peu moins cent brasses[52]. Emmi ces portiques sont aussi les phallus dressés par Dionysos*, haults de trois cens brasses[53], et deux fois l'an, un homme monte sur un de ces phallus, et demeure sept jours à la cime du phallus[54]. La cause de la montée est telle, ce dict-on. Les plusieurs pensent que tout en son sommet il confere avecques les dieux, leur requiert des benefices pour toute la Syrie, et les dieux estant prochaings entendent les prieres. D'aultres croient que cela aussi est faict pour Deucalion[55], en remembrance de la calamité, quand les hommes montoient sur les eminences et les cimes des arbres, en grant paour du deluge. Mais pour moy cela aussi est incroyable, car je cuyde qu'ilz fonct encore cela pour Dionysos*, et voici pourquoy je pense ainsi. Ceux qui dressent des phallus pour Dionysos* assoient dessus des hommes de bois. Pour quelle cause ? Je ne le diroy poinct, mais je croy que celui qui monte contrefaict l'homme de bois.

_____

54. A. M. HARMON, dans son édition, p. 380-381, suggère que c'est peut-être le souvenir de cette ancienne pratique qui poussa Siméon le Stylite à monter sur sa colonne. Il vivait en Syrie lui aussi, pas très loin de l'ancien temple de la déesse syrienne, passait ses jours en prière, sur un espace trop petit pour qu'il puisse s'allonger pour dormir, et comme le grimpeur de phallus, hissait à lui dans un panier les vivres qu'on lui apportait.

55. Voir chapitres 12 et 13.

29 Ἡ δέ οἱ ἄνοδος τοιήδε· σειρῇ μικρῇ ἑωυτόν τε ἅμα καὶ τὸν φαλλὸν περιβάλλει, μετὰ δὲ ἐπιβαίνει ξύλων προσφυῶν τῷ φαλλῷ ὁκόσον ἐς χώρην ἄκρου ποδός· ἀνιὼν δὲ ἅμα ἀναβάλλει τὴν σειρὴν ἀμφοτέρωθεν ὅκωσπερ ἡνιοχέων. Εἰ δέ τις τόδε μὲν οὐκ ὄπωπεν, ὄπωπεν δὲ φοινικοβατέοντας ἢ ἐν Ἀραβίῃ ἢ ἐν Αἰγύπτῳ ἢ ἄλλοθί κου, οἶδε τὸ λέγω. Ἐπεὰν δὲ ἐς τέλος ἵκηται τῆς ὁδοῦ, σειρὴν ἑτέρην ἀφεὶς τὴν αὐτὸς ἔχει, μακρὴν ταύτην, ἀνέλκει τῶν οἱ θυμός, ξύλα καὶ εἵματα καὶ σκεύεα, ἀπὸ τῶν ἕδρην συνδέων ὁκοίην καλιὴν ἱζάνει, μίμνει τε χρόνον τῶν εἶπον ἡμερέων. Πολλοὶ δὲ ἀπικνεόμενοι χρυσόν τε καὶ ἄργυρον, οἱ δὲ χαλκόν, τὰ νομίζουσιν, ἐς ἐχῖνον πρόσθε κείμενον κατιᾶσιν, λέγοντες τὰ οὐνόματα ἕκαστος. Παρεστεὼς δὲ ἄλλος ἄνω ἀγγέλλει· ὁ δὲ δεξάμενος τοὔνομα εὐχωλὴν ἐς ἕκαστον ποιέεται, ἅμα δὲ εὐχόμενος κροτέει ποίημα χάλκεον, τὸ ἀείδει μέγα καὶ τρηχὺ κινεόμενον. Εὕδει δὲ οὐδαμά· ἢν γάρ μιν ὕπνος ἕλῃ ποτέ, σκορπίος ἀνιὼν ἀνεγείρει τε καὶ ἀεικέα ἐργάζεται, καὶ οἱ ἥδε ἡ ζημίη τοῦ ὕπνου ἐπικέαται. Τὰ μὲν ὦν ἐς τὸν σκορπίον μυθέονται ἱρά τε καὶ θεοπρεπέα· εἰ δὲ ἀτρεκέα ἐστίν, οὐκ ἔχω ἐρέειν. Δοκέει δέ μοι, μέγα ἐς ἀγρυπνίην συμβάλλεται καὶ τῆς πτώσιος ἡ ὀρρωδίη. Φαλλοβατέων μὲν δὴ πέρι τοσάδε ἀρκέει.

30 Ὁ δὲ νηὸς ὁρέει μὲν ἐς ἤλιον ἀνιόντα, εἶδος δὲ καὶ ἐργασίην ἐστὶν ὁκοίους νηοὺς ἐν Ἰωνίῃ ποιέουσιν. Ἕδρη μεγάλη ἀνέχει ἐκ γῆς μέγαθος ὀργυιέων δυοῖν, ἐπὶ τῆς ὁ νηὸς ἐπικέαται. Ἄνοδος ἐς αὐτὸν λίθου πεποίηται, οὐ κάρτα μακρή. Ἀνελθόντι δὲ θωῦμα μὲν καὶ ὁ πρόνηος μέγα παρέχεται θύρῃσί τε ἤσκηται χρυσέῃσιν· ἔνδοθεν δὲ ὁ νηὸς χρυσοῦ τε πολλοῦ ἀπολάμπεται καὶ ἡ ὀροφὴ πᾶσα χρυσέη.

---

56. Cette manière de grimper aux palmiers a été décrite par Pline, *Histoires naturelles*, XIII, 7, 2.

57. Il s'agit d'un sistre en bronze, dont le son était destiné à effrayer les mauvais esprits.

58. Le scorpion est un motif religieux en Mésopotamie. Il est fréquemment représenté sur les sceaux babyloniens et dans l'épopée de Gilgamesh, la colline où se couche le soleil est gardé par un couple composé d'un homme-scorpion et d'une femme-scorpion.

29. La montée est faicte ainsi. L'homme s'entourne et entourne le phallus d'une petite corde, puis monte sur des pieces de bois fichées el phallus où il y a juste place pour le bout du pied, et cependant qu'il monte il leve la corde à hue et à dia comme s'il tenoit brides. Qui n'a poinct veu cela, mais a veu grimper es palmiers dedans Arabie, Ægypte, ou ailleurs [56] sçait ce que je dis. Quand il est au terme de sa route, il faict cheoir une seconde corde qu'il a, ycelle longue, et tire a luy ce qu'il veult, bois, vesteures, oustils, avecques quoi, les liant, il faict une maison comme un nid, en lequel il demoure les jours que j'ay dictz. Plusieurs viennent et deposent or et argent, d'aultres airain monnoyé, dans un pot placé devant le phallus, et chascun dict son nom. Un aultre, qui est près annonce les noms à cestuy qui est en sommet, et iceluy, entendant le nom, faict priere pour chascun, et priant, faict tinter un instrument d'airain, lequel mis en remue, sonne fort et rauet [57]. Il ne dort nullement, car si oncques le somme le tient, un scorpion [58] monte et le faict esveiller par horrifiques douleurs, et tel est son chastiement pour le somme. Ces contes qu'ilz fonct du scorpion sont sacrés et dignes des dieux, mais sont-ilz vrays ? Je ne puis dire, car moy, je croys que la peur de tomber incite fort à l'insomneité. Quant est de ceux qui montent aux phallus, il suffict.

30. Le temple regarde vers le soleil levant. De par sa forme et son agencement, il est semblable à ceulx qu'ilz fonct en Ionie. Une grande terrace le soutient, d'une haulteur de deux brasses [59] depuis la terre, sur laquelle est le temple. Une montée de pierre a eté faicte, poinct tres longue, pour y conduire, et quand on est en hault c'est merveille de veoir le grand vestibule [60], garni de portes d'or. En son dedans le temple resplendit de quantité d'or, et le plafond est tout en or. En sort une

59. Environ 3, 60 m.
60. Il s'agit du pronaos.

Ἀπόζει δὲ αὐτοῦ ὀδμὴ ἀμβροσίη ὁκοίη λέγεται τῆς χώρης τῆς Ἀραβίης, καί σοι τηλόθεν ἀνιόντι προσβάλλει πνοιὴν κάρτα ἀγαθήν· καὶ ἢν αὖτις ἀπίῃς, οὐδαμὰ λείπεται, ἀλλά σευ τά τε εἵματα ἐς πολλὸν ἔχει τὴν πνοιὴν καὶ σὺ ἐς πάμπαν αὐτῆς μνήσεαι.

31 Ἔνδοθεν δὲ ὁ νηὸς οὐκ ἁπλόος ἐστίν, ἀλλὰ ἐν αὐτῷ θάλαμος ἄλλος πεποίηται. Ἄνοδος καὶ ἐς τοῦτον· ὀλίγη θύρῃσι δὲ οὐκ ἤσκηται, ἀλλὰ ἐς ἀντίον ἅπας ἀναπέπταται. Ἐς μὲν ὦν τὸν μέγαν νηὸν πάντες ἐσέρχονται, ἐς δὲ τὸν θάλαμον οἱ ἱρέες μοῦνον, οὐ μέντοι πάντες οἱ ἱρέες, ἀλλὰ οἳ μάλιστα ἀγχίθεοί τὲ εἰσιν καὶ οἷσι πᾶσα ἐς τὸ ἱρὸν μέλεται θεραπηίη. Ἐν δὲ τῷδε εἵαται τὰ ἕδεα, ἥ τε Ἥρη καὶ τὸν αὐτοὶ Δία ἐόντα ἑτέρῳ οὐνόματι κληίζουσιν. Ἄμφω δὲ χρύσεοί τέ εἰσιν καὶ ἄμφω ἕζονται· ἀλλὰ τὴν μὲν Ἥρην λέοντες φέρουσιν, ὁ δὲ ταύροισιν ἐφέζεται.

Καὶ δῆτα τὸ μὲν τοῦ Διὸς ἄγαλμα ἐς Δία πάντα ὁρῇ καὶ κεφαλὴν καὶ εἵματα καὶ ἕδρην, καί μιν οὐδὲ ἐθέλων ἄλλως εἰκάσεις. 32 Ἡ δὲ Ἥρη σκοπέοντί τοι πολυειδέα μορφὴν ἐκφανέει· καὶ τὰ μὲν ξύμπαντα ἀτρεκέϊ λόγῳ Ἥρη ἐστῖν, ἔχει δέ τι καὶ Ἀθηναίης καὶ Ἀφροδίτης καὶ Σεληναίης καὶ Ῥέης καὶ Ἀρτέμιδος καὶ Νεμέσιος καὶ Μοιρέων. Χειρὶ δὲ τῇ μὲν ἑτέρῃ σκῆπτρον ἔχει, τῇ ἑτέρῃ δὲ ἄτρακτον, καὶ ἐπὶ τῇ κεφαλῇ ἀκτῖνάς τε φορέει καὶ πύργον καὶ κεστὸν τῷ μούνην τὴν Οὐρανίην κοσμέουσιν. Ἔκτοσθεν δέ οἱ χρυσός τε ἄλλος περίκεαται καὶ λίθοι κάρτα πολυτελέες, τῶν οἱ μὲν λευκοί, οἱ δὲ ὑδατώδεες, πολλοὶ δὲ οἰνώδεες, πολλοὶ δὲ πυρώδεες, ἔτι δὲ ὄνυχες οἱ Σαρδῷοι πολλοὶ καὶ ὑάκινθοι καὶ σμάραγδοι, τὰ φέρουσιν Αἰγύπτιοι καὶ Ἰνδοὶ καὶ Αἰθίοπες καὶ Μῆδοι καὶ Ἀρμένιοι καὶ Βαβυλώνιοι. Τὸ δὲ δὴ μέζονος

---

61. Souvenir d'Hérodote, *Enquêtes*, III, 113.
62. Il s'agit en fait d'Atargatis ou Derkéto*.
63. Hadad ou Ramman, dieu de la foudre et de la pluie.
64. Ce trait la rapproche des Moires*. Au chapitre 15, elle tient un tambourin : inadvertance de Lucien ?
65. Ce trait la rapproche d'Artémis*.
66. En cela elle ressemble à Rhéa*.
67. Voir *Jugement des déesses*, 10, et la note.

odeur d'ambroisie*, pareille à celle qui emane d'Arabie, ce dict-on[61] : quand tu montes, tu sens de loin un parfum fort delicieux, et quand tu depars, il ne cesse nullement, mais la senteur demeure longtemps en ta vesteure, et toy tu en auras toujours souvenance.

31. Dedans, le temple n'est pas une salle unique, mais en icelluy on a basti une aultre chapelle. Une montée y mene aussi, qui est petite, laquelle on n'a pas garnie de portes, mais s'ouvre entierement quand on vient par davant. Tous ont loisir d'entrer dedans le grand temple, mais les presbtres seuls entrent dedans la chapelle, et encore pas tous, seuls les plus proches des dieux aulxquels est tout le soin du sanctuaire. Dedans ceste chapelle sont les statues : Héra*[62] et un dieu qui est Zeus*, mais qu'ilz nomment d'un aultre nom[63]. Les deux sont d'or, et les deux sont assis, mais Héra* est transportée par des lions, luy assis sur des taureaux.

32. L'effigie de Zeus* est à la semblance de Zeus* en tout, la teste, la vesteure, le siege, et mesme si tu le voulois, tu ne pourrois penser aultrement. Mais si tu consideres Héra*, tu la voiras multiforme. Pour le tout, à dire le vray, c'est Héra*, mais elle a aussi quelque semblance d'Athéna*, d'Aphrodite*, de Séléné*, de Rhéa*, de Némésis* et des Moires*. D'une main, elle tient le sceptre, de l'aultre un fuseau[64], sur la teste porte des rais[65], une tour[66] et la ceincture, dont on pare seulement Aphrodite* ouranienne[67]. Sur sa surface, de l'or et des pierreries fort precieuses l'entournent, aulcunes blanches, d'aultres à la semblance de l'eaue, plusieurs à celle du vin, plusieurs à celle du feu, et encore moult onyx de Sardes, moult hiacinthes[68], et moult emeraundes, le tout apporté par Ægyptiens, Indiens, Éthiopiens, Mèdes, Armeniens et Babyloniens. Et je narreroy le plus admirable, que sur la teste elle porte une pierrerie, laquelle a pour nom Lampe, estant nommée par ce

---

68. Pierre précieuse bleue.

λόγου ἄξιον, τοῦτο ἀπηγήσομαι· λίθον ἐπὶ τῇ κεφαλῇ
φορέει· λυχνὶς καλέεται, οὔνομα δὲ οἱ τοῦ ἔργου ἡ συντυχίη.
Ἀπὸ τούτου ἐν νυκτὶ σέλας πολλὸν ἀπολάμπεται, ὑπὸ δὲ οἱ
καὶ ὁ νηὸς ἅπας οἷον ὑπὸ λύχνοισι φαείνεται, ἐν ἡμέρῃ δὲ τὸ
μὲν φέγγος ἀσθενέει, ἰδέην δὲ ἔχει κάρτα πυρώδεα, καὶ ἄλλο
θωυμαστόν ἐστιν ἐν τῷ ξοάνῳ. Ἢν ἑστεὼς ἀντίος ἐσορέῃς,
ἐς σὲ ὁρῇ καὶ μεταβαίνοντι τὸ βλέμμα ἀκολουθέει· καὶ ἢν
ἄλλος ἑτέρωθεν ἱστορέῃ, ἴσα καὶ ἐς ἐκεῖνον ἐκτελέει.

33 Ἐν μέσῳ δὲ ἀμφοτέρων ἕστηκεν ξόανον ἄλλο χρύσεον, οὐδαμὰ τοῖσι ἄλλοισι ξοάνοισι εἴκελον. Τὸ δὲ μορφὴν
μὲν ἰδίην οὐκ ἔχει, φορέει δὲ τῶν ἄλλων θεῶν εἴδεα. Καλέεται δὲ σημήιον καὶ ὑπ᾽ αὐτῶν Ἀσσυρίων, οὐδέ τι οὔνομα
ἴδιον αὐτῷ ἔθεντο, ἀλλ᾽ οὐδὲ γενέσιος αὐτοῦ καὶ εἴδεος
λέγουσιν. Καί μιν οἱ μὲν ἐς Διόνυσον, ἄλλοι δὲ ἐς Δευκαλίωνα, οἱ δὲ ἐς Σεμίραμιν ἄγουσιν· καὶ γὰρ δὴ ὦν ἐπὶ τῇ
κορυφῇ αὐτοῦ περιστερὴ χρυσέη ἐφέστηκεν, τοὔνεκα δὴ
μυθέονται Σεμιράμιος ἔμμεναι τόδε σημήιον. Ἀποδημέει δὲ
δὶς ἑκάστου ἔτεος ἐς θάλασσαν ἐς κομιδὴν τοῦ εἶπον ὕδατος.

34 Ἐν αὐτῷ δὲ τῷ νηῷ ἐσιόντων ἐν ἀριστερῇ κέαται
πρῶτα μὲν θρόνος Ἡελίου, αὐτοῦ δὲ ἕδος οὐκ ἔνι· μούνου
γὰρ Ἡελίου καὶ Σεληναίης ξόανα οὐ δεικνύουσιν. Ὅτευ δὲ
εἵνεκα ὧδε νομίζουσιν, ἐγὼ καὶ τόδε ἔμαθον, λέγουσι τοῖσι
μὲν ἄλλοισι θεοῖσιν ὅσιον ἔμμεναι ξόανα ποιέεσθαι, οὐ γὰρ
σφέων ἐμφανέα πάντεσι τὰ εἴδεα· ἥλιος δὲ καὶ Σεληναίη
πάμπαν ἐναργέες καὶ σφέας πάντες ὁρέουσι. Κοίη ὦν αἰτίη
ξοανουργίης τοῖσι ἐν τῷ ἠέρι φαινομένοισι ;

35 Μετὰ δὲ τὸν θρόνον τοῦτον κέαται ξόανον
Ἀπόλλωνος, οὐκ οἷον ἐώθεε ποιέεσθαι· οἱ μὲν γὰρ ἄλλοι
πάντες Ἀπόλλωνα νέον τε ἥγηνται καὶ πρωθήβην ποιέουσιν,

---

69. Souvenir d'HÉRODOTE, *Enquêtes*, II, 44, qui parle d'éme-
raudes phosphorescentes dans le temple de Tyr. Rabelais a imité ce
passage dans son *Cinquième livre*, chapitre 40.

70. Il semble que Lucien ait pris pour le mot σήμειον (statue) le
nom d'une déesse, Simi, Simia, ou Semea (voir l'édition de A. M.
HARMON, p. 388-389).

71. Voir chapitres 12-13.

qu'elle faict. La nuyt une grande lumiere en emane, de laquelle tout le temple est esclairé comme par des lampes, et le jour, la luisance foiblit, mais sa couleur est encore fort semblable au feu [69]. Il est une autre singularité merveilleuse en ceste ymage, car si tu la consideres en estant devant elle, elle regarde vers toy, si tu remues, son œil te faict escorte, et si un aultre l'envisage d'une aultre part, elle luy rend la pareille à luy aussi.

33. Emmi les deux, est une aultre ymage en or, nullement ressemblable aux aultres ymages, laquelle n'a pas de forme singuliere, mais porte les figures des aultres dieux. Elle est appelée la Statue par les Assyriens mesmes [70] qui ne luy ont pas donné de nom singulier et ne parlent ni de son origine, ni de sa figure. Aulcuns la rapportent à Dionysos*, d'aultres à Deucalion [71], d'aultres à Sémiramis* car une columbe d'or est placée en son sommet, parquoy ilz content que c'est la statue de Sémiramis*, laquelle deux fois l'an va à la mer pour querir l'eaue dont j'ay parlé.

34. Dans le temple mesme, sur la senestre part en entrant, il y a premierement le siege d'Hélios*, mais la statue du dieu n'y est poinct, pour ce qu'Hélios* et Séléné* sont les seuls dont ilz ne monstrent pas d'ymages. Pourquoi ont-ilz cet usaige ? Cela aussi, je l'ay appris. Ilz disent qu'il est sainct que les aultres dieux aient des ymages, à cause que leurs figures ne sont pas veues par tous ; mais Hélios* et Séléné* sont moult brillans, et tous les veoient. Adoncques pourquoy faire des ymages de ce qui paroist dans le ciel ?

35. Après ce siege est une ymage d'Apollon*, non tel qu'on a accoustumé de le faire. Tous les aultres peuples croient qu'il est jeune et le fonct en jouvenceau, mais eulx seuls monstrent une ymage d'Apollon* barbé, et se louent de faire ainsi, resprouvant les Grecz et tous les aultres qui, faisant Apollon* enfant, le supplient. La cause est telle : ilz pensent que c'est manquer fort de sagesse que de donner aux dieux des figures qui ne sont

μοῦνοι δὲ οὗτοι Ἀπόλλωνος γενειήτεω ξόανον δεικνύουσιν. Καὶ τάδε ποιέοντες ἑωυτοὺς μὲν ἐπαινέουσιν, Ἑλλήνων δὲ κατηγορέουσιν καὶ ἄλλων ὁκόσοι Ἀπόλλωνα παῖδα θέμενοι ἱλάσκονται. Αἰτίη δὲ ἥδε. Δοκέει αὐτέοισι ἀσοφίη μεγάλη ἔμμεναι ἀτελέα ποιέεσθαι τοῖσι θεοῖσι τὰ εἴδεα, τὸ δὲ νέον ἀτελὲς ἔτι νομίζουσιν. Ἐν δὲ καὶ ἄλλο τῷ σφετέρῳ Ἀπόλλωνι καινουργέουσι· μοῦνοι Ἀπόλλωνα εἵμασι κοσμέουσιν.

36 Ἔργων δὲ αὐτοῦ πέρι πολλὰ μὲν ἔχω εἰπεῖν, ἐρέω δὲ τὸ μάλιστα θωυμάζειν ἄξιον. Πρῶτα δὲ τοῦ μαντηίου ἐπιμνήσομαι. Μαντήια πολλὰ μὲν παρ᾽ Ἕλλησι, πολλὰ δὲ καὶ παρ᾽ Αἰγυπτίοισι, τὰ δὲ καὶ ἐν Λιβύῃ, καὶ ἐν τῇ δὲ Ἀσίῃ πολλά ἐστιν. Ἀλλὰ τὰ μὲν οὔτε ἱρέων ἄνευ οὔτε προφητέων φθέγγονται, ὅδε δὲ αὐτός τε κινέεται καὶ τὴν μαντηίην ἐς τέλος αὐτουργέει. Τρόπος δὲ αὐτῆς τοιόσδε. Εὖτ᾽ ἂν ἐθέλῃ χρησμηγορέειν, ἐν τῇ ἕδρῃ πρῶτα κινέεται, οἱ δέ μιν ἱρέες αὐτίκα ἀείρουσιν· ἢν δὲ μὴ ἀείρωσιν, ὁ δὲ ἱδρώει καὶ ἐς μέζον ἔτι κινέεται. Εὖτ᾽ ἂν δὲ ὑποδύντες φέρωσιν, ἄγει σφέας πάντῃ περιδινέων καὶ ἐς ἄλλον ἐξ ἑτέρου μεταπηδέων. Τέλος ὁ ἀρχιερεὺς ἀντιάσας ἐπερέεταί μιν περὶ ἁπάντων πρηγμάτων· ὁ δὲ ἢν τι μὴ ἐθέλῃ ποιέεσθαι, ὀπίσω ἀναχωρέει, ἢν δὲ τι ἐπαινέῃ, ἄγει ἐς τὸ πρόσω τοὺς προφέροντας ὅκωσπερ ἡνιοχέων. Οὕτως μὲν συναγείρουσι τὰ θέσφατα, καὶ οὔτε ἱρὸν πρῆγμα οὐδὲν οὔτε ἴδιον τούτου ἄνευ ποιέουσιν. Λέγει δὲ καὶ τοῦ ἔτεος πέρι καὶ τῶν ὡρέων αὐτοῦ πασέων, καὶ ὁκότε οὐκ ἔρονται λέγει δὲ καὶ τοῦ σημηίου πέρι, κότε χρή μιν ἀποδημέειν τὴν εἶπον ἀποδημίην.

37 Ἐρέω δὲ καὶ ἄλλο, τὸ ἐμεῦ παρεόντος ἔπρηξεν. Οἱ μέν μιν ἱρέες ἀείροντες ἔφερον, ὁ δὲ τοὺς μὲν ἐν γῇ κάτω ἔλιπεν, αὐτὸς δὲ ἐν τῷ ἠέρι μοῦνος ἐφορέετο.

---

72. Cet Apollon* est peut-être le dieu assyrien Nabû, qui est en effet vêtu et doté d'une longue barbe.

pas accomplies, et ilz estiment que le jeune homme n'est pas encore accompli. Ilz ont une aultre singularité quant est de leur Apollon* pour ce qu'ilz sont les seuls à le vestir d'accoultremens [72].

36. De ce qu'il accomplit, j'auroy moult à dire, mais je parleroy de ce qui est le plus merveilleux. Je ramenteroy premierement l'oracle. Il y a quantité d'oracles chez les Grecz, quantité chez les Ægyptiens, il y en a encore en Libye, et plusieurs en Asie, mais ilz ne se fonct pas ouïr sans presbtres ni pontifes. Or celui-ci remue par soy-mesme et debite soy-mesme son oracle jusqu'au bout, et faict ainsi : quand il veut vaticiner, il remue d'abord sur le piedestal et les presbtres le lèvent incontinent, car s'ilz ne le lèvent poinct, il sue et remue encore davantage. Quand ilz se placent dessoubz et le portent, il les conduit partout en les faisant courir de çà de là, et en saultant de l'un à l'aultre [73], et finalement, le grand presbtre, venant devant luy, le questionne sur toutes les affaires. S'il ne veult pas qu'on fasse quelque chose, il tire arriere et s'il veult bien, il pousse les porteurs davant, comme s'il teneust les brides d'un char. Ilz reçeoivent ses oracles ainsi, et ne fonct aulcune affaire sacrée ou prophane sans cela. Il parle encore de l'an et de toutes ses saisons, mesme quand ilz ne le questionnent pas, et parle aussi de la Statue, declarant quand elle doit aller au voyaige que j'ay dict.

37. Je diroy encore ce qu'il a faict quand j'estois present. Les presbtres le levoient et le portoient, mais il les laissa en bas, et se transporta de soy-mesme dans les airs.

---

73. On peut rapprocher cette manière de rendre les oracles de celle du dieu Ammon (DIODORE DE SICILE, XVII, 50) : la statue du dieu rend ses oracles d'une façon toute particulière. Quatre-vingts prêtres la posent dans une forme de nacelle d'or, et mettant cette nacelle sur leurs épaules, ils vont où ils croient que le dieu leur fait signe d'aller.

38 Μετὰ δὲ τὸν Ἀπόλλωνα ξόανόν ἐστιν Ἄτλαντος, μετὰ δὲ Ἑρμέω καὶ Εἰλειθυίης.

39 Τὰ μὲν ὦν ἐντὸς τοῦ νηοῦ ὧδε κεκοσμέαται· ἔξω δὲ βωμός τε κέαται μέγας χάλκεος, ἐν δὲ καὶ ἄλλα ξόανα μυρία χάλκεα βασιλέων τε καὶ ἱρέων· καταλέξω δὲ τῶν μάλιστα ἄξιον μνήσασθαι. Ἐν ἀριστερῇ τοῦ νεὼ Σεμιράμιος ξόανον ἕστηκεν ἐν δεξιῇ τὸν νηὸν ἐπιδεικνύουσα. Ἀνέστη δὲ δι' αἰτίην τοιήνδε. Ἀνθρώποισιν ὁκόσοι Συρίην οἰκέουσιν νόμον ἐποιέετο ἑαυτὴν μὲν ὅκως θεὸν ἱλάσκεσθαι, θεῶν δὲ τῶν ἄλλων καὶ αὐτῆς Ἥρης ἀλογέειν. Καὶ ὧδε ἐποίεον. Μετὰ δὲ ὥς οἱ θεόθεν ἀπίκοντο νοῦσοί τε καὶ συμφοραὶ καὶ ἄλγεα, μανίης μὲν ἐκείνης ἀπεπαύσατο καὶ θνητὴν ἑωυτὴν ὁμολόγεεν καὶ τοῖσιν ὑπηκόοισιν αὖτις ἐκέλευεν ἐς Ἥρην τρέπεσθαι. Τούνεκα δὴ ἔτι τοιήδε ἀνέστηκεν, τοῖσιν ἀπικνεομένοισι τὴν Ἥρην ἱλάσκεσθαι δεικνύουσα, καὶ θεὸν οὐκέτι ἑωυτὴν ἀλλ' ἐκείνην ὁμολογέουσα.

40 Εἶδον δὲ καὶ αὐτόθι Ἑλένης ἄγαλμα καὶ Ἑκάβης καὶ Ἀνδρομάχης καὶ Πάριδος καὶ Ἕκτορος καὶ Ἀχιλλέος. Εἶδον δὲ καὶ Νειρέος εἶδος τοῦ Ἀγλαΐης, καὶ Φιλομήλην καὶ Πρόκνην ἔτι γυναῖκας, καὶ αὐτὸν Τηρέα ὄρνιθα, καὶ ἄλλο ἄγαλμα Σεμιράμιος, καὶ Κομβάβου τὸ κατέλεξα, καὶ Στρατονίκης κάρτα καλόν, καὶ Ἀλεξάνδρου αὐτῷ ἐκείνῳ εἴκελον, παρὰ δέ οἱ Σαρδανάπαλλος ἕστηκεν ἄλλῃ μορφῇ καὶ ἄλλῃ στολῇ.

41 Ἐν δὲ τῇ αὐλῇ ἄφετοι νέμονται βόες μεγάλοι καὶ ἵπποι καὶ ἀετοὶ καὶ ἄρκτοι καὶ λέοντες, καὶ ἀνθρώπους οὐδαμὰ σίνονται, ἀλλὰ πάντες ἱροί τέ εἰσι καὶ χειροήθεες.

---

74. Nirée, fils de Charops et de la Charite Aglaé, était le plus beau des Grecs après Achille. Il mourut à la guerre de Troie.

75. Procné était l'épouse de Térée, lequel s'éprit de Philomèle, la sœur de sa femme : il la viola et lui coupa la langue pour l'empêcher de révéler son crime. Philomèle dessina la scène sur un tissu avec son sang et pour la venger, Procné fit manger à Térée le corps de leur fils, Itys. Procné fut changée en hirondelle, Philomèle en rossignol (pour certains auteurs, c'est l'inverse) et Térée en huppe.

76. Voir le chapitre 26.

77. Sardanapale ou Assurbanipal fut le dernier grand roi d'Assyrie (669 à 627 av. J.-C.).

38. Après Apollon*, il y a une ymage d'Atlas*, puis d'Hermès* et d'Eileithyia*.

39. Adoncques le dedans du temple est agencé ainsi. En son dehors est un grand autel d'airain, et là encore moult aultes ymages en airain de roys et de presbtres, et je feroy le catalogue de celles qui sont les plus dignes de memoire. À la senestre part du temple, une ymage de Sémiramis* indique le temple à sa droite, et la cause parquoy elle est dressée ici est telle. Sémiramis* avait edicté en loy pour tous les habitans de Syrie de la supplier comme une déesse, et de laisser les aultres dieux, mesme Héra*. Ilz firent ainsi, puis quand luy advinrent de par les dieux maladies, infortune et douleurs, elle cessa ceste folie, confessa qu'elle estoit mortelle, et commanda à ses subjects de revenir à Héra*. Parquoy on la voit encore telle, declarant à ceulx qui entrent de supplier Héra*, et confessant que la déesse n'est plus elle, mais l'aultre.

40. J'ay encore veu ici la statue d'Hélène*, et celles d'Hécube, d'Andromaque, de Pasris, d'Hector et d'Achille. J'ay veu encore une statue de Nirée, fils d'Aglaé [74], et Philomèle, Procné, quand elles estoient encore femmes, Térée devenu oiseau [75], une aultre statue de Sémiramis*, et celle de Combabos que j'ay dicte [76], une de Stratonice, fort belle, et d'Alexandre, ressemblable à ce grand capitaine, près duquel est Sardanapale [77] avec aultre forme et aultre accoultrement [78].

41. Dedans la basse-court paissent en liberté grands bœufs, chevaulx, aigles, ours, lions, lesquels ne portent poinct nuisance aux hommes mais sont tous sacrés et aprivoiés.

---

78. Plusieurs interprétations sont possibles : différents de la réalité ? différents d'Alexandre ? A. M. Harmon parle même de vêtements de femme. Comme Lucien vient de dire que la statue d'Alexandre était très ressemblante, nous penchons pour la première solution.

42 Ἱρέες δὲ αὐτοῖσι πολλοὶ ἀποδεδέχαται, τῶν οἱ μὲν τὰ ἱρήϊα σφάζουσιν, οἱ δὲ σπονδηφορέουσιν, ἄλλοι δὲ πυρφόροι καλέονται καὶ ἄλλοι παραβώμιοι. Ἐπ' ἐμεῦ δὲ πλείονες καὶ τριηκοσίων ἐς τὴν θυσίην ἀπικνέοντο. Ἐσθὴς δὲ αὐτέοισι πᾶσι λευκή, καὶ πῖλον ἐπὶ τῇ κεφαλῇ ἔχουσιν. Ἀρχιερεὺς δὲ ἄλλος ἑκάστου ἔτεος ἐπιγίγνεται, πορφυρέην τε μοῦνος οὗτος φορέει καὶ τιάρῃ χρυσέῃ ἀναδέεται.

43 Ἔστι δὲ καὶ ἄλλο πλῆθος ἀνθρώπων ἱρῶν αὐλητέων τε καὶ συριστέων καὶ Γάλλων, καὶ γυναῖκες ἐπιμανέες τε καὶ φρενοβλαβέες.

44 Θυσίη δὲ δὶς ἑκάστης ἡμέρης ἐπιτελέεται, ἐς τὴν πάντες ἀπικνέονται. Διὶ μὲν ὧν κατ' ἡσυχίην θύουσιν οὔτε ἀείδοντες οὔτε αὐλέοντες· εὖτ' ἂν δὲ τῇ Ἥρῃ κατάρχωνται, ἀείδουσίν τε καὶ αὐλέουσιν καὶ κρόταλα ἐπικροτέουσιν. Καί μοι τούτου πέρι σαφὲς οὐδὲν εἰπεῖν ἐδύναντο.

45 Ἔστι δὲ καὶ λίμνη αὐτόθι, οὐ πολλὸν ἑκὰς τοῦ ἱροῦ, ἐν τῇ ἰχθύες ἱροὶ τρέφονται πολλοὶ καὶ πολυειδέες. Γίγνονται δὲ αὐτῶν ἔνιοι κάρτα μεγάλοι· οὗτοι δὲ καὶ οὐνόματα ἔχουσιν καὶ ἔρχονται καλεόμεροι· ἐπ' ἐμέο δέ τις ἦν ἐν αὐτοῖσι χρυσοφορέων. Ἐν τῇ πτέρυγι ποίημα χρύσεον αὐτέῳ ἀνακέατο, καί μιν ἐγὼ πολλάκις ἐθεησάμην, καὶ εἶχεν τὸ ποίημα.

46 Βάθος δὲ τῆς λίμνης πολλόν. Ἐγὼ μὲν οὐκ ἐπειρήθην, λέγουσι δ' ὧν καὶ διηκοσίων ὀργυιέων πλέον ἔμμεναι. Κατὰ μέσον δὲ αὐτῆς βωμὸς λίθου ἀνέστηκεν. Δοκέοις ἂν ἄφνω ἰδὼν πλώειν τέ μιν καὶ τῷ ὕδατι ἐποχέεσθαι, καὶ πολλοὶ ὧδε νομίζουσιν· ἐμοὶ δὲ δοκέει στῦλος ὑφεστεὼς μέγας ἀνέχειν τὸν βωμόν. Ἔστεπται δὲ ἀεὶ καὶ θυώματα ἔχει, πολλοὶ δὲ καὶ ἑκάστης ἡμέρης κατ' εὐχὴν ἐς αὐτὸν νηχόμενοι στεφανηφορέουσιν.

47 Γίγνονται δὲ αὐτόθι καὶ πανηγύριές τε μέγισται, καλέονται δὲ ἐς τὴν λίμνην καταβάσιες, ὅτι ἐν αὐτῇσι ἐς τὴν

---

79. L'aulos est un instrument à anche, proche de notre hautbois ; la syrinx une flûte de Pan*.

80. Sortes de castagnettes.

81. Environ 360 mètres.

82. Cette description est très proche de la description du lac Mœris, d'HÉRODOTE (*Enquêtes*, II, 149).

42. Moult presbtres sont appointés par eux, dont aulcuns egorgetent les victimes, d'aultres portent les libations, d'aultres ont nom portefeux, d'aultres assistans es autels. Quand j'estois là, plus de trois cens assistoient au sacrifice, tous vestus de blanc avecques un bonnet de feutre sur la teste. Le grand presbtre est changé tous les ans, qui est seul à endosser la pourpre et à estre couronné d'une tiare d'or.

43. Il y a encore quantité d'hommes sacrés, joueurs d'aulos et de syrinx [79], Galles*, et femmes furieuses et forcenées.

44. Un sacrifice est faict deux fois le jour, auquel tous assistent. À Zeus* ilz sacrifient en silence, sans cantique ni aulos, mais quand ilz preludent aux sacrifices pour Héra*, ilz chantent, jouent de l'aulos et fonct sonner les crotales [80], mais sur cet usaige, ilz ne pouvoient rien me dire de net.

45. Il y a aussi un lac, pou esloigné du sanctuaire, où sont nourris quantité de poissons sacrés de toutes sortes, desquels aulcuns deviennent fort grands, ont des noms, et approchent quand on les appelle. Quand j'estois là, il y en avoit un qui portoit de l'or, à la nageoire duquel estoit un ouvraige d'or, et je l'ay veu plusieurs fois, et il avoit cet ouvraige.

46. La haulteur du lac est grande, laquelle quant est de moy, poinct n'ay sondée, mais ilz disent qu'elle excede deux cens brasses [81]. En son milieu est un autel de pierre : d'abord que tu le vois, tu croirois qu'il flotte et que l'eaue le tranporte, et les plusieurs cuident ainsi, mais moy je croy qu'une grande colonne qui est dessoubz supporte l'autel [82], lequel est toujours orné de couronnes et a des parfums, et vers luy chasque jour plusieurs nagent pour tenir un vœu et luy portent des couronnes.

47. On y faict encore de grandes cerymonies, qui ont nom descentes au lac, pour ce que ces jours-là tous les

λίμνην τὰ ἱρὰ πάντα κατέρχεται. Ἐν τοῖσιν ἡ Ἥρη πρώτη ἀπικνέεται, τῶν ἰχθύων εἵνεκα, μὴ σφέας ὁ Ζεὺς πρῶτος ἴδηται· ἢν γὰρ τόδε γένηται, λέγουσιν ὅτι πάντες ἀπόλλυνται. Καὶ δῆτα ὁ μὲν ἔρχεται ὀψόμενος, ἡ δὲ πρόσω ἱσταμένη ἀπείργει τέ μιν καὶ πολλὰ λιπαρέουσα ἀποπέμπει.

48 Μέγισται δὲ αὐτοῖσι πανηγύριες αἳ ἐς θάλασσαν νομίζονται. Ἀλλ᾽ ἐγὼ τούτων πέρι σαφὲς οὐδὲν ἔχω εἰπεῖν· οὐ γὰρ ἦλθον αὐτὸς οὐδὲ ἐπειρήθην ταύτης τῆς ὁδοιπορίης. Τὰ δὲ ἐλθόντες ποιέουσιν, εἶδον καὶ ἀπηγήσομαι. Ἀγγήιον ἕκαστος ὕδατι σεσαγμένον φέρουσιν, κηρῷ δὲ τάδε σεσήμανται. Καί μιν οὐκ αὐτοὶ λυσάμενοι χέονται, ἀλλ᾽ ἔστιν ἀλεκτρυὼν ἱρός, οἰκέει δὲ ἐπὶ τῇ λίμνῃ, ὃς ἐπεὶ σφέων δέξηται τὰ ἀγγήια, τήν τε σφρηγῖδα ὁρῇ καὶ μισθὸν ἀρνύμενος ἀνά τε λύει τὸν δεσμὸν καὶ τὸν κηρὸν ἀπαιρέεται· καὶ πολλαὶ μνέες ἐκ τουτέου τοῦ ἔργου τῷ ἀλεκτρυόνι ἀγείρονται. Ἔνθεν δὲ ἐς τὸν νηὸν αὐτοὶ ἐνείκαντες σπένδουσί τε καὶ θύσαντες ὀπίσω ἀπονοστέουσιν.

49 Ὁρτέων δὲ πασέων τῶν οἶδα μεγίστην τοῦ εἴαρος ἀρχομένου ἐπιτελέουσιν, καί μιν οἱ μὲν πυρήν, οἱ δὲ λαμπάδα καλέουσιν. Θυσίην δὲ ἐν αὐτῇ τοιήνδε ποιέουσιν. Δένδρεα μεγάλα ἐκκόψαντες τῇ αὐλῇ ἑστᾶσι, μετὰ δὲ ἀγινέοντες αἶγάς τε καὶ ὄιας καὶ ἄλλα κτήνεα ζῷα ἐκ τῶν δενδρέων ἀπαρτέουσιν· ἐν δὲ καὶ ὄρνιθες καὶ εἵματα καὶ χρύσεα καὶ ἀργύρεα ποιήματα. Ἐπεὰν δὲ ἐντελέα πάντα ποιήσωνται, περιενείκαντες τὰ ἱρὰ περὶ τὰ δένδρεα πυρὴν ἐνιᾶσιν, τὰ δὲ αὐτίκα πάντα καίονται. Ἐς ταύτην τὴν ὁρτὴν πολλοὶ ἄνθρωποι ἀπικνέονται ἔκ τε Συρίης καὶ τῶν πέριξ χωρέων πασέων, φέρουσίν τε τὰ ἑωυτῶν ἱρὰ ἕκαστοι καὶ τὰ σημήια ἕκαστοι ἔχουσιν ἐς τάδε μεμιμημένα.

50 Ἐν ῥητῇσι δὲ ἡμέρῃσι τὸ μὲν πλῆθος ἐς τὸ ἱρὸν ἀγείρονται, Γάλλοι δὲ πολλοὶ καὶ τοὺς ἔλεξα, οἱ ἱροὶ

---

83. Littéralement : toutes les « choses sacrées » descendent. Certes il s'agit des statues, mais les dieux semblent ici habiter totalement les objets qui les représentent. Même chose au chapitre 49.

84. Ce « coq » est peut-être un Galle* (le mot gallus désigne à la fois le coq, le Gaulois et le Galle* en latin), ou un assistant du culte.

dieux [83] descendent au lac. Héra* vient la premiere, à cause des poissons, affin que Zeus* ne les voie pas le premier, car on dict que si cela advient, ilz meurent tous. Adoncques il descend pour les voir, mais elle se met devant luy, l'escarte et, à force de le prier, le faict retourner.

48. Leurs plus grandes cerymonies sont celles qui sont instituées pour aller à la mer. Au reguard d'icelles, je ne peux rien dire de certain, n'y etant poinct allé moy-mesme et n'ayant poinct essayé ce voyage. Mais ce qu'ilz fonct quand ilz retournent, je l'ay veu et je le nar-reroy. Chascun porte un flascon scellé plein d'eaue qu'ilz ont scellés à la cire. Ilz ne les ouvrent poinct et ne versent pas l'eaue eux-mesmes, mais il y a un coq [84] sacré, logeant dessus le lac, qui, ayant reçeu les flascons, examine le scel, et contre un salaire, brise le lien et oste la cire, office pour lequel le coq rassemble quantité de mines. De là, ilz les portent eux-mesmes au temple, versent la libation, et après avoir faict un sacrifice, ilz retournent.

49. De toutes les festes que je cognois, la plus grande est celle qu'ilz fonct au commencement du printemps, qu'aulcuns nomment Buscher, d'aultres Lampe, en laquelle le sacrifice est tel. Ayant jecté de grands arbres à bas, ilz les dressent dans la basse-court, puis amenant chevres, brebis et aultres bestes vivantes, ilz les pendent es arbres, et encore oiseaulx, vesteures, ouvraiges d'or et d'argent. Quand ilz ont parfaict tout cela, après qu'ilz ont conduict les dieux à l'entour des arbres, ilz boutent le feu, et incontinent tout flambe. Pour ceste feste, quantité de gens viennent de Syrie et de tous les pays alentour, menant chalcun leurs dieux et les figures qui les contrefonct.

50. À jours fixes, la multitude s'assemble dans le temple, moult Galles*, et ceulx que j'ay dicts, les

ἄνθρωποι, τελέουσι τὰ ὄργια, τάμνονταί τε τοὺς πήχεας καὶ τοῖσι νώτοισι πρὸς ἀλλήλους τύπτονται. Πολλοὶ δὲ σφίσι παρεστεῶτες ἐπαυλέουσι, πολλοὶ δὲ τύμπανα παταγέουσιν, ἄλλοι δὲ ἀείδουσιν ἔνθεα καὶ ἱρὰ ᾄσματα. Τὸ δὲ ἔργον ἐκτὸς τοῦ νηοῦ τόδε γίγνεται, οὐδὲ ἐσέρχονται ἐς τὸν νηὸν ὁκόσοι τόδε ποιέουσιν.

51 Ἐν ταύτῃσι τῇσι ἡμέρῃσι καὶ Γάλλοι γίγνονται. Ἐπεὰν γὰρ οἱ ἄλλοι αὐλέωσί τε καὶ ὄργια ποιέωνται, ἐς πολλοὺς ἤδη ἡ μανίη ἀπικνέεται, καὶ πολλοὶ ἐς θέην ἀπικόμενοι μετὰ δὲ τοιάδε ἔπρηξαν. Καταλέξω, δὲ καὶ τὰ ποιέουσιν. Ὁ νεηνίης ὅτῳ τάδε ἀποκέαται ῥίψας τὰ εἵματα μεγάλῃ βοῇ ἐς μέσον ἔρχεται καὶ ξίφος ἀναιρέεται· τὸ δὲ πολλὰ ἔτη, ἐμοὶ δοκέει, καὶ τοῦτο ἔστηκε. Λαβὼν δὲ αὐτίκα τάμνει ἑωυτὸν θέει τε διὰ τῆς πόλιος καὶ τῇσι χερσὶ φέρει τὰ ἔταμεν. Ἐς ὁκοίην δὲ οἰκίην τάδε ἀπορρίψει, ἐκ ταύτης ἐσθῆτά τε θηλέην καὶ κόσμον τὸν γυναικήιον λαμβάνει. Τάδε μὲν ἐν τῇσι τομῇσι ποιέουσιν.

52 Ἀποθανόντες δὲ Γάλλοι οὐκ ὁμοίην ταφὴν τοῖσιν ἄλλοισι θάπτονται, ἀλλ᾽ ἐὰν ἀποθάνῃ Γάλλος, ἑταῖροί μιν ἀείραντες ἐς τὰ προάστεια φέρουσιν, θέμενοι δὲ αὐτὸν καὶ τὸ φέρτρον τῷ ἐκόμισαν, ὕπερθε λίθοις βάλλουσιν, καὶ τάδε πρήξαντες ὀπίσω ἀπονοστέουσιν. Φυλάξαντες δὲ ἑπτὰ ἡμερέων ἀριθμὸν οὕτως ἐς τὸ ἱρὸν ἐσέρχονται· πρὸ δὲ τουτέων ἢν ἐσέλθωσιν, οὐκ ὅσια ποιέουσιν.

53 Νόμοισι δὲ ἐς ταῦτα χρέωνται τουτέοισι. Ἢν μέν τις αὐτέων νέκυν ἴδηται, ἐκείνην τὴν ἡμέρην ἐς τὸ ἱρὸν οὐκ ἀπικνέεται, τῇ ἑτέρῃ δὲ καθήρας ἑωυτὸν ἐσέρχεται. Αὐτῶν δὲ τῶν οἰκείων τοῦ νέκυος ἕκαστοι φυλάξαντες ἀριθμὸν

---

85. A. M. HARMON propose de rapprocher cet usage du livre de Josué, où l'on jette un grand tas de pierres sur le cadavre d'un roi vaincu.

hommes sacrés. Ilz celebrent les mysteres, s'entaillent les bras, et se frappent l'un l'aultre sur le dos, et plusieurs près d'eux jouent de l'aulos, plusieurs battent des tabourins, d'aultres chantent cantiques divins et sacrés. Cela est faict hors du temple, et tous ceulx qui fonct cela n'entrent pas dedans le temple.

51. Durant ces jours, certains deviennent Galles*, car cependant que les aultres jouent de l'aulos et fonct les mysteres, une folie saisit alors plusieurs, et plusieurs, qui estoient venus pour veoir, agissent ensuite de telle maniere. Je diroy tout ce qu'ilz fonct. Le jeune homme à qui cela advient, mettant bas sa vesteure à grand cri va devant tous, et se saisist d'une epée, qui a eté placée là depuis des ans, si comme je croy ; laquelle ayant prise, se chastre incontinent, et court par la cité, portant dans ses mains ce qu'il a retranché. En quelle que maison qu'il lance cela, il en reçoit incontinent accoultremens feminins et paremens de femmes. Ainsi fonct-ilz cependant qu'ilz se chastrent.

52. Après leur mort, les Galles* ne sont pas enterrés si comme les aultres, mais quand un Galle* meurt, ses compagnons le ravissent et l'emportent dans les faulxbourgs. Ilz le posent, avecques le brancard sur lequel ilz l'ont emporté, jectent des pierres dessus, après quoy ilz s'en retournent [85], et delayent sept jours avant d'aller au sanctuaire car s'ilz y entrent auparavant, ilz fonct une impureté.

53. Leurs usaiges en ceste matiere sont tels [86] : si aulcun voit un mort, il ne va pas au sanctuaire ce jour-là, mais y entre au lendemain, après qu'il s'est purifié. Quant est des familiers du mort, ilz entrent après qu'ilz

---

86. D'innombrables témoignages montrent que, dans la pensée antique, le contact avec un mort entraîne une souillure (voir Lévitique, 21, 1-3). On voile le visage du mort pour ne pas souiller la lumière des vivants. Le grand pontife de Rome devait se garder de croiser un cortège funèbre.

ἡμερέων τριήκοντα καὶ τὰς κεφαλὰς ξυράμενοι ἐσέρχονται· πρὶν δὲ τάδε ποιῆσαι, οὐ σφίσι ἐσιέναι ὅσιον.

54 Θύουσιν δὲ βόας ἄρσενάς τε καὶ θήλεας καὶ αἶγας καὶ ὄϊας. Σύας δὲ μοῦνον ἐναγέας νομίζοντες οὔτε θύουσιν οὔτε σιτέονται. Ἄλλοι δ᾽ οὐ σφέας ἐναγέας, ἀλλὰ ἱροὺς νομίζουσιν. Ὀρνίθων τε αὐτέοισι περιστερὴ δοκέει χρῆμα ἱρότατον καὶ οὐδὲ ψαύειν αὐτέων δικαιέουσιν καὶ ἢν ἀέκοντες ἅψωνται, ἐναγέες ἐκείνην τὴν ἡμέρην εἰσί. Τοὔνεκα δὲ αὐτέοισι σύννομοί τέ εἰσι καὶ ἐς τὰ οἰκεῖα ἐσέρχονται καὶ τὰ πολλὰ ἐν γῇ νέμονται.

55 Λέξω δὲ καὶ τῶν πανηγυριστέων τὰ ἕκαστοι ποιέουσιν. Ἀνὴρ εὖτ᾽ ἂν ἐς τὴν ἱρὴν πόλιν πρῶτον ἀπικνέηται, κεφαλὴν μὲν ὅδε καὶ ὀφρύας ἐξύρατο, μετὰ δὲ ἱρεύσας ὄϊν τὰ μὲν ἄλλα κρεουργέει τε καὶ εὐωχέεται, τὸ δὲ νάκος χαμαὶ θέμενος ἐπὶ τούτου ἐς γόνυ ἕζεται, πόδας δὲ καὶ κεφαλὴν τοῦ κτήνεος ἐπὶ τὴν ἑωυτοῦ κεφαλὴν ἀναλαμβάνει· ἅμα δὲ εὐχόμενος αἰτέει τὴν μὲν παρεοῦσαν θυσίην δέκεσθαι, μέζω δὲ ἐσαῦτις ὑπισχνέεται. Τελέσας δὲ ταῦτα, τὴν κεφαλὴν αὐτοῦ τε στέφεται καὶ τῶν ἄλλων ὁκόσοι τὴν αὐτὴν ὁδὸν ἀπικνέονται, ἄρας δὲ ἀπὸ τῆς ἑωυτοῦ ὁδοιπορέει, ὕδασί τε ψυχροῖσι χρεόμενος λουτρῶν τε καὶ πόσιος εἵνεκα καὶ ἐς πάμπαν χαμοκοιτέων· οὐ γάρ οἱ εὐνῆς ἐπιβῆναι ὅσιον πρὶν τήν τε ὁδὸν ἐκτελέσαι καὶ ἐς τὴν ἑωυτοῦ αὖτις ἀπικέσθαι.

56 Ἐν δὲ τῇ ἱρῇ πόλει ἐκδέκεταί μιν ἀνὴρ ξεινοδόκος ἀγνοέοντα· ῥητοὶ γὰρ δὴ ὦν ἑκάστης πόλιος αὐτόθι ξεινοδόκοι εἰσίν, καὶ τόδε πατρόθεν οἴκοι δέκονται. Καλέονται δὲ

ont delayé chascun trente jours et se sont rasé la teste, car avant qu'avoir faict cela, il est impur d'entrer.

54. Ilz sacrifient bœufs, vaches, chevres et brebis, mais seuls les porcs sont estimés impurs, qu'ilz ne sacrifient ni ne mangent, mais d'aultres ne les cuydent pas impurs, mais sacrés. Des oiseaux, ilz estiment la columbe chose la plus sacrée, et defendent mesme de les toucher, et s'ilz les touchent sans le vouloir, ilz sont impurs ce jour. Parquoy elles vivent avecques eux, entrent es maisons et paissent la pluspart à terre [87].

55. Je diroy encore ce que faict chascun de ceux qui viennent aux grandes cerymonies. À la premiere fois qu'un homme va pour la cité saincte, il rase sa teste et ses sourcils, puis ayant sacrifié une brebis, il decouppe les aultres morceaulx et en faict un festin, fors la toison, qu'il pose sur le sol pour s'agenouiller sur elle, et les pattes et la teste de la beste, qu'il pose sur sa teste à luy. En priant, il requiert les dieux d'agreer la victime presente, et en promet une plus grande en après. Ayant accompli cela, il couronne sa teste et celles de tous ceux qui le convoient. Parti de sa maison, il va son chemin, en usant seulement d'eaues froides pour se laver et pour boire, et dort toujours à terre, car il est impur d'entrer en une couche avant d'avoir accompli son voyaige et d'estre retourné en sa maison.

56. Dedans la Cité Saincte, il est reçeu par un hoste qu'il ne cognoist pas, car là-bas il est dans chaque cité des hostes appoinctés qui reçeoivent chez eux, de pere

---

87. Philon d'Alexandrie, cité par Eusèbe (*Préparation évangélique*, VIII, 14, 50), raconte sa surprise à voir « à Ascalon, une cité près de la mer, un nombre incroyable de colombes aux carrefours et près de chaque maison. Quand je demandai la raison, on me dit qu'on n'avait pas le droit de les attraper [...]. L'animal est tellement apprivoisé, du fait de sa sécurité, qu'elle vit non seulement sous le même toit que l'homme, mais à la même table ».

ὑπὸ Ἀσσυρίων οἶδε διδάσκαλοι, ὅτι σφίσι πάντα ὑπηγέονται.

57 Θύουσι δὲ οὐκ ἐν αὐτῷ τῷ ἱρῷ, ἀλλ᾽ ἐπεὰν παραστήσῃ τῷ βωμῷ τὸ ἱρήιον, ἐπισπείσας αὖτις ἄγει ζωὸν ἐς τὰ οἰκεῖα, ἐλθὼν δὲ κατ᾽ ἑωυτὸν θύει τε καὶ εὔχεται.

58 Ἔστιν δὲ καὶ ἄλλης θυσίης τρόπος τοιόσδε. Στέψαντες τὰ ἱρήια, ζῷα ἐκ τῶν προπυλαίων ἀπιᾶσιν, τὰ δὲ κατενεχθέντα θνήσκουσιν. Ἔνιοι δὲ καὶ παῖδας ἑωυτῶν ἐντεῦθεν ἀπιᾶσιν, οὐκ ὁμοίως τοῖς κτήνεσιν, ἀλλ᾽ ἐς πήρην ἐνθέμενοι χειρὶ κατάγουσιν, ἅμα δὲ αὐτέοισιν ἐπικερτομέοντες λέγουσιν ὅτι οὐ παῖδες, ἀλλὰ βόες εἰσίν.

59 Στίζονται δὲ πάντες, οἱ μὲν ἐς καρπούς, οἱ δὲ ἐς αὐχένας καὶ ἀπὸ τοῦδε ἅπαντες Ἀσσύριοι στιγματηφορέουσιν.

60 Ποιέουσι δὲ καὶ ἄλλο μούνοισι Ἑλλήνων Τροιζηνίοισι ὁμολογέοντες. Λέξω δὲ καὶ τὰ ἐκεῖνοι ποιέουσιν. Τροιζήνιοι τῇσι παρθένοισι καὶ τοῖσιν ἠιθέοισι νόμον ἐποιήσαντο μή μιν ἄλλως γάμον ἰέναι, πρὶν Ἱππολύτῳ κόμας κείρασθαι καὶ ὧδε ποιέουσιν. Τοῦτο καὶ ἐν τῇ ἱρῇ πόλει γίγνεται. Οἱ μὲν νεηνίαι τῶν γενείων ἀπάρχονται, τοῖς δὲ νέοισι πλοκάμους ἱροὺς ἐκ γενετῆς ἀπιᾶσιν, τοὺς ἐπεὰν ἐν τῷ ἱρῷ γένωνται, τάμνουσίν τε καὶ ἐς ἄγγεα καταθέντες οἱ μὲν ἀργύρεα, πολλοὶ δὲ χρύσεα ἐν τῷ νηῷ προσηλώσαντες ἀπίασιν ἐπιγράψαντες ἕκαστοι τὰ οὐνόματα. Τοῦτο καὶ ἐγὼ νέος ἔτι ὢν ἐπετέλεσα, καὶ ἔτι μευ ἐν τῷ ἱρῷ καὶ ὁ πλόκαμος καὶ τὸ οὔνομα.

en fils, et sont nommés par les Assyriens precepteurs, pour ce qu'ilz leur enseignent tout.

57. Ilz ne fonct pas les sacrifices dans le temple mesme, mais après qu'on a approché la victime de l'autel et versé les libations, on la rapporte vive en sa maison, et quand on est chez soy on la sacrifie et on prie.

58. Il est un autre mode de sacrifier, qui est tel. Ilz couronnent les victimes, et les pourjectent vives depuis les portiques, lesquelles d'en hault precipitans meurent, et aulcuns pourjectent mesme les enfans de là, mais non pas comme ilz fonct des bestes, car ils les mettent dedans des sacs et les jectent à la main, en leur disant par raillerie qu'ilz ne sont poinct enfans, mais bœufs [88].

59. Ilz se fonct tous des incisions [89], aulcuns au poignet, les aultres au cou, et doncques tous les Assyriens sont incisés.

60. Ilz ont un aultre usaige auquel seuls des Grecz les Trezeniens [90] communiquent. Je diroy ce que fonct les Trezeniens. Chez eux, une loi defend aux vierges et aux jeunes gens de ne se marier devant qu'ilz aient rasé leur chevelure pour Hippolyte [91], et ilz fonct ainsi. Cet usaige est tel dedans la Cité saincte, en laquelle les jouvenceaulx consacrent les premices de leur barbe, et on laisse pousser aux enfans des boucles de cheveulx, sacrées depuis la naissance, lesquelles, quand ilz sont dedans le temple, ilz coupent et deposent dans des flascons, aulcuns d'argent, la pluspart d'or, qu'ilz clouent dedans le temple, puis retournent, ayant escrit chalcun son nom dessus, ce que j'ay faict moy-mesme quand j'estois jeune, et sont encore dedans le sanctuaire ma boucle et mon nom.

---

88. Souvenir probable de très anciens sacrifices d'enfants.

89. Il s'agit de tatouages rituels. Le fait que la pratique soit interdite aux juifs (Lévitique, 19, 28) prouve son importance au Moyen-Orient.

90. Habitants de Trézène, ancienne cité grecque du Péloponnèse, sur la côte nord de l'Argolide.

91. Hippolyte mourut victime du monstre marin envoyé par Poséidon* à Trézène dont il devint le héros.

VI. Introduction à l'*Assemblée des dieux*

Ce dialogue porte le n° 74 dans la vulgate et occupe la 52ᵉ place dans le corpus du Vatic. Γ.

Il rejoint les critiques que Lucien fait de la religion tout au long de son œuvre. On note en particulier de grandes ressemblances avec *Zeus tragédien,* où le petit dieu du sarcasme, Momos*, ici seul interlocuteur de Zeus* et porte-parole de tous les mécontents, était déjà très présent [1] : même évocation railleuse de la bizarrerie des différents cultes (9) [2], notamment ceux des Égyptiens (10-11) [3], même allusion ironique au tombeau de Zeus* en Crète (6) [4]. L'idée que la notion de Destinée rend absurdes cultes et prières (13) est aussi le motif central de *Zeus confondu* [5].

Le sujet de l'*Assemblée des dieux* est la présence dans l'Olympe de nouveaux venus, qui, à en croire Momos*, ne sont que des intrus et ne devraient pas avoir part aux honneurs réservés aux « dieux à part entière ». Selon Émeline Marquis [6], le texte reflète une réalité de l'époque impériale, qui a vu de nombreuses divinités « exotiques », notamment orientales, grossir le panthéon traditionnel.

---

1. *Zeus tragédien*, 19-22 ; 26, 28-31, 43-45, 50.
2. *Ibid.*, 42. Voir aussi *Sur les sacrifices*, 13, 14.
3. *Zeus tragédien* ; 42 ; *Sur les sacrifices*, 14.
4. *Zeus tragédien*, 45 ; *Sur les sacrifices*, 10.
5. *Zeus confondu*, 5.
6. *Op. cit.*, p. 762.

On remarque cependant que beaucoup de ces dieux sont d'une modernité toute relative. Le cas de Dionysos*, contre lequel Momos* prononce son premier réquisitoire, est particulièrement net. Si le jeune dieu est présenté comme un nouvel arrivant, venu d'Orient, et répandant partout le désordre, cette tradition est très ancienne : on la rencontre dans les *Bacchantes* d'Euripide, et d'ailleurs, même à l'époque où cette pièce fut écrite, le dieu était si peu un intrus que le grand théâtre d'Athènes et les plus grandes fêtes de l'année lui étaient déjà consacrés. Même chose en ce qui concerne Pan* et les Satyres* : ils faisaient partie du joyeux cortège à l'origine de la comédie. Quant aux cultes d'Asclépios*, Héraclès*, Rhéa* et Attis*, il y avait des siècles que ce n'étaient plus des nouveautés.

Comme l'a montré Marcel Caster [7], la liste des divinités étrangères incriminées dans l'*Assemblée des dieux* est tout à fait inactuelle. C'est « un défilé de noms propres », sans rapport avec l'histoire religieuse du IIᵉ siècle, mais proche des lieux communs du livre III du *De natura deorum* de Cicéron. Momos s'indigne d'innovations vieilles de plusieurs siècles, mais ne dit rien du culte des démons, ni de celui de Sarapis [8], si typique de l'époque impériale, ni de la divinisation des empereurs. Il consacre quelques mots à peine à Mithra*.

Car l'intérêt du dialogue est autre. Revenant au panthéon grec traditionnel depuis longtemps tombé en désuétude, Lucien s'amuse à le faire revivre, tout en recréant également une Athènes fortement idéalisée, à

---

7. M. CASTER, *op. cit.*, p. 349 sq.
8. Divinité syncrétique créée à l'époque hellénistique par Ptolémée Iᵉʳ, Sarapis rassemble des traits d'Hadès, du dieu-taureau Apis et d'Osiris. Aux côtés d'Isis, il devient au IIᵉ siècle après J.-C., l'une des divinités les plus aimées du panthéon égyptien. Son culte s'étend alors à l'ensemble du Bassin méditerranéen.

jamais démocratique. Les deux mouvements sont étroitement liés par la métaphore juridique qui court tout au long du texte. Les dieux sont réunis en assemblée (ἐκκλησία). Il y a une proclamation officielle selon la loi (κήρυγμα) invitant à parler les dieux « à part entière » (τέλειοι), c'est-à-dire ceux dont la citoyenneté est incontestable et qui ont plus de trente ans. La réunion se conclut par un décret (ψήφισμα), ratifié par le conseil (δεδόχθαι τῇ βουλῇ) qui parodie le style administratif, en précisant le nom du prytane, du proèdre, du greffier… Ce décret prétend mettre un terme aux inscriptions frauduleuses sur les registres des phratries (παρεγγράφω) en imposant à tous les nouveaux-venus, comme autrefois au jeune Athénien atteignant sa majorité, un examen en règle, une δοκιμασία.

Du temps de Lucien, cette procédure n'a plus cours, et le Panthéon traditionnel est pareillement déserté. C'est donc à un plaisir de lettré que l'auteur nous convie en les reconstituant, avec une verve plus entraînante que jamais.

VII. L'ASSEMBLÉE DES DIEUX

ΘΕΩΝ ΕΚΚΛΗΣΙΑ

ΖΕΥΣ Μηκέτι τονθορύζετε, ὦ θεοί, μηδὲ κατὰ γωνίας συστρεφόμενοι πρὸς οὓς ἀλλήλοις κοινολογεῖσθε, ἀγανακτοῦντες εἰ πολλοὶ ἀνάξιοι μετέχουσιν ἡμῖν τοῦ συμποσίου, ἀλλ᾽ ἐπείπερ ἀποδέδοται περὶ τούτων ἐκκλησία, λεγέτω ἕκαστος ἐς τὸ φανερὸν τὰ δοκοῦντά οἱ καὶ κατηγορείτω. Σὺ δὲ κήρυττε, ὦ Ἑρμῆ, τὸ κήρυγμα τὸ ἐκ τοῦ νόμου,

ΕΡΜΗΣ Ἄκουε, σίγα. Τίς ἀγορεύειν βούλεται τῶν τελείων θεῶν οἷς ἔξεστιν ; ἡ δὲ σκέψις περὶ τῶν μετοίκων καὶ ξένων.

ΜΩΜΟΣ Ἐγὼ ὁ Μῶμος, ὦ Ζεῦ, εἴ μοι ἐπιτρέψειας εἰπεῖν.

ΖΕΥΣ Τὸ κήρυγμα ἤδη ἐφίησιν· ὥστε οὐδὲν ἐμοῦ δεήσει.

2 ΜΩΜΟΣ Φημὶ τοίνυν δεινὰ ποιεῖν ἐνίους ἡμῶν, οἷς οὐκ ἀπόχρη θεοὺς ἐξ ἀνθρώπων αὐτοῖς γεγενῆσθαι, ἀλλ᾽, εἰ μὴ καὶ τοὺς ἀκολούθους καὶ θεράποντας αὐτῶν ἰσοτίμους ἡμῖν ἀποφανοῦσιν, οὐδὲν μέγα οὐδὲ νεανικὸν οἴονται εἰργάσθαι. Ἀξιῶ δέ, ὦ Ζεῦ, μετὰ παρρησίας μοι δοῦναι εἰπεῖν· οὐδὲ γὰρ ἂν ἄλλως δυναίμην, ἀλλὰ πάντες με ἴσασιν ὡς ἐλεύθερός εἰμι τὴν γλῶτταν καὶ οὐδὲν ἂν κατασιωπήσαιμι τῶν οὐ καλῶς γιγνομένων· διελέγχω γὰρ ἅπαντα καὶ λέγω τὰ

---

9. Voir *Zeus tragédien*, 18, et la note.
10. *Ibid.*, 19, et la note.

L'ASSEMBLÉE DES DIEUX

1. ZEUS – Cessez de grommeler, dieux, et de vous réunir dans les coins pour vous parler à l'oreille, parce que vous êtes indignés de voir de nombreux hôtes qui ne le méritent pas partager notre table. Puisqu'on vous a permis de tenir une assemblée à propos de ces gens-là, que chacun dise ouvertement son avis et formule ses accusations. Toi, Hermès*, fais la proclamation comme le veut la loi.

HERMÈS – Votre attention ! Silence ! Qui veut prendre la parole, parmi les dieux à part entière qui en ont le droit[9] ? La délibération concerne les métèques et les étrangers.

MOMOS – Moi Momos*, ô Zeus*, si tu m'autorises à parler.

ZEUS – La proclamation te le permet déjà : tu n'as aucun besoin de me le demander.

2. MOMOS[10] – Eh bien je dis que certains d'entre nous ont une conduite scandaleuse : non contents d'être passés de l'état d'hommes à celui de dieux, ils pensent que s'ils ne confèrent pas aussi à leurs acolytes et à leurs serviteurs les mêmes honneurs que nous, ils ont perdu leur peine et leurs efforts. J'exige, Zeus*, qu'on me permette de parler avec franchise. D'ailleurs, je ne pourrais faire autrement : tous le savent, ma langue est libre, et je ne saurais nullement me taire quand les choses ne vont pas comme il faut. Je critique tout, je donne mon avis ouvertement, sans craindre personne ni dissimuler

δοκοῦντά μοι ἐς τὸ φανερὸν οὔτε δεδιώς τινα οὔτε ὑπ' αἰδοῦς
ἐπικαλύπτων τὴν γνώμην· ὥστε καὶ ἐπαχθὴς δοκῶ τοῖς πολλοῖς καὶ συκοφαντικὸς τὴν φύσιν, δημόσιός τις κατήγορος
ὑπ' αὐτῶν ἐπονομαζόμενος. Πλὴν ἀλλ' ἐπείπερ ἔξεστιν καὶ
κεκήρυκται καὶ σύ, ὦ Ζεῦ, δίδως μετ' ἐξουσίας εἰπεῖν, οὐδὲν
ὑποστειλάμενος ἐρῶ.

3 Πολλοὶ γάρ, φημί, οὐκ ἀγαπῶντες ὅτι αὐτοὶ μετέχουσι
τῶν αὐτῶν ἡμῖν ξυνεδρίων καὶ εὐωχοῦνται ἐπ' ἴσης, καὶ
ταῦτα θνητοὶ ἐξ ἡμισείας ὄντες, ἔτι καὶ τοὺς ὑπηρέτας καὶ
θιασώτας τοὺς αὐτῶν ἀνήγαγον ἐς τὸν οὐρανὸν καὶ παρενέ-
γραψαν, καὶ νῦν ἐπ' ἴσης διανομάς τε νέμονται καὶ θυσιῶν
μετέχουσιν, οὐδὲ καταβαλόντες ἡμῖν τὸ μτοίκιον.

ΖΕΥΣ Μηδὲν αἰνιγματῶδες, ὦ Μῶμε, ἀλλὰ σαφῶς καὶ
διαρρήδην λέγε, προστιθεὶς καὶ τοὔνομα, νῦν γὰρ ἐς τὸ
μέσον ἀπέρριπταί σοι ὁ λόγος, ὡς πολλοὺς εἰκάζειν καὶ
ἐφαρμόζειν ἄλλοτε ἄλλον τοῖς λεγομένοις. Χρὴ δὲ παρρη-
σιαστὴν ὄντα μηδὲν ὀκνεῖν λέγειν.

4 ΜΩΜΟΣ Εὖ γε, ὦ Ζεῦ, ὅτι καὶ παροτρύνεις με πρὸς
τὴν παρρησίαν· ποιεῖς γὰρ τοῦτο βασιλικὸν ὡς ἀληθῶς καὶ
μεγαλόφρον, ὥστε ἐρῶ καὶ τοὔνομα. Ὁ γάρ τοι γενναιότα-
τος οὗτος Διόνυσος ἡμίανθρωπος ὤν, οὐδὲ Ἕλλην μητρόθεν
ἀλλὰ Συροφοίνικός τινος ἐμπόρου τοῦ Κάδμου θυγατρι-
δοῦς, ἐπείπερ ἠξιώθη τῆς ἀθανασίας, οἷος μὲν αὐτός ἐστιν
οὐ λέγω, οὔτε τὴν μίτραν οὔτε τὴν μέθην οὔτε τὸ βάδισμα·
πάντες γάρ, οἶμαι, ὁρᾶτε ὡς θῆλυς καὶ γυναικεῖος τὴν
φύσιν, ἡμιμανής, ἀκράτου ἕωθεν ἀποπνέων· ὁ δὲ καὶ ὅλην
φατρίαν ἐσεποίησεν ἡμῖν καὶ τὸν χορὸν ἐπαγόμενος πάρεστι
καὶ θεοὺς ἀπέφηνε τὸν Πᾶνα καὶ τὸν Σιληνὸν καὶ Σατύρους,
ἀγροίκους τινὰς καὶ αἰπόλους τοὺς πολλούς, σκιρτητικοὺς

---

11. Littéralement : leur thiase (confrérie religieuse).
12. Allusion à la démocratie athénienne, où chaque citoyen était
inscrit dans son dème et dans sa phratrie.
13. Nouveau parallèle avec les institutions athéniennes qui impo-
saient une taxe aux métèques (voir LYSIAS, *Contre Philon*, 9).
14. Zeus* a bien compris que les pluriels employés par Momos
cachaient une accusation précise à un dieu donné.
15. Littéralement : sa phratrie (association de citoyens liés par
un culte commun).

ma pensée par honte. Voilà pourquoi la plupart des
gens me trouvent insupportable, jugent que j'ai le caractère d'un délateur, et me surnomment l'accusateur
public. Mais puisque c'est permis, que la proclamation
a été faite et que toi aussi, Zeus*, tu autorises à parler
librement, je le ferai sans rien dissimuler.

3. Il y en a beaucoup, je l'affirme, qui non contents
de participer à nos assemblées et d'avoir part égale aux
banquets avec nous, alors qu'ils sont à demi mortels,
ont en plus fait monter leurs serviteurs, et leurs
dévots [11] dans le ciel. Ils les ont inscrits frauduleusement sur nos listes [12], et maintenant, ces gens-là vivent
avec nous sur un pied d'égalité, reçoivent des offrandes
et partagent nos sacrifices, alors qu'ils ne paient même
pas la taxe imposée aux métèques [13].

ZEUS – Pas d'énigmes, Momos*. Parle clairement,
explicitement, et donne le nom [14]. L'accusation que tu
viens de lancer en public fait que nous sommes nombreux à faire des suppositions et à appliquer tes propos
tantôt à l'un, tantôt à l'autre. Quand on est franc, il ne
faut pas hésiter à tout dire.

4. MOMOS – C'est bien, Zeus*, de m'exhorter à la
franchise. Ton attitude est vraiment royale et généreuse.
Je dirai donc le nom. Il s'agit, sache-le, de ce très noble
Dionysos*, qui est à moitié homme, et qui n'est même
pas Grec par sa mère mais petit-fils d'un commerçant
syro-phénicien, Cadmos*. Puisqu'il a été jugé digne de
l'immortalité, je ne dis rien de son allure, ni de sa mitre,
ni de son ivrognerie, ni de sa manière de marcher : vous
voyez tous, je suppose, comme il est, par nature, efféminé, amolli, à moitié fou, sentant le vin dès l'aurore.
Or il nous a imposé tout son clan [15], et il est ici avec son
cortège : il a fait de Pan*, de Silène* et des Satyres*, des
dieux, alors que ce sont pour la plupart des rustres, des
chevriers, des individus bondissants aux formes étranges.
L'un [16] a des cornes et, en dessous de la ceinture, il ressemble à une chèvre : avec sa longue barbe, il n'est guère

ἀνθρώπους καὶ τὰς μορφὰς ἀλλοκότους· ὧν ὁ μὲν κέρατα
ἔχων καὶ ὅσον ἐξ ἡμισείας ἐς τὸ κάτω αἰγὶ ἐοικὼς καὶ
γένειον βαθὺ καθειμένος ὀλίγον τράγου διαφέρων ἐστίν, ὁ
δὲ φαλακρὸς γέρων, σιμὸς τὴν ῥῖνα, ἐπὶ ὄνου τὰ πολλὰ ὀχού-
μενος, Λυδὸς οὗτος, οἱ δὲ Σάτυροι ὀξεῖς τὰ ὦτα, καὶ αὐτοὶ
φαλακροί, κεράσται, οἷα τοῖς ἄρτι γεννηθεῖσιν ἐρίφοις τὰ
κέρατα ὑποφύεται, Φρύγες τινὲς ὄντες· ἔχουσι δὲ καὶ οὐρὰς
ἅπαντες. Ὁρᾶτε οἵους ἡμῖν θεοὺς ποιεῖ ὁ γεννάδας ;
    5 Εἶτα θαυμάζομεν εἰ καταφρονοῦσιν ἡμῶν οἱ ἄνθρωποι
ὁρῶντες οὕτω γελοίους θεοὺς καὶ τεραστίους ; ἐῶ γὰρ
λέγειν ὅτι καὶ δύο γυναῖκας ἀνήγαγεν, τὴν μὲν ἐρωμένην
οὖσαν αὐτοῦ, τὴν Ἀριάδνην, ἧς καὶ τὸν στέφανον ἐγκατέ-
λεξε τῷ τῶν ἄστρων χορῷ, τὴν δὲ Ἰκαρίου τοῦ γεωργοῦ
θυγατέρα. Καὶ ὃ πάντων γελοιότατον, ὦ θεοί, καὶ τὸν κύνα
τῆς Ἠριγόνης, καὶ τοῦτον ἀνήγαγεν, ὡς μὴ ἀνιῷτο ἡ παῖς
εἰ μὴ ἕξει ἐν τῷ οὐρανῷ τὸ ξύνηθες ἐκεῖνο καὶ ὅπερ ἠγάπα
κυνίδιον. Ταῦτα οὐχ ὕβρις ὑμῖν δοκεῖ καὶ παροινία καὶ
γέλως ; ἀκούσατε δ' οὖν καὶ ἄλλους.
    6. ΖΕΥΣ Μηδέν, ὦ Μῶμε, εἴπῃς μήτε περὶ Ἀσκληπιοῦ
μήτε περὶ Ἡρακλέους· ὁρῶ γὰρ οἷ φέρῃ τῷ λόγῳ. Οὗτοι γάρ,
ὁ μὲν αὐτῶν ἰᾶται καὶ ἀνίστησιν ἐκ τῶν νόσων καὶ ἔστιν

    πολλῶν ἀντάξιος ἄλλων,

ὁ δὲ Ἡρακλῆς υἱὸς ὢν ἐμὸς οὐκ ὀλίγων πόνων ἐπρίατο τὴν
ἀθανασίαν· ὥστε μὴ κατηγόρει αὐτῶν.
    ΜΩΜΟΣ Σιωπήσομαι, ὦ Ζεῦ, διὰ σέ, πολλὰ εἰπεῖν
ἔχων. Καίτοι εἰ μηδὲν ἄλλο, ἔτι τὰ σημεῖα ἔχουσι τοῦ πυρός.
Εἰ δὲ ἐξῆν καὶ πρὸς αὐτὸν σὲ τῇ παρρησίᾳ χρῆσθαι, πολλὰ
ἂν εἶχον εἰπεῖν.

---

16. Pan*.
17. Silène*.
18. Abandonnée par Thésée sur l'île de Naxos, Ariane fut secou-
rue par Dionysos* qui en fit son épouse. Sa couronne fut placée parmi
les constellations (OVIDE, Métamorphoses, VIII, 177 sq.).
19. Iliade, XI, 514 : il s'agit du médecin Machaon.

différent d'un bouc. L'autre [17] est un vieillard chauve, au nez camus, qui se transporte presque toujours sur un âne : il est Lydien, celui-là. Quant aux Satyres*, ils ont les oreilles pointues : eux aussi sont chauves, cornus (leurs cornes ressemblent à celles des chevreaux nouveau-nés), ils sont Phrygiens, et qui plus est, ils ont tous des queues. Vous voyez l'allure de ceux dont le noble personnage nous fait des dieux.

5. Et après cela, nous nous étonnons que les hommes nous méprisent, en voyant des dieux aussi ridicules et monstrueux. Inutile de rappeler qu'il a fait aussi monter deux femmes : sa bien-aimée, Ariane, dont il a même inscrit la couronne dans le chœur des astres [18], et la fille du paysan Icarios*. Et le plus ridicule de tout, dieux, il a même fait monter le chien d'Érigoné* pour que la petite ne soit pas triste d'être privée dans le ciel de ce compagnon, ce chiot qu'elle aimait. Cela ne vous semble-t-il pas de l'insolence, une folie d'ivrogne, une moquerie ? Écoutez donc ce que je vais dire sur d'autres.

6. ZEUS – Ne dis rien, Momos*, d'Asclépios* ni d'Héraclès*, car je te vois venir, avec tes beaux discours. De ces deux-là, l'un guérit, permet de se relever des maladies, et

Il en vaut à lui seul beaucoup d'autres ensemble [19].

Quant à Héraclès*, c'est mon fils, et il a acheté l'immortalité par bien des travaux. Ne les attaque donc pas.

MOMOS – Je me tairai, Zeus*, par égard pour toi, mais j'aurais beaucoup à dire, ne serait-ce qu'ils portent encore les traces du feu [20]. Mais s'il était possible d'user de franchise à ton égard aussi, j'aurais beaucoup à dire.

---

20. Héraclès* périt sur le bûcher du mont Œta. Asclépios* fut foudroyé par Zeus* à la demande d'Hadès*, parce qu'il frustrait ce dernier de trop de morts. En disant qu'Héraclès* et Asclépios* gardent les traces du feu, donc de leur mortalité, Momos* suggère qu'ils ne sont pas vraiment des dieux.

ΖΕΥΣ Καὶ μὴν πρὸς ἐμὲ ἔξεστιν μάλιστα. Μῶν δ᾽ οὖν κἀμὲ ξενίας διώκεις ;

ΜΩΜΟΣ Ἐν Κρήτῃ μὲν οὐ μόνον τοῦτο ἀκοῦσαι ἔστιν, ἀλλὰ καὶ ἄλλο τι περὶ σοῦ λέγουσιν καὶ τάφον ἐπιδεικνύουσιν· ἐγὼ δὲ οὔτε ἐκείνοις πείθομαι οὔτε Ἀχαιῶν Αἰγιεῦσιν ὑποβολιμαῖόν σε εἶναι φάσκουσιν.

7 Ἃ δὲ μάλιστα ἐλεγχθῆναι δεῖν ἡγοῦμαι, ταῦτα ἐρῶ. Τὴν γάρ τοι ἀρχὴν τῶν τοιούτων παρανομημάτων καὶ τὴν αἰτίαν τοῦ νοθευθῆναι ἡμῶν τὸ ξυνέδριον σύ, ὦ Ζεῦ, παρέσχες θνηταῖς ἐπιμιγνύμενος καὶ κατιὼν παρ᾽ αὐτὰς ἐν ἄλλοτε ἄλλῳ σχήματι, ὥστε ἡμᾶς δεδιέναι μή σε καταθύσῃ τις ξυλλαβών, ὁπόταν ταῦρος ᾖς, ἢ τῶν χρυσοχόων τις κατεργάσηται χρυσὸν ὄντα, καὶ ἀντὶ Διὸς ἢ ὅρμος ἢ ψέλιον ἢ ἐλλόβιον ἡμῖν γένῃ. Πλὴν ἀλλὰ ἐμπέπληκάς γε τὸν οὐρανὸν τῶν ἡμιθέων τούτων· οὐ γὰρ ἂν ἄλλως εἴποιμι. Καὶ τὸ πρᾶγμα γελοιότατόν ἐστιν, ὁπόταν τις ἄφνω ἀκούσῃ ὅτι ὁ Ἡρακλῆς μὲν θεὸς ἀπεδείχθη, ὁ δὲ Εὐρυσθεύς, ὃς ἐπέταττεν αὐτῷ, τέθνηκεν, καὶ πλησίον Ἡρακλέους νεὼς οἰκέτου ὄντος καὶ Εὐρυσθέως τάφος τοῦ δεσπότου αὐτοῦ, καὶ πάλιν ἐν Θήβαις Διόνυσος μὲν θεός, οἱ δ᾽ ἀνεψιοὶ αὐτοῦ ὁ Πενθεὺς καὶ ὁ Ἀκταίων καὶ ὁ Λέαρχος ἀνθρώπων ἁπάντων κακοδαιμονέστατοι.

8 Ἀφ᾽ οὗ δὲ ἅπαξ σύ, ὦ Ζεῦ, ἀνέῳξας τοῖς τοιούτοις τὰς θύρας καὶ ἐπὶ τὰς θνητὰς ἐτράπου, ἅπαντες μεμίμηνταί σε, καὶ οὐχ οἱ ἄρρενες μόνον, ἀλλ᾽, ὅπερ αἴσχιστον, καὶ αἱ θήλειαι θεοί· τίς γὰρ οὐκ οἶδεν τὸν Ἀγχίσην καὶ τὸν Τιθωνὸν καὶ

---

21. Lucien fait de nombreuses allusions à ce tombeau dont l'inscription ferait croire qu'il s'agit de celui de Zeus* : voir *Zeus tragédien*, 45, et la note.

22. Selon la tradition (qui remonte même au chant XIV de l'*Odyssée*), les Crétois sont tous menteurs.

23. PAUSANIAS (VII, 24, 4) parle d'une statue de Zeus* enfant à Ægion, mais l'allusion n'est pas claire.

24. Sur les différentes métamorphoses amoureuses de Zeus*, voir *Zeus tragédien*, 2, et la note.

25. Eurysthée, le cousin d'Héraclès*, lui imposa ses célèbres « travaux ».

ZEUS – C'est envers moi surtout que cela est permis. Est-ce que par hasard tu m'accuses moi aussi d'être un étranger ?

MOMOS – En Crète, non seulement c'est le bruit qui court, mais ils font même un autre récit sur toi et montrent ton tombeau [21]. Moi, je ne les crois pas [22], non plus que les Achéens d'Ægion [23] qui prétendent que tu es un enfant supposé. 7. Mais je vais te dire ce qu'il faut le plus te reprocher, selon moi. L'origine de tous ces abus, la cause qui a rempli de bâtards notre assemblée, c'est toi, Zeus*, quand tu t'unis à des mortelles et descends les retrouver, chaque fois sous des formes différentes, ce qui nous fait craindre qu'on ne te capture pour t'immoler, quand tu es taureau, ou qu'un fondeur ne te mette au creuset, quand tu es or [24], et qu'au lieu de Zeus* nous n'ayons un collier, un bracelet ou une boucle d'oreille. Quoi qu'il en soit, tu as rempli le ciel de ces demi-dieux, je ne vois pas d'autre mot. Il y a vraiment de quoi rire, quand on apprend soudain qu'Héraclès* a été proclamé dieu, alors qu'Eurysthée, qui lui donnait des ordres [25], est mort, et quand nous voyons, près du temple d'Héraclès*, qui était son serviteur, le tombeau d'Eurysthée, son maître. De même à Thèbes, Dionysos* est un dieu, mais ses cousins Penthée, Actéon et Léarque [26] furent les plus malheureux de tous les hommes.

8. Une fois que tu as ouvert les portes à des gens comme eux, en te tournant vers les mortelles, Zeus*, tous t'ont imité : non seulement les dieux masculins,

---

26. Tous trois étaient fils d'une des sœurs de Sémélé*, la mère de Dionysos* ; Penthée d'Agavé, Actéon d'Autonoé et Léarque d'Ino*. Penthée, qui s'était opposé au culte de Dionysos*, fut tué par sa mère et les bacchantes, Actéon fut déchiré par ses chiens, et Léarque tué par son père Athamas, qui l'avait pris pour un cerf. Le thème de la chasse et du corps déchiré est une constante des légendes liées à cette famille.

τὸν Ἐνδυμίωνα καὶ τὸν Ἰασίωνα καὶ τοὺς ἄλλους ; ὥστε ταῦτα μὲν ἐάσειν μοι δοκῶ· μακρὸν γὰρ ἂν τὸ διελέγχειν γένοιτο.

ΖΕΥΣ Μηδὲν περὶ τοῦ Γανυμήδους, ὦ Μῶμε, εἴπῃς· χαλεπανῶ γὰρ εἰ λυπήσεις τὸ μειράκιον ὀνειδίσας ἐς τὸ γένος.

ΜΩΜΟΣ Οὐκοῦν μηδὲ περὶ τοῦ ἀετοῦ εἴπω, ὅτι καὶ οὗτος ἐν τῷ οὐρανῷ ἐστιν, ἐπὶ τοῦ βασιλείου σκήπτρου καθεζόμενος καὶ μονονουχὶ ἐπὶ κεφαλὴν σοι νεοττεύων, θεὸς εἶναι δοκῶν ; 9 ἢ καὶ τοῦτον τοῦ Γανυμήδους ἕνεκα ἐάσομεν ; ἀλλ' ὁ Ἄττης γε, ὦ Ζεῦ, καὶ ὁ Κορύβας καὶ ὁ Σαβάζιος, πόθεν ἡμῖν ἐπεισεκυκλήθησαν οὗτοι, ἢ ὁ Μίθρης ἐκεῖνος, ὁ Μῆδος, ὁ τὸν κάνδυν καὶ τὴν τιάραν, οὐδὲ ἑλληνίζων τῇ φωνῇ, ὥστε οὐδ' ἢν προπίῃ τις ξυνίησι ; τοιγαροῦν οἱ Σκύθαι ταῦτα ὁρῶντες, οἱ Γέται αὐτῶν, μακρὰ ἡμῖν χαίρειν εἰπόντες αὐτοὶ ἀπαθανατίζουσι καὶ θεοὺς χειροτονοῦσιν οὓς ἂν ἐθελήσωσι, τὸν αὐτὸν τρόπον ὅνπερ καὶ Ζάμολξις δοῦλος ὢν παρενεγράφη οὐκ οἶδ' ὅπως διαλαθών.

10 Καίτοι πάντα ταῦτα, ὦ θεοί, μέτρια. Σὺ δέ, ὦ κυνοπρόσωπε καὶ σινδόσιν ἐσταλμένε Αἰγύπτιε, τίς εἶ, ὦ βέλτιστε, ἢ πῶς ἀξιοῖς θεὸς εἶναι ὑλακτῶν ; τί δὲ βουλόμενος καὶ ὁ ποικίλος οὗτος ταῦρος ὁ Μεμφίτης προσκυνεῖται καὶ

---

27. Il fut aimé par Éos (l'Aurore) dont il eut deux fils, Émathion et Memnon, qui mourut devant Troie. Éos avait obtenu de Zeus* qu'il devînt immortel, mais avait oublié de demander pour lui la jeunesse éternelle. Tithon vieillit donc et fut accablé d'infirmités. Il finit par devenir une cigale toute desséchée.

28. Il fut aimé par Déméter, dont il eut un fils, Ploutos. Mais selon certaines traditions, l'amour d'Iason pour Déméter ne fut pas payé de retour et il essaya de violer la déesse : il fut foudroyé par Zeus*.

29. L'aigle en quoi Zeus* s'était changé pour enlever Ganymède* fut divinisé et devint une constellation.

30. Dieu phrygien, parfois assimilé à Dionysos*. Selon certaines traditions, il serait né de Zeus* qui se serait uni à Perséphone* sous la forme d'un serpent.

31. C'est sous ce vêtement exotique que Lucien lui-même se présente dans La Double Accusation, 27.

mais aussi, ce qui est le plus scandaleux, les déesses. Qui ne connaît Anchise*, Tithon [27], Endymion*, Iasion [28] et les autres ? Je crois que je vais abandonner le sujet : l'examen serait trop long.

ZEUS – Ne dis rien de Ganymède*, Momos : je serai fâché si tu fais de la peine à l'adolescent en l'attaquant sur sa naissance.

MOMOS – Alors je ne parlerai pas non plus de l'aigle [29] ? Je ne dirai pas qu'il est lui aussi dans le ciel, perché sur le sceptre royal, que pour un peu il fait son nid sur ta tête, et qu'il passe pour un dieu. 9. Ne dirons-nous rien de lui non plus à cause de Ganymède* ? Mais Attis*, et le Corybante*, et Sabazios [30], comment sont-ils été introduits dans notre cercle ? Et ce Mithra*, le Mède, avec son caftan [31] et sa tiare, qui ne parle même pas grec, si bien qu'il ne comprend même pas quand on boit à sa santé ? Voilà pourquoi, devant de tels spectacles, les Scythes, et parmi eux les Gètes [32], nous envoient promener, pour rendre immortels et nommer dieux ceux qu'ils veulent. C'est ainsi que Zalmoxis, qui était esclave, fut inscrit frauduleusement dans nos registres, je ne sais comment, à notre insu.

10. Passe encore pour tout cela, dieux. Mais toi l'Égyptien au visage de chien, vêtu de lin, qui es-tu, mon noble ami [33] ? Comment peux-tu prétendre être un dieu avec tes aboiements ? Et que nous veut ce taureau tacheté de Memphis [34], devant qui on se prosterne, qui

---

32. Dans l'*Icaroménippe*, 16, Lucien reconnaît que les Gètes ne sont pas des Scythes, mais des Thraces et dans les *Histoires vraies*, B, 17, il donne Zalmoxis comme un dieu des Thraces. Mais dans le *Scythe*, 1 et 4, il en fait un dieu scythe. Hérodote (*Enquêtes,* IV, 94-96) fait de Zalmoxis le dieu des Gètes. Il rapporte ce que disent les Grecs à son propos : il s'agirait d'un esclave affranchi de Pythagore qui, une fois retourné dans son pays, aurait persuadé ses compatriotes de son immortalité.

33. Il s'agit d'Anubis*.

34. Allusion à Apis*.

χρᾷ καὶ προφήτας ἔχει; αἰσχύνομαι γὰρ ἴβιδας καὶ πιθή-
κους εἰπεῖν καὶ τράγους καὶ ἄλλα πολλῷ γελοιότερα οὐκ
οἶδ᾽ ὅπως ἐξ Αἰγύπτου παραβυσθέντα ἐς τὸν οὐρανόν, ἃ
ὑμεῖς, ὦ θεοί, πῶς ἀνέχεσθε ὁρῶντες ἐπ᾽ ἴσης ἢ καὶ μᾶλλον
ὑμῶν προσκυνούμενα; ἢ σύ, ὦ Ζεῦ, πῶς φέρεις ἐπειδὰν
κριοῦ κέρατα φύσωσί σοι;

11 ΖΕΥΣ Αἰσχρὰ ὡς ἀληθῶς ταῦτα φῂς τὰ περὶ τῶν
Αἰγυπτίων· ὅμως δ᾽ οὖν, ὦ Μῶμε, τὰ πολλὰ αὐτῶν
αἰνίγματά ἐστιν, καὶ οὐ πάνυ χρὴ καταγελᾶν ἀμύητον ὄντα.

ΜΩΜΟΣ Πάνυ γοῦν μυστηρίων, ὦ Ζεῦ, δεῖ ἡμῖν, ὡς
εἰδέναι θεοὺς μὲν τοὺς θεούς, κυνοκεφάλους δὲ τοὺς κυνοκεφάλους.

ΖΕΥΣ Ἔα, φημί, τὰ περὶ Αἰγυπτίων· ἄλλοτε γὰρ περὶ
τούτων ἐπισκεψόμεθα ἐπὶ σχολῆς. Σὺ δὲ τοὺς ἄλλους λέγε.

12 ΜΩΜΟΣ Τὸν Τροφώνιον, ὦ Ζεῦ, καὶ ὃ μάλιστά με
ἀποπνίγει, τὸν Ἀμφίλοχον, ὃς ἐναγοῦς ἀνθρώπου καὶ
μητρολῴου υἱὸς ὢν μαντεύεται ὁ γενναῖος ἐν Κιλικίᾳ, ψευ-
δόμενος τὰ πολλὰ καὶ γοητεύων τοῖν δυοῖν ὀβολοῖν ἕνεκα.
Τοιγαροῦν οὐκέτι σύ, ὦ Ἄπολλον, εὐδοκιμεῖς, ἀλλὰ ἤδη πᾶς
λίθος καὶ πᾶς βωμὸς χρησμῳδεῖ, ὃς ἂν ἐλαίῳ περιχυθῇ καὶ
στεφάνους ἔχῃ καὶ γόητος ἀνδρὸς εὐπορήσῃ, οἷοι πολλοὶ
εἰσιν. Ἤδη καὶ ὁ Πολυδάμαντος τοῦ ἀθλητοῦ ἀνδριὰς ἰᾶται
τοὺς πυρέττοντας ἐν Ὀλυμπίᾳ καὶ ὁ Θεαγένους ἐν Θάσῳ,
καὶ Ἕκτορι θύουσιν ἐν Ἰλίῳ καὶ Πρωτεσιλάῳ καταντικρὺ
ἐν Χερρονήσῳ. Ἀφ᾽ οὗ δ᾽ οὖν τοσοῦτοι γεγόναμεν, ἐπι-

---

35. Allusion à Zeus Ammon (voir *Sur les sacrifices*, 14, et la
note).

36. Héros de Lébadée, en Béotie, où il possédait un oracle.

37. Devin qui possédait un oracle à Mallos en Cilicie. Son père,
Alcméon, avait tué sa mère Ériphyle. Dans les *Dialogues des morts*, 10
(3), Lucien rapproche fortement Trophonios et Antilochos.

38. Lucien a évoqué de tels charlatans, dans *Alexandre ou le
faux prophète*.

39. Vainqueur au pancrace lors des concours Olympiques de 408
av. J.-C. Sa statue passait pour avoir des pouvoirs de guérison.

40. Champion olympique en boxe (480 av. J.-C.) et au pancrace
(476 av. J.-C.). Sa statue passait elle aussi pour capable de guérir.

rend des oracles et a des prophètes ? J'ai honte de parler des ibis, des singes, des boucs et d'autres créatures encore plus ridicules qui, je ne sais comment, ont déferlé de l'Égypte dans le ciel. Comment acceptez-vous, dieux, de les voir adorés autant ou même plus que vous ? Et toi, Zeus*, comment supportes-tu qu'on te fasse pousser des cornes de bélier [35] ?

11. ZEUS – Ce que tu dis des Égyptiens est vraiment scandaleux. Cependant, Momos*, la plupart de ces représentations sont des symboles, et il ne faut nullement s'en moquer quand on n'est pas initié.

MOMOS – Nous avons grand besoin d'initiation, Zeus*, pour savoir que les dieux sont des dieux, et les créatures à têtes de chien, des créatures à têtes de chien !

ZEUS – Laisse les cultes des Égyptiens, te dis-je. Nous les examinerons à loisir une autre fois. Parle des autres.

MOMOS – Trophonios [36], Zeus*, et ce qui me suffoque le plus, Antilochos [37]. Alors qu'il est fils d'un maudit, d'un matricide, il prophétise en Cilicie, le noble personnage, mentant le plus souvent et faisant l'imposteur pour deux oboles. Voilà pourquoi tu n'es plus en faveur, Apollon* : de nos jours n'importe quelle pierre, n'importe quel autel rendent des oracles, pour peu qu'on les arrose d'huile, qu'on leur offre des couronnes et qu'ils trouvent un charlatan [38], lesquels sont nombreux. Déjà la statue de l'athlète Polydamas [39] à Olympie guérit ceux qui souffrent de fièvres, et celle de Théagène [40] à Thasos ; à Ilion on offre des sacrifices à Hector, et juste en face, en Chersonnèse, à Protésilas [41]. Or depuis que nous sommes devenus si nombreux, le

_____

41. Protésilas, le premier Grec qui toucha le sol troyen, fut tué par Hector. Lucien le met en scène dans les *Dialogues des morts*, 27 et 28 (19 et 23), où il obtient de Perséphone* un congé d'une nuit, pour retrouver sa jeune épouse.

δέδωκε μᾶλλον ἡ ἐπιορκία καὶ ἱεροσυλία, καὶ ὅλως καταπεφρονήκασιν ἡμῶν — εὖ ποιοῦντες.

13 Καὶ ταῦτα μὲν περὶ τῶν νόθων καὶ παρεγγράπτων. Ἐγὼ δὲ καὶ ξένα ὀνόματα πολλὰ ἤδη ἀκούων οὔτε ὄντων τινῶν παρ᾽ ἡμῖν οὔτε συστῆναι ὅλως δυναμένων, πάνυ, ὦ Ζεῦ, καὶ ἐπὶ τούτοις γελῶ. Ἡ ποῦ γάρ ἐστιν ἡ πολυθρύλητος ἀρετὴ καὶ φύσις καὶ εἱμαρμένη καὶ τύχη, ἀνυπόστατα καὶ κενὰ πραγμάτων ὀνόματα ὑπὸ βλακῶν ἀνθρώπων τῶν φιλοσόφων ἐπινοηθέντα; καὶ ὅμως αὐτοσχέδια ὄντα οὕτω τοὺς ἀνοήτους πέπεικεν, ὥστε οὐδεὶς ἡμῖν οὐδὲ θύειν βούλεται, εἰδὼς ὅτι, κἂν μυρίας ἑκατόμβας παραστήσῃ, ὅμως τὴν τύχην πράξουσαν τὰ μεμοιραμένα καὶ ἃ ἐξ ἀρχῆς ἑκάστῳ ἐπεκλώσθη. Ἡδέως ἂν οὖν ἐροίμην σε, ὦ Ζεῦ, εἴ που εἶδες ἢ ἀρετὴν ἢ φύσιν ἢ εἱμαρμένην; ὅτι μὲν γὰρ ἀεὶ καὶ σὺ ἀκούεις ἐν ταῖς τῶν φιλοσόφων διατριβαῖς, οἶδα, εἰ μὴ καὶ κωφός τις εἶ, ὡς βοώντων αὐτῶν μὴ ἐπαΐειν. Πολλὰ ἔτι ἔχων εἰπεῖν καταπαύσω τὸν λόγον· ὁρῶ γοῦν πολλοὺς ἀχθομένους μοι λέγοντι καὶ συρίττοντας, ἐκείνους μάλιστα ὧν καθήψατο ἡ παρρησία τῶν λόγων. 14 Πέρας γοῦν, εἰ ἐθέλεις, ὦ Ζεῦ, ψήφισμά τι περὶ τούτων ἀναγνώσομαι ἤδη ξυγγεγραμμένον.

ΖΕΥΣ Ἀνάγνωθι· οὐ πάντα γὰρ ἀλόγως ᾐτιάσω καὶ δεῖ τὰ πολλὰ αὐτῶν ἐπισχεῖν, ὡς μὴ ἐπὶ πλεῖον ἂν γίγνηται.

ΜΩΜΟΣ *Ἀγαθῇ τύχῃ. Ἐκκλησίας ἐννόμου ἀγομένης ἑβδόμῃ ἱσταμένου ὁ Ζεὺς ἐπρυτάνευε καὶ προήδρευε Ποσειδῶν, ἐπεστάτει Ἀπόλλων, ἐγραμμάτευε Μῶμος Νυκτὸς καὶ ὁ Ὕπνος τὴν γνώμην εἶπεν.*

---

42. Ce développement rejoint le début de *Zeus confondu*, 4-5.

43. Littéralement, à la bonne fortune (formule qui ouvre traditionnellement les décrets).

44. Littéralement, prytane.

45. Littéralement, proèdre

parjure et le sacrilège se sont multipliés. En un mot, les gens nous méprisent, et ils ont raison.

13. Voilà pour les bâtards et ceux qui ont été inscrits frauduleusement. Mais j'entends maintenant quantité de noms étrangers donnés à des choses qui n'existent pas chez nous et qui de manière générale ne peuvent avoir aucune réalité : cela aussi me fait bien rire, Zeus*. Où est donc la Vertu, dont on parle tant ? Où sont la Nature, la Destinée et la Fortune ? Ce sont des noms sans consistance, vides de sens, inventés par des gens stupides, les philosophes. Et pourtant, alors qu'il s'agit d'inventions hasardeuses, les sots en ont été tellement impressionnés que personne ne veut plus nous offrir de sacrifice : chacun est convaincu que même s'il présente d'innombrables hécatombes, la Fortune accomplira ce que la Moire* a voulu pour lui dès l'origine [42]. J'aimerais bien te demander, Zeus*, si tu as vu quelque part la Vertu, ou la Nature, ou la Destinée. Je sais que toi aussi tu entends sans cesse leur nom dans les diatribes des philosophes, à moins que tu ne sois sourd au point de ne pouvoir distinguer leurs vociférations.

J'aurais encore beaucoup à dire, mais je vais arrêter là mon discours, car j'en vois beaucoup qui sont contrariés par mes propos et qui me sifflent, surtout ceux à qui s'est attaquée la franchise de mes propos. 14. Pour finir, Zeus*, si tu le permets, je vais lire un décret que j'ai déjà rédigé sur ces questions.

ZEUS – Lis. Tes accusations ne sont pas toutes sans fondement, et il faut réprimer la plupart de ces abus, de peur qu'ils ne se multiplient.

MOMOS – *Décret. Que la Fortune soit avec nous* [43] *! Dans une assemblée légale tenue le septième jour du mois, Zeus* étant président [44], Poséidon* vice-président [45], Apollon* second vice-président [46], Momos* fils de Nuit greffier, Hypnos* a présenté la proposition suivante :*

---

46. Littéralement, épistate.

Ἐπειδὴ πολλοὶ τῶν ξένων, οὐ μόνον Ἕλληνες ἀλλὰ καὶ βάρβαροι, οὐδαμῶς ἄξιοι ὄντες κοινωνεῖν ἡμῖν τῆς πολιτείας, παρεγγραφέντες οὐκ οἶδα ὅπως καὶ θεοὶ δόξαντες ἐμπεπλήκασι μὲν τὸν οὐρανὸν ὡς μεστὸν εἶναι τὸ συμπόσιον ὄχλου ταραχώδους πολυγλώσσων τινῶν καὶ ξυγκλύδων ἀνθρώπων, ἐπιλέλοιπε δὲ ἡ ἀμβροσία καὶ τὸ νέκταρ, ὥστε μνᾶς ἤδη τὴν κοτύλην εἶναι διὰ τὸ πλῆθος τῶν πινόντων· οἱ δὲ ὑπὸ αὐθαδείας παρωσάμενοι τοὺς παλαιούς τε καὶ ἀληθεῖς θεοὺς προεδρίας ἠξιώκασιν αὐτοὺς παρὰ πάντα τὰ πάτρια καὶ ἐν τῇ γῇ προτιμᾶσθαι θέλουσι·

15 Δεδόχθαι τῇ βουλῇ καὶ τῷ δήμῳ ξυλλεγῆναι μὲν ἐκκλησίαν ἐν τῷ Ὀλύμπῳ περὶ τροπὰς χειμερινάς, ἑλέσθαι δὲ ἐπιγνώμονας τελείους θεοὺς ἑπτά, τρεῖς μὲν ἐκ τῆς παλαιᾶς βουλῆς τῆς ἐπὶ Κρόνου, τέτταρας δὲ ἐκ τῶν δώδεκα, καὶ ἐν αὐτοῖς τὸν Δία· τούτους δὲ τοὺς ἐπιγνώμονας αὐτοὺς μὲν καθέζεσθαι ὀμόσαντας τὸν νόμιμον ὅρκον τὴν Στύγα, τὸν Ἑρμῆν δὲ κηρύξαντα ξυναγαγεῖν ἅπαντας ὅσοι ἀξιοῦσι ξυντελεῖν ἐς τὸ ξυνέδριον, τοὺς δὲ ἥκειν μάρτυρας ἐπαγομένους ἐνωμότους καὶ ἀποδείξεις τοῦ γένους. Τοὐντεῦθεν δὲ οἱ μὲν παρίτωσαν καθ᾽ ἕνα, οἱ δὲ ἐπιγνώμονες ἐξετάζοντες ἢ θεοὺς εἶναι ἀποφανοῦνται ἢ καταπέμψουσιν ἐπὶ τὰ σφέτερα ἠρία καὶ τὰς θήκας τὰς προγονικάς. Ἢν δέ τις ἁλῷ τῶν ἀδοκίμων καὶ ἅπαξ ὑπὸ τῶν ἐπιγνωμόνων ἐκκριθέντων ἐπιβαίνων τοῦ οὐρανοῦ, ἐς τὸν Τάρταρον ἐμπεσεῖν τοῦτον.

16 Ἐργάζεσθαι δὲ τὰ αὐτοῦ ἕκαστον, καὶ μήτε τὴν Ἀθηνᾶν ἰᾶσθαι μήτε τὸν Ἀσκληπιὸν χρησμῳδεῖν μήτε τὸν

---

47. Unité de mesure équivalant à un quart de litre.
48. La première unité monétaire en dessous du talent. La mine vaut cent drachmes.
49. Tous les verbes sont à l'infinitif, sujets de δεδόχθαι. Nous employons le futur jussif pour parodier les textes officiels français.
50. Fleuve infernal, par lequel les dieux prêtaient le serment le plus sacré.

Attendu que beaucoup d'étrangers, non seulement grecs, mais aussi barbares, qui ne méritent nullement de partager avec nous les droits de citoyen, se sont fait inscrire frauduleusement, on ne sait comment, et se faisant passer pour des dieux, ont empli le ciel, au point que notre salle de banquet est pleine d'une foule agitée de vauriens parlant toutes les langues,

Attendu que l'ambroisie* et le nectar* se sont raréfiés, au point que la cotyle [47] *se vend à présent une mine* [48]*, à cause du grand nombre des buveurs,*

Attendu que ces gens, dans leur audace, ont repoussé les dieux anciens et véritables et se sont arrogé la première place contre tous les usages de nos pères, et qu'ils prétendent être honorés avant eux sur la terre,

15. Ont été arrêtées par le conseil et le peuple les mesures suivantes :

Une assemblée sera réunie [49] *sur l'Olympe au solstice d'hiver.*

Seront choisis comme arbitres sept dieux à part entière, dont trois dieux de l'ancien conseil du temps de Cronos*, et quatre des douze* Olympiens, dont Zeus*.

Ces arbitres siègeront, après avoir prêté le serment légal sur le Styx [50]*.*

Hermès* fera une proclamation pour convoquer tous ceux qui prétendent participer à notre collège.

Ceux-ci viendront avec des témoins assermentés et des preuves de leur origine.

Ils se présenteront ensuite l'un après l'autre.

Les arbitres examineront s'ils doivent les déclarer dieux ou les renvoyer vers leurs propres tombeaux et vers les sépultures de leurs ancêtres.

Si l'un des dieux qui auront été révoqués et rejetés une fois pour toutes par les arbitres est pris en train d'escalader le ciel, il sera précipité dans le Tartare.

16. Chacun s'occupera de ses propres affaires.

Athéna* ne se mêlera pas de guérir, ni Asclépios* de rendre des oracles.

Ἀπόλλω τοσαῦτα μόνον ποιεῖν, ἀλλὰ ἕν τι ἐπιλεξάμενον μάντιν ἢ κιθαρῳδὸν ἢ ἰατρὸν εἶναι.

17 Τοῖς δὲ φιλοσόφοις προειπεῖν μὴ ἀναπλάττειν κενὰ ὀνόματα μηδὲ ληρεῖν περὶ ὧν οὐκ ἴσασιν.

18 Ὁπόσοι δὲ ἤδη ναῶν ἢ θυσιῶν ἠξιώθησαν, ἐκείνων μὲν καθαιρεθῆναι τὰ ἀγάλματα, ἐντεθῆναι δὲ ἢ Διὸς ἢ Ἥρας ἢ Ἀπόλλωνος ἢ τῶν ἄλλων τινός, ἐκείνοις δὲ τάφον χῶσαι τὴν πόλιν καὶ στήλην ἐπιστῆσαι ἀντὶ βωμοῦ.

Ἢν δέ τις παρακούσῃ τοῦ κηρύγματος καὶ μὴ ἐθελήσῃ ἐπὶ τοὺς ἐπιγνώμονας ἐλθεῖν, ἐρήμην αὐτοῦ καταδιαιτησάτωσαν.

Τοῦτο μὲν ὑμῖν τὸ ψήφισμα.

19 ΖΕΥΣ Δικαιότατον, ὦ Μῶμε· καὶ ὅτῳ δοκεῖ, ἀνατεινάτω τὴν χεῖρα· μᾶλλον δέ, οὕτω γιγνέσθω, πλείους γὰρ οἶδ᾽ ὅτι ἔσονται οἱ μὴ χειροτονήσοντες. Ἀλλὰ νῦν μὲν ἄπιτε· ὁπόταν δὲ κηρύξῃ ὁ Ἑρμῆς, ἥκετε κομίζοντες ἕκαστος ἐναργῆ τὰ γνωρίσματα καὶ σαφεῖς τὰς ἀποδείξεις, πατρὸς ὄνομα καὶ μητρός, καὶ ὅθεν καὶ ὅπως θεὸς ἐγένετο, καὶ φυλὴν καὶ φράτορας. Ὡς ὅστις ἂν μὴ ταῦτα παράσχηται, οὐδὲν μελήσει τοῖς ἐπιγνώμοσιν εἰ νεών τις μέγαν ἐν τῇ γῇ ἔχει καὶ οἱ ἄνθρωποι θεὸν αὐτὸν εἶναι νομίζουσιν.

Apollon* cessera de cumuler, à lui seul, des fonctions si nombreuses, mais en choisira une seule : devin, citharède, ou médecin.

17. Interdiction sera faite aux philosophes de fabriquer des mots vides de sens et de dire des sornettes sur ce qu'ils ne savent pas.

18. Concernant tous ceux qui ont déjà été honorés de temples ou de sacrifices, leurs statues seront renversées et remplacées par celles de Zeus*, d'Héra*, d'Apollon* ou d'un des autres dieux ; la cité leur élèvera un tombeau et dressera pour eux une stèle au lieu d'un autel.

Quiconque n'obéira pas à la proclamation et refusera de se présenter devant les arbitres, sera condamné par contumace.

Voilà votre décret.

19. ZEUS – Il est très juste, Momos*. Que tous ceux qui l'approuvent lèvent la main. Non, qu'il soit plutôt adopté tout de suite, car je sais que ceux qui ne lèveront pas la main seront les plus nombreux. Allons, retirez-vous maintenant, et quand Hermès* fera la proclamation, présentez-vous en apportant chacun des pièces d'identité [51] claires et des justificatifs évidents : nom du père, de la mère, origine, manière dont on est devenu dieu, tribu et phratrie [52]. Si quelqu'un ne fournit pas ces documents, les arbitres ne se soucieront pas de savoir s'il possède un grand temple sur la terre ou si les hommes le considèrent comme un dieu.

---

51. Littéralement, des signes de reconnaissance, ces objets qui jouent un si grand rôle dans la comédie moyenne et nouvelle, et dans le roman, permettant d'identifier un enfant abandonné ou volé.

52. Imitation de la δοκιμασία athénienne, examen appliqué aux jeunes gens à leur majorité, quand ils s'inscrivent dans leur dème, et aux magistrats à leur entrée en charge.

VIII. Introduction aux *Dialogues marins* et aux *Dialogues des dieux*

Les *Dialogues marins* portent le n° 9 dans la vulgate et occupent la 78ᵉ place dans le corpus du Vatic. Γ ; les *Dialogues des dieux* portent le n° 8 dans la vulgate et occupent la 79ᵉ place dans le corpus du Vatic. Γ. Ils sont inséparables de deux autres groupes de dialogues : les *Dialogues des morts* (n° 10 dans la vulgate et 77ᵉ place dans le corpus du Vatic. Γ) et les *Dialogues des hétaïres* (n° 67 dans la vulgate et 80ᵉ place dans le corpus du Vatic. Γ). On peut aussi ajouter à cet ensemble le *Jugement des déesses*, qui fait partie des *Dialogues des dieux* dans la vulgate.

Ces textes obéissent tous à une même esthétique. Il s'agit de pièces courtes, composées parfois de quelques répliques seulement. Les personnages sont au nombre de deux, trois au grand maximum. L'écriture est théâtrale, faisant se succéder une suite de répliques, mais il n'y a pas d'action dramatique. Si la rencontre entre Zeus* et Prométhée* amène la libération de celui-ci [1], celle de Poséidon* avec Amymoné [2] le rapt de cette dernière, le message d'Iris* l'immobilisation de l'île de Délos [3], ce sont des exceptions. Le plus souvent, la

---

1. *Dialogues des dieux*, 5.
2. *Dialogues marins*, 8.
3. *Ibid.*, 9.

situation n'évolue pas : les interlocuteurs se bornent à la commenter.

Le sujet est toujours emprunté à la littérature. Homère est le modèle privilégié de Lucien, qui s'amuse à « mettre en voix » les aventures de Polyphème et d'Ulysse [4], celles de Ménélas et de Protée* [5], la lutte d'Achille et du Scamandre [6], les amours d'Arès* et d'Aphrodite* [7]… Autres sources possibles, les *Hymnes homériques* [8], et surtout le modèle anacréontique : cette influence est particulièrement nette quand Aphrodite* menace de briser l'arc et le carquois d'Éros* et lui allonge des coups de sandale sur les fesses [9], quand ce même Éros* se bat avec Hermès* [10] ou joue aux osselets avec Ganymède* [11]. L'inspiration élégiaque est très importante : la Galatée du premier *Dialogue marin* doit beaucoup à Théocrite [12], et l'on peut rapprocher la peinture de la détresse de Phaéton [13] ou de la mort d'Hyacinthe* [14] de celles qu'en donne Ovide [15].

Quant à l'écriture, Jacques Bompaire a souligné l'influence du mime, imité d'Hérondas et des pseudo-mimes de Théocrite, lequel connaissait un grand succès

4. Le *dialogue marin* 2 est inspiré par l'*Odyssée,* IX, 216 sq.

5. Le *dialogue marin* 4 est inspiré par l'*Odyssée,* IV, 363-569.

6. Le *dialogue marin* 10 est inspiré par l'*Iliade,* XXI, 229 sq.

7. Les *dialogues des dieux* 17 et 21 sont inspirés par l'*Odyssée,* VIII, 266 sq.

8. Le dialogue consacré à la petite enfance d'Hermès* (*Dialogue des dieux,* 11) a de grandes ressemblances avec l'*Hymne homérique à Hermès.*

9. *Dialogues des dieux,* 19.

10. *Ibid.,* 11, 3.

11. *Ibid.,* 3. APOLLONIOS DE RHODES, *Argonautiques,* III, 114-118, décrit une partie d'osselets opposant Éros* et Ganymède*.

12. THÉOCRITE, *Idylles,* 6 et 11.

13. *Ibid.,* 24.

14. *Ibid.,* 16.

15. Pour Phaéton, *Métamorphoses,* II, 1-332 ; pour Hyacinthe*, *ibid.,* X, 162-219.

à l'époque impériale [16]. Il y a également celle de la Comédie moyenne et de la Comédie nouvelle, peut-être plus sensible dans les *Dialogues des hétaïres*, qui présentent des « types » de théâtre (hétaïres, paysans, soldats, etc.), et de vrais personnages Quand il s'agit de figures mythologiques, l'étude de caractère est forcément moins poussée, mais on trouve de jolis traits : l'indulgence de Zeus* à l'égard d'Ixion* avec lequel il se sent en connivence masculine [17], la candeur de Ganymède* qui ne comprend pas ce que Zeus* lui veut et le prévient qu'il risque de lui donner des coups de pied s'ils dorment ensemble [18]...

On s'est parfois demandé si ces pièces étaient jouées. Elles se prêtent tout à fait à la représentation. Cependant on note, à chaque changement de personnage, la présence constante de vocatifs qui nomment l'interlocuteur, ce qui ne serait pas nécessaire si des acteurs aux costumes bien différenciés permettaient de les identifier. De même on trouve dans les dialogues de véritables indications de mise en scène (« Qu'est-ce qui te fait rire ? Pourquoi cet air abattu ? Pourquoi pleures-tu ? Nous sommes arrivés. La voici. Que vois-je ? Une jeune fille... »). On peut donc plutôt penser à des sortes de sketches, interprétés par une seule personne, sans doute à l'origine Lucien lui-même, variant les intonations selon les rôles [19]. Au cours de ces petites saynètes, l'auteur cherche en permanence à créer une connivence avec son public, en caractérisant rapidement les personnages, en proposant des variations piquantes sur des légendes connues de tous, en faisant se succéder des séquences rapides et enlevées.

---

16. J. BOMPAIRE, *op. cit.*, p. 580-584. Voir notamment THÉOCRITE, *Idylles*, 15 : les Syracusaines.

17. *Dialogue des dieux*, 9.

18. *Ibid.*, 10.

19. Voir J. BOMPAIRE, *op. cit.*, p. 564-565.

VIII. DIALOGUES MARINS

ΕΝΑΛΙΟΙ ΔΙΑΛΟΓΟΙ

1 ΔΩΡΙΔΟΣ ΚΑΙ ΓΑΛΑΤΕΙΑΣ

1. ΔΩΡΙΣ Καλὸν ἐραστήν, ὦ Γαλάτεια, τὸν Σικελὸν τοῦτον ποιμένα φασὶν ἐπιμεμηνέναι σοί. ·

ΓΑΛΑΤΕΙΑ Μὴ σκῶπτε, Δωρί· Ποσειδῶνος γαρ υἱός ἐστιν, ὁποῖος ἂν ᾖ.

ΔΩΡΙΣ Τί οὖν ; εἰ καὶ τοῦ Διὸς αὐτοῦ παῖς ὢν ἄγριος οὕτω καὶ λάσιος ἐφαίνετο καί, τὸ πάντων ἀμορφότατον, μονόφθαλμος, οἴει τὸ γένος ἄν τι ὀνῆσαι αὐτὸν πρὸς τὴν μορφήν ; οὐδὲ τὸ λάσιον αὐτοῦ καί, ὡς φής, ἄγριον ἄμορ- φόν ἐστιν — ἀνδρῶδες γάρ — ὅ τε ὀφθαλμὸς ἐπιπρέπει τῷ μετώπῳ οὐδὲν ἐνδεέστερον ὁρῶν ἢ εἰ δύ᾽ ἦσαν.

ΔΩΡΙΣ Ἔοικας, ὦ Γαλάτεια, οὐκ ἐραστὴν ἀλλ᾽ ἐρώμε- νον ἔχειν τὸν Πολύφημον, οἷα ἐπαινεῖς αὐτόν.

2 ΓΑΛΑΤΕΙΑ Οὐκ ἐρώμενον, ἀλλὰ τὸ πάνυ ὀνειδισ- τικὸν τοῦτο οὐ φέρω ὑμῶν, καί μοι δοκεῖτε ὑπὸ φθόνου αὐτὸ ποιεῖν, ὅτι ποιμαίνων ποτὲ ἀπὸ τῆς σκοπῆς παιζούσας ἡμᾶς ἰδὼν ἐπὶ τῆς ἠόνος ἐν τοῖς πρόποσι τῆς Αἴτνης, καθ᾽ ὃ μεταξὺ τοῦ ὄρους καὶ τῆς θαλάττης αἰγιαλὸς ἀπομηκύνεται, ὑμᾶς μὲν οὐδὲ προσέβλεψεν, ἐγὼ δὲ ἐξ ἁπασῶν ἡ καλλίστη ἔδοξα, καὶ μόνῃ ἐμοὶ ἐπεῖχε τὸν ὀφθαλμόν. Ταῦτα ὑμᾶς

---

20. Doris et Galatée font partie de la longue énumération homé- rique des Néréides* (*Iliade*, XVIII, 39 sq.). Le dialogue est une varia- tion sur les *Idylles*, 6 et 11, de THÉOCRITE qui peignent Polyphème amoureux de Galatée, dont le nom signifie : de lait.

DIALOGUES MARINS

1 DORIS ET GALATÉE [20]

1. DORIS – Quel bel amoureux, tu t'es trouvé, à ce qu'on dit, Galatée : ce berger de Sicile qui est fou de toi.

GALATÉE – Ne te moque pas, Doris. Quelle que soit son apparence, c'est le fils de Poséidon*.

DORIS – Et après ? Serait-il fils de Zeus* en personne, avec cet air aussi sauvage, ce corps velu et, horreur suprême, cet œil unique, penses-tu que sa naissance contribuerait le moins du monde à l'embellir ?

GALATÉE – Même ce corps velu et cette sauvagerie dont tu parles ne sont pas sans beauté : ce sont des marques de virilité. Quant à l'œil, il sied à son front, et ne voit pas moins que s'il y en avait deux.

DORIS – On dirait que ce n'est pas Polyphème qui est amoureux de toi, Galatée, mais toi de lui, à entendre comme tu fais son éloge.

2. GALATÉE – Je ne suis pas amoureuse. Mais je ne supporte pas votre attitude vraiment insultante. Je crois que vous agissez ainsi par jalousie, parce qu'un jour, alors qu'il gardait ses bêtes, ils nous a vues, de son observatoire, jouer sur la plage au pied de l'Etna, là où la plage s'étend entre la montagne et la mer. Vous, il ne vous a même pas regardées : c'est moi qui lui ai paru la plus belle de toutes. C'est sur moi seule qu'il gardait son œil fixé. Cela vous contrarie, car c'est la preuve que je

ἀνιᾷ· δεῖγμα γάρ, ὡς ἀμείνων εἰμὶ καὶ ἀξιέραστος, ὑμεῖς δὲ παρώφθητε.

ΔΩΡΙΣ Εἰ ποιμένι καὶ ἐνδεεῖ τὴν ὄψιν καλὴ ἔδοξας, ἐπίφθονος οἴει γεγονέναι ; καίτοι τί ἄλλο ἐν σοὶ ἐπαινέσαι εἶχεν ἢ τὸ λευκὸν μόνον ; καὶ τοῦτο, οἶμαι, ὅτι ξυνήθης ἐστὶ τυρῷ καὶ γάλακτι· πάντα οὖν τὰ ὅμοια τούτοις ἡγεῖται καλά. 3. Ἐπεὶ τά γε ἄλλα ὁπόταν ἐθελήσῃς μαθεῖν, οἵα τυγχάνεις οὖσα τὴν ὄψιν, ἀπὸ πέτρας τινός, εἴ ποτε γαλήνη εἴη, ἐπικύψασα ἐς τὸ ὕδωρ ἰδὲ σεαυτὴν οὐδὲν ἄλλο ἢ χρόαν λευκὴν ἀκριβῶς· οὐκ ἐπαινεῖται δὲ τοῦτο, ἢν μὴ ἐπιπρέπῃ αὐτῷ καὶ τὸ ἐρύθημα.

ΓΑΛΑΤΕΙΑ Καὶ μὴν ἐγὼ μὲν ἡ ἀκράτως λευκὴ ὅμως ἐραστὴν ἔχω κἂν τοῦτον, ὑμῶν δὲ οὐκ ἔστιν ἥντινα ἢ ποιμὴν ἢ ναύτης ἢ πορθμεὺς ἐπαινεῖ· ὁ δέ γε Πολύφημος τό τε ἄλλα καὶ μουσικός ἐστι.

4. ΔΩΡΙΣ Σιώπα, ὦ Γαλάτεια· ἠκούσαμεν αὐτοῦ ᾄδοντος ὁπότε ἐκώμασε πρῴην ἐπὶ σέ· Ἀφροδίτη φίλη, ὄνον ἄν τις ὀγκᾶσθαι ἔδοξε. Καὶ αὐτὴ δὲ ἡ πηκτὶς οἵα ; κρανίον ἐλάφου γυμνὸν τῶν σαρκῶν, καὶ τὰ μὲν κέρατα πήχεις ὥσπερ ἦσαν, ζυγώσας δὲ αὐτὰ καὶ ἐνάψας τὰ νεῦρα, οὐδὲ κόλλοπι περιστρέψας, ἐμελῴδει ἄμουσόν τι καὶ ἀπῳδόν, ἄλλο μὲν αὐτὸς βοῶν, ἄλλο δὲ ἡ λύρα ὑπήχει, ὥστε οὐδὲ κατέχειν τὸν γέλωτα ἐδυνάμεθα ἐπὶ τῷ ἐρωτικῷ ἐκείνῳ ᾄσματι· ἡ μὲν γὰρ Ἠχὼ οὐδὲ ἀποκρίνεσθαι αὐτῷ ἤθελεν οὕτω λάλος οὖσα βρυχωμένῳ, ἀλλ᾽ ᾐσχύνετο, εἰ φανείη μιμουμένη τραχεῖαν ᾠδὴν καὶ καταγέλαστον. 5. Ἔφερε δὲ ὁ ἐπέραστος ἐν ταῖς ἀγκάλαις ἀθυρμάτιον ἄρκτου σκύλακα τὸ λάσιον αὐτῷ προσεοικότα. Τίς οὖν οὐκ ἂν φθονήσειέ σοι, ὦ Γαλάτεια, τοιούτου ἐραστοῦ ;

---

21. Nymphe des bois et des sources. Ayant retardé Héra* par ses bavardages, alors que celle-ci voulait surprendre Zeus* en compagnie des nymphes, elle fut condamnée à ne pouvoir parler autrement qu'en répétant les derniers sons entendus. Selon de nombreuses traditions, elle tomba amoureuse du beau Narcisse qui n'aimait que son reflet, et se laissa dépérir jusqu'à n'être plus qu'une voix sans corps (voir OVIDE, *Métamorphoses*, III, 356 sq.).

vaux mieux que vous, et que je mérite d'être aimée, alors que vous avez été dédaignées.

DORIS – Tu te crois digne d'envie sous prétexte qu'un berger presque aveugle t'a trouvée belle ? Mais que pouvait-il louer en toi, sinon seulement ta blancheur – et c'est, je pense, qu'il est habitué au fromage et au lait : il trouve beau tout ce qui leur ressemble. 3. Mais si tu veux savoir de quoi tu as l'air par ailleurs, penche-toi du haut d'un rocher, un jour où la mer est calme, et regarde-toi. Tu verras que tu n'as vraiment rien pour toi, sinon la blancheur de ta peau. Or on ne l'apprécie que si la rougeur la rehausse également.

GALATÉE – Eh bien, j'ai beau être d'une blancheur sans tache, j'ai quand même un amoureux, ne serait-ce que celui-là. Parmi vous, il n'y en a pas une qui soit célébrée par un berger, un marin ou un batelier. Or entre autres qualités, Polyphème est aussi musicien.

DORIS – Tais-toi, Galatée. Nous l'avons entendu chanter, l'autre jour, quand il t'a donné la sérénade. Ô ma chère Aphrodite* ! On aurait cru entendre braire un âne. Et cette lyre, à quoi ressemblait-elle ? Un crâne de cerf, dépouillé de ses chairs, avec en guise de montants les cornes à l'état brut : il les avait attachées par une barre et y avait accroché les cordes, sans même les enrouler autour de chevilles. Il chantait une mélodie sans goût ni grâce, et ce qu'il beuglait n'avait rien à voir avec l'accompagnement de la lyre. Nous étions incapables de retenir nos rires devant ce chant d'amour. Écho [21] n'accepta même pas de répondre à ces hurlements, elle qui est pourtant si bavarde : elle aurait eu honte qu'on l'entende reproduire cette voix discordante et ridicule. 5. Le séduisant galant portait dans les bras en guise de jouet le petit d'une ourse dont le pelage était assorti au sien. Qui ne t'envierait un tel amoureux, Galatée ?

ΓΑΛΑΤΕΙΑ Οὐκοῦν σύ, Δωρί, δεῖξον ἡμῖν τὸν σεαυτῆς, καλλίω δῆλον ὅτι ὄντα καὶ ᾠδικώτερον καὶ κιθαρίζειν ἄμεινον ἐπιστάμενον.

ΔΩΡΙΣ Ἀλλ᾿ ἐραστὴς μὲν οὐδεὶς ἔστι μοι οὐδὲ σεμνύνομαι ἐπέραστος εἶναι· τοιοῦτος δὲ οἷος ὁ Κύκλωψ ἐστί, κινάβρας ἀπόζων ὥσπερ τράγος, ὠμοφάγος, ὥς φασι, καὶ σιτούμενος τοὺς ἐπιδημοῦντας τῶν ξένων, σοὶ γένοιτο καὶ σὺ ἀντερῴης αὐτοῦ.

2 ΚΥΚΛΩΠΟΣ ΚΑΙ ΠΟΣΕΙΔΩΝΟΣ

1 ΚΥΚΛΩΨ ῏Ω πάτερ, οἷα πέπονθα ὑπὸ τοῦ καταράτου ξένου, ὃς μεθύσας ἐξετύφλωσέ με κοιμωμένῳ ἐπὶ χειρήσας. ΠΟΣΕΙΔΩΝ Τίς δὲ ἦν ὁ ταῦτα τολμήσας, ὦ Πολύφημε ; ΚΥΚΛΩΨ Τὸ μὲν πρῶτον Οὖτιν αὐτὸν ἀπεκάλει, ἐπεὶ δὲ διέφυγε καὶ ἔξω ἦν βέλους, Ὀδυσσεὺς ὀνομάζεσθαι ἔφη. ΠΟΣΕΙΔΩΝ Οἶδα ὃν λέγεις, τὸν Ἰθακήσιον· ἐξ Ἰλίου δ᾿ ἀνέπλει. ἀλλὰ πῶς ταῦτα ἔπραξεν οὐδὲ πάνυ εὐθαρσὴς ὤν ; 2 ΚΥΚΛΩΨ Κατέλαβον ἐν τῷ ἄντρῳ ἀπὸ τῆς νομῆς ἀναστρέψας πολλούς τινας, ἐπιβουλεύοντας δῆλον ὅτι τοῖς ποιμνίοις· ἐπεὶ γὰρ ἐπέθηκα τῇ θύρᾳ τὸ πῶμα — πέτρα δέ ἐστι παμμεγέθης — καὶ τὸ πῦρ ἀνέκαυσα ἐναυσάμενος ὃ ἔφερον δένδρον ἀπὸ τοῦ ὄρους, ἐφάνησαν ἀποκρύπτειν αὑτοὺς πειρώμενοι· ἐγὼ δὲ συλλαβών τινας αὐτῶν, ὥσπερ εἰκὸς ἦν, κατέφαγον λῃστάς γε ὄντας. Ἐνταῦθα ὁ πανουργότατος ἐκεῖνος, εἴτε Οὖτις εἴτε Ὀδυσσεὺς ἦν, δίδωσί μοι πιεῖν φάρμακόν τι ἐγχέας, ἡδὺ μὲν καὶ εὔοσμον, ἐπιβουλότατον δὲ καὶ ταραχωδέστατον· ἅπαντα γὰρ εὐθὺς ἐδόκει μοι περιφέρεσθαι πιόντι καὶ τὸ σπήλαιον αὐτὸ ἀνεστρέφετο καὶ

---

22. Tout le dialogue est un inspiré du célèbre épisode de la victoire d'Ulysse sur le Cyclope* (*Odyssée*, IX, 214 sq.). Les principaux mouvements sont repris : l'arrivée du Cyclope*, les compagnons dévorés, l'aveuglement, la sortie de la grotte sous les bêtes, l'appel aux autres Cyclopes*, qui repartent, abusés par le nom Personne, l'annonce faite par Ulysse que même Poséidon* ne pourra le guérir.

GALATÉE – Montre-nous donc le tien, Doris. Il est évidemment plus beau, meilleur chanteur et plus habile à la cithare.

DORIS – Je n'ai pas d'amoureux et ne me vante pas d'être séduisante. Mais un amoureux comme le Cyclope*, qui pue comme un bouc, mange de la chair crue, à ce qu'on dit, et se nourrit des étrangers qui viennent dans son pays, tu peux te le garder et lui rendre son amour.

2. LE CYCLOPE ET POSÉIDON [22]

LE CYCLOPE – Mon père, tu vois ce qu'il m'a fait, ce maudit étranger : après m'avoir enivré, il m'a aveuglé, en m'attaquant pendant mon sommeil.

POSÉIDON – Qui a eu cette audace, Polyphème ?

LE CYCLOPE – D'abord il s'est donné le nom de Personne, mais après avoir fui, quand il était hors d'atteinte de mes traits, il a dit qu'il s'appelait Ulysse.

POSÉIDON – Je connais celui dont tu parles. C'est l'homme d'Ithaque ; il revenait de Troie. Mais comment a-t-il fait cela ? Il n'est pas du tout courageux.

2. LE CYCLOPE – Je les ai surpris dans ma grotte, en revenant du pâturage : ils étaient plusieurs, et de toute évidence, ils méditaient de s'en prendre aux troupeaux. Après avoir placé sur la porte sa fermeture (j'ai pour cela un énorme rocher), j'ai fait du feu en enflammant un arbre que j'apportais de la montagne, et je les ai vus qui essayaient de se cacher. J'en ai attrapé quelques-uns et je les ai mangés, comme de juste, puisque c'étaient des brigands. Alors cet horrible fourbe, Personne ou Ulysse, me fait boire une mixture qu'il me verse : elle était douce et sentait bon, mais elle était très insidieuse et très troublante. Dès que je l'eus bue, j'eus l'impression que tout se mettait à tourner autour de moi ; la caverne elle-même basculait, et je

οὐκέτι ὅλως ἐν ἐμαυτοῦ ἤμην, τέλος δὲ ἐς ὕπνον κατεσπάσθην. Ὁ δὲ ἀποξύνας τὸν μοχλὸν καὶ πυρώσας γε προσέτι ἐτύφλωσέ με καθεύδοντα, καὶ ἀπ' ἐκείνου τυφλός εἰμί σοι, ὦ Πόσειδον.

3 ΠΟΣΕΙΔΩΝ Ὡς βαθὺν ἐκοιμήθης, ὦ τέκνον, ὃς οὐκ ἐξέθορες μεταξὺ τυφλούμενος. Ὁ δ' οὖν Ὀδυσσεὺς πῶς διέφυγεν; οὐ γὰρ ἂν εὖ οἶδ' ὅτι ἠδυνήθη ἀποκινῆσαι τὴν πέτραν ἀπὸ τῆς θύρας.

ΚΥΚΛΩΨ Ἀλλ' ἐγὼ ἀφεῖλον, ὡς μᾶλλον αὐτὸν λάβοιμι ἐξιόντα, καὶ καθίσας παρὰ τὴν θύραν ἐθήρων τὰς χεῖρας ἐκπετάσας, μόνα παρεὶς τὰ πρόβατα ἐς τὴν νομήν, ἐντειλάμενος τῷ κριῷ ὁπόσα ἐχρῆν πράττειν αὐτὸν ὑπὲρ ἐμοῦ.

4 ΠΟΣΕΙΔΩΝ Μανθάνω· ὑπ' ἐκείνοις ἔλαθον ὑπεξελθόντες· σὲ δὲ τοὺς ἄλλους Κύκλωπας ἔδει ἐπιβοήσασθαι ἐπ' αὐτόν.

ΚΥΚΛΩΨ Συνεκάλεσα, ὦ πάτερ, καὶ ἧκον· ἐπεὶ δὲ ἤροντο τοῦ ἐπιβουλεύοντος τοὔνομα κἀγὼ ἔφην ὅτι Οὖτίς ἐστι, μελαγχολᾶν οἰηθέντες με ᾤχοντο ἀπιόντες. Οὕτω κατεσοφίσατό με ὁ κατάρατος τῷ ὀνόματι. Καὶ ὃ μάλιστα ἠνίασέ με, ὅτι καὶ ὀνειδίζων ἐμοὶ τὴν συμφοράν. Οὐδὲ ὁ πατήρ, φησίν, ὁ Ποσειδῶν ἰάσεταί σε.

ΠΟΣΕΙΔΩΝ Θάρρει, ὦ τέκνον· ἀμυνοῦμαι γὰρ αὐτόν, ὡς μάθῃ ὅτι, καὶ εἰ πήρωσίν μοι ὀφθαλμῶν ἰᾶσθαι ἀδύνατον, τὰ γοῦν τῶν πλεόντων τὸ σῴζειν αὐτοὺς καὶ ἀπολλύναι ἐπ' ἐμοί ἐστι· πλεῖ δὲ ἔτι.

n'étais plus du tout en possession de mes esprits. Pour finir, je fus entraîné dans le sommeil. Alors lui, aiguisant la barre de la porte, puis la plongeant dans le feu, il m'aveugla pendant que je dormais. Et depuis, je suis aveugle, comme tu vois, Poséidon*.

3. POSÉIDON – Tu dormais bien profondément, mon enfant, si tu n'as pas bondi pendant qu'on t'aveuglait. Et Ulysse, comment s'est-il enfui ? Je suis sûr qu'il n'aurait pas pu écarter le rocher de la porte.

LE CYCLOPE – C'est moi qui l'ai ôté, pour mieux l'attraper quand il sortirait. Je me suis assis près de la porte et je guettais, les mains tendues : je n'ai laissé passer que mes brebis qui allaient au pâturage, et j'ai donné mes consignes au bélier pour tout ce qu'il devrait faire à ma place.

4. POSÉIDON – Je comprends : ils sont sortis en se cachant sous les bêtes. Mais tu aurais dû appeler les autres Cyclopes* à ton secours.

LE CYCLOPE – Je les ai appelés, mon père, et ils sont venus. Mais comme ils me demandaient le nom de l'agresseur, et que je disais : « Personne », ils m'ont cru fou et sont repartis. Voilà comment le maudit s'est moqué de moi avec ce nom. Et ce qui m'a fait le plus de peine, c'est qu'il a même insulté à mon malheur. Il disait : « Même ton père Poséidon* ne te guérira pas. »

POSÉIDON – Courage, mon enfant. Je le punirai, pour qu'il apprenne que si je ne peux guérir un œil éborgné, le salut ou la perte de ceux qui naviguent dépendent de moi. Or il navigue encore.

3 ΠΟΣΕΙΔΩΝΟΣ ΚΑΙ ΑΛΦΕΙΟΥ

1 **ΠΟΣΕΙΔΩΝ** Τί τοῦτο, Ἀλφειέ ; μόνος τῶν ἄλλων ἐμπεσὼν ἐς τὸ πέλαγος οὔτε ἀναμίγνυσαι τῇ ἅλμῃ, ὡς ἔθος ποταμοῖς ἅπασιν, οὔτε ἀναπαύεις σεαυτὸν διαχυθείς, ἀλλὰ διὰ τῆς θαλάττης ξυνεστὼς καὶ γλυκὺ φυλάττων τὸ ῥεῖθρον, ἀμιγὴς ἔτι καὶ καθαρὸς ἐπείγῃ οὐκ οἶδα ὅπου βύθιος ὑποδὺς καθάπερ οἱ λάροι καὶ ἐρωδιοί ; καὶ ἔοικας ἀνακύψειν που καὶ αὖθις ἀναφανεῖν σεαυτόν.

ΑΛΦΕΙΟΣ Ἐρωτικόν τι τὸ πρᾶγμά ἐστιν, ὦ Πόσειδον, ὥστε μὴ ἔλεγχε· ἠράσθης δὲ καὶ αὐτὸς πολλάκις.

ΠΟΣΕΙΔΩΝ Γυναικός, ὦ Ἀλφειέ, ἢ νύμφης ἐρᾷς ἢ καὶ τῶν Νηρηίδων αὐτῶν μιᾶς ;

ΑΛΦΕΙΟΣ Οὔκ, ἀλλὰ πηγῆς, ὦ Πόσειδον.

ΠΟΣΕΙΔΩΝ Ἡ δὲ ποῦ σοι γῆς αὕτη ῥεῖ ;

ΑΛΦΕΙΟΣ Νησιῶτίς ἐστι Σικελή· Ἀρέθουσαν αὐτὴν καλοῦσιν.

2 **ΠΟΣΕΙΔΩΝ** Οἶδα οὐκ ἄμορφον, ὦ Ἀλφειέ, τὴν Ἀρέθουσαν, ἀλλὰ διαυγής τέ ἐστι καὶ διὰ καθαροῦ ἀναβλύ-ζει καὶ τὸ ὕδωρ ἐπιπρέπει ταῖς ψηφῖσιν ὅλον ὑπὲρ αὐτῶν φαινόμενον ἀργυροειδές.

ΑΛΦΕΙΟΣ Ὡς ἀληθῶς οἶσθα τὴν πηγήν, ὦ Πόσειδον· παρ᾽ ἐκείνην οὖν ἀπέρχομαι.

ΠΟΣΕΙΔΩΝ Ἀλλ᾽ ἄπιθι μὲν καὶ εὐτύχει ἐν τῷ ἔρωτι· ἐκεῖνο δέ μοι εἰπέ, ποῦ τὴν Ἀρέθουσαν εἶδες αὐτὸς μὲν Ἀρκὰς ὤν, ἡ δὲ ἐν Συρακούσαις ἐστίν ;

ΑΛΦΕΙΟΣ Ἐπειγόμενόν με κατέχεις, ὦ Πόσειδον, περίεργα ἐρωτῶν.

---

23. Fleuve du Péloponnèse, qui coule entre l'Élide et l'Arcadie. Ce dieu était fils du Titan* Océan et de sa sœur Téthys. Il poursuivit la nymphe Aréthuse, qui s'était baignée dans ses eaux, sous l'appa-rence d'un chasseur. Effrayée, elle s'enfuit jusqu'en Sicile, où elle se réfugia sur la presqu'île d'Ortygie, près de Syracuse. Artémis* la changea en source. Mais Alphée répandit ses eaux sous la mer jusqu'en Sicile, et émergea à Ortygie pour s'unir avec Aréthuse.

3. POSÉIDON ET L'ALPHÉE [23]

1. POSÉIDON – Que se passe-t-il, Alphée ? Tu es le seul à te jeter dans la mer sans te mêler à l'eau salée, comme le font tous les fleuves, sans exception. Au lieu de mettre un terme à ta course en répandant tes flots dans tous les sens, tu continues à former un tout à travers la mer : tu gardes ton onde douce, tu restes sans mélange et pur, et tu te hâtes je ne sais où, en plongeant sous la surface, comme les mouettes et les hérons. On dirait que tu vas remonter quelque part et te montrer de nouveau.

L'ALPHÉE – C'est une histoire d'amour, Poséidon* : ne me gronde donc pas. Tu as été souvent amoureux, toi aussi.

POSÉIDON – Est-ce une femme que tu aimes, Alphée, ou une nymphe ? Ou une fille de la mer, une des Néréides* ?

L'ALPHÉE – Non, Poséidon*, c'est une source.

POSÉIDON – En quel endroit de la terre coule-t-elle ?

L'ALPHÉE – C'est une insulaire, une Sicilienne ; on l'appelle Aréthuse.

POSÉIDON – Je la connais. Elle n'est pas laide, cette Aréthuse, Alphée. Elle est transparente, jaillit d'un sol pur et son eau rehausse la beauté de ses pierres : on la voit briller tout entière au-dessus d'elles avec des reflets d'argent.

L'ALPHÉE – Tu connais vraiment bien cette source Poséidon*. C'est vers elle que je vais.

POSÉIDON – Eh bien va, et sois heureux en amour. Mais dis-moi, où as-tu vu Aréthuse ? Tu es Arcadien, et elle vit à Syracuse.

L'ALPHÉE – Je suis pressé et tu me retiens, Poséidon*, avec tes questions déplacées.

ΠΟΣΕΙΔΩΝ Εὖ λέγεις· χώρει παρὰ τὴν ἀγαπωμένην, καὶ ἀναδὺς ἀπὸ τῆς θαλάττης ξυναυλίᾳ μίγνυσο τῇ πηγῇ καὶ ἓν ὕδωρ γίγνεσθε.

4 ΜΕΝΕΛΑΟΥ ΚΑΙ ΠΡΩΤΕΩΣ

1 ΜΕΝΕΛΑΟΣ Ἀλλὰ ὕδωρ μέν σε γίγνεσθαι, ὦ Πρωτεῦ, οὐκ ἀπίθανον, ἐνάλιόν γε ὄντα, καὶ δένδρον, ἔτι φορητόν, καὶ ἐς λέοντα δὲ ὁπότε ἀλλαγείης, ὅμως οὐδὲ τοῦτο ἔξω πίστεως· εἰ δὲ καὶ πῦρ γίγνεσθαι δυνατὸν ἐν θαλάττῃ οἰκοῦντα, τοῦτο πάνυ θαυμάζω καὶ ἀπιστῶ.

ΠΡΩΤΕΥΣ Μὴ θαυμάσῃς, ὦ Μενέλαε· γίγνομαι γάρ.

ΜΕΝΕΛΑΟΣ Εἶδον καὶ αὐτός· ἀλλά μοι δοκεῖς — εἰρήσεται γὰρ πρὸς σέ — γοητείαν τινὰ προσάγειν τῷ πράγματι καὶ τοὺς ὀφθαλμοὺς ἐξαπατᾶν τῶν ὁρώντων αὐτὸς οὐδὲν τοιοῦτο γιγνόμενος.

2 ΠΡΩΤΕΥΣ Καὶ τίς ἂν ἡ ἀπάτη ἐπὶ τῶν οὕτως ἐναργῶν γένοιτο ; οὐκ ἀνεῳγμένοις τοῖς ὀφθαλμοῖς εἶδες, ἐς ὅσα μετεποίησα ἐμαυτόν ; εἰ δὲ ἀπιστεῖς καὶ τὸ πρᾶγμα ψευδὲς εἶναι δοκεῖ, φαντασία τις πρὸ τῶν ὀφθαλμῶν ἱσταμένη, ἐπειδὰν πῦρ γένωμαι, προσένεγκέ μοι, ὦ γενναιότατε, τὴν χεῖρα· εἴσῃ γάρ, εἰ ὁρῶμαι μόνον ἢ καὶ τὸ κάειν τότε μοι πρόσεστιν.

ΜΕΝΕΛΑΟΣ Οὐκ ἀσφαλὴς ἡ πεῖρα, ὦ Πρωτεῦ.

ΠΡΩΤΕΥΣ Σὺ δέ μοι, Μενέλαε, δοκεῖς οὐδὲ πολύπουν ἑωρακέναι πώποτε οὐδὲ ὃ πάσχει ὁ ἰχθὺς οὗτος εἰδέναι.

ΜΕΝΕΛΑΟΣ Ἀλλὰ τὸν μὲν πολύπουν εἶδον, ἃ πάσχει δέ, ἡδέως ἂν μάθοιμι παρὰ σοῦ.

3 ΠΡΩΤΕΥΣ Ὁποίᾳ ἂν πέτρᾳ προσελθὼν ἁρμόσῃ τὰς κοτύλας καὶ προσφὺς ἔχηται κατὰ τὰς πλεκτάνας, ἐκείνῃ

---

24. Tout le dialogue est inspiré d'un épisode de l'*Odyssée*, IV, 453 sq. : Ménélas raconte à Télémaque comment, déguisé en phoque, il se rendit maître de Protée*, lequel prit successivement plusieurs formes (lion, serpent, panthère, eau, arbre), avant d'accepter de répondre à ses questions.

Poséidon – Tu as raison. Va retrouver ta bien-aimée. Quand tu seras sorti de la mer, unis-toi à la source et ne soyez plus qu'une seule eau.

4. MÉNÉLAS ET PROTÉE [24]

1. Ménélas – Que tu te changes en eau, Protée*, n'est pas invraisemblable, puisque tu es un être de la mer ; en arbre, passe encore ; et même si tu te transformais en lion, cela non plus ne serait pas impossible à croire. Mais que tu puisses te changer en feu, alors que tu vis dans la mer, voilà qui m'étonne beaucoup et je n'y crois pas.

Protée – Ne t'en étonne pas, Ménélas : je me change en feu.

Ménélas – Je l'ai vu de mes propres yeux. Mais, soit dit entre nous, j'ai l'impression que tu fais alors un tour de passe-passe, que tu trompes le regard des spectateurs, alors que tu ne te changes, toi, en rien de tel.

2. Protée – Et quelle tromperie pourrait-il y avoir quand les faits sont aussi évidents ? N'avais-tu pas les yeux ouverts, quand tu as vu toutes les formes que j'ai prises ? Mais si tu n'y crois pas, si tu penses qu'il y a un mensonge, une illusion d'optique, pose la main sur moi, mon noble ami, quand je me serai changé en feu. Tu sauras si je ne me transforme que pour les yeux, ou si alors je possède aussi le pouvoir de brûler.

Ménélas – Il n'est pas prudent d'essayer, Protée*.

Protée – J'ai l'impression, Ménélas, que tu n'as jamais vu de poulpe et que tu ignores les propriétés de cette créature marine.

Ménélas – J'en ai vu, mais j'apprendrais volontiers de toi ses propriétés.

3. Protée – Quel que soit le rocher dont il s'approche pour y attacher ses ventouses et s'y tenir

ὅμοιον ἀπεργάζεται ἑαυτὸν καὶ μεταβάλλει τὴν χρόαν μιμούμενος τὴν πέτραν, ὡς ἂν λάθῃ τοὺς ἁλιέας μὴ διαλλάττων μηδὲ φανερὸς ὢν διὰ τοῦτο, ἀλλὰ ἐοικὼς τῷ λίθῳ.

ΜΕΝΕΛΑΟΣ Φασὶ ταῦτα· τὸ δὲ σὸν πολλῷ παραδοξότερον, ὦ Πρωτεῦ.

ΠΡΩΤΕΥΣ Οὐκ οἶδα, ὦ Μενέλαε, τίνι ἂν ἄλλῳ πιστεύσειας τοῖς ἑαυτοῦ ὀφθαλμοῖς ἀπιστῶν.

ΜΕΝΕΛΑΟΣ Εἶδον· ἀλλὰ τὸ πρᾶγμα τεράστιον, ὁ αὐτὸς πῦρ καὶ ὕδωρ.

5 (8) ΠΟΣΕΙΔΩΝΟΣ ΚΑΙ ΔΕΛΦΙΝΩΝ

1 ΠΟΣΕΙΔΩΝ Εὖ γε, ὦ Δελφῖνες, ὅτι ἀεὶ φιλάνθρωποί ἐστε, καὶ πάλαι μὲν τὸ τῆς Ἰνοῦς παιδίον ἐπὶ τὸν Ἰσθμὸν ἐκομίσατε ὑποδεξάμενοι ἀπὸ τῶν Σκειρωνίδων μετὰ τῆς μητρὸς ἐμπεσόν, καὶ νῦν σὺ τὸν κιθαρῳδὸν τουτονὶ τὸν ἐκ Μηθύμνης ἀναλαβὼν ἐξενήξω ἐς Ταίναρον αὐτῇ σκευῇ καὶ κιθάρᾳ, οὐδὲ περιεῖδες κακῶς ὑπὸ τῶν ναυτῶν ἀπολλύμενον.

ΔΕΛΦΙΝΕΣ Μὴ θαυμάσῃς, ὦ Πόσειδον, εἰ τοὺς ἀνθρώπους εὖ ποιοῦμεν ἐξ ἀνθρώπων γε καὶ αὐτοὶ ἰχθύες γενόμενοι. Καὶ μέμφομαί γε τῷ Διονύσῳ, ὅτι ἡμᾶς καταναυμαχήσας καὶ μετέβαλε, δέον χειρώσασθαι μόνον, ὥσπερ τοὺς ἄλλους ὑπηγάγετο.

ΠΟΣΕΙΔΩΝ Πῶς δ' οὖν τὰ κατὰ τὸν Ἀρίονα τοῦτον ἐγένετο, ὦ Δελφίν;

---

25. L'histoire d'Arion sauvé par le dauphin est très célèbre. Elle est notamment rapportée par Hérodote, *Enquêtes,* I, 23-24. Les Grecs aimaient beaucoup les dauphins. On les voit représentés sur une des plus anciennes fresques grecques connues, à Cnossos, sur des mosaïques, des pièces de monnaie, des bijoux, des vases.

26. Brigand que Thésée précipita du haut des falaises de Mégaride.

accroché par ses tentacules, il se rend semblable à lui. Il change de couleur pour imiter celle du rocher, si bien que les pêcheurs ne le voient pas, car de cette façon, rien ne le distingue ni ne le signale : il se confond avec la pierre.

MÉNÉLAS – On le dit ; mais ce que tu fais, toi, Protée*, est beaucoup plus extraordinaire.

PROTÉE – Je ne sais pas qui d'autre tu pourrais croire, Ménélas puisque tu te défies de tes propres yeux.

MÉNÉLAS – Je l'ai vu. Mais la chose est monstrueuse : que la même personne soit à la fois feu et eau !

5. (8) POSÉIDON ET LES DAUPHINS [25]

POSÉIDON – C'est vraiment généreux de votre part, dauphins, d'être toujours amis des hommes. Jadis vous avez recueilli le jeune enfant d'Ino* et l'avez transporté jusqu'à l'Isthme, quand il était tombé avec sa mère des falaises de Skiron [26]. Et toi, maintenant, tu as pris sur ton dos ce citharède de Méthymna [27], avec son costume et sa lyre, et tu as nagé jusqu'au cap Ténare : tu ne l'as pas laissé être assassiné misérablement par les marins.

LES DAUPHINS – Ne t'étonne pas que nous soyons généreux envers les hommes, Poséidon*. Nous étions des hommes, nous aussi, avant d'être changés en poissons, et j'en veux à Dionysos* de nous avoir métamorphosés, après nous avoir vaincus sur les flots [28], alors qu'il aurait dû se contenter de nous soumettre, comme il a dominé les autres.

POSÉIDON – Qu'est-il arrivé au juste avec cet Arion, dauphin ?

---

27. Arion, originaire de Méthymna, dans l'île de Lesbos, fut un grand poète lyrique du VIIe siècle avant J.-C.

28. Dionysos* fut fait prisonnier par des pirates tyrrhéniens qu'il transforma en dauphins *(Hymne homérique à Dionysos)*.

ΔΕΛΦΙΝΕΣ Ὁ Περίανδρος, οἶμαι, ἔχαιρεν αὐτῷ καὶ πολλάκις μετεπέμπετο αὐτὸν ἐπὶ τῇ τέχνῃ, ὁ δὲ πλουτήσας παρὰ τοῦ τυράννου ἐπεθύμησεν πλεύσας οἴκαδε εἰς τὴν Μήθυμναν ἐπιδείξασθαι τὸν πλοῦτον, καὶ ἐπιβὰς πορθμείου τινὸς κακούργων ἀνδρῶν ὡς ἔδειξε πολὺν ἄγων χρυσόν τε καὶ ἄργυρον, ἐπεὶ κατὰ μέσον τὸ Αἰγαῖον ἐγένοντο, ἐπιβουλεύουσιν αὐτῷ οἱ ναῦται· ὁ δὲ — ἠκροώμην γὰρ ἄπαντα παρανέων τῷ σκάφει — ἐπεὶ ταῦτα ὑμῖν δέδοκται, ἔφη, ἀλλὰ τὴν σκευὴν ἀναλαβόντα με καὶ ᾄσαντα θρῆνόν τινα ἐπ᾽ ἐμαυτῷ ἑκόντα ἐάσατε ῥῖψαι ἐμαυτόν. Ἐπέτρεψαν οἱ ναῦται καὶ ἀνέλαβε τὴν σκευὴν καὶ ᾖσε πάνυ λιγυρόν, καὶ ἔπεσεν ἐς τὴν θάλατταν ὡς αὐτίκα πάντως ἀποθανούμενος· ἐγὼ δὲ ὑπολαβὼν καὶ ἀναθέμενος αὐτὸν ἐξενηξάμην ἔχων ἐς Ταίναρον.

ΠΟΣΕΙΔΩΝ Ἐπαινῶ σε τῆς φιλομουσίας· ἄξιον γὰρ τὸν μισθὸν ἀποδέδωκας αὐτῷ ἀκροάσεως.

6 (9) ΠΟΣΕΙΔΩΝΟΣ ΚΑΙ ΝΗΡΕΙΔΩΝ

1 ΠΟΣΕΙΔΩΝ Τὸ μὲν στενὸν τοῦτο, ἔνθα ἡ παῖς κατηνέχθη, Ἑλλήσποντος ἀπ᾽ αὐτῆς καλείσθω· τὸν δὲ νεκρὸν ὑμεῖς, ὦ Νηρηίδες, παραλαβοῦσαι τῇ Τρῳάδι προσενέγκατε, ὡς ταφείη ὑπὸ τῶν ἐπιχωρίων.

ΑΜΦΙΤΡΙΤΗ Μηδαμῶς, ὦ Πόσειδον, ἀλλ᾽ ἐνταῦθα ἐν τῷ ἐπωνύμῳ πελάγει τεθάφθω· ἐλεοῦμεν γὰρ αὐτὴν οἴκτιστα ὑπὸ τῆς μητρυιᾶς πεπονθυῖαν.

ΠΟΣΕΙΔΩΝ Τοῦτο μέν, ὦ Ἀμφιτρίτη, οὐ θέμις· οὐδὲ ἄλλως καλὸν ἐνταῦθά που κεῖσθαι ὑπὸ τῇ ψάμμῳ αὐτήν,

---

29. Tyran de Corinthe, au VIIe siècle avant J.-C.
30. Au sud du Péloponnèse, cap le plus méridional de Grèce.
31. Hellé et son frère Phrixos, fils d'Athamas et de Néphélé, s'enfuirent sur un bélier ailé pour échapper à la haine d'Ino*, la deuxième épouse d'Athamas. Phrixos parvint en Colchide, mais Hellé tomba dans la mer qui fut nommée Hellespont en son honneur. Rendue folle par Héra pour avoir allaité Dionysos, Ino se jeta dans la mer avec son fils Mélicerte : ils devinrent les divinités marines Leucothée et Palæmon.

2. LES DAUPHINS – Je crois que Périandre [29] l'appréciait beaucoup et l'envoyait souvent chercher à cause de son art. S'étant enrichi à la cour du tyran, Arion désira s'embarquer pour rentrer chez lui, à Méthymna, et montrer ses richesses. Il embarqua sur un bateau appartenant à des bandits. Comme il leur avait fait voir qu'il emportait beaucoup d'or et d'argent, voilà qu'une fois au milieu de la mer Égée, les marins s'en prennent à lui. Alors il dit (je nageais à côté de l'embarcation et j'entendais tout) : « Puisque telle est votre décision, laissez-moi revêtir mon costume et chanter un thrène sur moi-même, après quoi je me jetterai volontairement dans la mer. » Les marins l'y autorisèrent : il revêtit son costume, chanta très mélodieusement, puis sauta dans la mer, convaincu qu'il allait forcément mourir tout de suite. Mais je le pris sur mon dos et le transportai en nageant tout droit jusqu'au cap Ténare [30].

POSÉIDON – Je te félicite pour ton amour de la musique. Tu lui as donné le salaire qu'il méritait pour le concert.

6. (9) POSÉIDON ET LES NÉRÉIDES*

POSÉIDON – Que ce détroit où l'enfant [31] est tombée, soit appelé Hellespont en son honneur. Quant au cadavre, prenez-le, Néréides*, et portez-le en Troade, pour qu'il soit enterré par les gens du pays.

AMPHITRITE – N'en fais rien, Poséidon*. Qu'elle soit enterrée ici, dans la mer qui porte son nom. Nous la plaignons : le traitement que lui a infligé sa belle-mère est si digne de pitié.

POSÉIDON – Cela n'est pas permis, Amphitrite*. D'ailleurs il ne serait pas convenable qu'elle reste couchée là, sous le sable. Elle sera enterrée comme je l'ai

ἀλλ᾽ ὅπερ ἔφην ἐν τῇ Τρωάδι ἢ ἐν Χερρονήσῳ τεθάψεται. Ἐκεῖνο δὲ παραμύθιον οὐ μικρὸν ἔσται αὐτῇ, ὅτι μετ᾽ ὀλίγον τὰ αὐτὰ καὶ ἡ Ἰνὼ πείσεται καὶ ἐμπεσεῖται ὑπὸ τοῦ Ἀθάμαντος διωκομένη ἐς τὸ πέλαγος ἀπ᾽ ἄκρου τοῦ Κιθαιρῶνος, καθ᾽ ὅπερ καθήκει ἐς τὴν θάλατταν, ἔχουσα καὶ τὸν υἱὸν ἐπὶ τῆς ἀγκάλης. ἀλλὰ κἀκείνην σῶσαι δεήσει χαρισαμένους τῷ Διονύσῳ· τροφὸς γὰρ αὐτοῦ καὶ τίτθη ἡ Ἰνώ.

2. ΑΜΦΙΤΡΙΤΗ Οὐκ ἐχρῆν οὕτω πονηρὰν οὖσαν.

ΠΟΣΕΙΔΩΝ Ἀλλὰ τῷ Διονύσῳ ἀχαριστεῖν, ὦ Ἀμφιτρίτη, οὐκ ἄξιον.

ΝΗΡΕΙΔΕΣ Αὕτη δὲ ἄρα τί παθοῦσα κατέπεσεν ἀπὸ τοῦ κριοῦ, ὁ ἀδελφὸς δὲ ὁ Φρίξος ἀσφαλῶς ὀχεῖται ;

ΠΟΣΕΙΔΩΝ Εἰκότως· νεανίας γὰρ καὶ δυνατὸς ἀντέχειν πρὸς τὴν φοράν, ἡ δὲ ὑπ᾽ ἀηθείας ἐπιβᾶσα ὀχήματος παραδόξου καὶ ἀπιδοῦσα ἐς βάθος ἀχανές, ἐκπλαγεῖσα καὶ τῷ θάλπει ἅμα συσχεθεῖσα καὶ ἰλιγγιάσασα πρὸς τὸ σφοδρὸν τῆς πτήσεως ἀκρατὴς ἐγένετο τῶν κεράτων τοῦ κριοῦ, ὧν τέως ἐπείληπτο, καὶ κατέπεσεν ἐς τὸ πέλαγος.

ΝΗΡΕΙΔΕΣ Οὔκουν ἐχρῆν τὴν μητέρα τὴν Νεφέλην βοηθῆσαι πιπτούσῃ ;

ΠΟΣΕΙΔΩΝ Ἐχρῆν ἀλλ᾽ ἡ Μοῖρα τῆς Νεφέλης πολλῷ δυνατωτέρα.

7(5) ΠΑΝΟΠΗΣ ΚΑΙ ΓΑΛΗΝΗΣ

1 ΠΑΝΟΠΗ Εἶδες, ὦ Γαλήνη, χθὲς οἷα ἐποίησεν ἡ Ἔρις παρὰ τὸ δεῖπνον ἐν Θετταλίᾳ, διότι μὴ καὶ αὐτὴ ἐκλήθη εἰς τὸ συμπόσιον ;

ΓΑΛΗΝΗ Οὐ συνειστιώμην ὑμῖν ἔγωγε· ὁ γὰρ Ποσειδῶν ἐκέλευσέ με, ὦ Πανόπη, ἀκύμαντον ἐν τοσούτῳ

---

32. Il s'agit de la Chersonèse de Thrace qui, comme la Troade, est proche de l'Hellespont.

33. Il s'agit de deux Néréides*. Le nom de Panopé signifie « celle qui voit tout », celui de Galéné « le calme riant des flots ».

dit, en Troade ou en Chersonèse [32]. Ce ne sera pas une mince consolation pour elle de voir Ino* subir le même traitement d'ici peu : poursuivie par Athamas, elle se jettera dans les flots avec son fils dans les bras, du haut du Cithéron, à l'endroit où il surplombe la mer. Mais elle, il faudra que nous la sauvions, pour faire plaisir à Dionysos* : Ino* a été sa nourrice et l'a allaité.

2. AMPHITRITE – Il ne faudrait pas. Elle est si mauvaise.

POSÉIDON – Il ne serait pas juste de déplaire à Dionysos*, Amphitrite*.

LES NÉRÉIDES* – Mais cette jeune fille, comment se fait-il qu'elle soit tombée du bélier, tandis que son frère Phrixos poursuit sa route en sécurité ?

POSÉIDON – C'est normal. Lui est un jeune garçon, capable de résister à la vitesse, tandis qu'elle, dans son inexpérience, juchée sur cette monture extraordinaire, elle a jeté les yeux vers l'abîme béant : elle a été à la fois terrifiée et prise de vertige devant la violence du vol. Elle n'a pu se tenir aux cornes du bélier, auxquelles elle s'était agrippée jusque-là, et elle est tombée dans la mer.

LES NÉRÉIDES – Sa mère Néphélé n'aurait-elle pas dû lui porter secours quand elle tombait ?

POSÉIDON – Il l'aurait fallu, mais la Moire* est bien plus puissante que Néphélé.

7. (5) PANOPÉ ET GALÉNÉ [33]

1. PANOPÉ – Tu as vu, Galéné, ce qu'Éris* a fait hier, pendant le festin en Thessalie [34], parce qu'elle n'avait pas été invitée elle aussi au banquet ?

GALÉNÉ – Je ne dînais pas avec vous, Panopé : Poséidon* m'avait chargée de veiller à ce que la mer ne

---

34. Il s'agit du festin donné en l'honneur des noces de Thétis* et de Pélée, qui était roi de Phthie en Thessalie.

φυλάττειν τὸ πέλαγος. Τί δ' οὖν ἐποίησεν ἡ Ἔρις μὴ παροῦσα ;

ΠΑΝΟΠΗ Ἡ Θέτις μὲν ἤδη καὶ ὁ Πηλεὺς ἀπεληλύθεσαν ἐς τὸν θάλαμον ὑπὸ τῆς Ἀμφιτρίτης καὶ τοῦ Ποσειδῶνος παραπεμφθέντες, ἡ Ἔρις δὲ ἐν τοσούτῳ λαθοῦσα πάντας — ἐδυνήθη δὲ ῥᾳδίως, τῶν μὲν πινόντων, ἐνίων δὲ κροτούντων ἢ τῷ Ἀπόλλωνι κιθαρίζοντι ἢ ταῖς Μούσαις ἀδούσαις προσεχόντων τὸν νοῦν — ἐνέβαλεν ἐς τὸ ξυμπόσιον μῆλόν τι πάγκαλον, χρυσοῦν ὅλον, ὦ Γαλήνη· ἐπεγέγραπτο δὲ· ἡ καλὴ λαβέτω. Κυλινδούμενον δὲ τοῦτο ὥσπερ ἐξεπίτηδες ἦκεν ἔνθα Ἥρα τε καὶ Ἀφροδίτη καὶ Ἀθηνᾶ κατεκλίνοντο. 2. Κἀπειδὴ ὁ Ἑρμῆς ἀνελόμενος ἐπελέξατο τὰ γεγραμμένα, αἱ μὲν Νηρηίδες ἡμεῖς ἀπεσιωπήσαμεν. Τί γὰρ ἔδει ποιεῖν ἐκείνων παρουσῶν ; αἱ δὲ ἀντεποιοῦντο ἑκάστη καὶ αὑτῆς εἶναι τὸ μῆλον ἠξίουν, καὶ εἰ μή γε ὁ Ζεὺς διέστησεν αὐτάς, καὶ ἄχρι χειρῶν ἂν τὸ πρᾶγμα προὐχώρησεν. Ἀλλ' ἐκεῖνος· Αὐτὸς μὲν οὐ κρινῶ, φησί, περὶ τούτου, — καίτοι ἐκεῖναι αὐτὸν δικάσαι ἠξίουν — ἄπιτε δὲ ἐς τὴν Ἴδην παρὰ τὸν Πριάμου παῖδα, ὃς οἶδέ τε διαγνῶναι τὸ κάλλιον φιλόκαλος ὤν, καὶ οὐκ ἂν ἐκεῖνος κρίναι κακῶς.

ΓΑΛΗΝΗ Τί οὖν αἱ θεαί, ὦ Πανόπη ;

ΠΑΝΟΠΗ Τήμερον, οἶμαι, ἄπίασιν ἐς τὴν Ἴδην, καί τις ἥξει μετὰ μικρὸν ἀπαγγέλλων ἡμῖν τὴν κρατοῦσαν.

ΓΑΛΗΝΗ Ἤδη σοί φημι, οὐκ ἄλλη κρατήσει τῆς Ἀφροδίτης ἀγωνιζομένης, ἢν μὴ πάνυ ὁ διαιτητὴς ἀμβλυώττῃ.

8 (6) ΤΡΙΤΩΝΟΣ ΚΑΙ ΠΟΣΕΙΔΩΝΟΣ

1 ΤΡΙΤΩΝ Ἐπὶ τὴν Λέρναν, ὦ Πόσειδον, παραγίνεται καθ' ἑκάστην ἡμέραν ὑδρευσομένη παρθένος, πάγκαλόν τι χρῆμα· οὐκ οἶδα ἔγωγε καλλίω παῖδα ἰδών.

---

35. Petit village d'Argolide, à environ sept kilomètres d'Argos : son lac abrita la célèbre Hydre, dont Héraclès* vint à bout.

s'agite pas pendant ce temps ? Qu'a donc fait Éris* qui n'était pas là ?

PANOPÉ – Thétis* et Pélée s'étaient déjà retirés dans la chambre nuptiale, escortés par Amphitrite* et Poséidon*. Pendant ce temps, Éris* entra, à l'insu de tous – c'était facile : les uns buvaient, quelques-uns applaudissaient en écoutant la cithare d'Apollon* ou le chant des Muses*. Elle lança dans la salle du banquet une pomme – elle était très belle, Galéné, toute en or et portait l'inscription : *à la belle*. Elle roula, comme par un fait exprès, à l'endroit où Héra*, Aphrodite* et Athéna* étaient allongées. 2. Quand Hermès* la ramassa et lut l'inscription, nous autres, Néréides*, nous restâmes silencieuses – que pouvions-nous faire en présence de ces déesses ? Quant à elles, chacune réclamait la pomme, la revendiquait pour elle et, si Zeus* ne les avait pas séparées, elles en seraient venues aux mains. Mais il déclara : « Je ne serai pas juge sur la question. » Pourtant elles exigeaient qu'il soit leur juge. « Allez sur le mont Ida trouver le fils de Priam : il sait distinguer ce qui est le plus beau, car il aime la beauté : il ne pourrait être mauvais juge. »

GALÉNÉ – Et qu'ont fait les déesses, Panopé ?

PANOPÉ – Elles iront aujourd'hui, je crois, sur le mont Ida : on viendra bientôt nous annoncer laquelle a gagné.

GALÉNÉ – Je peux déjà te le dire. Si Aphrodite* participe à la compétition, aucune autre ne gagnera, à moins que l'arbitre ne soit complètement myope.

8. (6) TRITON ET POSÉIDON

1. TRITON – Il y a une jeune fille, Poséidon*, qui vient chaque jour chercher de l'eau à Lerne [35] – une merveille de beauté. Je ne crois pas avoir vu enfant plus belle.

ΠΟΣΕΙΔΩΝ Ἐλευθέραν τινά, ὦ Τρίτων, λέγεις, ἢ θερά-
παινά τις ὑδροφόρος ἐστίν ;

ΤΡΙΤΩΝ Οὐ μὲν οὖν, ἀλλὰ τοῦ Αἰγυπτίου ἐκείνου θυγάτηρ, μία τῶν πεντήκοντα καὶ αὐτή, Ἀμυμώνη τοὔνομα·
ἐπυθόμην γὰρ ἥτις καλοῖτο καὶ τὸ γένος. Ὁ Δαναὸς δὲ σκλη-
ραγωγεῖ τὰς θυγατέρας καὶ αὐτουργεῖν διδάσκει καὶ πέμπει
ὕδωρ τε ἀρυσομένας καὶ πρὸς τὰ ἄλλα παιδεύει ἀόκνους
εἶναι αὐτάς.

2. ΠΟΣΕΙΔΩΝ Μόνη δὲ παραγίνεται μακρὰν οὕτω τὴν
ὁδὸν ἐξ Ἄργους ἐς Λέρναν ;

ΤΡΙΤΩΝ Μόνη· πολυδίψιον δὲ τὸ Ἄργος, ὡς οἶσθα·
ὥστε ἀνάγκη ἀεὶ ὑδροφορεῖν.

ΠΟΣΕΙΔΩΝ Ὦ Τρίτων, οὐ μετρίως διετάραξάς με
εἰπὼν τὰ περὶ τῆς παιδός· ὥστε ἴωμεν ἐπ' αὐτήν.

ΤΡΙΤΩΝ Ἴωμεν· ἤδη γοῦν καιρὸς τῆς ὑδροφορίας· καὶ
σχεδόν που κατὰ μέσην τὴν ὁδόν ἐστιν ἰοῦσα ἐς τὴν Λέρναν.

ΠΟΣΕΙΔΩΝ Οὐκοῦν ζεῦξον τὸ ἅρμα· ἢ τοῦτο μὲν
πολλὴν ἔχει τὴν διατριβὴν ὑπάγειν τοὺς ἵππους τῇ ζεύγλῃ
καὶ τὸ ἅρμα ἐπισκευάζειν, σὺ δὲ ἀλλὰ δελφῖνά μοί τινα τῶν
ὠκέων παράστησον· ἐφιππάσομαι γὰρ ἐπ' αὐτοῦ τάχιστα.

ΤΡΙΤΩΝ Ἰδού σοι οὑτοσὶ δελφίνων ὁ ὠκύτατος.

ΠΟΣΕΙΔΩΝ Εὖ γε· ἀπελαύνωμεν· σὺ δὲ παρανήχου, ὦ
Τρίτων. Κἀπειδὴ πάρεσμεν ἐς τὴν Λέρναν, ἐγὼ μὲν λοχήσω
ἐνταῦθά που, σὺ δὲ ἀποσκόπει· ὁπόταν αἴσθῃ προσιοῦσαν
αὐτὴν —

ΤΡΙΤΩΝ Αὕτη σοι πλησίον.

3 ΠΟΣΕΙΔΩΝ Καλή, ὦ Τρίτων, καὶ ὡραία παρθένος·
ἀλλὰ συλληπτέα ἡμῖν ἐστιν.

ΑΜΥΜΩΝΗ Ἄνθρωπε, ποῖ με ξυναρπάσας ἄγεις ;
ἀνδραποδιστὴς εἶ, καὶ ἔοικας ἡμῖν ὑπ' Αἰγύπτου τοῦ θείου
ἐπιπεμφθῆναι· ὥστε βοήσομαι τὸν πατέρα.

---

36. Le thème de la porteuse d'eau qui fait l'unité de ce dialogue
préfigure le châtiment des Danaïdes.
37. Le nom signifie irréprochable.

Poséidon – Cette fille dont tu parles, Triton*, est-elle de condition libre, ou est-ce une servante chargée de porter l'eau ?

Triton – Pas du tout, c'est la fille de ce fameux Égyptien, une des cinquante [36] : elle s'appelle Amymoné [37]. Je me suis informé de son nom et de sa famille. Danaos élève ses filles durement ; il leur apprend à se suffire à elles-mêmes, les envoie chercher de l'eau, et les entraîne à ne pas répugner aux autres tâches.

2. Poséidon – Fait-elle seule cette longue route entre Argos et Lerne ?

Triton – Seule. Et Argos est une terre assoiffée, comme tu sais : elle est donc obligée de porter de l'eau sans cesse.

Poséidon – Tu ne m'as pas peu émoustillé en parlant de cette enfant, Triton*. Partons donc la rejoindre.

Triton – Partons. Voici bientôt l'heure où elle va chercher de l'eau. Elle est déjà à mi-chemin de son trajet vers Lerne.

Poséidon – Attelle donc le char. Non, il faut beaucoup de temps pour placer les chevaux sous le joug et préparer le char. Va plutôt me chercher un dauphin, de ceux qui sont rapides. Je le chevaucherai en hâte.

Triton – Tiens, voici le dauphin le plus rapide.

Poséidon – C'est bien. Élançons-nous. Toi, Triton*, nage près de nous… Et puisque nous voici arrivés à Lerne, je vais me mettre en embuscade quelque part ici. Toi, fais le guet. Quand tu la verras approcher…

Triton – La voici près de toi.

3. Poséidon – Quelle belle fille, Triton*, et toute jeune. Nous devons nous en emparer.

Amymoné – Monsieur, tu m'as enlevée, où m'emmènes-tu ? Tu es un voleur d'enfant [38]. Je crois

---

38. Littéralement, quelqu'un qui réduit les gens en esclavage pour les vendre.

ΤΡΙΤΩΝ Σιώπησον, ὦ Ἀμυμώνη· Ποσειδῶν ἐστι.

ΑΜΥΜΩΝΗ Τί Ποσειδῶν λέγεις ; τί βιάζῃ με, ὦ ἄνθρωπε, καὶ ἐς τὴν θάλατταν καθέλκεις ; ἐγὼ δὲ ἀποπνιγήσομαι ἡ ἀθλία καταδῦσα.

ΠΟΣΕΙΔΩΝ Θάρρει, οὐδὲν δεινὸν μὴ πάθῃς· ἀλλὰ καὶ πηγὴν ἐπώνυμόν σοι ἀναδοθῆναι ἐάσω ἐνταῦθα πατάξας τῇ τριαίνῃ τὴν πέτραν πλησίον τοῦ κλύσματος, καὶ σὺ εὐδαίμων ἔσῃ καὶ μόνη τῶν ἀδελφῶν οὐχ ὑδροφορήσεις ἀποθανοῦσα.

9 (10) ΙΡΙΔΟΣ ΚΑΙ ΠΟΣΕΙΔΩΝΟΣ

1 ΙΡΙΣ Τὴν νῆσον τὴν πλανωμένην, ὦ Πόσειδον, ἣν ἀποσπασθεῖσαν τῆς Σικελίας ὕφαλον ἔτι νήχεσθαι συμβέβηκεν, ταύτην, φησὶν ὁ Ζεύς, στῆσον ἤδη καὶ ἀνάφηνον καὶ ποίησον ἤδη δῆλον ἐν τῷ Αἰγαίῳ μέσῳ βεβαίως μένειν στηρίξας πάνυ ἀσφαλῶς· δεῖται γάρ τι αὐτῆς.

ΠΟΣΕΙΔΩΝ Πεπράξεται ταῦτα, ὦ Ἶρι. Τίνα δ᾽ ὅμως παρέξει τὴν χρείαν αὐτῷ ἀναφανεῖσα καὶ μηκέτι πλέουσα ;

ΙΡΙΣ Τὴν Λητὼ ἐπ᾽ αὐτῆς δεῖ ἀποκυῆσαι· ἤδη γὰρ πονήρως ὑπὸ τῶν ὠδίνων ἔχει.

ΠΟΣΕΙΔΩΝ Τί οὖν ; οὐχ ἱκανὸς ὁ οὐρανὸς ἐντεκεῖν ; εἰ δὲ μὴ οὗτος, ἀλλ᾽ ἥ γε γῆ πᾶσα οὐκ ἂν δύναιτο ὑποδέξασθαι τὰς γονὰς αὐτῆς ;

ΙΡΙΣ Οὔκ, ὦ Πόσειδον· ἡ Ἥρα γὰρ ὅρκῳ μεγάλῳ κατέλαβε τὴν γῆν, μὴ παρασχεῖν τῇ Λητοῖ τῶν ὠδίνων ὑποδοχήν. Ἡ τοίνυν νῆσος αὕτη ἀνώμοτός ἐστιν· ἀφανὴς γὰρ ἦν.

---

39. Celui-ci voulait faire épouser les cinquante filles de son frère Danaos à ses cinquante fils. Lorsque Danaos s'enfuit avec ses filles en Argolide, Ægyptos envoya ses fils à leur poursuite. Ils les rattrapèrent, les forcèrent à les épouser et, sur ordre de leur père, les Danaïdes égorgèrent leurs époux durant la nuit de noces. Elles furent condamnées à remplir éternellement aux Enfers des jarres sans fond.

40. Selon d'autres traditions, la seule Danaïde à ne pas être châtiée s'appelait Hypermnestre, qui refusa de tuer son époux.

que c'est mon oncle Ægyptos [39] qui t'a envoyé. Je vais crier pour appeler mon père.

TRITON – Tais-toi, Amymoné. C'est Poséidon*.

AMYMONÉ – Que dis-tu ? Poséidon* ? Pourquoi me fais-tu violence, Monsieur ? Pourquoi m'entraînes-tu dans la mer ? Je vais me noyer, malheureuse, si je m'enfonce dans l'eau.

POSÉIDON – Courage. Il ne t'arrivera aucun mal. Au contraire, je vais faire jaillir ici pour toi une source qui portera ton nom, en frappant de mon trident ce rocher près des flots. Quant à toi, tu seras heureuse et la seule de tes sœurs à ne pas porter de l'eau après ta mort [40].

9. (10) IRIS ET POSÉIDON

IRIS – Cette île errante qui a été arrachée à la Sicile, Poséidon*, et qui se trouve encore flotter sous la mer, Zeus* te demande de l'immobiliser maintenant, de la faire reparaître et de la rendre désormais bien visible [41] au milieu de la mer Égée, pour qu'elle y reste stable : fixe-la fermement. Il en a besoin.

POSÉIDON – Ce sera fait, Iris*. Mais à quoi lui servira-t-elle, quand elle aura reparu et cessera de flotter ?

IRIS – Il faut que Léto* accouche sur cette île. Elle est déjà bien mal, en proie aux douleurs.

POSÉIDON – Quoi ? Le ciel ne suffit-il pas pour y accoucher ? Ou à défaut du ciel, la terre entière ne peut-elle accueillir ses rejetons ?

IRIS – Non, Poséidon*. Héra* a contraint la terre par un grand serment à ne pas recevoir Léto* quand elle accouchera. Or cette île n'a pas prêté serment, puisqu'on ne la voyait pas.

---

41. Jeu de mot intraduisible, entre l'adjectif δῆλος (visible, évident) et le nom de l'île (Délos).

2 ΠΟΣΕΙΔΩΝ Συνίημι. Στῆθι, ὦ νῆσε, καὶ ἀνάδυθι αὖθις ἐκ τοῦ βυθοῦ καὶ μηκέτι ὑποφέρου, ἀλλὰ βεβαίως μένε καὶ ὑπόδεξαι, ὦ εὐδαιμονεστάτη, τοῦ ἀδελφοῦ τα τέκνα δύο, τοὺς καλλίστους τῶν θεῶν· καὶ ὑμεῖς, ὦ Τρίτωνες, διαπορθμεύσατε τὴν Λητὼ ἐς αὐτήν· καὶ γαληνὰ ἅπαντα ἔστω. Τὸν δράκοντα δέ, ὃς νῦν ἐξοιστρεῖ αὐτὴν φοβῶν, τὰ νεογνὰ ἐπειδὰν τεχθῇ, αὐτίκα μέτεισι καὶ τιμωρήσει τῇ μητρί. Σὺ δὲ ἀπάγγελλε τῷ Διὶ πάντα εἶναι εὐτρεπῆ· ἕστηκεν ἡ Δῆλος· ἡκέτω ἡ Λητὼ ἤδη καὶ τικτέτω.

10 (11) ΞΑΝΘΟΥ ΚΑΙ ΘΑΛΑΣΣΗΣ

1 ΞΑΝΘΟΣ Δέξαι με, ὦ θάλασσα, δεινὰ πεπονθότα καὶ κατάσβεσόν μου τὰ τραύματα.

ΘΑΛΑΣΣΑ Τί τοῦτο, ὦ Ξάνθε ; τίς σε κατέκαυσεν ;

ΞΑΝΘΟΣ Ὁ Ἥφαιστος. Ἀλλ' ἀπηνθράκωμαι ὅλος ὁ κακοδαίμων καὶ ζέω.

ΘΑΛΑΣΣΑ Διὰ τί δαί σοι καὶ ἐνέβαλε τὸ πῦρ ;

ΞΑΝΘΟΣ Διὰ τὸν ταύτης υἱὸν τῆς Θέτιδος· ἐπεὶ γὰρ φονεύοντα τοὺς Φρύγας ἱκετεύσας οὐκ ἔπαυσα τῆς ὀργῆς, ἀλλ' ὑπὸ τῶν νεκρῶν ἐνέφραττέ μοι τὸν ῥοῦν, ἐλεήσας τοὺς ἀθλίους ἐπῆλθον ἐπικλύσαι ἐθέλων, ὡς φοβηθεὶς ἀπόσχοιτο τῶν ἀνδρῶν. 2 Ἐνταῦθα ὁ Ἥφαιστος — ἔτυχε γὰρ πλησίον που ὤν — πᾶν ὅσον, οἶμαι, πῦρ εἶχε καὶ ὅσον ἐν τῇ Αἴτνῃ καὶ εἴ ποθι ἄλλοθι, φέρων ἐπῆλθέ μοι, καὶ ἔκαυσε μὲν τὰς πτελέας καὶ μυρίκας, ὤπτησε δὲ καὶ τοὺς κακοδαίμονας ἰχθῦς καὶ τὰς ἐγχέλεις, αὐτὸν δὲ ἐμὲ ὑπερκαχλάσαι ποιήσας μικροῦ δεῖν ὅλον ξηρὸν εἴργασται. Ὁρᾷς γοῦν, ὅπως διάκειμαι ὑπὸ τῶν ἐγκαυμάτων.

---

42. Apollon* tua Python qui gardait l'oracle de Delphes au pied du Parnasse.

2. POSÉIDON – Je comprends. Île, arrête-toi ; remonte des profondeurs, ne sois plus entraînée sous les eaux. Reste stable et accueille, ô toute bienheureuse, les deux enfants de mon frère, les plus beaux des dieux. Vous, Tritons*, transportez-y Léto*. Que partout règne le calme des eaux. Quant au dragon [42], qui à présent la rend folle de terreur, dès qu'elle les aura mis au monde, les nouveau-nés le poursuivront et vengeront leur mère. Et toi, annonce à Zeus* que tout est arrangé. Délos s'est immobilisée ; que Léto* y vienne et qu'elle accouche.

10. LE XANTHE ET LA MER [43].

LE XANTHE – Accueille-moi, ô Mer. J'ai été traité d'une manière terrible. Éteins mes blessures.

LA MER – Que se passe-t-il, Xanthe ? Qui t'a brûlé ?

LE XANTHE – Héphaïstos*. Je suis entièrement carbonisé, malheureux que je suis. Je bouillonne.

LA MER – Pourquoi donc a-t-il lancé le feu sur toi ?

LE XANTHE – À cause du fils de cette Thétis*. Il massacrait les Phrygiens. J'avais beau le supplier, je n'ai pu arrêter sa colère : il obstruait mon cours sous les cadavres. J'ai eu pitié des malheureux et me suis élancé : je voulais déborder afin que, pris de peur, il se détourne des hommes. 2. Alors Héphaïstos* (il devait être quelque part dans les environs), apportant, je crois, tout le feu qu'il avait dans l'Etna et celui qu'il pouvait avoir ailleurs, a sauté sur moi. Il a brûlé mes ormes et mes tamaris, il a grillé également les pauvres poissons et les anguilles. Quant à moi, il m'a fait déborder à gros bouillons, et m'a presque entièrement asséché. Tu vois dans quel état m'ont mis les brûlures.

---

43. Tout l'épisode est inspiré par le célèbre combat d'Achille et du Scamandre, autre nom du Xanthe, et l'intervention d'Héphaïstos* (*Iliade*, XXI, 229 sq.).

ΘΑΛΑΣΣΑ Θολερός, ὦ Ξάνθε, καὶ θερμός, ὡς εἰκός, τὸ αἷμα μὲν ἀπὸ τῶν νεκρῶν, ἡ θέρμη δέ, ὡς φής, ἀπὸ τοῦ πυρός· καὶ εἰκότως, ὦ Ξάνθε, ὃς ἐπὶ τὸν ἐμὸν υἱωνὸν ὥρμησας οὐκ αἰδεσθεὶς ὅτι Νηρηΐδος υἱὸς ἦν.

ΞΑΝΘΟΣ Οὐκ ἔδει οὖν ἐλεῆσαι γείτονας ὄντας τοὺς Φρύγας ;

ΘΑΛΑΣΣΑ Τὸν Ἥφαιστον δὲ οὐκ ἔδει ἐλεῆσαι Θέτιδος υἱὸν ὄντα τὸν Ἀχιλλέα ;

11 (7) ΝΟΤΟΥ ΚΑΙ ΖΕΦΥΡΟΥ

1 ΝΟΤΟΣ Ταύτην, ὦ Ζέφυρε, τὴν δάμαλιν, ἣν διὰ τοῦ πελάγους εἰς Αἴγυπτον ὁ Ἑρμῆς ἄγει, ὁ Ζεὺς διεκόρησεν ἁλοὺς ἔρωτι ;

ΖΕΦΥΡΟΣ Ναί, ὦ Νότε· οὐ δάμαλις δὲ τότε, ἀλλὰ παῖς ἦν τοῦ ποταμοῦ Ἰνάχου· νῦν δὲ ἡ Ἥρα τοιαύτην ἐποίησεν αὐτὴν ζηλοτυπήσασα, ὅτι πάνυ ἑώρα ἐρῶντα τὸν Δία.

ΝΟΤΟΣ Νῦν δὲ ἔτι ἐρᾷ τῆς βοός ;

ΖΕΦΥΡΟΣ Καὶ μάλα, καὶ διὰ τοῦτο αὐτὴν εἰς Αἴγυπτον ἔπεμψεν καὶ ἡμῖν προσέταξε μὴ κυμαίνειν τὴν θάλατταν ἔστ' ἂν διανήξηται, ὡς ἀποτεκοῦσα ἐκεῖ — κυεῖ δὲ ἤδη — θεὸς γένοιτο καὶ αὐτὴ καὶ τὸ τεχθέν.

ΝΟΤΟΣ Ἡ δάμαλις θεός ;

ΖΕΦΥΡΟΣ Καὶ μάλα, ὦ Νότε· ἄρξει τε, ὡς ὁ Ἑρμῆς ἔφη, τῶν πλεόντων καὶ ἡμῶν ἔσται δέσποινα, ὅντινα ἂν ἡμῶν ἐθέλῃ ἐκπέμψαι ἢ κωλῦσαι ἐπιπνεῖν.

ΝΟΤΟΣ Θεραπευτέα τοιγαροῦν, ὦ Ζέφυρε, ἤδη δέσποινά γε οὖσα· εὐνουστέρα γὰρ ἂν οὕτω γένοιτο.

---

44. Vent du sud.
45. Vent d'ouest.
46. Fleuve d'Argolide, père d'Io*.
47. Io* est assimilée par les Grecs à Isis* ; son fils Épaphos à Apis*.

LA MER – Tu es troublé et bouillant, Xanthe. C'est normal : cela vient du sang des morts, et de la chaleur du feu dont tu parles. Ce que tu as subi n'a rien d'étonnant, Xanthe, car tu t'es attaqué à mon petit-fils, sans égards pour le fait qu'il était fils d'une Néréide*.

LE XANTHE – Ne devais-je donc pas avoir pitié de mes voisins, les Phrygiens ?

LA MER – Et Héphaïstos*, ne devait-il pas avoir pitié d'Achille, le fils de Thétis* ?

11. (7) LE NOTOS [44] ET LE ZÉPHYR [45]

NOTOS – Cette génisse, Zéphyr, qu'Hermès* emmène à travers la mer jusqu'en Égypte, est-il vrai que Zeus* en est tombé amoureux et qu'il lui a ôté sa virginité ?

ZÉPHYR – Oui, Notos. Mais alors, elle n'était pas une génisse, mais la fille de l'Inachos [46]. Héra* lui a donné maintenant cette forme, par jalousie, car elle voyait que Zeus* en était très amoureux.

LE NOTOS – Et maintenant, il aime encore la vache ?

LE ZÉPHYR – Oui, et beaucoup. Voilà pourquoi il l'a envoyée en Égypte et nous a ordonné de ne pas gonfler la mer avant qu'elle ne l'ait traversée à la nage. Elle doit accoucher là-bas (car maintenant elle est enceinte) et devenir déesse, ainsi que son enfant [47].

2. LE NOTOS – La génisse une déesse ?

LE ZÉPHYR – Parfaitement, Notos. À ce que disait Hermès*, elle commandera à ceux qui naviguent, et sera notre souveraine : elle enverra ou empêchera de souffler celui d'entre nous qu'elle voudra.

NOTOS – Alors, il faut lui faire notre cour dès maintenant, Zéphyr, puisqu'elle est notre souveraine. Ainsi, elle sera mieux disposée à notre égard [48].

---

48. Cette dernière phrase est parfois attribuée à Zéphyr.

ΖΕΦΥΡΟΣ Ἀλλ᾿ ἤδη γὰρ διεπέρασε καὶ ἐξένευσεν ἐς τὴν γῆν. Ὁρᾷς ὅπως οὐκέτι μὲν τετραποδιστὶ βαδίζει, ἀνορθώσας δὲ αὐτὴν ὁ Ἑρμῆς γυναῖκα παγκάλην αὖθις ἐποίησε ;

ΝΟΤΟΣ Παράδοξα γοῦν ταῦτα, ὦ Ζέφυρε· οὐκέτι τὰ κέρατα οὐδὲ οὐρὰ καὶ δίχηλα τὰ σκέλη, ἀλλ᾿ ἐπέραστος κόρη. Ὁ μέντοι Ἑρμῆς τί παθὼν μεταβέβληκεν ἑαυτὸν καὶ ἀντὶ νεανίου κυνοπρόσωπος γεγένηται ;

ΖΕΦΥΡΟΣ Μὴ πολυπραγμονῶμεν, ὅτε ἄμεινον ἐκεῖνος οἶδε τὰ πρακτέα.

12 ΔΩΡΙΔΟΣ ΚΑΙ ΘΕΤΙΔΟΣ

1 **ΔΩΡΙΣ** Τί δακρύεις, ὦ Θέτι ;

ΘΕΤΙΣ Καλλίστην, ὦ Δωρί, κόρην εἶδον ἐς κιβωτὸν ὑπὸ τοῦ πατρὸς ἐμβληθεῖσαν, αὐτήν τε καὶ βρέφος αὐτῆς ἀρτιγέννητον· ἐκέλευσεν δὲ ὁ πατὴρ τοὺς ναύτας ἀναλαβόντας τὸ κιβώτιον, ἐπειδὰν πολὺ ἀπὸ τῆς γῆς ἀποσπάσωσιν, ἀφεῖναι ἐς τὴν θάλατταν, ὡς ἀπόλοιτο ἡ ἀθλία, καὶ αὐτὴ καὶ τὸ βρέφος.

ΔΩΡΙΣ Τίνος δὲ ἕνεκα, ὦ ἀδελφή ; εἰπέ, εἴ τι ἔμαθες ἀκριβῶς.

ΘΕΤΙΣ Ἅπαντα. Ὁ Ἀκρίσιος ὁ πατὴρ αὐτῆς καλλίστην οὖσαν ἐπαρθένευεν ἐς χαλκοῦν τινα θάλαμον ἐμβαλών· εἶτα, εἰ μὲν ἀληθὲς οὐκ ἔχω εἰπεῖν, φασὶ δ᾿ οὖν τὸν Δία χρυσὸν γενόμενον ῥυῆναι διὰ τοῦ ὀρόφου ἐπ᾿ αὐτήν, δεξαμένην δὲ ἐκείνην ἐς τὸν κόλπον καταρρέοντα τὸν θεὸν ἐγκύμονα γενέσθαι. Τοῦτο αἰσθόμενος ὁ πατήρ, ἄγριός τις καὶ ζηλότυπος γέρων, ἠγανάκτησε καὶ ὑπό τινος μεμοιχεῦσθαι οἰηθεὶς αὐτὴν ἐμβάλλει ἐς τὴν κιβωτὸν ἄρτι τετοκυῖαν.

---

49. L'Anubis* égyptien est souvent confondu avec Hermès* parce que comme ce dernier, il accompagne les morts dans le monde d'en-bas.

50. Doris* est le nom de la mère des Néréides*. Mais il semble qu'ici elle soit plutôt l'une d'entre elles.

51. La suite du texte nous apprendra qu'il s'agit de Danaé* (que Zeus* « visite » sous la forme d'une pluie d'or) et de son fils Persée*.

ZÉPHYR – Voilà ! Elle a déjà fini la traversée et abordé sur la terre ferme. Tu vois, elle ne marche plus à quatre pattes : Hermès* l'a remise debout et a refait d'elle une femme de toute beauté.

NOTOS – C'est extraordinaire, Zéphyr. Elle n'a plus ni cornes, ni queue, ni sabots fourchus : c'est une jeune fille séduisante. Mais qu'est-ce qui est arrivé à Hermès* ? Il s'est métamorphosé : ce n'est plus un jeune homme, il a pris le visage d'un chien [49].

ZÉPHYR – Ne nous en mêlons pas : il sait mieux que nous ce qu'il doit faire.

12. DORIS ET THÉTIS

DORIS – Pourquoi pleures-tu Thétis* ?

THÉTIS – Doris [50], j'ai vu une jeune fille très belle jetée dans un coffre par son père, avec son bébé nouveau-né [51]. Le père a donné ordre aux marins d'emporter le coffre, et quand ils seront bien loin de la terre, de le jeter dans la mer, pour que la malheureuse périsse, ainsi que son bébé.

DORIS – Pourquoi donc, ma sœur ? Parle, si tu as appris quelque chose de précis.

THÉTIS – Je sais tout. Son père Acrisios, la voyant si belle [52], voulait la garder vierge en l'enfermant dans une chambre d'airain. Ensuite – je ne saurais dire si la chose est vraie… –, on raconte que Zeus*, se changeant en or, tomba en pluie à travers le toit sur elle, qu'elle reçut en son sein le flot du dieu et devint enceinte. Quand il s'en aperçut, le père, un vieillard sauvage et jaloux, se mit en colère. Il s'imagine qu'elle a été séduite par un amant, et la jette dans le coffre, alors qu'elle vient d'accoucher.

---

52. Selon une autre tradition, Acrisios avait appris d'un oracle que, si Danaé* avait un fils, celui-ci le tuerait.

2 ΔΩΡΙΣ Ἡ δὲ τί ἔπραττεν, ὦ Θέτι, ὁπότε καθίετο ;

ΘΕΤΙΣ Ὑπὲρ αὑτῆς μὲν ἐσίγα, ὦ Δωρί, καὶ ἔφερε τὴν καταδίκην, τὸ βρέφος δὲ παρῃτεῖτο μὴ ἀποθανεῖν δακρύουσα καὶ τῷ πάππῳ δεικνύουσα αὐτό, κάλλιστον ὄν· τὸ δὲ ὑπ' ἀγνοίας τῶν κακῶν ὑπεμειδία πρὸς τὴν θάλατταν. Ὑποπίμπλαμαι αὖθις τοὺς ὀφθαλμοὺς δακρύων μνημονεύουσα αὐτῶν.

ΔΩΡΙΣ Κἀμὲ δακρῦσαι ἐποίησας. Ἀλλ' ἤδη τεθνᾶσιν ;

ΘΕΤΙΣ Οὐδαμῶς· νήχεται γὰρ ἔτι ἡ κιβωτὸς ἀμφὶ τὴν Σέριφον ζῶντας αὐτοὺς φυλάττουσα.

ΔΩΡΙΣ Τί οὖν οὐχὶ σώζομεν αὐτοὺς τοῖς ἁλιεῦσι τούτοις ἐμβαλοῦσαι ἐς τὰ δίκτυα τοῖς Σεριφίοις ; οἱ δὲ ἀνασπάσαντες σώσουσι δῆλον ὅτι.

ΘΕΤΙΣ Εὖ λέγεις, οὕτω ποιῶμεν· μὴ γὰρ ἀπολέσθω μήτε αὐτὴ μήτε τὸ παιδίον οὕτως ὂν καλόν.

13 ΕΝΙΠΕΩΣ ΚΑΙ ΠΟΣΕΙΔΩΝΟΣ

1 ΕΝΙΠΕΥΣ Οὐ καλὰ ταῦτα, ὦ Πόσειδον· εἰρήσεται γὰρ τἀληθές· ὑπελθών μου τὴν ἐρωμένην εἰκασθεὶς ἐμοὶ διεκόρησας τὴν παῖδα· ἡ δὲ ᾤετο ὑπ'ἐμοῦ αὐτὸ πεπονθέναι καὶ διὰ τοῦτο παρεῖχεν ἑαυτήν.

ΠΟΣΕΙΔΩΝ Σὺ γάρ, ὦ Ἐνιπεῦ, ὑπεροπτικὸς ἦσθα καὶ βραδύς, ὃς κόρης οὕτω καλῆς φοιτώσης ὁσημέραι παρὰ σέ, ἀπολλυμένης ὑπὸ τοῦ ἔρωτος, ὑπερεώρας καὶ ἔχαιρες λυπῶν αὐτήν, ἡ δὲ περὶ τὰς ὄχθας ἀλύουσα καὶ ἐπεμβαίνουσα καὶ λουμένη ἐνίοτε ηὔχετό σοι ἐντυχεῖν, σὺ δὲ ἐθρύπτου πρὸς αὐτήν.

2. DORIS – Et elle, que faisait-elle, Thétis*, quand on la faisait descendre ?

THÉTIS – Elle n'a rien dit pour se défendre, Doris : elle acceptait la condamnation. Mais elle demandait qu'on ne tue pas le bébé. Elle pleurait, le montrait à son grand-père – un enfant si beau qui, sans se douter des malheurs, souriait à la mer. Mes yeux s'emplissent encore de larmes à ce souvenir.

DORIS – Tu m'as fait pleurer moi aussi. Mais sont-ils déjà morts ?

THÉTIS – Pas du tout. Le coffre flotte encore autour de Sériphos [53] : il les conserve en vie.

DORIS – Pourquoi ne pas les sauver, en les jetant dans les filets de ces pêcheurs de Sériphos ? Ils les retireront et les sauveront, c'est sûr.

THÉTIS – Tu as raison. Faisons ainsi. Il ne faut pas qu'elle meure, ni ce petit enfant qui est si beau.

13. L'ÉNIPÉE ET POSÉIDON [54]

1. L'ÉNIPÉE – Ce que tu as fait n'est pas bien, Poséidon* ! Je parlerai franchement. Tu as trompé ma bien-aimée, en prenant mon apparence, et tu as ravi la virginité de cette enfant. Elle croyait avoir affaire à moi : voilà pourquoi elle se donnait.

POSÉIDON – C'est toi, Énipée, qui étais méprisant et peu empressé. Alors que cette jeune fille, si belle, venait te voir chaque jour, perdue d'amour, tu la méprisais et te plaisais à la chagriner : elle errait sur tes rives, entrait parfois dans tes eaux et se baignait, priant à chaque fois de te rencontrer. Mais toi, tu faisais le difficile avec elle.

---

53. Une des Cyclades.
54. Tout le dialogue, et notamment l'image de la grande vague qui clôt le passage, est inspiré par l'*Odyssée,* XI, 235-252.

2. ΕΝΙΠΕΥΣ Τί οὖν ; διὰ τοῦτο ἐχρῆν σε προαρπάσαι τὸν ἔρωτα καὶ καθυποκρίνασθαι Ἐνιπέα ἀντὶ Ποσειδῶνος εἶναι καὶ κατασοφίσασθαι τὴν Τυρὼ ἀφελῆ κόρην οὖσαν ;

ΠΟΣΕΙΔΩΝ Ὀψὲ ζηλοτυπεῖς, ὦ Ἐνιπεῦ, ὑπερόπτης πρότερον ὤν· ἡ Τυρὼ δὲ οὐδὲν δεινὸν πέπονθεν οἰομένη ὑπὸ σοῦ διακεκορεῦσθαι.

ΕΝΙΠΕΥΣ Οὐ μὲν οὖν· ἔφησθα γὰρ ἀπιὼν ὅτι Ποσειδῶν ἦσθα, ὃ καὶ μάλιστα ἐλύπησεν αὐτήν· καὶ ἐγὼ τοῦτο ἠδίκημαι, ὅτι τὰ ἐμὰ σὺ ηὐφραίνου τότε καὶ περιστήσας πορφύρεόν τι κῦμα, ὅπερ ὑμᾶς συνέκρυπτεν ἅμα, συνῆσθα τῇ παιδὶ ἀντ᾽ ἐμοῦ.

ΠΟΣΕΙΔΩΝ Ναί· σὺ γὰρ οὐκ ἤθελες, ὦ Ἐνιπεῦ.

14 ΤΡΙΤΩΝΟΣ ΚΑΙ ΝΗΡΕΙΔΩΝ

1 ΤΡΙΤΩΝ Τὸ κῆτος ὑμῶν, ὦ Νηρεΐδες, ὃ ἐπὶ τὴν τοῦ Κηφέως θυγατέρα τὴν Ἀνδρομέδαν ἐπέμψατε, οὔτε τὴν παῖδα ἠδίκησεν, ὡς οἴεσθε, καὶ αὐτὸ ἤδη τέθνηκεν.

ΝΗΡΕΙΔΕΣ Ὑπὸ τίνος, ὦ Τρίτων ; ἢ ὁ Κηφεὺς καθάπερ δέλεαρ προθεὶς τὴν κόρην ἀπέκτεινεν ἐπιών, λοχήσας μετὰ πολλῆς δυνάμεως ;

ΤΡΙΤΩΝ Οὔκ· ἀλλὰ ἴστε, οἶμαι, ὦ Ἰφιάνασσα, τὸν Περσέα, τὸ τῆς Δανάης παιδίον, ὃ μετὰ τῆς μητρὸς ἐν τῇ κιβωτῷ ἐμβληθὲν ἐς τὴν θάλατταν ὑπὸ τοῦ μητροπάτορος ἐσώσατε οἰκτείρασαι αὐτούς.

ΙΦΙΑΝΑΣΣΑ Οἶδα ὃν λέγεις· εἰκὸς δὲ ἤδη νεανίαν εἶναι καὶ μάλα γενναῖόν τε καὶ καλὸν ἰδεῖν.

ΤΡΙΤΩΝ Οὗτος ἀπέκτεινε τὸ κῆτος.

---

55. Fille de Salmonée et d'Alcidicé, elle tomba amoureuse du fleuve Énipée. Poséidon* s'unit à elle, sous la forme de l'Énipée, et elle lui donna deux jumeaux, Pélias et Nélée.

56. La mère d'Andromède*, Cassiopée, s'était vantée d'être plus belle que les Néréides*. Pour les venger, Poséidon envoya un monstre marin auquel Andromède* devait être livrée.

57. Nom d'une fille d'Agamemnon dans l'*Iliade*, IX, 145, parfois confondue avec Iphigénie. Lucien est le seul à en faire une Néréide*.

2 ÉNIPÉE – Et après ? Était-ce une raison pour me voler son amour, faire semblant d'être Énipée, et non Poséidon*, et te jouer de Tyro [55], une fille toute simple.

POSÉIDON – Ta jalousie vient trop tard, Énipée, car auparavant, tu la méprisais. D'ailleurs Tyro n'a subi aucun mal : elle croit que c'est toi qui lui as ôté sa virginité.

ÉNIPÉE – Pas du tout. Tu lui as dit en partant que tu étais Poséidon*, ce qui l'a rendue très triste. Quant à moi, j'ai été offensé, puisque tu as joui en la circonstance de ce qui m'appartenait : dressant autour de vous une grande vague pourpre qui vous cachait, tu t'es uni avec la fillette à ma place.

POSÉIDON – Oui, car tu ne voulais pas d'elle, Énipée.

14. TRITON ET LES NÉRÉIDES

1. TRITON – Votre monstre marin, Néréides*, celui que vous avez envoyé contre Andromède* [56], la fille de Céphée, n'a pas fait de mal à cette enfant, comme vous le pensez : c'est lui qui est mort à présent.

LES NÉRÉIDES – Qui l'a tué, Triton ? Est-ce Céphée, qui ayant exposé la jeune fille comme un appât, l'a attaqué et tué, après lui avoir tendu une embuscade avec une troupe nombreuse ?

TRITON – Non. Je suppose, Iphianassa [57], que vous connaissez Persée*, le jeune fils de Danaé*, qui avait été enfermé avec sa mère dans le coffre et jeté à la mer par son grand-père maternel [58]. Vous l'avez sauvé, les ayant pris en pitié.

IPHIANASSA – Je vois qui tu veux dire. Il doit être maintenant un adolescent très noble et beau.

TRITON – C'est lui qui a tué le monstre.

---

58. Voir le dialogue 12.

ΙΦΙΑΝΑΣΣΑ Διὰ τί, ὦ Τρίτων ; οὐ γὰρ δὴ σῶστρα ἡμῖν τοιαῦτα ἐκτίνειν αὐτὸν ἐχρῆν.

2 ΤΡΙΤΩΝ Ἐγὼ ὑμῖν φράσω τὸ πᾶν ὡς ἐγένετο· ἐστάλη μὲν οὗτος ἐπὶ τὰς Γοργόνας ἆθλόν τινα τοῦτον τῷ βασιλεῖ ἐπιτελῶν, ἐπεὶ δὲ ἀφίκετο ἐς τὴν Λιβύην —

ΙΦΙΑΝΑΣΣΑ Πῶς, ὦ Τρίτων ; μόνος ; ἢ καὶ ἄλλους συμμάχους ἦγεν ; ἄλλως γὰρ δύσπορος ἡ ὁδός.

ΤΡΙΤΩΝ Διὰ τοῦ ἀέρος· ὑπόπτερον γὰρ αὐτὸν ἡ Ἀθηνᾶ ἔθηκεν. Ἐπεὶ δ᾽ οὖν ἧκεν ὅπου διῃτῶντο, αἱ μὲν ἐκάθευδον, οἶμαι, ὁ δὲ ἀποτεμὼν τῆς Μεδούσης τὴν κεφαλὴν ᾤχετο ἀποπτάμενος.

ΙΦΙΑΝΑΣΣΑ Πῶς ἰδών ; ἀθέατοι γάρ εἰσιν· ἢ ὃς ἂν ἴδῃ, οὐκ ἄν τι ἄλλο μετὰ ταύτας ἴδοι.

ΤΡΙΤΩΝ Ἡ Ἀθηνᾶ τὴν ἀσπίδα προφαίνουσα — τοιαῦτα γὰρ ἤκουσα διηγουμένου αὐτοῦ πρὸς τὴν Ἀνδρομέδαν καὶ πρὸς τὸν Κηφέα ὕστερον — ἡ Ἀθηνᾶ δὴ ἐπὶ τῆς ἀσπίδος ἀποστιλβούσης ὥσπερ ἐπὶ τοῦ κατόπτρου παρέσχεν αὐτῷ ἰδεῖν τὴν εἰκόνα τῆς Μεδούσης· εἶτα λαβόμενος τῇ λαιᾷ τῆς κόμης, ἐνορῶν δ᾽ ἐς τὴν εἰκόνα, τῇ δεξιᾷ τὴν ἅρπην ἔχων, ἀπέτεμε τὴν κεφαλὴν αὐτῆς, καὶ πρὶν ἀνεγρέσθαι τὰς ἀδελφὰς ἀνέπτατο. 3 Ἐπεὶ δὲ κατὰ τὴν παράλιον ταύτην Αἰθιοπίαν ἐγένετο, ἤδη πρόσγειος πετόμενος, ὁρᾷ τὴν Ἀνδρομέδαν προκειμένην ἐπί τινος πέτρας προβλῆτος προσπεπατταλευμένην, καλλίστην, ὦ θεοί, καθειμένην τὰς κόμας, ἡμίγυμνον πολὺ ἔνερθεν τῶν μαστῶν· καὶ τὸ μὲν πρῶτον οἰκτείρας τὴν τύχην αὐτῆς ἀνηρώτα τὴν αἰτίαν τῆς καταδίκης, κατὰ μικρὸν δὲ ἁλοὺς ἔρωτι — ἐχρῆν γὰρ σεσῶσθαι τὴν παῖδα — βοηθεῖν διέγνω· καὶ ἐπειδὴ τὸ κῆτος ἐπῄει μάλα φοβερὸν ὡς καταπιόμενον τὴν Ἀνδρομέδαν,

---

59. Polydectès, roi de Sériphos (voir dialogue 12).

IPHIANASSA – Pour quelle raison, Triton* ? Ce n'est pas la récompense qu'il nous devait pour l'avoir sauvé.

2. TRITON – Je vais vous raconter toute l'histoire. Il était envoyé contre les Gorgones* : c'était une épreuve qu'il accomplissait pour le roi [59]. Mais quand il arriva en Libye…

IPHIANASSA – Comment, Triton ? Était-il seul ? Ou amenait-il des compagnons ? Sinon, le voyage est difficile.

TRITON – À travers les airs : Athéna* lui avait donné des ailes. Donc, quand il arriva à l'endroit où habitaient les Gorgones*, elles dormaient, je crois. Il coupa la tête de Méduse* et repartit à tire d'aile.

IPHIANASSA – Comment y voyait-il ? Car il est impossible de les regarder. Si on le fait, on ne peut plus rien voir ensuite.

TRITON – Athéna* a fait briller son bouclier devant lui (je l'ai entendu faire ce recit à Andromède* et à Céphée par la suite). Athéna* lui permit donc de voir le reflet de Méduse* dans son bouclier resplendissant, comme dans un miroir. Ensuite, de la main gauche, il saisit Méduse par les cheveux, et regardant le reflet, tenant son coutelas de la main droite, il lui coupa la tête, et s'envola avant que les sœurs ne s'éveillent. 3. Or quand il fut à la hauteur du littoral de l'Éthiopie, il volait déjà près du sol : il voit Andromède* exposée sur un rocher en saillie, auquel elle était clouée – si belle, ô dieux, les cheveux dénoués, à demi-nue bien en dessous des seins. D'abord, prenant en pitié son malheur, il demanda la cause de la condamnation ; puis peu à peu pris par l'amour (car l'enfant devait être sauvée), il décida de lui porter secours. Et quand le monstre marin arriva, très effrayant, pour engloutir Andromède*, le jeune homme s'éleva dans les airs, en tenant son coutelas par la poignée : d'une main, il le frappe, de l'autre il lui montre la Gorgone* et le pétrifie. Le monstre était

ὑπεραιωρηθεὶς ὁ νεανίσκος πρόκωπον ἔχων τὴν ἅρπην τῇ μὲν καθικνεῖται, τῇ δὲ προδεικνὺς τὴν Γοργόνα λίθον ἐποίει αὐτό, τὸ δὲ τέθνηκεν ὁμοῦ καὶ πέπηγεν αὐτοῦ τὰ πολλά, ὅσα εἶδε τὴν Μέδουσαν· ὁ δὲ λύσας τὰ δεσμὰ τῆς παρθένου, ὑποσχὼν τὴν χεῖρα ὑπεδέξατο ἀκροποδητὶ κατιοῦσαν ἐκ τῆς πέτρας ὀλισθηρᾶς οὔσης, καὶ νῦν γαμεῖ ἐν τοῦ Κηφέως καὶ ἀπάξει αὐτὴν ἐς Ἄργος, ὥστε ἀντὶ θανάτου γάμον οὐ τὸν τυχόντα εὕρετο.

4 ΙΦΙΑΝΑΣΣΑ Ἐγὼ μὲν οὐ πάνυ τῷ γεγονότι ἄχθομαι· τί γὰρ ἡ παῖς ἠδίκει ἡμᾶς, εἴ τι ἡ μήτηρ ἐμεγαλαυχεῖτο καὶ ἠξίου καλλίων εἶναι ;

ΔΩΡΙΣ Ὅτι οὕτως ἂν ἤλγησεν ἐπὶ τῇ θυγατρὶ μήτηρ γε οὖσα.

ΙΦΙΑΝΑΣΣΑ Μηκέτι μεμνώμεθα, ὦ Δωρί, ἐκείνων, εἴ τι βάρβαρος γυνὴ ὑπὲρ τὴν ἀξίαν ἐλάλησεν· ἱκανὴν γὰρ ἡμῖν τιμωρίαν ἔδωκε φοβηθεῖσα ἐπὶ τῇ παιδί. Χαίρωμεν οὖν τῷ γάμῳ.

15 ΖΕΦΥΡΟΥ ΚΑΙ ΝΟΤΟΥ

1 ΖΕΦΥΡΟΣ Οὐ πώποτε πομπὴν ἐγὼ μεγαλοπρεπεστέραν εἶδον ἐν τῇ θαλάττῃ, ἀφ᾽ οὗ γέ εἰμι καὶ πνέω. Σὺ δὲ οὐκ εἶδες, ὦ Νότε ;

ΝΟΤΟΣ Τίνα ταύτην λέγεις, ὦ Ζέφυρε, τὴν πομπήν ; ἢ τίνες οἱ πέμποντες ἦσαν ;

ΖΕΦΥΡΟΣ Ἡδίστου θεάματος ἀπελείφθης, οἷον οὐκ ἂν ἄλλο ἴδοις ἔτι.

ΝΟΤΟΣ Περὶ τὴν ἐρυθρὰν γὰρ θάλατταν εἰργαζόμην, ἐπέπνευσα δὲ καὶ μέρος τῆς Ἰνδικῆς, ὅσα παράλια τῆς χώρας· οὐδὲν οὖν οἶδα ὧν λέγεις.

ΖΕΦΥΡΟΣ Ἀλλὰ τὸν Σιδώνιον Ἀγήνορα οἶδας ;

ΝΟΤΟΣ Ναί· τὸν τῆς Εὐρώπης πατέρα. Τί μήν ;

ΖΕΦΥΡΟΣ Περὶ αὐτῆς ἐκείνης διηγήσομαί σοι.

---

60. Sur ces deux vents, voir *Dialogues marins*, 11.

donc mort, et en même temps paralysé sur la plus grande partie de son corps, celle qui avait vu Méduse*. Alors Persée*, après avoir brisé les liens de la jeune fille, la soutint de la main et l'assista, tandis que sur la pointe des pieds elle descendait du rocher qui était glissant. Et maintenant, il l'épouse chez Céphée et il va l'emmener à Argos, si bien qu'au lieu de la mort, elle a trouvé un époux, lequel n'est pas n'importe qui.

4. IPHIANASSA – Je ne suis pas vraiment fâchée de ce qui s'est passé. Était-ce la faute de l'enfant, si sa mère était orgueilleuse et prétendait être plus belle que nous ?

DORIS – Mais le malheur de sa fille aurait fait tant de peine à sa mère.

IPHIANASSA – Oublions cette histoire, Doris. Quelle importance qu'une femme barbare ait tenu des bavardages insolents. Elle a été assez punie par la peur qu'elle a éprouvée pour sa fille. Réjouissons-nous donc du mariage.

15. ZÉPHYR ET NOTOS [60]

ZÉPHYR – Je n'ai jamais vu un cortège plus grandiose sur la mer, depuis que j'existe et que je souffle. Tu ne l'as pas vu, Notos ?

NOTOS – De quel cortège parles-tu, Zéphyr ? Qui en faisait partie ?

ZÉPHYR – Tu as été privé d'un spectacle très agréable : tu ne saurais en revoir de pareil.

NOTOS – J'étais au travail autour de la mer Rouge, et j'ai soufflé aussi sur une partie de l'Inde, sur toute la région côtière du pays. Je ne sais donc rien de ce dont tu parles.

ZÉPHYR – Mais tu connais Agénor de Sidon ?

NOTOS – Oui, le père d'Europe*. Et alors ?

ZÉPHYR – C'est précisément d'elle que je vais te parler.

ΝΟΤΟΣ Μῶν ὅτι ὁ Ζεὺς ἐραστὴς τῆς παιδὸς ἐκ πολλοῦ; τοῦτο γὰρ καὶ πάλαι ἠπιστάμην.

ΖΕΦΥΡΟΣ Οὐκοῦν τὸν μὲν ἔρωτα οἶσθα, τὰ μετὰ ταῦτα δὲ ἤδη ἄκουσον. 2. Ἡ μὲν Εὐρώπη κατεληλύθει ἐπὶ τὴν ἠϊόνα παίζουσα τὰς ἡλικιώτιδας παραλαβοῦσα, ὁ Ζεὺς δὲ ταύρῳ εἰκάσας ἑαυτὸν συνέπαιζεν αὐταῖς κάλλιστος φαινόμενος· λευκός τε γὰρ ἦν ἀκριβῶς καὶ τὰ κέρατα εὐκαμπὴς καὶ τὸ βλέμμα ἥμερος· ἐσκίρτα οὖν καὶ αὐτὸς ἐπὶ τῆς ἠϊόνος καὶ ἐμυκᾶτο ἥδιστον, ὥστε τὴν Εὐρώπην τολμῆσαι καὶ ἀναβῆναι αὐτόν. Ὡς δὲ τοῦτο ἐγένετο, δρομαῖος μὲν ὁ Ζεὺς ὥρμησεν ἐπὶ τὴν θάλατταν φέρων αὐτὴν καὶ ἐνήχετο ἐμπεσών, ἡ δὲ πάνυ ἐκπλαγὴς τῷ πράγματι τῇ λαιᾷ μὲν εἴχετο τοῦ κέρατος, ὡς μὴ ἀπολισθάνοι, τῇ ἑτέρᾳ δὲ ἠνεμωμένον τὸν πέπλον ξυνεῖχεν.

3. ΝΟΤΟΣ Ἡδὺ τοῦτο θέαμα εἶδες, ὦ Ζέφυρε, καὶ ἐρωτικόν, νηχόμενον τὸν Δία φέροντα τὴν ἀγαπωμένην.

ΖΕΦΥΡΟΣ Καὶ μὴν τὰ μετὰ ταῦτα ἡδίω παρὰ πολύ, ὦ Νότε· ἥ τε γὰρ θάλαττα εὐθὺς ἀκύμων ἐγένετο καὶ τὴν γαλήνην ἐπισπασαμένη λείαν παρεῖχεν ἑαυτήν, ἡμεῖς δὲ πάντες ἡσυχίαν ἄγοντες οὐδὲν ἄλλο ἢ θεαταὶ μόνον τῶν γιγνομένων παρηκολουθοῦμεν, Ἔρωτες δὲ παραπετόμενοι μικρὸν ἐκ τῆς θαλάττης, ὡς ἐνίοτε ἄκροις τοῖς ποσὶν ἐπιψαύειν τοῦ ὕδατος, ἡμμένας τὰς δᾷδας φέροντες ᾖδον ἅμα τὸν ὑμέναιον, αἱ Νηρηίδες δὲ ἀναδῦσαι παρίππευον ἐπὶ τῶν δελφίνων ἐπικροτοῦσαι ἡμίγυμνοι τὰ πολλά, τό τε τῶν Τριτώνων γένος καὶ εἴ τι ἄλλο μὴ φοβερὸν ἰδεῖν τῶν θαλαττίων ἅπαντα περιεχόρευε τὴν παῖδα· ὁ μὲν γὰρ Ποσειδῶν ἐπιβεβηκὼς ἅρματος, παροχουμένην τὴν Ἀμφιτρίτην ἔχων προῆγε γεγηθὼς ὁδοποιῶν νηχομένῳ τῷ ἀδελφῷ· ἐπὶ πᾶσι δὲ τὴν Ἀφροδίτην δύο Τρίτωνες ἔφερον ἐπὶ κόγχης κατακειμένην, ἄνθη παντοῖα ἐπιπάττουσαν τῇ

Notos – Tu vas me dire que Zeus* est amoureux de cette enfant depuis longtemps? Mais il y a belle lurette que je le savais.

Zéphyr – Si tu connais cet amour, écoute maintenant la suite. Europe* était descendue sur la plage jouer avec ses compagnes et Zeus*, s'étant déguisé en taureau, jouait avec elles. Il avait fière allure : blancheur parfaite, cornes bien recourbées, regard doux. Il bondissait donc lui aussi sur la plage et mugissait de la manière la plus charmante, si bien qu'Europe* osa monter sur son dos. Aussitôt, Zeus* se mit à courir vers la mer en l'emportant : il s'y jeta et se mit à nager. Quant à elle, épouvantée de la situation, elle s'agrippait de la main gauche à la corne, pour ne pas glisser, de l'autre elle retenait ses vêtements agités par le vent.

3 Notos – Quel charmant spectacle tu as vu là, Zéphyr! Une scène d'amour. Zeus* qui nageait en emportant sa bien-aimée.

Zéphyr – Et ce qui a suivi, Notos, a été encore plus charmant. Aussitôt la mer n'a plus eu une vague : elle a répandu le calme sur les eaux et s'est rendue toute lisse. Nous tous, nous restions tranquilles, nous contentant de les suivre en simples spectateurs. Des Amours volaient un peu au-dessus de la mer, si près que parfois ils touchaient l'eau du bout des pieds : ils portaient des torches enflammées et chantaient l'hyménée. Les Néréides* étaient remontées des profondeurs et chevauchaient des dauphins, tout en applaudissant, à deminues pour la plupart. Quant à l'engeance des Tritons* et à toutes les autres créatures marines dont la vue n'inspire pas la peur, elles dansaient en chœur autour de l'enfant. Monté sur son char, avec Amphitrite* à ses côtés, Poséidon* avançait en ouvrant joyeusement un passage à son frère qui nageait. Pour couronner le tout, deux Tritons* portaient Aphrodite*, allongée dans une conque, qui répandait sur la jeune mariée toutes sortes de fleurs. 4. Voilà comment se passa la traversée de la

νύμφῃ. 4. Ταῦτα ἐκ Φοινίκης ἄχρι τῆς Κρήτης ἐγένετο· ἐπεὶ δὲ ἐπέβη τῇ νήσῳ, ὁ μὲν ταῦρος οὐκέτι ἐφαίνετο, ἐπιλαβόμενος δὲ τῆς χειρὸς ὁ Ζεὺς ἀπῆγε τὴν Εὐρώπην ἐς τὸ Δικταῖον ἄντρον ἐρυθριῶσαν καὶ κάτω ὁρῶσαν· ἠπίστατο γὰρ ἤδη ἐφ᾿ ὅτῳ ἄγοιτο. Ἡμεῖς δὲ ἐμπεσόντες ἄλλο ἄλλος τοῦ πελάγους μέρος διεκυμαίνομεν.

ΝΟΤΟΣ Ὦ μακάριε Ζέφυρε τῆς θέας· ἐγὼ δὲ γρῦπας καὶ ἐλέφαντας καὶ μέλανας ἀνθρώπους ἑώρων.

Phénicie à la Crète. Quant il aborda l'île, le taureau dis-
parut, et Zeus*, prenant Europe* par la main, la
conduisit dans la grotte de Dicté[61] : elle rougissait et
baissait les yeux, car elle savait maintenant dans quel
but on l'y conduisait. Alors, nous précipitant chacun
sur une partie différente de la mer, nous soulevâmes
les vagues.

NOTOS – Quelle chance tu as eue, Zéphyr, d'assister
à ce spectacle. Moi, je voyais des griffons, des éléphants
et des noirs.

---

61. Montagne de Crète où Zeus* aurait été élevé.

IX. DIALOGUES DES DIEUX

ΘΕΩΝ ΔΙΑΛΟΓΟΙ

1 (21) ΑΡΕΩΣ ΚΑΙ ΕΡΜΟΥ

1 ΑΡΗΣ Ἤκουσας, ὦ Ἑρμῆ, οἷα ἠπείλησεν ἡμῖν ὁ Ζεύς, ὡς ὑπεροπτικὰ καὶ ὡς ἀπίθανα ; Ἢν ἐθελήσω, φησίν, ἐγὼ μὲν ἐκ τοῦ οὐρανοῦ σειρὰν καθήσω, ὑμεῖς δὲ ἀποκρεμασθέντες κατασπᾶν βιάσεσθέ με, ἀλλὰ μάτην πονήσετε· οὐ γὰρ δὴ καθελκύσετε· εἰ δὲ ἐγὼ θελήσαιμι ἀνελκύσαι, οὐ μόνον ὑμᾶς, ἀλλὰ καὶ τὴν γῆν ἅμα καὶ τὴν θάλασσαν συνανασπάσας μετεωριῶ· καὶ τἄλλα ὅσα καὶ σὺ ἀκήκοας. Ἐγὼ δὲ ὅτι μὲν καθ᾽ ἕνα πάντων ἀμείνων καὶ ἰσχυρότερός ἐστιν οὐκ ἂν ἀρνηθείην, ὁμοῦ δὲ τῶν τοσούτων ὑπερφέρειν, ὡς μὴ καταβαρήσειν αὐτόν, ἢν καὶ τὴν γῆν καὶ τὴν θάλασσαν προσλάβωμεν, οὐκ ἂν πεισθείην.

2 ΕΡΜΗΣ Εὐφήμει, ὦ Ἄρες· οὐ γὰρ ἀσφαλὲς λέγειν τὰ τοιαῦτα, μὴ καί τι κακὸν ἀπολαύσωμεν τῆς φλυαρίας.

ΑΡΗΣ Οἴει γάρ με πρὸς πάντας ἂν ταῦτα εἰπεῖν, οὐχὶ δὲ πρὸς μόνον σέ, ὃν ἐχεμυθήσειν ἠπιστάμην ; ὃ γοῦν μάλιστα γελοῖον ἔδοξέ μοι ἀκούοντι μεταξὺ τῆς ἀπειλῆς, οὐκ ἂν δυναίμην σιωπῆσαι πρὸς σέ· μέμνημαι γὰρ οὐ πρὸ πολλοῦ, ὁπότε ὁ Ποσειδῶν καὶ ἡ Ἥρα καὶ ἡ Ἀθηνᾶ ἐπαναστάντες ἐπεβούλευον ξυνδῆσαι λαβόντες αὐτόν, ὡς παντοῖος ἦν

---

62. Allusion aux menaces de Zeus* dans l'*Iliade*, VIII, 18-27. Lucien se réfère fréquemment à ce passage (voir *Zeus confondu*, 4 ; *Zeus tragédien*, 14 et 45).

DIALOGUES DES DIEUX

1. (21) ARÈS ET HERMÈS

ARÈS – Tu as entendu, Hermès*, les menaces que Zeus* nous a lancées ? Comme elles étaient orgueilleuses et incroyables ! « Si je le veux, dit-il, je ferai descendre une chaîne du ciel [62], et vous aurez beau vous y suspendre et essayer de toutes vos forces de m'arracher d'en haut, ce sera en pure perte ; vous ne m'attirerez pas vers le bas. Mais si je voulais, moi, vous attirer en haut, non seulement vous, mais aussi la terre en même temps que la mer, je vous arracherai d'en bas et vous suspendrai dans les airs. » Et tout ce qu'il a dit ensuite, tu l'as entendu toi aussi… Pour moi, je ne saurais nier qu'il ne soit plus puissant et plus fort que chacun de nous séparément ; mais qu'il puisse l'emporter sur tant de dieux réunis, au point de ne pas fléchir sous notre poids, si nous y ajoutons encore la terre et la mer, je ne saurais le croire.

2. HERMÈS – Tais-toi, Arès*. Il n'est pas prudent de tenir de tels propos : nous risquons de payer cher nos bavardages.

ARÈS – Crois-tu donc que j'aurais parlé ainsi à tout le monde, et non à toi seul, dont je connaissais la discrétion ? En tout cas, je ne pourrais te cacher ce qui m'a semblé le plus ridicule, quand j'écoutais ses menaces. Je me souviens qu'il n'y a pas longtemps, quand Poséidon*, Héra* et Athéna* s'étaient révoltés et projetaient

δεδιώς, καὶ ταῦτα τρεῖς ὄντας, καὶ εἰ μή γε ἡ Θέτις κατελεήσασα ἐκάλεσεν αὐτῷ σύμμαχον Βριάρεων ἑκατόγχειρα ὄντα, κἂν ἐδέδετο αὐτῷ κεραυνῷ καὶ βροντῇ. Ταῦτα λογιζομένῳ ἐπῄει μοι γελᾶν ἐπὶ τῇ καλλιρρημοσύνῃ αὐτοῦ.

ΕΡΜΗΣ Σιώπα, φημί· οὐ γὰρ ἀσφαλὲς οὔτε σοὶ λέγειν οὔτ' ἐμοὶ ἀκούειν τὰ τοιαῦτα.

2 (22) ΠΑΝΟΣ ΚΑΙ ΕΡΜΟΥ

1 ΠΑΝ Χαῖρε, ὦ πάτερ Ἑρμῆ.
ΕΡΜΗΣ Νὴ καὶ σύ γε. Ἀλλὰ πῶς ἐγὼ σὸς πατήρ ;
ΠΑΝ Οὐχ ὁ Κυλλήνιος Ἑρμῆς ὢν τυγχάνεις ;
ΕΡΜΗΣ Καὶ μάλα. Πῶς οὖν υἱὸς ἐμὸς εἶ ;
ΠΑΝ Μοιχίδιός εἰμι, ἐξ ἔρωτός σοι γενόμενος.

ΕΡΜΗΣ Νὴ Δία, τράγου ἴσως τινὸς μοιχεύσαντος αἶγα· ἐμοὶ γὰρ πῶς, κέρατα ἔχων καὶ ῥῖνα τοιαύτην καὶ πώγωνα λάσιον καὶ σκέλη διχαλὰ καὶ τραγικὰ καὶ οὐρὰν ὑπὲρ τὰς πυγάς ;

ΠΑΝ Ὅσα ἂν ἀποσκώψῃς με, τὸν σεαυτοῦ υἱόν, ὦ πάτερ, ἐπονείδιστον ἀποφαίνεις, μᾶλλον δὲ σεαυτόν, ὃς τοιαῦτα γεννᾷς καὶ παιδοποιεῖς, ἐγὼ δὲ ἀναίτιος.

ΕΡΜΗΣ Τίνα καὶ φής σου μητέρα ; ἤ που ἔλαθον αἶγα μοιχεύσας ἔγωγε ;

ΠΑΝ Οὐκ αἶγα ἐμοίχευσας, ἀλλ' ἀνάμνησον σεαυτόν, εἴ ποτε ἐν Ἀρκαδίᾳ παῖδα ἐλευθέραν ἐβιάσω. Τί δακὼν τὸν

---

62. Allusion aux menaces de Zeus* dans l'*Iliade*, VIII, 18-27. Lucien se réfère fréquemment à ce passage (voir *Zeus confondu*, 4 ; *Zeus tragédien*, 14 et 45).

de le faire prisonnier et de l'enchaîner [63], la peur l'a fait passer par toutes les couleurs, alors que les comploteurs n'étaient que trois. Et si Thétis*, prise de pitié, n'avait pas appelé à la rescousse Briarée* aux cent bras, il aurait été enchaîné, avec sa foudre et son tonnerre. En pensant à cela, j'avais envie de rire de sa grandiloquence.

HERMÈS – Tais-toi, je te dis : il n'est pas prudent pour toi de tenir de tels propos, ni pour moi de les écouter.

2. (22) PAN ET HERMÈS

1. PAN – Salut, Hermès*, mon père.

HERMÈS – Salut à toi aussi. Mais comment suis-je ton père ?

PAN – N'es-tu pas Hermès* du Cyllène ?

HERMÈS – Parfaitement. Comment donc es-tu mon fils ?

PAN – Je suis un fils adultérin, né de tes amours.

HERMÈS – Par Zeus*, tu es peut-être celui d'un bouc qui a séduit une chèvre. Mais le mien ? Comment serait-ce possible ? Tu as des cornes, un museau si long, un menton velu, des sabots fourchus de bouc, une queue au-dessus des fesses ?

PAN – En te moquant ainsi de moi, père, c'est ton propre fils que tu insultes, ou plutôt toi-même qui engendres et produis de tels enfants : moi, je n'y suis pour rien.

HERMÈS – Qui est ta mère, dis-tu ? Aurais-je séduit une chèvre sans m'en apercevoir ?

PAN – Non, pas une chèvre. Souviens-toi : n'as-tu pas un jour fait violence à une enfant de condition libre en Arcadie ? Pourquoi cherches-tu en te mordant le doigt,

---

63. L'épisode est évoqué dans l'*Iliade*, I, 396-400.

δάκτυλον ζητεῖς καὶ ἐπὶ πολὺ ἀπορεῖς ; τὴν Ἰκαρίου λέγω Πηνελόπην.

ΕΡΜΗΣ Εἶτα τί παθοῦσα ἐκείνη ἀντ' ἐμοῦ τράγῳ σε ὅμοιον ἔτεκεν ;

2 ΠΑΝ Αὐτῆς ἐκείνης λόγον σοι ἐρῶ· ὅτε γάρ με ἐξέπεμπεν ἐπὶ τὴν Ἀρκαδίαν, Ὦ παῖ, μήτηρ μέν σοι, ἔφη, ἐγώ εἰμι, Πηνελόπη ἡ Σπαρτιᾶτις, τὸν πατέρα δὲ γίνωσκε θεὸν ἔχων Ἑρμῆν Μαίας καὶ Διός. Εἰ δὲ κερασφόρος καὶ τραγοσκελὴς εἶ, μὴ λυπείτω σε· ὁπότε γάρ μοι συνήει ὁ πατὴρ ὁ σός, τράγῳ ἑαυτὸν ἀπείκασεν, ὡς λάθοι, καὶ διὰ τοῦτο ὅμοιος ἀπέβης τῷ τράγῳ.

ΕΡΜΗΣ Νὴ Δία, μέμνημαι ποιήσας τοιοῦτόν τι. Ἐγὼ οὖν ὁ ἐπὶ κάλλει μέγα φρονῶν, ἔτι ἀγένειος αὐτὸς ὤν, σὸς πατὴρ κεκλήσομαι καὶ γέλωτα ὀφλήσω παρὰ πᾶσιν ἐπὶ τῇ εὐπαιδίᾳ ;

3 ΠΑΝ Καὶ μὴν οὐ καταισχυνῶ σε, ὦ πάτερ· μουσικός τε γάρ εἰμι καὶ συρίζω πάνυ καπυρόν, καὶ ὁ Διόνυσος οὐδὲν ἐμοῦ ἄνευ ποιεῖν δύναται, ἀλλὰ ἑταῖρον καὶ θιασώτην πεποίηταί με, καὶ ἡγοῦμαι αὐτῷ τοῦ χοροῦ· καὶ τὰ ποίμνια δὲ εἰ θεάσαιό μου ὁπόσα περὶ Τεγέαν καὶ ἀνὰ τὸ Παρθένιον ἔχω, πάνυ ἡσθήσῃ· ἄρχω δὲ καὶ τῆς Ἀρκαδίας ἁπάσης· πρῴην δὲ καὶ Ἀθηναίοις συμμαχήσας οὕτως ἠρίστευσα Μαραθῶνι, ὥστε καὶ ἀριστεῖον ᾑρέθη μοι τὸ ὑπὸ τῇ ἀκροπόλει σπήλαιον. Ἢν γοῦν εἰς Ἀθήνας ἔλθῃς, εἴσῃ ὅσον ἐκεῖ τοῦ Πανὸς ὄνομα.

4 ΕΡΜΗΣ Εἰπὲ δέ μοι, γεγάμηκας, ὦ Πάν, ἤδη ; τοῦτο γάρ, οἶμαι, καλοῦσίν σε.

---

64. Fille du Spartiate Icarios*, Pénélope fut l'épouse fidèle d'Ulysse. Selon certaines traditions irrévérencieuses, elle se serait unie à tous les prétendants dont elle aurait eu Pan* (= tout). La légende évoquée ici reprend l'idée qu'elle est la mère de Pan*, mais en en faisant une jeune fille originaire de Sparte qui aurait été bergère en Arcadie.

65. Il s'agit de la flûte de Pan.

66. Groupes de dévots surtout consacrés à Dionysos*.

67. La ville de Tégée et la montagne du Parthénion se trouvent en Arcadie.

plongé dans la perplexité ? Je parle de Pénélope, la fille d'Icarios [64].

HERMÈS – Que lui est-il donc arrivé ensuite pour qu'elle t'ait mis au monde semblable à un bouc et non à moi ?

2. PAN – Je vais te répéter ses propres mots. Quand elle m'a envoyé en Arcadie, elle m'a dit : « Mon enfant, ta mère c'est moi, Pénélope de Sparte, mais sache que tu as pour père un dieu, Hermès*, fils de Maïa* et de Zeus*. Si tu as des cornes et des pattes de bouc, ne t'en afflige pas : quand ton père couchait avec moi, il avait pris l'apparence d'un bouc, pour passer inaperçu : voilà pourquoi tu es devenu semblable à un bouc. »

HERMÈS – Par Zeus*, je me souviens d'avoir fait quelque chose de ce genre. Vais-je donc, moi qui me flatte de ma beauté et suis encore imberbe, être appelé ton père et prêter à rire à tout le monde à cause de mon bel enfant ?

3. PAN – Mais je ne te ferai pas honte, père. Je suis musicien et joue de la syrinx [65] avec beaucoup d'entrain. Dionysos* ne peut rien faire sans moi : il m'a pris pour compagnon et membre de ses thiases [66], et je dirige son chœur. Quant à mes troupeaux, si tu voyais tous ceux que j'ai à Tégée et sur le Parthénion [67], tu serais très content. Et je commande à toute l'Arcadie. L'autre jour, quand j'ai combattu avec les Athéniens, je me suis tellement distingué à Marathon, que j'ai reçu comme prix de vaillance la grotte qui est sous l'Acropole [68]. En tout cas, si tu vas à Athènes tu sauras combien le nom de Pan* est illustre là-bas.

HERMÈS – Dis-moi, Pan* – c'est ainsi qu'on t'appelle, je crois –, tu es déjà marié ?

---

68. Hérodote, *Enquêtes*, VI, 105, fait intervenir Pan* au moment de la grande bataille de Marathon, et indique qu'il obtint cette grotte en récompense.

ΠΑΝ Οὐδαμῶς, ὦ πάτερ· ἐρωτικὸς γάρ εἰμι καὶ οὐκ ἂν ἀγαπήσαιμι συνὼν μιᾷ.

ΕΡΜΗΣ Ταῖς οὖν αἰξὶ δηλαδὴ ἐπιχειρεῖς.

ΠΑΝ Σὺ μὲν σκώπτεις, ἐγὼ δὲ τῇ τε Ἠχοῖ καὶ τῇ Πίτυϊ σύνειμι καὶ ἁπάσαις ταῖς τοῦ Διονύσου Μαινάσι καὶ πάνυ σπουδάζομαι πρὸς αὐτῶν.

ΕΡΜΗΣ Οἶσθα οὖν, ὦ τέκνον, ὅ τι χαρίσῃ τὸ πρῶτον αἰτοῦντί μοι ;

ΠΑΝ Πρόσταττε, ὦ πάτερ· ἡμεῖς μὲν ἴδωμεν ταῦτα.

ΕΡΜΗΣ Καὶ πρόσιθί μοι καὶ φιλοφρονοῦ· πατέρα δὲ ὅρα μὴ καλέσῃς με ἄλλου ἀκούοντος.

3 (23)ΑΠΟΛΛΩΝΟΣ ΚΑΙ ΔΙΟΝΥΣΟΥ

1 ΑΠΟΛΛΩΝ Τί ἂν λέγοιμεν ; ὁμομητρίους, ὦ Διόνυσε, ἀδελφοὺς ὄντας Ἔρωτα καὶ Ἑρμαφρόδιτον καὶ Πρίαπον, ἀνομοιοτάτους εἶναι τὰς μορφὰς καὶ τὰ ἐπιτηδεύματα ; ὁ μὲν γὰρ πάγκαλος καὶ τοξότης καὶ δύναμιν οὐ μικρὰν περιβεβλημένος ἁπάντων ἄρχων, ὁ δὲ θῆλυς καὶ ἡμίανδρος καὶ ἀμφίβολος τὴν ὄψιν· οὐκ ἂν διακρίναις εἴτ' ἔφηβός ἐστιν εἴτε καὶ παρθένος· ὁ δὲ καὶ πέρα τοῦ εὐπρεποῦς ἀνδρικὸς ὁ Πρίαπος.

ΔΙΟΝΥΣΟΣ Μηδὲν θαυμάσῃς, ὦ Ἄπολλον· οὐ γὰρ Ἀφροδίτη αἰτία τούτου, ἀλλὰ οἱ πατέρες διάφοροι γεγενημένοι, ὅπου γε καὶ ὁμοπάτριοι πολλάκις ἐκ μιᾶς γαστρός, ὁ μὲν ἄρσην, ἡ δὲ θήλεια, ὥσπερ ὑμεῖς γίνονται.

ΑΠΟΛΛΩΝ Ναί· ἀλλ' ἡμεῖς ὅμοιοί ἐσμεν καὶ ταὐτὰ ἐπιτηδεύομεν· τοξόται γὰρ ἄμφω.

---

69. Sur la nymphe Écho, voir *Dialogues marins*, 1, 2 et la note.
70. La nymphe Pitys, poursuivie par Pan*, fut changée en pin.
71. Éros*.
72. Hermaphrodite, fils d'Hermès* et d'Aphrodite*, fut attiré dans un lac dont la nymphe, Salmacis, s'attacha à lui : ils formèrent tous deux un être nouveau, au double sexe.

PAN – Pas du tout, père. Je suis porté sur l'amour et ne me contenterais pas d'une seule compagne.

HERMÈS – C'est aux chèvres que tu t'en prends, évidemment.

PAN – Tu plaisantes. Je sors avec Écho [69], et Pitys [70], et toutes les Ménades* de Dionysos* : elles tiennent beaucoup à moi.

HERMÈS – Sais-tu, mon fils, la première faveur que je voudrais te demander ?

PAN – Ordonne, père, que je sache de quoi il s'agit.

HERMÈS – Approche et embrasse-moi, mais veille à ne pas m'appeler père devant témoins.

3. (23) APOLLON ET DIONYSOS

1. APOLLON – Comment comprendre, Dionysos*, qu'Éros*, Hermaphrodite et Priape, qui sont frères et fils de la même mère, aient une forme et des occupations si différentes ? Le premier [71] est d'une beauté parfaite : c'est un archer, investi d'un pouvoir considérable, et il commande à tous. Le deuxième [72] est à la fois féminin et à moitié masculin ; son aspect est ambigu, et l'on ne peut savoir s'il s'agit d'un éphèbe ou d'une vierge. Le troisième, Priape [73], est si viril que c'en est indécent.

DIONYSOS – Ne t'étonne de rien, Apollon*. Ce n'est pas Aphrodite* qui en est cause, mais les pères qui étaient différents. D'ailleurs souvent même les enfants d'un même père, sortis du même ventre sont l'un garçon, l'autre fille, comme Artémis* et toi.

APOLLON – Oui, mais nous nous ressemblons et nous avons les mêmes activités. Nous sommes tous deux des archers.

---

73. Ce dieu de la ville asiatique de Lampsaque passait pour le fils de Dionysos* et d'Aphrodite*. On le représentait sous la forme d'un personnage ithyphallique, symbole de fécondité.

ΔΙΟΝΥΣΟΣ Μέχρι μὲν τόξου τὰ αὐτά, ὦ Ἄπολλον, ἐκεῖνα δὲ οὐχ ὅμοια, ὅτι ἡ μὲν Ἄρτεμις ξενοκτονεῖ ἐν Σκύθαις, σὺ δὲ μαντεύῃ καὶ ἰᾷ τοὺς κάμνοντας.

ΑΠΟΛΛΩΝ Οἴει γὰρ τὴν ἀδελφὴν χαίρειν τοῖς Σκύθαις, ἥ γε καὶ παρεσκεύασται, ἥν τις Ἕλλην ἀφίκηταί ποτε εἰς τὴν Ταυρικήν, συνεκπλεῦσαι μετ' αὐτοῦ μυσαττομένη τὰς σφαγάς ;

2 ΔΙΟΝΥΣΟΣ Εὖ γε ἐκείνη ποιοῦσα. Ὁ μέντοι Πρίαπος, γελοῖον γάρ τί σοι διηγήσομαι, πρῴην ἐν Λαμψάκῳ γενόμενος, ἐγὼ μὲν παρῄειν τὴν πόλιν, ὁ δὲ ὑποδεξάμενός με καὶ ξενίσας παρ' αὑτῷ, ἐπειδὴ ἀνεπαυσάμεθα ἐν τῷ συμποσίῳ ἱκανῶς ὑποβεβρεγμένοι, κατ' αὐτάς που μέσας νύκτας ἐπαναστὰς ὁ γενναῖος - αἰδοῦμαι δὲ λέγειν.

ΑΠΟΛΛΩΝ Ἐπείρα σε, Διόνυσε ;

ΔΙΟΝΥΣΟΣ Τοιοῦτόν ἐστι.

ΑΠΟΛΛΩΝ Σὺ δὲ τί πρὸς ταῦτα ;

ΔΙΟΝΥΣΟΣ Τί γὰρ ἄλλο ἢ ἐγέλασα ;

ΑΠΟΛΛΩΝ Εὖ γε, τὸ μὴ χαλεπῶς μηδὲ ἀγρίως· συγγνωστὸς γάρ, εἰ καλόν σε οὕτως ὄντα ἐπείρα.

ΔΙΟΝΥΣΟΣ Τούτου μὲν ἕνεκα καὶ ἐπὶ σὲ ἄν, ὦ Ἄπολλον, ἀγάγοι τὴν πεῖραν· καλὸς γὰρ σὺ καὶ κομήτης, ὡς καὶ νήφοντα ἄν σοι τὸν Πρίαπον ἐπιχειρῆσαι.

ΑΠΟΛΛΩΝ Ἀλλ' οὐκ ἐπιχειρήσει γε, ὦ Διόνυσε· ἔχω γὰρ μετὰ τῆς κόμης καὶ τόξα.

4 (24) ΕΡΜΟΥ ΚΑΙ ΜΑΙΑΣ

1 ΕΡΜΗΣ Ἔστι γάρ τις, ὦ μῆτερ, ἐν οὐρανῷ θεὸς ἀθλιώτερος ἐμοῦ ;

ΜΑΙΑ Μὴ λέγε, ὦ Ἑρμῆ, τοιοῦτον μηδέν.

---

74. Voir *Zeus tragédien*, 44, et la note.
75. Ville de Troade.

DIONYSOS – Si l'on s'en tient à l'arc, Apollon*, vous vous ressemblez, mais la différence, c'est qu'Artémis* tue les étrangers chez les Scythes, tandis que toi, tu es un prophète et tu guéris les malades.

APOLLON – Penses-tu que ma sœur apprécie les Scythes ? Elle se tient prête, si jamais un Grec aborde en Tauride [74], à s'embarquer avec lui, tant elle est dégoûtée de leurs sacrifices sanglants ?

2. DIONYSOS – Elle a bien raison. Mais concernant Priape, je vais te raconter quelque chose de drôle. L'autre jour, à Lampsaque [75], comme je passais dans la cité, il m'accueillit et m'offrit l'hospitalité chez lui. Nous allâmes nous coucher, après nous être bien humecté le gosier pendant le banquet. Vers le milieu de la nuit, le noble personnage se dressa et… J'ai honte de dire…

APOLLON – Il a essayé de s'en prendre à toi, Dionysos* ?

DIONYSOS – C'est à peu près cela.

APOLLON – Et toi, comment as-tu réagi ?

DIONYSOS – J'ai ri. Que faire d'autre ?

APOLLON – Tu as bien fait de ne pas le prendre mal, et de ne pas t'emporter. Il est excusable d'avoir voulu te séduire : tu es si beau.

DIONYSOS – Raison pour laquelle il pourrait essayer avec toi aussi, Apollon*. Tu es beau, tu as de longs cheveux, si bien que même sobre, Priape pourrait s'en prendre à toi.

APOLLON – Il n'essaiera pas, Dionysos*. Outre mes longs cheveux, j'ai aussi des flèches.

4. (24) HERMÈS ET MAÏA

1. HERMÈS – Y a-t-il dans le ciel, mère, un dieu plus malheureux que moi ?

MAÏA – Ne parle pas ainsi, Hermès*.

ΕΡΜΗΣ Τί μὴ λέγω, ὃς τοσαῦτα πράγματα ἔχω μόνος κάμνων καὶ πρὸς τοσαύτας ὑπηρεσίας διασπώμενος ; ἕωθεν μὲν γὰρ ἐξαναστάντα σαίρειν τὸ συμπόσιον δεῖ καὶ διαστρώσαντα τὴν κλισίαν εὐθετίσαντά τε ἕκαστα παρεστάναι τῷ Διὶ καὶ διαφέρειν τὰς ἀγγελίας τὰς παρ' αὐτοῦ ἄνω καὶ κάτω ἡμεροδρομοῦντα, καὶ ἐπανελθόντα ἔτι κεκονιμένον παρατιθέναι τὴν ἀμβροσίαν· πρὶν δὲ τὸν νεώνητον τοῦτον οἰνοχόον ἥκειν, καὶ τὸ νέκταρ ἐγὼ ἐνέχεον. Τὸ δὲ πάντων δεινότατον, ὅτι μηδὲ νυκτὸς καθεύδω μόνος τῶν ἄλλων, ἀλλὰ δεῖ με καὶ τότε τῷ Πλούτωνι ψυχαγωγεῖν καὶ νεκροπομπὸν εἶναι καὶ παρεστάναι τῷ δικαστηρίῳ· οὐ γὰρ ἱκανά μοι τὰ τῆς ἡμέρας ἔργα, ἐν παλαίστραις εἶναι καὶ ταῖς ἐκκλησίαις κηρύττειν καὶ ῥήτορας ἐκδιδάσκειν, ἀλλ' ἔτι καὶ νεκρικὰ συνδιαπράττειν μεμερισμένον. 2 Καίτοι τὰ μὲν τῆς Λήδας τέκνα παρ' ἡμέραν ἑκάτερος ἐν οὐρανῷ ἢ ἐν ᾅδου εἰσίν, ἐμοὶ δὲ καθ' ἑκάστην ἡμέραν κἀκεῖνα καὶ ταῦτα ποιεῖν ἀναγκαῖον, καὶ οἱ μὲν Ἀλκμήνης καὶ Σεμέλης ἐκ γυναικῶν δυστήνων γενόμενοι εὐωχοῦνται ἀφρόντιδες, ὁ δὲ Μαίας τῆς Ἀτλαντίδος διακονοῦμαι αὐτοῖς. Καὶ νῦν ἄρτι ἥκοντά με ἀπὸ Σιδῶνος παρὰ τῆς Κάδμου θυγατρός, ἐφ' ἣν πέπομφέ με ὀψόμενον ὅ τι πράττει ἡ παῖς, μηδὲ ἀναπνεύσαντα πέπομφεν αὖθις εἰς τὸ Ἄργος ἐπισκεψόμενον τὴν Δανάην, εἶτ' ἐκεῖθεν εἰς Βοιωτίαν, φησίν, ἐλθὼν ἐν παρόδῳ τὴν Ἀντιόπην ἰδέ. Καὶ ὅλως ἀπηγόρευκα ἤδη. Εἰ γοῦν δυνατὸν ἦν, ἡδέως ἂν ἠξίωσα πεπρᾶσθαι, ὥσπερ οἱ ἐν γῇ κακῶς δουλεύοντες.

---

76. Il s'agit de Ganymède*.
77. Le « riche » : surnom du dieu des Enfers, Hadès.
78. Castor* et Pollux* se sont partagé l'immortalité : chacun d'eux est alternativement vivant et mort. Sur ce partage, voir le *Dialogue des dieux*, 25.
79. Héraclès*.
80. Dionysos*.

HERMÈS – Et pourquoi non ? J'ai tant de travail. Je suis le seul à travailler et à être écartelé entre tant de fonctions. Dès l'aurore, je dois me lever pour balayer la salle de banquet ; puis, quand j'ai disposé des couvertures sur les lits de table et tout rangé, je dois me mettre à la disposition de Zeus* et distribuer ses messages, en faisant le coursier par monts et par vaux. Une fois de retour, encore couvert de poussière, je dois servir l'ambroisie* ; avant l'arrivée de cet échanson qu'il vient d'acquérir [76], je versais aussi le nectar*. Et le plus terrible, c'est que même la nuit, je suis le seul à ne pas dormir : je dois encore à ce moment-là conduire les âmes à Pluton [77], escorter les morts et assister le tribunal. Car mes activités de la journée – être dans les palestres, faire les proclamations dans les assemblées et instruire les orateurs – ne suffisent pas : on m'a encore préposé à régler les affaires des morts. 2. Les fils de Léda* [78] passent chacun à son tour une journée dans le ciel ou dans l'Hadès*, mais moi, c'est chaque jour que je suis obligé de m'occuper à la fois de ce qui se passe là-bas et ici. Les fils d'Alcmène [79] et de Sémélé* [80], dont les mères étaient de pauvres femmes, se régalent sans souci, et moi, fils de Maïa*, fille d'Atlas*, je suis à leur service. Je reviens à l'instant de Sidon, de chez la fille de Cadmos* [81], vers laquelle il m'avait envoyé pour voir ce que faisait la petite, et sans me laisser le temps de souffler, il m'a envoyé de nouveau à Argos surveiller Danaé*. « Ensuite, m'a-t-il dit, de là, tu iras en Béotie et au passage tu jetteras un œil sur Antiope*. » Bref, je suis épuisé à présent. Si je le pouvais, j'aimerais bien être vendu, comme sur terre les esclaves mécontents de leur sort [82].

---

81. Il s'agit vraisemblablement d'Europe*, même si elle était sœur et non fille de Cadmos*. Car quand Zeus* s'unit à Sémélé*, fille de Cadmos*, c'était à Thèbes.

82. Les esclaves mécontents de leur sort pouvaient demander à être vendus (Plutarque, *De la superstition*, 166 d).

ΜΑΙΑ Ἔα ταῦτα, ὦ τέκνον· χρὴ γὰρ πάντα ὑπηρετεῖν τῷ πατρὶ νεανίαν ὄντα. Καὶ νῦν ὥσπερ ἐπέμφθης σόβει εἰς Ἄργος, εἶτα εἰς τὴν Βοιωτίαν, μὴ καὶ πληγὰς βραδύνων λάβῃς· ὀξύχολοι γὰρ οἱ ἐρῶντες.

5 (1) ΠΡΟΜΗΘΕΩΣ ΚΑΙ ΔΙΟΣ

1 ΠΡΟΜΗΘΕΥΣ Λῦσόν με, ὦ Ζεῦ· δεινὰ γὰρ ἤδη πέπονθα.

ΖΕΥΣ Λύσω σε, φής, ὃν ἐχρῆν βαρυτέρας πέδας ἔχοντα καὶ τὸν Καύκασον ὅλον ὑπὲρ κεφαλῆς ἐπικείμενον ὑπὸ ἑκκαίδεκα γυπῶν μὴ μόνον κείρεσθαι τὸ ἧπαρ, ἀλλὰ καὶ τοὺς ὀφθαλμοὺς ἐξορύττεσθαι, ἀνθ' ὧν τοιαῦθ' ἡμῖν ζῷα τοὺς ἀνθρώπους ἔπλασας καὶ τὸ πῦρ ἔκλεψας καὶ γυναῖκας ἐδημιούργησας ; ἃ μὲν γὰρ ἐμὲ ἐξηπάτησας ἐν τῇ νομῇ τῶν κρεῶν ὀστᾶ πιμελῇ κεκαλυμμένα παραθεὶς καὶ τὴν ἀμείνω τῶν μοιρῶν σεαυτῷ φυλάττων, τί χρὴ λέγειν ;

ΠΡΟΜΗΘΕΥΣ Οὔκουν ἱκανὴν ἤδη τὴν δίκην ἐκτέτικα τοσοῦτον χρόνον τῷ Καυκάσῳ προσηλωμένος τὸν κάκιστα ὀρνέων ἀπολούμενον ἀετὸν τρέφων τῷ ἥπατι ;

ΖΕΥΣ Οὐδὲ πολλοστημόριον τοῦτο ὧν σε δεῖ παθεῖν.

ΠΡΟΜΗΘΕΥΣ Καὶ μὴν οὐκ ἀμισθί με λύσεις, ἀλλά σοι μηνύσωτι, ὦ Ζεῦ, πάνυ ἀναγκαῖον.

2 ΖΕΥΣ Κατασοφίζῃ με, ὦ Προμηθεῦ.

ΠΡΟΜΗΘΕΥΣ Καὶ τί πλέον ἕξω ; οὐ γὰρ ἀγνοήσεις αὖθις ἔνθα ὁ Καύκασός ἐστιν, οὐδὲ ἀπορήσεις δεσμῶν, ἤν τι τεχνάζων ἁλίσκωμαι.

ΖΕΥΣ Εἰπὲ πρότερον ὅντινα μισθὸν ἀποτίσεις ἀναγκαῖον ἡμῖν ὄντα.

---

83. Sur tous ces griefs, voir le dialogue *Prométhée*.
84. Littéralement : faire le sophiste.

MAÏA – Cela suffit, mon enfant. Tu dois servir ton père, car tu es un adolescent. Et maintenant, puisqu'il t'y a envoyé, hâte toi d'aller à Argos, puis en Béotie, de peur d'être battu si tu traînes. Les amoureux sont prompts à la colère.

5. (1) PROMÉTHÉE ET ZEUS

1. PROMÉTHÉE – Libère-moi, Zeus*. J'ai déjà subi un traitement terrible.

ZEUS – Que je te détache, dis-tu ? Tu devrais porter des entraves plus lourdes, avoir le Caucase tout entier sur la tête et ne pas avoir seulement le foie déchiré par seize vautours, mais aussi les yeux crevés pour nous avoir façonné des êtres tels que les hommes, volé le feu, et fabriqué les femmes. Quant à ta fourberie dans le partage des viandes, lorsque tu m'as servi des os cachés sous la graisse, et t'es réservé la meilleure part – que dois-je en dire [83] ?

PROMÉTHÉE – N'ai-je pas été déjà suffisamment puni, depuis le temps que je suis cloué sur le Caucase, nourrissant de mon foie cet aigle, le plus maudit des oiseaux ?

ZEUS – Ce n'est pas même le millième de ce que tu devrais subir.

PROMÉTHÉE – Tu ne me libéreras pas sans contrepartie, Zeus* : je te ferai une révélation absolument indispensable.

2. ZEUS – Tu veux jouer au plus malin avec moi [84], Prométhée*.

PROMÉTHÉE – Qu'est ce que j'y gagnerai ? Tu sauras retrouver l'emplacement du Caucase, et tu ne manqueras pas de chaînes, si je suis pris à ruser.

ZEUS – Dis-moi d'abord quelle est cette contrepartie indispensable que tu me donneras.

324 ΘΕΩΝ ΔΙΑΛΟΓΟΙ

ΠΡΟΜΗΘΕΥΣ Ἢν εἴπω ἐφ' ὅ τι βαδίζεις νῦν, ἀξιόπισ-
τος ἔσομαί σοι καὶ περὶ τῶν ὑπολοίπων μαντευόμενος ;
ΖΕΥΣ Πῶς γὰρ οὔ ;
ΠΡΟΜΗΘΕΥΣ Παρὰ τὴν Θέτιν, συνεσόμενος αὐτῇ.
ΖΕΥΣ Τουτὶ μὲν ἔγνως· τί δ' οὖν τὸ ἐπὶ τούτῳ ; δοκεῖς
γὰρ ἀληθές τι ἐρεῖν.
ΠΡΟΜΗΘΕΥΣ Μηδέν, ὦ Ζεῦ, κοινωνήσῃς τῇ Νηρεΐδι·
ἢν γὰρ αὕτη κυοφορήσῃ ἐκ σοῦ, τὸ τεχθὲν ἴσα ἐργάσεταί σε
οἷα καὶ σὺ ἔδρασας -
ΖΕΥΣ Τοῦτο φῄς, ἐκπεσεῖσθαί με τῆς ἀρχῆς ;
ΠΡΟΜΗΘΕΥΣ Μὴ γένοιτο, ὦ Ζεῦ. Πλὴν τοιοῦτό γε ἡ
μῖξις αὐτῆς ἀπειλεῖ.
ΖΕΥΣ Χαιρέτω τοιγαροῦν ἡ Θέτις· σὲ δὲ ὁ Ἥφαιστος
ἐπὶ τούτοις λυσάτω.

6 (2) ΕΡΩΤΟΣ ΚΑΙ ΔΙΟΣ

1 ΕΡΩΣ 'Αλλ' εἰ καί τι ἥμαρτον, ὦ Ζεῦ, σύγγνωθί μοι·
παιδίον γάρ εἰμι καὶ ἔτι ἄφρων.
ΖΕΥΣ Σὺ παιδίον ὁ Ἔρως, ὃς ἀρχαιότερος εἶ πολὺ
'Ιαπετοῦ ; ἢ διότι μὴ πώγωνα μηδὲ πολιὰς ἔφυσας, διὰ
ταῦτα καὶ βρέφος ἀξιοῖς νομίζεσθαι γέρων καὶ πανοῦργος
ὤν ;
ΕΡΩΣ Τί δαί σε μέγα ἠδίκησα ὁ γέρων ὡς φῂς ἐγώ,
διότι με καὶ πεδῆσαι διανοῇ ;
ΖΕΥΣ Σκόπει, ὦ κατάρατε, εἰ μικρά, ὃς ἐμοὶ μὲν οὕτως
ἐντρυφᾷς, ὥστε οὐδέν ἐστιν ὃ μὴ πεποίηκάς με, σάτυρον,
ταῦρον, χρυσόν, κύκνον, ἀετόν· ἐμοῦ δὲ ὅλως οὐδεμίαν

___
85. À Cronos évidemment. Sur cette prophétie, voir aussi le
dénouement du dialogue *Prométhée*.
86. Lucien, qui fait ailleurs (dialogues 19 et 20) d'Éros le fils
malicieux d'Aphrodite*, souscrit ici à la version d'Hésiode qui fait
naître le dieu du Chaos primitif.
87. Sur les différentes métamorphoses amoureuses de Zeus*,
voir *Zeus tragédien*, 2, et la note.

PROMÉTHÉE – Si je te dis où tu vas maintenant, me jugeras-tu digne de foi quand je te prédirai également ce qui s'ensuivra ?

ZEUS – Évidemment.

PROMÉTHÉE – Tu vas chez Thétis*, pour coucher avec elle.

ZEUS – Sur ce point, tu as raison. Mais qu'est-ce qui arrivera ensuite ? Il semble bien que ce que tu vas dire sera vrai.

PROMÉTHÉE – Ne t'unis en aucune façon avec la Néréide*, Zeus*. Si elle est enceinte de toi, ce qui naîtra te fera ce que tu as fait à [85]…

ZEUS – Tu veux dire qu'il me chassera du pouvoir ?

PROMÉTHÉE – Puisse cela ne pas arriver, Zeus* ! Mais si tu t'unis avec elle, c'est un sort semblable qui te menace.

ZEUS – Adieu donc, Thétis*. Quant à toi, en échange, qu'Héphaïstos* te libère.

6. (2) ÉROS ET ZEUS

1. ÉROS – Allons, Zeus*, même si j'ai fait quelque chose de mal, pardonne-moi : je suis un petit enfant, je n'ai pas encore l'âge de raison.

ZEUS – Toi, un petit enfant, Éros* ? Tu es beaucoup plus ancien que Japet* [86]. Sous prétexte que tu n'as ni barbe ni cheveux blancs, exiges-tu qu'on te considère comme un bébé, alors que tu es vieux et fourbe ?

ÉROS – Quel grand tort t'ai-je fait, moi un vieillard, comme tu dis, pour que tu songes à m'enchaîner ?

ZEUS – Vois, maudit, si c'est peu de chose. Tu te joues tellement de moi qu'il n'y a rien en quoi tu ne m'aies transformé : satyre, taureau, or, cygne, aigle [87]. Mais tu n'as jamais, au grand jamais, rendu aucune femme amoureuse de ce que je suis. Je n'ai jamais, que

ἥντινα ἐρασθῆναι πεποίηκας, οὐδὲ συνῆκα ἡδὺς γυναικὶ διὰ σὲ γεγενημένος, ἀλλά με δεῖ μαγγανεύειν ἐπ' αὐτὰς καὶ κρύπτειν ἐμαυτόν· αἱ δὲ τὸν μὲν ταῦρον ἢ κύκνον φιλοῦσιν, ἐμὲ δὲ ἢν ἴδωσι, τεθνᾶσιν ὑπὸ τοῦ δέους.

2 ΕΡΩΣ Εἰκότως· οὐ γὰρ φέρουσιν, ὦ Ζεῦ, θνηταὶ οὖσαι τὴν σὴν πρόσοψιν.

ΖΕΥΣ Πῶς οὖν τὸν Ἀπόλλω ὁ Βράγχος καὶ ὁ Ὑάκινθος φιλοῦσιν ;

ΕΡΩΣ Ἀλλὰ ἡ Δάφνη κἀκεῖνον ἔφευγε καίτοι κομήτην καὶ ἀγένειον ὄντα. Εἰ δ' ἐθέλεις ἐπέραστος εἶναι, μὴ ἐπίσειε τὴν αἰγίδα μηδὲ τὸν κεραυνὸν φέρε, ἀλλ' ὡς ἥδιστον ποίει σεαυτόν, ἁπαλὸν ὀφθῆναι, καθειμένος βοστρύχους, τῇ μίτρᾳ τούτους ἀνειλημμένος, πορφυρίδα ἔχε, ὑποδέου χρυσίδας, ὑπ' αὐλῷ καὶ τυμπάνοις εὔρυθμα βαῖνε, καὶ ὄψει ὅτι πλείους ἀκολουθήσουσί σοι τῶν Διονύσου Μαινάδων.

ΖΕΥΣ Ἄπαγε· οὐκ ἂν δεξαίμην ἐπέραστος εἶναι τοιοῦτος γενόμενος.

ΕΡΩΣ Οὐκοῦν, ὦ Ζεῦ, μηδὲ ἐρᾶν θέλε· ῥᾴδιον γὰρ τοῦτό γε.

ΖΕΥΣ Οὔκ, ἀλλὰ ἐρᾶν μέν, ἀπραγμονέστερον δὲ αὐτῶν ἐπιτυγχάνειν· ἐπὶ τούτοις αὐτοῖς ἀφίημί σε.

7 ΔΙΟΣ ΚΑΙ ΕΡΜΟΥ

1 ΖΕΥΣ Τὴν τοῦ Ἰνάχου παῖδα τὴν καλὴν οἶσθα, ὦ Ἑρμῆ ;

ΕΡΜΗΣ Ναί· τὴν Ἰὼ λέγεις ;

ΖΕΥΣ Οὐκέτι παῖς ἐκείνη ἐστίν, ἀλλὰ δάμαλις.

---

88. Allusion à la mort de Sémélé* qui demanda à Zeus* de se montrer à elle sous son véritable aspect : il vint avec le tonnerre et l'éclair, et elle mourut foudroyée.

je sache, été chéri par une femme grâce à toi : je dois user de magie contre elles et cacher qui je suis. C'est le taureau ou le cygne qu'elles aiment ; si elles me voient, elles meurent de peur [88].

2. ÉROS – C'est normal : étant mortelles, elles ne supportent pas ta vue.

ZEUS – Comment se fait-il donc que Branchos [89] et Hyacinthe* aiment Apollon* ?

ÉROS – Mais lui aussi a fait fuir Daphné*, malgré ses longs cheveux et son menton imberbe. Si tu veux inspirer le désir, ne brandis plus l'égide, ne porte plus la foudre, mais rends-toi le plus doux possible, prends un air tendre, laisse-toi pousser des boucles, relève-les par un bandeau, revêts une robe de pourpre, mets des chaussures dorées, marche en cadence au son de l'aulos et des tambourins, et tu te verras suivi par des soupirants plus nombreux que les Ménades* de Dionysos*.

ZEUS – Tais-toi. Je ne saurais accepter d'être désirable en devenant ainsi.

ÉROS – Alors Zeus*, ne désire pas non plus aimer. Cela au moins c'est facile.

ZEUS – Non, je veux aimer – seulement rencontrer mes amours de manière moins compliquée. En échange de cela, je te laisse partir.

7. ZEUS ET HERMÈS

ZEUS – Tu connais la belle enfant de l'Inachos, Hermès* ?

HERMÈS – Oui. Tu parles d'Io* ?

ZEUS – Eh bien, elle n'est plus une enfant, mais une génisse.

---

89. Il reçut d'Apollon* le don de divination et fonda l'oracle de Didymes. Il devint le héros de la région de Milet.

ΕΡΜΗΣ Τεράστιον τοῦτο· τῷ τρόπῳ δ᾽ ἐνηλλάγη ;

ΖΕΥΣ Ζηλοτυπήσασα ἡ Ἥρα μετέβαλεν αὐτήν. Ἀλλὰ καὶ καινὸν ἄλλο τι δεινὸν ἐπιμεμηχάνηται τῇ κακοδαίμονι· βουκόλον τινὰ πολυόμματον Ἄργον τοὔνομα ἐπέστησεν, ὃς νέμει τὴν δάμαλιν ἄϋπνος ὤν.

ΕΡΜΗΣ Τί οὖν ἡμᾶς χρὴ ποιεῖν ;

ΖΕΥΣ Καταπτάμενος ἐς τὴν Νεμέαν - ἐκεῖ δέ που ὁ Ἄργος βουκολεῖ - ἐκεῖνον ἀπόκτεινον, τὴν δὲ Ἰὼ διὰ τοῦ πελάγους ἐς τὴν Αἴγυπτον ἀγαγὼν Ἶσιν ποίησον· καὶ τὸ λοιπὸν ἔστω θεὸς τῶν ἐκεῖ καὶ τὸν Νεῖλον ἀναγέτω καὶ τοὺς ἀνέμους ἐπιπεμπέτω καὶ σῳζέτω τοὺς πλέοντας.

8 (5) ΗΡΑΣ ΚΑΙ ΔΙΟΣ

1 ΗΡΑ Ἐξ οὗ τὸ μειράκιον τοῦτο, ὦ Ζεῦ, τὸ Φρύγιον ἀπὸ τῆς Ἴδης ἁρπάσας δεῦρο ἀνήγαγες, ἔλαττόν μοι τὸν νοῦν προσέχεις.

ΖΕΥΣ Καὶ τοῦτο γάρ, ὦ Ἥρα, ζηλοτυπεῖς ἤδη ἀφελὲς οὕτω καὶ ἀλυπότατον ; ἐγὼ δὲ ᾤμην ταῖς γυναιξὶ μόναις χαλεπήν σε εἶναι, ὁπόσαι ἂν ὁμιλήσωσί μοι.

2 ΗΡΑ Οὐδ᾽ ἐκεῖνα μὲν εὖ ποιεῖς οὐδὲ πρέποντα σεαυτῷ ὃς ἁπάντων θεῶν δεσπότης ὢν ἀπολιπὼν ἐμὲ τὴν νόμῳ γαμετὴν ἐπὶ τὴν γῆν κάτει μοιχεύσων, χρυσίον ἢ σάτυρος ἢ ταῦρος γενόμενος. Πλὴν ἀλλ᾽ ἐκεῖναι μέν σοι κἂν ἐν γῇ μένουσι, τὸ δὲ τουτὶ Ἰδαῖον παιδίον ἁρπάσας ἀνέπτης, ὦ γεννιότατε ἀετῶν, καὶ συνοικεῖ ἡμῖν ἐπὶ κεφαλήν μοι ἐπαχθέν, οἰνοχοοῦν δὴ τῷ λόγῳ. Οὕτως ἠπόρεις οἰνοχόων, καὶ ἀπηγορεύκασιν ἄρα ἥ τε Ἥβη καὶ ὁ Ἥφαιστος διακο-

---

90. Doté d'un très grand nombre d'yeux, il avait été chargé par Héra* de garder Io*. Hermès* le tua. Pour immortaliser son serviteur, Héra* répandit ses yeux sur la queue du paon.

91. Voir *Dialogues marins*, 11, et la note.

92. Voir le dialogue 6, et la note.

HERMÈS – Quel prodige ! Comment s'est-elle transformée ?

ZEUS – Héra* était jalouse et l'a métamorphosée. Et maintenant elle a inventé un autre supplice inouï contre la malheureuse : elle a placé à ses côtés un bouvier aux yeux innombrables, nommé Argos[90], qui garde la génisse sans dormir.

HERMÈS – Que faut-il donc que nous fassions ?

ZEUS – Vole jusqu'à Némée – c'est là qu'Argos la garde –, et tue-le. Puis conduis Io* à travers la mer jusqu'en Égypte et fais d'elle Isis[91]. Qu'elle soit désormais une déesse pour les gens du pays, qu'elle assure la crue du Nil, commande aux vents et sauve les navigateurs.

8. (5) HÉRA ET ZEUS

1. HÉRA – Depuis que tu as enlevé de l'Ida ce jouvenceau phrygien, pour l'amener ici, tu fais moins attention à moi, Zeus*.

ZEUS – Serais-tu déjà jalouse de lui aussi, Héra* ? Il est tellement simple et inoffensif. Je croyais que tu n'en voulais qu'aux femmes qui me fréquentent.

HÉRA – En cela non plus, ta conduite n'est pas bonne ni digne de toi. Alors que tu es le maître de tous les dieux, tu me quittes, moi, ton épouse légitime, pour descendre me tromper sur terre, en te changeant en or, en satyre, ou en taureau[92]. Mais elles au moins restent sur terre, alors que ce gamin de l'Ida que tu as enlevé et hissé sur tes ailes, ô le plus noble des aigles, habite avec nous, ayant été introduit dans mon dos[93], sous prétexte

---

93. Littéralement, au-dessus de ma tête. É. Chambry voit ici une allusion à la place de l'échanson qui est au-dessus de la tête des convives pour leur servir à boire. Nous pensons plutôt à l'expression latine *supra caput*, par laquelle G. Dinsdorf traduit ἐπὶ κεφαλὴν (sans demander la permission, en passant par-dessus ma volonté).

νούμενοι ; σὺ δὲ καὶ τὴν κύλικα οὐκ ἂν ἄλλως λάβοις παρ'
αὐτοῦ ἢ φιλήσας πρότερον αὐτὸν ἁπάντων ὁρώντων, καὶ τὸ
φίλημά σοι ἥδιον τοῦ νέκταρος, καὶ διὰ τοῦτο οὐδὲ διψῶν
πολλάκις αἰτεῖς πιεῖν· ὁτὲ δὲ καὶ ἀπογευσάμενος μόνον
ἔδωκας ἐκείνῳ, καὶ πιόντος ἀπολαβὼν τὴν κύλικα ὅσον
ὑπόλοιπον ἐν αὐτῇ πίνεις, ὅθεν καὶ ὁ παῖς ἔπιε καὶ ἔνθα
προσήρμοσε τὰ χείλη, ἵνα καὶ πίνῃς ἅμα καὶ φιλῇς· πρώην
δὲ ὁ βασιλεὺς καὶ ἁπάντων πατὴρ ἀποθέμενος τὴν αἰγίδα
καὶ τὸν κεραυνὸν ἐκάθησο ἀστραγαλίζων μετ' αὐτοῦ ὁ
πώγωνα τηλικοῦτον καθειμένος. Ἅπαντα οὖν ὁρῶ ταῦτα,
ὥστε μὴ οἴου λανθάνειν.

3 ΖΕΥΣ Καὶ τί δεινόν, ὦ Ἥρα, μειράκιον οὕτω καλὸν
μεταξὺ πίνοντα καταφιλεῖν καὶ ἥδεσθαι ἀμφοῖν καὶ τῷ
φιλήματι καὶ τῷ νέκταρι ; ἢν γοῦν ἐπιτρέψω αὐτῷ κἂν
ἅπαξ φιλῆσαί σε, οὐκέτι μέμψῃ μοι προτιμότερον τοῦ
νέκταρος οἰομένῳ τὸ φίλημα εἶναι.

ΗΡΑ Παιδεραστῶν οὗτοι λόγοι. Ἐγὼ δὲ μὴ οὕτω
μανείην ὡς τὰ χείλη προσενεγκεῖν τῷ μαλθακῷ τούτῳ
Φρυγὶ οὕτως ἐκτεθηλυμένῳ.

ΖΕΥΣ Μή μοι λοιδοροῦ, ὦ γενναιοτάτη, τοῖς παιδικοῖς·
οὑτοσὶ γὰρ ὁ θηλυδρίας, ὁ βάρβαρος, ὁ μαλθακός, ἡδίων
ἐμοὶ καὶ ποθεινότερος - οὐ βούλομαι δὲ εἰπεῖν, μή σε
παροξύνω ἐπὶ πλέον.

4 ΗΡΑ Εἴθε καὶ γαμήσειας αὐτὸν ἐμοῦ γε οὕνεκα·
μέμνησο γοῦν οἷά μοι διὰ τὸν οἰνοχόον τοῦτον ἐμπαροινεῖς.

ΖΕΥΣ Οὔκ, ἀλλὰ τὸν Ἥφαιστον ἔδει τὸν σὸν υἱὸν οἰνο-
χοεῖν ἡμῖν χωλεύοντα, ἐκ τῆς καμίνου ἥκοντα, ἔτι τῶν
σπινθήρων ἀνάπλεων, ἄρτι τὴν πυράγραν ἀποτεθειμένον,
καὶ ἀπ' ἐκείνων αὐτοῦ τῶν δακτύλων λαμβάνειν ἡμᾶς τὴν

---

94. Divinité de la jeunesse éternelle, fille de Zeus* et d'Héra*, elle
épousa Héraclès*.

de nous verser à boire. Manquais-tu à ce point d'échansons ? Hébé[94] et Héphaïstos* ont-ils renoncé à nous servir ? Tu ne prends la coupe qu'il te donne qu'après lui avoir donné un baiser, sous les yeux de tous, et ce baiser te semble plus doux que le nectar*. Voilà pourquoi tu réclames souvent à boire, alors que tu n'as même pas soif. Ensuite, après y avoir seulement trempé les lèvres, tu lui tends la coupe, et quand il a bu, tu la reprends et tu bois ce qui reste, à l'endroit où l'enfant a bu et a posé ses lèvres, afin de boire et d'embrasser en même temps. L'autre jour, toi le maître et le père de tous, déposant l'égide et la foudre, tu t'es assis pour jouer aux osselets avec lui, malgré ta barbe si longue. Je vois tout cela : n'imagine pas que ton manège m'échappe.

3. ZEUS – Et quel mal y a-t-il, Héra*, à embrasser tout en buvant un garçon aussi beau, et à savourer en même temps le baiser et le nectar* ? En tout cas, si je l'autorise à t'embrasser, ne serait-ce qu'une fois, tu ne me reprocheras plus de trouver le baiser plus précieux que le nectar*.

HÉRA – Ce sont propos de pédérastes. Quant à moi, puissé-je ne pas être assez folle pour poser mes lèvres sur ce Phrygien douillet, efféminé !

ZEUS – Ma très noble amie, ne critique pas mon petit chéri : cet efféminé, ce barbare, ce douillet est plus doux et plus désirable pour moi que… Je ne veux pas continuer, de peur de t'irriter encore davantage.

HÉRA – Puisses-tu même le prendre pour épouse, pour ce que je m'en soucie. Souviens-toi, en revanche de toutes les insultes que tu m'adresses quand tu as trop bu, à cause de cet échanson.

ZEUS – Alors ce ne serait pas lui, mais Héphaïstos*, ton fils, qui devrait nous servir à boire en boitant, au sortir de la forge, encore couvert d'étincelles, parce qu'il vient de poser sa tenaille[95] ? Devrions-nous recevoir la

---

95. À la fin du livre I de l'*Iliade*, Héphaïstos* fait l'échanson et suscite les rires et les moqueries des dieux.

κύλικα καὶ ἐπισπασαμένους γε φιλῆσαι μεταξύ, ὃν οὐδ᾽
ἂν ἡ μήτηρ σὺ ἡδέως φιλήσειας ὑπὸ τῆς ἀσβόλου
κατηθαλωμένον τὸ πρόσωπον. Ἡδίω ταῦτα· οὐ γάρ ; καὶ
παρὰ πολὺ ὁ οἰνοχόος ἐκεῖνος ἔπρεπε τῷ συμποσίῳ τῶν
θεῶν, ὁ Γανυμήδης δὲ καταπεμπτέος αὖθις ἐς τὴν Ἴδην·
καθάριος γὰρ καὶ ῥοδοδάκτυλος καὶ ἐπισταμένως ὀρέγει τὸ
ἔκπωμα, καὶ ὅ σε λυπεῖ μάλιστα, καὶ φιλεῖ ἥδιον τοῦ
νέκταρος.

5 ΗΡΑ Νῦν καὶ χωλός, ὦ Ζεῦ, ὁ Ἥφαιστος καὶ οἱ δάκτυ-
λοι αὐτοῦ ἀνάξιοι τῆς σῆς κύλικος καὶ ἀσβόλου μεστός ἐστι,
καὶ ναυτιᾷς ὁρῶν αὐτόν, ἐξ ὅτου τὸν καλὸν κομήτην τοῦτον
ἡ Ἴδη ἀνέθρεψε· πάλαι δὲ οὐχ ἑώρας ταῦτα, οὐδ᾽ οἱ
σπινθῆρες οὐδὲ ἡ κάμινος ἀπέτρεπόν σε μὴ οὐχὶ πίνειν
παρ᾽ αὐτοῦ.

ΖΕΥΣ Λυπεῖς, ὦ Ἥρα, σεαυτήν, οὐδὲν ἄλλο, κἀμοὶ ἐπι-
τείνεις τὸν ἔρωτα ζηλοτυποῦσα· εἰ δὲ ἄχθῃ παρὰ παιδὸς
ὡραίου δεχομένη τὸ ἔκπωμα, σοὶ μὲν ὁ υἱὸς οἰνοχοείτω, σὺ
δέ, ὦ Γανύμηδες, ἐμοὶ μόνῳ ἀναδίδου τὴν κύλικα καὶ ἐφ᾽
ἑκάστῃ δὶς φίλει με καὶ ὅτε πλήρη ὀρέγοις κᾆτα αὖθις ὁπότε
παρ᾽ ἐμοῦ ἀπολαμβάνοις. Τί τοῦτο ; δακρύεις ; μὴ δέδιθι·
οἰμώξεται γάρ, ἤν τίς σε λυπεῖν θέλῃ.

9. ΗΡΑΣ ΚΑΙ ΔΙΟΣ

1 ΗΡΑ Τὸν Ἰξίονα τοῦτον, ὦ Ζεῦ, ποῖόν τινα τὸν
τρόπον ἡγῇ ;
ΖΕΥΣ Ἄνθρωπον εἶναι χρηστόν, ὦ Ἥρα, καὶ συμπο-
τικόν· οὐ γὰρ ἂν συνῆν ἡμῖν ἀνάξιος τοῦ συμποσίου ὤν.
ΗΡΑ Ἀλλὰ ἀνάξιός ἐστιν, ὑβριστής γε ὤν· ὥστε
μηκέτι συνέστω.

---

96. Dans certaines éditions, cette phrase est attribuée à Héra*.

coupe de ses doigts, et l'attirer à nous pour l'embrasser tout en buvant ? Lui dont même toi, sa mère, n'embrasserait pas volontiers le visage noirci par la suie. Les choses seraient plus agréables ainsi[96], n'est-ce pas ? Un tel échanson rehausse grandement le banquet des dieux. Et Ganymède* devrait être renvoyé en bas, sur l'Ida, parce qu'il est propre, qu'il a des doigts de rose, qu'il tend adroitement la coupe, et ce qui te contrarie le plus, parce que ses baisers sont plus doux que le nectar*.

5. HÉRA – Alors pour toi maintenant, Zeus*, Héphaïstos* est un boiteux, ses doigts sont indignes de tenir ta coupe, il est couvert de suie, et tu as des nausées en le voyant. Mais c'est depuis que l'Ida a nourri ce beau garçon chevelu. Tu voyais ces défauts depuis longtemps, et ni les étincelles, ni la forge ne t'empêchaient de boire ce qu'il te présentait.

ZEUS – Tu te fais du mal, Héra*, rien d'autre, et tu augmentes mon amour par ta jalousie. Si tu es fâchée de recevoir ta coupe de la main d'un bel enfant, que ton fils soit ton échanson. Quant à toi, Ganymède*, ne donne la coupe qu'à moi seul, et pour chaque coupe, embrasse-moi deux fois, en me la tendant pleine et en me la reprenant. Qu'y a-t-il ? Tu pleures ? N'aie pas peur. Il en cuira à quiconque voudra te faire de la peine.

9. (6) HÉRA ET ZEUS

1. HÉRA – Cet Ixion*, Zeus*, que penses-tu de son caractère ?

ZEUS – Que c'est un excellent homme, Héra*, et un aimable convive. Il ne vivrait pas avec nous, s'il ne méritait pas de participer au banquet.

HÉRA – Eh bien, il ne le mérite pas : c'est un insolent. Qu'il ne vive plus avec nous.

ΖΕΥΣ Τί δαὶ ὕβρισε ; χρὴ γάρ, οἶμαι, κἀμὲ εἰδέναι.

ΗΡΑ Τί γὰρ ἄλλο ; - καίτοι αἰσχύνομαι εἰπεῖν αὐτό· τοιοῦτόν ἐστιν ὃ ἐτόλμησεν.

ΖΕΥΣ Καὶ μὴν διὰ τοῦτο καὶ μᾶλλον εἴποις ἄν, ὅσῳ καὶ αἰσχροῖς ἐπεχείρησε. Μῶν δ' οὖν ἐπείρα τινά ; συνίημι γὰρ ὁποῖόν τι τὸ αἰσχρόν, ὅπερ ἂν σὺ ὀκνήσειας εἰπεῖν.

2 ΗΡΑ Αὐτὴν ἐμέ, οὐκ ἄλλην τινά, ὦ Ζεῦ, πολὺν ἤδη χρόνον. Καὶ τὸ μὲν πρῶτον ἠγνόουν τὸ πρᾶγμα, διότι ἀτενὲς ἀφεώρα εἰς ἐμέ· ὁ δὲ καὶ ἔστενε καὶ ὑπεδάκρυε, καὶ εἴ ποτε πιοῦσα παραδοίην τῷ Γανυμήδει τὸ ἔκπωμα, ὁ δὲ ᾔτει ἐν αὐτῷ ἐκείνῳ πιεῖν καὶ λαβὼν ἐφίλει μεταξὺ καὶ πρὸς τοὺς ὀφθαλμοὺς προσῆγε καὶ αὖθις ἀφεώρα ἐς ἐμέ· ταῦτα δὲ ἤδη συνίην ἐρωτικὰ ὄντα. Καὶ ἐπὶ πολὺ μὲν ᾐδούμην λέγειν πρὸς σὲ καὶ ᾤμην παύσεσθαι τῆς μανίας τὸν ἄνθρωπον· ἐπεὶ δὲ καὶ λόγους ἐτόλμησέ μοι προσενεγκεῖν, ἐγὼ μὲν ἀφεῖσα αὐτὸν ἔτι δακρύοντα καὶ προκυλινδούμενον, ἐπιφραξαμένη τὰ ὦτα, ὡς μηδὲ ἀκούσαιμι αὐτοῦ ὑβριστικὰ ἱκετεύοντος, ἀπῆλθον σοὶ φράσουσα· σὺ δὲ αὐτὸς ὅρα, ὅπως μέτει τὸν ἄνδρα.

3 ΖΕΥΣ Εὖ γε ὁ κατάρατος· ἐπ' ἐμὲ αὐτὸν καὶ μέχρι τῶν Ἥρας γάμων ; τοσοῦτον ἐμεθύσθη τοῦ νέκταρος ; ἀλλ' ἡμεῖς τούτων αἴτιοι καὶ πέρα τοῦ μετρίου φιλάνθρωποι, οἵ γε καὶ συμπότας αὐτοὺς ἐποιησάμεθα. Συγγνωστοὶ οὖν, εἰ πιόντες ὅμοια ἡμῖν καὶ ἰδόντες οὐράνια κάλλη καὶ οἷα οὔ ποτε εἶδον ἐπὶ γῆς, ἐπεθύμησαν ἀπολαῦσαι αὐτῶν ἔρωτι ἁλόντες· ὁ δ' ἔρως βίαιόν τί ἐστι καὶ οὐκ ἀνθρώπων μόνον ἄρχει, ἀλλὰ καὶ ἡμῶν αὐτῶν ἐνίοτε.

ΗΡΑ Σοῦ μὲν καὶ πάνυ οὗτός γε δεσπότης ἐστὶ καὶ ἄγει σε καὶ φέρει τῆς ῥινός, φασίν, ἕλκων, καὶ σὺ ἔπῃ αὐτῷ ἔνθα ἂν ἡγῆταί σοι, καὶ ἀλλάττῃ ῥᾳδίως ἐς ὅ τι ἂν κελεύσῃ, καὶ

ZEUS – En quoi donc s'est-il montré insolent ? À mon avis, il faut que je le sache moi aussi.

HÉRA – Qu'a-t-il fait d'autre que… J'ai honte de le dire : ce qu'il a osé est si grave.

ZEUS – Raison de plus pour parler, si sa tentative a été plus scandaleuse. A-t-il essayé de s'en prendre à quelqu'un ? Car je vois de quel genre de scandale il est question, si tu hésites à en parler.

HÉRA – Il s'agit de moi, Zeus*, et non d'une autre. Et cela dure depuis longtemps déjà. D'abord je ne comprenais pas ce qui se passait, pourquoi il me regardait fixement. Il gémissait et pleurnichait ; si parfois, après avoir bu, je rendais la coupe à Ganymède*, il demandait à boire dans cette même coupe, et quand on la lui avait donnée, il l'embrassait en buvant, l'approchait de ses yeux, puis me regardait de nouveau. J'ai compris maintenant que c'étaient des signes d'amour. Pendant longtemps, j'ai eu honte de t'en parler : je pensais que l'individu mettrait un terme à sa folie. Mais il a osé me faire des propositions. Je l'ai laissé encore pleurant et se roulant à mes pieds, je me suis bouché les oreilles, pour ne plus entendre ses supplications insolentes, et je suis venue te le dire. Toi, veille à punir cet homme.

3. ZEUS – Bravo ! Le maudit ! S'en prendre à moi et aller jusqu'à vouloir coucher avec Héra* ? Le nectar* l'a-t-il grisé à ce point ? Non, c'est notre faute, nous avons été généreux à l'excès avec les hommes, au point d'en faire nos convives. Ils sont donc excusables, si après avoir bu la même boisson que nous et avoir vu des beautés célestes telles qu'ils n'en ont jamais vues sur terre, ils ont désiré en jouir et ont été pris d'amour pour elles. Éros* est violent et commande non seulement aux hommes, mais parfois même à nous autres.

HÉRA – De toi en tout cas, il est entièrement maître : il te pille, te ruine, et te mène par le bout du nez, comme on dit. Et toi, tu le suis partout où il te

ὅλως κτῆμα καὶ παιδιὰ τοῦ ἔρωτος σύ γε· καὶ νῦν τῷ Ἰξίονι οἶδα καθότι συγγνώμην ἀπονέμεις ἄτε καὶ αὐτὸς μοιχεύσας ποτὲ αὐτοῦ τὴν γυναῖκα, ἥ σοι τὸν Πειρίθουν ἔτεκεν.

4 ΖΕΥΣ Ἔτι γὰρ σὺ μέμνησαι ἐκείνων, εἴ τι ἐγὼ ἔπαιξα εἰς γῆν κατελθών ; ἀτὰρ οἶσθα ὅ μοι δοκεῖ περὶ τοῦ Ἰξίονος ; κολάζειν μὲν μηδαμῶς αὐτὸν μηδὲ ἀπωθεῖν τοῦ συμποσίου· σκαιὸν γάρ· ἐπεὶ δὲ ἐρᾷ καὶ ὡς φὴς δακρύει καὶ ἀφόρητα πάσχει -

ΗΡΑ Τί, ὦ Ζεῦ ; δέδια γάρ, μή τι ὑβριστικὸν καὶ σὺ εἴπῃς.

ΖΕΥΣ Οὐδαμῶς· ἀλλ' εἴδωλον ἐκ νεφέλης πλασάμενοι αὐτῇ σοι ὅμοιον, ἐπειδὰν λυθῇ τὸ συμπόσιον κἀκεῖνος ἀγρυπνῇ, ὡς τὸ εἰκός, ὑπὸ τοῦ ἔρωτος, παρακατακλίνωμεν αὐτῷ φέροντες· οὕτω γὰρ ἂν παύσαιτο ἀνιώμενος οἰηθεὶς τετυχηκέναι τῆς ἐπιθυμίας.

ΗΡΑ Ἄπαγε, μὴ ὥρασιν ἵκοιτο τῶν ὑπὲρ αὑτὸν ἐπιθυμῶν.

ΖΕΥΣ Ὅμως ὑπόμεινον, ὦ Ἥρα. Ἢ τί γὰρ ἂν καὶ πάθοις δεινὸν ἀπὸ τοῦ πλάσματος, εἰ νεφέλη ὁ Ἰξίων συνέσται ;

5 ΗΡΑ Ἀλλὰ ἡ νεφέλη ἐγὼ εἶναι δόξω, καὶ τὸ αἰσχρὸν ἐπ' ἐμὲ ἥξει διὰ τὴν ὁμοιότητα.

ΖΕΥΣ Οὐδὲν τοῦτο φής· οὔτε γὰρ ἡ νεφέλη ποτὲ Ἥρα γένοιτ' ἂν οὔτε σὺ νεφέλη· ὁ δ' Ἰξίων μόνον ἐξαπατηθήσεται.

ΗΡΑ Ἀλλὰ οἱ πάντες ἄνθρωποι ἀπειρόκαλοί εἰσιν· αὐχήσει κατελθὼν ἴσως καὶ διηγήσεται ἅπασι λέγων συγγενῆσθαι τῇ Ἥρᾳ καὶ σύλλεκτρος εἶναι τῷ Διί, καί που τάχα ἐρᾶν με φήσειεν αὐτοῦ, οἱ δὲ πιστεύσουσιν οὐκ εἰδότες ὡς νεφέλη συνῆν.

---

97. Zeus* fait allusion à cette amante dans l'*Iliade*, XIV, 317-318.

98. C'est à partir des nuées que les dieux fabriquent des faux-semblants (voir *Zeus tragédien*, 17, et la note).

conduit, tu acceptes facilement toutes les métamorphoses qu'il t'impose. En un mot, tu es la chose
d'Éros*, son jouet. Et maintenant, je le sais pourquoi
tu pardonnes à Ixion* : c'est que de ton côté, tu as jadis
été l'amant de sa femme, qui t'a donné Pirithoüs [97].

4. ZEUS – Tu te souviens encore des frasques que
j'ai pu faire, quand je descendais sur terre ? Eh bien,
sais-tu quel est mon avis concernant Ixion* : ne le châtier en aucune manière et ne pas le chasser du banquet :
ce serait maladroit. Mais puisqu'il est amoureux,
puisque tu dis qu'il pleure, qu'il endure des tourments
insupportables...

HÉRA – Et alors, Zeus* ? J'ai peur que tu ne fasses
toi aussi une proposition insolente.

ZEUS – Pas du tout. Fabriquons avec une nuée [98] un
fantôme à ta ressemblance et, à la fin du banquet,
quand l'amour l'empêchera de dormir, comme on peut
l'imaginer, amenons le fantôme et couchons-le à ses
côtés. Ainsi il cesserait de se tourmenter, croyant avoir
obtenu ce qu'il désire.

HÉRA – Tais-toi ! Qu'il n'obtienne pas la satisfac-
tion de désirs qui sont au-dessus de sa condition.

ZEUS – Accepte quand même cela, Héra*. Quel mal
peut te faire le fantôme, si Ixion* couche avec une
nuée ?

5. HÉRA – Mais on pensera que la nuée, c'est moi,
et la honte rejaillira sur moi à cause de la ressemblance.

ZEUS – Ton argument ne vaut rien. Jamais la nuée
ne pourrait être Héra* ni toi une nuée. Ixion* sera le
seul à être trompé.

HÉRA – Mais les hommes sont tous si grossiers.
Quand il redescendra, il se vantera sans doute ; il racon-
tera à tout le monde qu'il a couché avec Héra* et qu'il
partage le lit de Zeus*. Il dira peut-être même que je
suis amoureuse de lui, et eux le croiront, sans savoir
qu'il couchait avec une nuée.

ΖΕΥΣ Οὐκοῦν, ἤν τι τοιοῦτον εἴπῃ, ἐς τὸν Ἅδην ἐμπεσὼν τροχῷ ἄθλιος προσδεθεὶς συμπεριενεχθήσεται μετ᾽ αὐτοῦ ἀεὶ καὶ πόνον ἄπαυστον ἕξει δίκην διδοὺς οὐ τοῦ ἔρωτος - οὐ γὰρ δεινὸν τοῦτό γε - ἀλλὰ τῆς μεγαλαυχίας.

10 ΔΙΟΣ ΚΑΙ ΓΑΝΥΜΗΔΟΥΣ

1 ΖΕΥΣ Ἄγε, ὦ Γανύμηδες - ἥκομεν γὰρ ἔνθα ἐχρῆν - φίλησόν με ἤδη, ὅπως εἰδῇς οὐκέτι ῥάμφος ἀγκύλον ἔχοντα οὐδ᾽ ὄνυχας ὀξεῖς οὐδὲ πτερά, οἷος ἐφαινόμην σοι πτηνὸς εἶναι δοκῶν.

ΓΑΝΥΜΗΔΗΣ Ἄνθρωπε, οὐκ ἀετὸς ἄρτι ἦσθα καὶ καταπτάμενος ἥρπασάς με ἀπὸ μέσου τοῦ ποιμνίου ; πῶς οὖν τὰ μὲν πτερά σοι ἐκεῖνα ἐξερρύηκε, σὺ δὲ ἄλλος ἤδη ἀναπέφηνας ;

ΖΕΥΣ ᾽Αλλ᾽ οὔτε ἄνθρωπον ὁρᾷς, ὦ μειράκιον, οὔτε ἀετόν, ὁ δὲ πάντων βασιλεὺς τῶν θεῶν οὗτός εἰμι πρὸς τὸν καιρὸν ἀλλάξας ἐμαυτόν.

ΓΑΝΥΜΗΔΗΣ Τί φής ; σὺ γὰρ εἶ ὁ Πὰν ἐκεῖνος ; εἶτα πῶς σύριγγα οὐκ ἔχεις οὐδὲ κέρατα οὐδὲ λάσιος εἶ τὰ σκέλη ;

ΖΕΥΣ Μόνον γὰρ ἐκεῖνον ἡγῇ θεόν ;

ΓΑΝΥΜΗΔΗΣ Ναί· καὶ θύομέν γε αὐτῷ ἔνορχιν τράγον ἐπὶ τὸ σπήλαιον ἄγοντες, ἔνθα ἕστηκε· σὺ δὲ ἀνδραποδιστής τις εἶναί μοι δοκεῖς.

2 ΖΕΥΣ Εἰπέ μοι, Διὸς δὲ οὐκ ἤκουσας ὄνομα οὐδὲ βωμὸν εἶδες ἐν τῷ Γαργάρῳ τοῦ ὕοντος καὶ βροντῶντος καὶ ἀστραπὰς ποιοῦντος ;

---

99. Lucien modifie subtilement la légende. Zeus*, ce grand amoureux, n'éprouve qu'indulgence pour l'amour d'Ixion* : il punit seulement son insolence.

100. Flûte de Pan.

101. Sur la grotte de Pan* au pied de l'Acropole, voir le dialogue 2, 3 et *La Double Accusation ou les Tribunaux*, 9, où est évoqué le sacrifice du bouc entier. Lucien imagine un lieu et un rituel identiques sur le mont Ida.

ZEUS – Eh bien, s'il tient le moindre propos de ce genre, le misérable sera jeté dans l'Hadès, attaché à une roue sur laquelle il tournera sans cesse et il subira un châtiment éternel, puni non de son amour – cela n'a rien de scandaleux [99] –, mais de sa vantardise.

10. (4) ZEUS ET GANYMÈDE

1. ZEUS – Allons, Ganymède*, puisque nous voici arrivés à destination, embrasse-moi maintenant : tu constateras que je n'ai plus un bec crochu ni des serres pointues, ni des ailes, tel que tu me voyais quand j'avais l'air d'être un oiseau.

GANYMÈDE – Mais Monsieur, n'étais tu pas à l'instant un aigle, qui a fondu sur moi et m'a enlevé du milieu de mon troupeau ? Comment se fait-il donc que les ailes que tu avais soient tombées, et que tu aies maintenant une autre forme ?

ZEUS – Ce n'est pas un homme que tu vois, mon garçon, ni un aigle, mais le roi de tous les dieux : je m'étais métamorphosé pour l'occasion.

GANYMÈDE – Que dis-tu ? Tu es le fameux Pan* ? Mais alors, pourquoi n'as-tu pas de syrinx [100] ni de cornes, ni de jambes velues ?

ZEUS – Parce que tu penses que ce dieu-là est le seul ?

GANYMÈDE – Oui, et nous lui sacrifions un bouc non castré que nous amenons à la grotte où il se tient [101]. Toi, tu ressembles à un voleur d'enfants [102].

2. ZEUS – Dis-moi, n'as-tu pas entendu le nom de Zeus* ? N'as-tu pas vu sur le Gargaros [103] l'autel de celui qui fait tomber la pluie, tonne et fabrique les éclairs ?

---

102. Littéralement : quelqu'un qui réduit les gens en esclavage pour les vendre. Voir *Dialogues marins*, 8, 3.
103. Le plus haut sommet du mont Ida.

ΓΑΝΥΜΗΔΗΣ Σύ, ὦ βέλτιστε, φὴς εἶναι, ὃς πρῴην κατέχεας ἡμῖν τὴν πολλὴν χάλαζαν, ὁ οἰκεῖν ὑπεράνω λεγόμενος, ὁ ποιῶν τὸν ψόφον, ᾧ τὸν κριὸν ὁ πατὴρ ἔθυσεν ; εἶτα τί ἀδικήσαντά με ἀνήρπασας, ὦ βασιλεῦ τῶν θεῶν ; τὰ δὲ πρόβατα ἴσως οἱ λύκοι διαρπάσονται ἤδη ἐρήμοις ἐπιπεσόντες.

ΖΕΥΣ Ἔτι γὰρ μέλει σοι τῶν προβάτων ἀθανάτῳ γεγε-νημένῳ καὶ ἐνταῦθα συνεσομένῳ μεθ' ἡμῶν ;

ΓΑΝΥΜΗΔΗΣ Τί λέγεις ; οὐ γὰρ κατάξεις με ἤδη ἐς τὴν Ἴδην τήμερον ;

ΖΕΥΣ Οὐδαμῶς· ἐπεὶ μάτην ἀετὸς ἂν εἴην ἀντὶ θεοῦ γεγενημένος.

ΓΑΝΥΜΗΔΗΣ Οὐκοῦν ἐπιζητήσει με ὁ πατὴρ καὶ ἀγα-νακτήσει μὴ εὑρίσκων, καὶ πληγὰς ὕστερον λήψομαι κατα-λιπὼν τὸ ποίμνιον.

ΖΕΥΣ Ποῦ γὰρ ἐκεῖνος ὄψεταί σε ;

ΓΑΝΥΜΗΔΗΣ Μηδαμῶς· ποθῶ γὰρ ἤδη αὐτόν. Εἰ δὲ ἀπάξεις με, ὑπισχνοῦμαί σοι καὶ ἄλλον παρ' αὐτοῦ κριὸν τυθήσεσθαι λύτρα ὑπὲρ ἐμοῦ. Ἔχομεν δὲ τὸν τριετῆ, τὸν μέγαν, ὃς ἡγεῖται πρὸς τὴν νομήν.

3 ΖΕΥΣ Ὡς ἀφελὴς ὁ παῖς ἐστι καὶ ἁπλοϊκὸς καὶ αὐτὸ δὴ τοῦτο παῖς ἔτι – ἀλλ', ὦ Γανύμηδες, ἐκεῖνα μὲν πάντα χαίρειν ἔα καὶ ἐπιλάθου αὐτῶν, τοῦ ποιμνίου καὶ τῆς Ἴδης. Σὺ δὲ – ἤδη γὰρ ἐπουράνιος εἶ - πολλὰ εὖ ποιήσεις ἐντεῦθεν καὶ τὸν πατέρα καὶ πατρίδα, καὶ ἀντὶ μὲν τυροῦ καὶ γάλακ-τος ἀμβροσίαν ἔδῃ καὶ νέκταρ πίῃ· τοῦτο μέντοι καὶ τοῖς ἄλλοις ἡμῖν αὐτὸς παρέξεις ἐγχέων· τὸ δὲ μέγιστον, οὐκέτι ἄνθρωπος, ἀλλ'ἀθάνατος γενήσῃ, καὶ ἀστέρα σου φαίνεσθαι ποιήσω κάλλιστον, καὶ ὅλως εὐδαίμων ἔσῃ.

ΓΑΝΥΜΗΔΗΣ Ἢν δὲ παίζειν ἐπιθυμήσω, τίς συμ-παίξεταί μοι ; ἐν γὰρ τῇ Ἴδῃ πολλοὶ ἡλικιῶται ἦμεν.

---

104. Comme tous ceux qui deviennent dieux (voir *Assemblée des dieux*, 5), Ganymède* a une constellation dans le ciel : c'est celle d'Aquarius, le Verseau.

GANYMÈDE – Veux-tu dire, seigneur, que c'est toi qui nous as envoyé l'autre jour cette grosse grêle, toi qui habites là-haut, à ce qu'on raconte, toi qui fais le tapage, et à qui mon père a sacrifié le bélier ? Alors, qu'est-ce que j'ai fait de mal pour que tu m'aies enlevé, roi des dieux ? Les loups vont peut-être attaquer mes moutons et les tailler en pièces, pendant qu'ils sont seuls.

ZEUS – Tu te soucies encore de tes moutons, alors que tu es devenu immortel et que tu vas vivre ici avec nous ?

GANYMÈDE – Que dis-tu ? Tu ne vas pas me ramener sur l'Ida dans un moment, aujourd'hui ?

ZEUS – Pas du tout. Sinon ce serait pour rien que je me serais changé de dieu en aigle.

GANYMÈDE – Alors mon père me cherchera, il se fâchera de ne pas me trouver et, plus tard, je serai battu pour avoir abandonné le troupeau.

ZEUS – Où donc te trouvera-t-il ?

GANYMÈDE – Ne fais pas cela. Je me languis déjà de lui. Si tu me ramènes, je te promets qu'il te sacrifiera un autre bélier pour prix de ma libération. Nous avons celui qui a trois ans, le grand, qui mène les autres au pâturage.

3. ZEUS – Comme ce petit est naïf et simple ! On voit bien que c'est encore un enfant ! Allons, Ganymède*, dis adieu à toutes ces choses, et oublie-les, le troupeau et le mont Ida. Puisque tu es déjà un habitant du ciel, c'est d'ici que tu combleras de bienfaits ton père et ta patrie. Au lieu de fromage et de lait, tu mangeras de l'ambroisie* et tu boiras du nectar* – cette boisson, c'est toi qui nous la présenteras et nous la verseras. Et le plus important, tu ne seras plus un homme, mais tu deviendras un immortel. Je donnerai à ton astre [104] le plus bel aspect. En un mot, tu seras bienheureux.

GANYMÈDE – Mais si j'ai envie de jouer, qui jouera avec moi ? Sur l'Ida nous étions beaucoup de garçons du même âge.

ΖΕΥΣ Ἔχεις κἀνταῦθα τὸν συμπαιξόμενόν σοι τουτονὶ τὸν Ἔρωτα καὶ ἀστραγάλους μάλα πολλούς. Θάρρει μόνον καὶ φαιδρὸς ἴσθι καὶ μηδὲν ἐπιπόθει τῶν κάτω.

4 ΓΑΝΥΜΗΔΗΣ Τί δαὶ ὑμῖν χρήσιμος ἂν γενοίμην ; ἢ ποιμαίνειν δεήσει κἀνταῦθα ;

ΖΕΥΣ Οὔκ, ἀλλ' οἰνοχοήσεις καὶ ἐπὶ τοῦ νέκταρος τετάξῃ καὶ ἐπιμελήσῃ τοῦ συμποσίου.

ΓΑΝΥΜΗΔΗΣ Τοῦτο μὲν οὐ χαλεπόν· οἶδα γὰρ ὡς χρὴ ἐγχέαι τὸ γάλα καὶ ἀναδοῦναι τὸ κισσύβιον.

ΖΕΥΣ Ἰδού, πάλιν οὗτος γάλακτος μνημονεύει καὶ ἀνθρώποις διακονήσεσθαι οἴεται· ταυτὶ δ' ὁ οὐρανός ἐστι, καὶ πίνομεν, ὥσπερ ἔφην, τὸ νέκταρ.

ΓΑΝΥΜΗΔΗΣ Ἥδιον, ὦ Ζεῦ, τοῦ γάλακτος ;

ΖΕΥΣ Εἴσῃ μετ' ὀλίγον καὶ γευσάμενος οὐκέτι ποθήσεις τὸ γάλα.

ΓΑΝΥΜΗΔΗΣ Κοιμήσομαι δὲ ποῦ τῆς νυκτός ; ἢ μετὰ τοῦ ἡλικιώτου Ἔρωτος ;

ΖΕΥΣ Οὔκ, ἀλλὰ διὰ τοῦτό σε ἀνήρπασα, ὡς ἅμα καθεύδοιμεν.

ΓΑΝΥΜΗΔΗΣ Μόνος γὰρ οὐκ ἂν δύναιο, ἀλλὰ ἥδιόν σοι καθεύδειν μετ' ἐμοῦ ;

ΖΕΥΣ Ναί, μετά γε τοιούτου οἷος εἶ σύ, Γανύμηδες, οὕτω καλός.

5 ΓΑΝΥΜΗΔΗΣ Τί γάρ σε πρὸς τὸν ὕπνον ὀνήσει τὸ κάλλος ;

ΖΕΥΣ Ἔχει τι θέλγητρον ἡδὺ καὶ μαλακώτερον ἐπάγει αὐτόν.

ΓΑΝΥΜΗΔΗΣ Καὶ μὴν ὅ γε πατὴρ ἤχθετό μοι συγκαθεύδοντι καὶ διηγεῖτο ἕωθεν, ὡς ἀφεῖλον αὐτοῦ τὸν ὕπνον στρεφόμενος καὶ λακτίζων καί τι φθεγγόμενος μεταξὺ

---

105. APOLLONIOS DE RHODES, *Argonautiques*, III, 114-118, décrit une partie d'osselets entre Ganymède* et Éros*, lequel dupe habilement son adversaire maladroit.

ZEUS – Ici aussi, tu auras un compagnon de jeu, Éros* que voici, et beaucoup d'osselets [105]. Prends courage seulement, sois gai, et ne regrette rien de ce qui est en bas.

4. GANYMÈDE – À quoi pourrais-je donc vous être utile ? Faudra-t-il que je garde les bêtes ici également ?

ZEUS – Non, tu seras échanson : tu seras préposé au nectar*, et tu t'occuperas du banquet.

GANYMÈDE – Ce n'est pas difficile : je sais comment il faut verser le lait et faire passer la jatte [106].

ZEUS – Le voilà encore à rappeler son lait : il croit qu'il va servir des hommes. Ici, c'est le ciel, et ce que nous buvons, je l'ai dit, c'est du nectar*.

GANYMÈDE – Est-ce meilleur que le lait, Zeus* ?

ZEUS – Tu le sauras bientôt, et quand tu l'auras goûté, tu ne regretteras plus le lait.

GANYMÈDE – Et la nuit, je dormirai où ? Avec mon camarade Éros* ?

ZEUS – Non. C'est précisément la raison pour laquelle je t'ai enlevé : pour que nous dormions ensemble.

GANYMÈDE – Ne pourrais-tu pas dormir seul ? Trouves-tu plus agréable de dormir avec moi ?

ZEUS – Oui, si c'est avec un aussi beau garçon que toi, Ganymède*.

5. GANYMÈDE – En quoi la beauté t'aidera-t-elle à dormir ?

ZEUS – Elle a une douceur envoûtante et amène un sommeil plus doux.

GANYMÈDE – Pourtant mon père se fâchait contre moi quand je couchais avec lui. Le matin, il racontait que je l'avais empêché de dormir, à force de me tourner,

---

106. Il s'agit d'une coupe rustique, mentionnée par Homère à propos des Cyclopes* (*Odyssée*, IX, 346) et du porcher Eumée (*Odyssée*, XIV, 78) : le rapport avec la racine du mot κισσός (lierre) n'est pas établi.

ὁπότε καθεύδοιμι· ὥστε παρὰ τὴν μητέρα ἔπεμπέ με κοι-
μησόμενον ὡς τὰ πολλά. Ὥρα δή σοι, εἰ διὰ τοῦτο, ὡς φής,
ἀνήρπασάς με, καταθεῖναι αὖθις εἰς τὴν γῆν, ἢ πράγματα
ἕξεις ἀγρυπνῶν· ἐνοχλήσω γάρ σε συνεχῶς στρεφόμενος.

ΖΕΥΣ Τοῦτ᾽ αὐτό μοι τὸ ἥδιστον ποιήσεις, εἰ
ἀγρυπνήσαιμι μετὰ σοῦ φιλῶν πολλάκις καὶ περιπτύσσων.

ΓΑΝΥΜΗΔΗΣ Αὐτὸς ἂν εἰδείης· ἐγὼ δὲ κοιμήσομαι
σοῦ καταφιλοῦντος.

ΖΕΥΣ Εἰσόμεθα τότε ὃ πρακτέον. Νῦν δὲ ἄπαγε αὐτόν,
ὦ Ἑρμῆ, καὶ πιόντα τῆς ἀθανασίας ἄγε οἰνοχοήσοντα ἡμῖν
διδάξας πρότερον ὡς χρὴ ὀρέγειν τὸν σκύφον.

11 ΗΦΑΙΣΤΟΥ ΚΑΙ ΑΠΟΛΛΩΝΟΣ

1 ΗΦΑΙΣΤΟΣ Ἑώρακας, ὦ Ἄπολλον, τὸ τῆς Μαίας
βρέφος τὸ ἄρτι τεχθέν, ὡς καλόν τέ ἐστι καὶ προσγελᾷ πᾶσι
καὶ δηλοῖ ἤδη μέγα τι ἀγαθὸν ἀποβησόμενον ;

ΑΠΟΛΛΩΝ Ἐκεῖνο τὸ βρέφος, ὦ Ἥφαιστε, ἢ μέγα
ἀγαθόν, ὃ τοῦ Ἰαπετοῦ πρεσβύτερόν ἐστιν ὅσον ἐπὶ τῇ
πανουργίᾳ ;

ΗΦΑΙΣΤΟΣ Καὶ τί ἂν ἀδικῆσαι δύναιτο ἀρτίτοκον ὄν ;

ΑΠΟΛΛΩΝ Ἐρώτα τὸν Ποσειδῶνα, οὗ τὴν τρίαιναν
ἔκλεψεν, ἢ τὸν Ἄρη· καὶ τούτου γὰρ ἐξείλκυσε λαθὸν ἐκ
τοῦ κολεοῦ τὸ ξίφος, ἵνα μὴ ἐμαυτὸν λέγω, ὃν ἀφώπλισε τοῦ
τόξου καὶ τῶν βελῶν.

2. ΗΦΑΙΣΤΟΣ Τὸ νεογνὸν ταῦτα, ὃ μόλις ἕστηκε, τὸ ἐν
τοῖς σπαργάνοις ;

ΑΠΟΛΛΩΝ Εἴσῃ, ὦ Ἥφαιστε, ἤν σοι προσέλθῃ μόνον.

ΗΦΑΙΣΤΟΣ Καὶ μὴν προσῆλθεν ἤδη.

---

107. Tout le dialogue, notamment l'évocation de la lyre, fabri-
quée à partir de la carapace d'une tortue morte, est inspiré de
l'*Hymne homérique à Hermès*.

de donner des coups de pied et de parler dans mon sommeil : pour cette raison, il m'envoyait le plus souvent
dormir près de ma mère. Donc, si tu m'as enlevé pour
cela, comme tu dis, il est temps que tu me reposes sur
la terre. Sinon, tu souffriras d'insomnies, car je te
dérangerai en me tournant sans cesse.

ZEUS – C'est ce que tu pourras me faire de plus
agréable : me forcer à rester éveillé avec toi, à t'embrasser et t'enlacer sans cesse.

GANYMÈDE – À toi de voir. Moi, je dormirai pendant que tu m'embrasseras.

ZEUS – Nous saurons alors ce qu'il faut faire. Pour
le moment, emmène-le, Hermès*, et quand il aura bu
l'immortalité, ramène-le pour qu'il soit notre échanson,
après lui avoir appris comment il faut tendre la coupe.

11. (7) HÉPHAÏSTOS ET APOLLON [107]

1. HÉPHAÏSTOS – Apollon*, tu as vu le bébé de
Maïa* ? Il vient de naître. Comme il est beau. Comme
il sourit à tout le monde. On voit déjà qu'il sera un
grand bienfait.

APOLLON – Ce bébé, un grand bienfait, Héphaïstos* ? Il est plus vieux que Japet*, pour la fourberie.

HÉPHAÏSTOS – Que pourrait-il faire de mal ? Il
vient de naître.

APOLLON – Demande à Poséidon*, dont il a volé
le trident. Ou à Arès*, dont il a retiré l'épée du four-
reau, sans se faire voir. Ne parlons pas de moi : il m'a
dépouillé de mon arc et de mes flèches.

HÉPHAÏSTOS – Quoi ? Ce nouveau-né qui tient à
peine debout, qui est encore dans les langes ?

APOLLON – Tu t'en rendras compte, Héphaïstos*,
pour peu qu'il vienne près de toi.

HÉPHAÏSTOS – Il est déjà venu.

ΑΠΟΛΛΩΝ Τί οὖν ; πάντα ἔχεις τὰ ἐργαλεῖα καὶ οὐδὲν ἀπόλωλεν αὐτῶν ;

ΗΦΑΙΣΤΟΣ Πάντα, ὦ Ἄπολλον.

ΑΠΟΛΛΩΝ Ὅμως ἐπίσκεψαι ἀκριβῶς.

ΗΦΑΙΣΤΟΣ Μὰ Δία, τὴν πυράγραν οὐχ ὁρῶ.

ΑΠΟΛΛΩΝ Ἀλλ' ὄψει που ἐν τοῖς σπαργάνοις αὐτὴν τοῦ βρέφους.

ΗΦΑΙΣΤΟΣ Οὕτως ὀξύχειρ ἐστὶ καθάπερ ἐν τῇ γαστρὶ ἐκμελετήσας τὴν κλεπτικήν ;

3 ΑΠΟΛΛΩΝ Οὐ γὰρ ἤκουσας αὐτοῦ καὶ λαλοῦντος ἤδη στωμύλα καὶ ἐπίτροχα· ὁ δὲ καὶ διακονεῖσθαι ἡμῖν ἐθέλει. Χθὲς δὲ προκαλεσάμενος τὸν Ἔρωτα κατεπάλαισεν εὐθὺς οὐκ οἶδ' ὅπως ὑφελὼν τὼ πόδε· εἶτα μεταξὺ ἐπαινούμενος τῆς Ἀφροδίτης μὲν τὸν κεστὸν ἔκλεψε προσπτυξαμένης αὐτὸν ἐπὶ τῇ νίκῃ, τοῦ Διὸς δὲ γελῶντος ἔτι τὸ σκῆπτρον· εἰ δὲ μὴ βαρύτερος ὁ κεραυνὸς ἦν καὶ πολὺ τὸ πῦρ εἶχε, κἀκεῖνον ἂν ὑφείλετο.

ΗΦΑΙΣΤΟΣ Ὑπέρδριμύν τινα τὸν παῖδα φῇς.

ΑΠΟΛΛΩΝ Οὐ μόνον, ἀλλ' ἤδη καὶ μουσικόν.

ΗΦΑΙΣΤΟΣ Τῷ τοῦτο τεκμαίρεσθαι ἔχεις ;

4 ΑΠΟΛΛΩΝ Χελώνην που νεκρὰν εὑρὼν ὄργανον ἀπ' αὐτῆς συνεπήξατο· πήχεις γὰρ ἐναρμόσας καὶ ζυγώσας, ἔπειτα κολλάβους ἐμπήξας καὶ μαγάδιον ὑποθεὶς καὶ ἐντεινάμενος ἑπτὰ χορδὰς μελῳδεῖ πάνυ γλαφυρόν, ὦ Ἥφαιστε, καὶ ἐναρμόνιον, ὡς κἀμὲ αὐτῷ φθονεῖν πάλαι κιθαρίζειν ἀσκοῦντα. Ἔλεγε δὲ ἡ Μαῖα, ὡς μηδὲ μένοι τὰς νύκτας ἐν τῷ οὐρανῷ, ἀλλ' ὑπὸ περιεργίας ἄχρι τοῦ ᾅδου κάτίοι, κλέψων τι κἀκεῖθεν δηλαδή. Ὑπόπτερος δ' ἐστὶ καὶ ῥάβδον τινὰ πεποίηται θαυμασίαν τὴν δύναμιν, ᾗ ψυχαγωγεῖ καὶ κατάγει τοὺς νεκρούς.

---

108. Voir le *Jugement des déesses*, 10, et la note.

APOLLON – Et alors ? Tu as tous tes outils ? Aucun n'a disparu ?

HÉPHAÏSTOS – Je les ai tous, Apollon*.

APOLLON – Vérifie quand même soigneusement.

HÉPHAÏSTOS – Par Zeus*, je ne vois pas la tenaille.

APOLLON – Tu la trouveras quelque part dans les langes du bébé.

HÉPHAÏSTOS – Il a la main agile, à croire qu'il s'est entraîné à voler dans le ventre de sa mère.

3. APOLLON – Et tu n'as pas encore entendu son babil déjà gracieux et volubile. Il veut aussi se mettre à notre service. Hier, il a défié Éros* à la lutte et l'a renversé aussitôt par je ne sais quel croc-en-jambe. Puis, pendant qu'on le félicitait, il a volé la ceinture d'Aphrodite* [108], qui l'embrassait pour sa victoire et, tandis que Zeus* riait, il a pris aussi le sceptre. Si la foudre n'avait pas été trop lourde et pleine de feu, il l'aurait volée elle aussi.

HÉPHAÏSTOS – Il est extraordinairement vif, cet enfant dont tu parles.

APOLLON – Pas seulement ; c'est déjà aussi un musicien.

HÉPHAÏSTOS – Qu'est-ce qui te permet de le supposer ?

APOLLON – Il a trouvé quelque part une tortue morte et en a fait un instrument. Il lui a adapté des montants, les a réunis par une barre ; puis il y a fixé des chevilles, a mis dessous un chevalet, et a tendu sept cordes. Il joue avec beaucoup d'habileté et d'harmonie, Héphaïstos*, au point de me rendre jaloux moi-même, alors que je m'exerce à la cithare depuis longtemps. Maïa* me disait qu'il ne restait même pas la nuit dans le ciel, mais que poussé par la curiosité, il descendait jusque dans l'Hadès*, évidemment pour voler, là aussi, quelque chose. Il a des ailes, et il s'est fabriqué une baguette à la puissance extraordinaire, avec laquelle il guide les âmes et fait descendre les morts.

ΗΦΑΙΣΤΟΣ Ἐγὼ ἐκείνην ἔδωκα αὐτῷ παίγνιον εἶναι.

ΑΠΟΛΛΩΝ Τοιγαροῦν ἀπέδωκέ σοι τὸν μισθόν, τὴν πυάγραν –

ΗΦΑΙΣΤΟΣ Εὖ γε ὑπέμνησας· ὥστε βαδιοῦμαι ἀποληψόμενος αὐτήν, εἴ που ὡς φὴς εὑρεθείη ἐν τοῖς σπαργάνοις.

12 (9) ΠΟΣΕΙΔΩΝΟΣ ΚΑΙ ΕΡΜΟΥ

1 **ΠΟΣΕΙΔΩΝ** Ἔστιν, ὦ Ἑρμῆ, νῦν ἐντυχεῖν τῷ Διί ;

ΕΡΜΗΣ Οὐδαμῶς, ὦ Πόσειδον.

ΠΟΣΕΙΔΩΝ Ὅμως προσάγγειλον αὐτῷ.

ΕΡΜΗΣ Μὴ ἐνόχλει, φημί· ἄκαιρον γάρ ἐστιν, ὥστε οὐκ ἂν ἴδοις αὐτὸν ἐν τῷ παρόντι.

ΠΟΣΕΙΔΩΝ Μῶν τῇ Ἥρᾳ σύνεστιν ;

ΕΡΜΗΣ Οὔκ, ἀλλ' ἑτεροῖόν τί ἐστιν.

ΠΟΣΕΙΔΩΝ Συνίημι· ὁ Γανυμήδης ἔνδον.

ΕΡΜΗΣ Οὐδὲ τοῦτο· ἀλλὰ μαλακῶς ἔχει αὐτός.

ΠΟΣΕΙΔΩΝ Πόθεν, ὦ Ἑρμῆ ; δεινὸν γὰρ τοῦτο φής.

ΕΡΜΗΣ Αἰσχύνομαι εἰπεῖν, τοιοῦτόν ἐστιν.

ΠΟΣΕΙΔΩΝ Ἀλλὰ οὐ χρὴ πρὸς ἐμὲ θεῖόν γε ὄντα.

ΕΡΜΗΣ Τέτοκεν ἀρτίως, ὦ Πόσειδον.

ΠΟΣΕΙΔΩΝ Ἄπαγε, τέτοκεν ἐκεῖνος ; ἐκ τίνος ; οὐκοῦν ἐλελήθει ἡμᾶς ἀνδρόγυνος ὤν ; ἀλλὰ οὐδὲ ἐπεσήμανεν ἡ γαστὴρ αὐτῷ ὄγκον τινά.

ΕΡΜΗΣ Εὖ λέγεις· οὐ γὰρ ἐκείνη εἶχε τὸ ἔμβρυον.

ΠΟΣΕΙΔΩΝ Οἶδα· ἐκ τῆς κεφαλῆς ἔτεκεν αὖθις ὥσπερ τὴν Ἀθηνᾶν· τοκάδα γὰρ τὴν κεφαλὴν ἔχει.

HÉPHAÏSTOS – C'est moi qui la lui ai donnée comme jouet.

APOLLON – Voilà comment il t'a remercié : avec la tenaille…

HÉPHAÏSTOS – Tu fais bien de me la rappeler Je vais la reprendre, si je la trouve quelque part dans ses langes, comme tu le dis.

12. (9) POSÉIDON ET HERMÈS

1. POSÉIDON – Hermès*, est-il possible de rencontrer Zeus* maintenant ?

HERMÈS – Non, Poséidon*.

POSÉIDON – Annonce-moi quand même à lui.

HERMÈS – N'insiste pas, je te dis. Ce n'est pas le moment : tu ne pourrais le voir maintenant.

POSÉIDON – Il est avec Héra* ?

HERMÈS – Non, c'est autre chose.

POSÉIDON – Je comprends : Ganymède* est à l'intérieur.

HERMÈS – Ce n'est pas cela non plus. Il est souffrant.

POSÉIDON – De quoi souffre-t-il, Hermès* ? C'est terrible, ce que tu dis.

HERMÈS – J'ai honte de le dire : c'est tellement grave.

POSÉIDON – Il ne faut pas avoir honte devant moi : je suis ton oncle.

HERMÈS – Il vient d'accoucher, Poséidon*.

POSÉIDON – Tais-toi. Il a accouché, lui ? De qui ? Était-il donc androgyne, sans que nous le sachions ? Mais on n'a vu aucun gonflement dans son ventre.

HERMÈS – Tu as raison. Ce n'est pas là qu'il portait l'embryon.

POSÉIDON – Je sais. Il a accouché de nouveau par la tête, comme pour Athéna* : il a une tête féconde.

ΕΡΜΗΣ Οὔκ, ἀλλὰ ἐν τῷ μηρῷ ἐκύει τὸ τῆς Σεμέλης βρέφος.

ΠΟΣΕΙΔΩΝ Εὖ γε ὁ γενναῖος, ὡς ὅλος ἡμῖν κυοφορεῖ καὶ πανταχόθι τοῦ σώματος. Ἀλλὰ τίς ἡ Σεμέλη ἐστί ;

2 ΕΡΜΗΣ Θηβαία, τῶν Κάδμου θυγατέρων μία. Ταύτῃ συνελθὼν ἐγκύμονα ἐποίησεν.

ΠΟΣΕΙΔΩΝ Εἶτα ἔτεκεν, ὦ Ἑρμῆ, ἀντ' ἐκείνης ;

ΕΡΜΗΣ Καὶ μάλα, εἰ καὶ παράδοξον εἶναί σοι δοκεῖ· τὴν μὲν γὰρ Σεμέλην ὑπελθοῦσα ἡ Ἥρα - οἶσθα ὡς ζηλότυπός ἐστι - πείθει αἰτῆσαι παρὰ τοῦ Διὸς μετὰ βροντῶν καὶ ἀστραπῶν ἥκειν παρ' αὐτήν· ὡς δὲ ἐπείσθη καὶ ἧκεν ἔχων καὶ τὸν κεραυνόν, ἀνεφλέγη ὁ ὄροφος, καὶ ἡ Σεμέλη μὲν διαφθείρεται ὑπὸ τοῦ πυρός, ἐμὲ δὲ κελεύει ἀνατεμόντα τὴν γαστέρα τῆς γυναικὸς ἀνακομίσαι ἀτελὲς ἔτι αὐτῷ τὸ ἔμβρυον ἑπτάμηνον· καὶ ἐπειδὴ ἐποίησα, διελὼν τὸν ἑαυτοῦ μηρὸν ἐντίθησιν, ὡς ἀποτελεσθείη ἐνταῦθα, καὶ νῦν τρίτῳ ἤδη μηνὶ ἐξέτεκεν αὐτὸ καὶ μαλακῶς ἀπὸ τῶν ὠδίνων ἔχει.

ΠΟΣΕΙΔΩΝ Νῦν οὖν ποῦ τὸ βρέφος ἐστίν ;

ΕΡΜΗΣ Ἐς τὴν Νῦσαν ἀποκομίσας παρέδωκα ταῖς Νύμφαις ἀνατρέφειν Διόνυσον αὐτὸν ἐπονομασθέντα.

ΠΟΣΕΙΔΩΝ Οὐκοῦν ἀμφότερα τοῦ Διονύσου τούτου καὶ μήτηρ καὶ πατὴρ ὁ ἀδελφός ἐστιν ;

ΕΡΜΗΣ Ἔοικεν. Ἄπειμι δ' οὖν ὕδωρ αὐτῷ πρὸς τὸ τραῦμα οἴσων καὶ τὰ ἄλλα ποιήσων ἃ νομίζεται ὥσπερ λεχοῖ.

---

109. Les Anciens considéraient que la grossesse durait dix mois (dans la mesure où l'enfant naît après neuf mois révolus, donc au début du dixième).

110. Selon certaines traditions, Dionysos* fut d'abord confié à sa tante maternelle Ino*. Mais Héra*, l'ayant appris, la frappa de folie ainsi que son mari Athamas, et elle se jeta dans la mer. Zeus* envoya alors le nourrisson à Nysa, lieu mythique que les Anciens

HERMÈS – Non. C'était dans la cuisse qu'il portait le bébé de Sémélé*.

POSÉIDON – Bravo ! Quel noble personnage ! C'est dans toute sa personne, sur toutes les parties de son corps qu'il porte les enfants. Mais qui est Sémélé* ?

2. HERMÈS – Une Thébaine, une des filles de Cadmos*. Il s'est uni à elle et l'a fécondée.

POSÉIDON – Et ensuite, Hermès*, il a accouché à sa place ?

HERMÈS – Parfaitement, aussi extraordinaire que cela te paraisse. Héra* – tu sais comme elle est jalouse – a circonvenu Sémélé* et l'a poussée à demander à Zeus* de venir la voir avec le tonnerre et les éclairs. Il a accepté, et quand il est venu avec la foudre, le toit s'est enflammé, et Sémélé* a péri dans l'incendie. Il m'a ordonné d'ouvrir le ventre de la femme et de lui apporter l'embryon encore inachevé, âgé de sept mois. Je l'ai fait ; alors il a entaillé sa propre cuisse, et l'y a placé, pour qu'il achève sa croissance à l'intérieur. Et maintenant, c'est déjà le troisième mois [109], il l'a mis au monde, et il est souffrant, à la suite des douleurs.

POSÉIDON – Où est donc le bébé, maintenant ?

HERMÈS – Je l'ai emporté à Nysa et confié aux nymphes [110] pour qu'elles le nourrissent : il a été nommé Dionysos*.

POSÉIDON – Donc Zeus* est à la fois père et mère de ce Dionysos* ?

HERMÈS. Apparemment. Je vais chercher de l'eau pour sa blessure, et lui donner tous les soins habituels comme à une accouchée.

_____

situaient généralement en Asie, sans vraiment s'accorder sur sa situation précise, certains autres en Éthiopie. Le dieu aurait alors été transformé en chevreau. Les nymphes qui le nourrirent formèrent plus tard la constellation des Hyades.

13 (8) ΗΦΑΙΣΤΟΥ ΚΑΙ ΔΙΟΣ

1 **ΗΦΑΙΣΤΟΣ** Τί με, ὦ Ζεῦ, δεῖ ποιεῖν ; ἥκω γάρ, ὡς ἐκέλευσας, ἔχων τὸν πέλεκυν ὀξύτατον, εἰ καὶ λίθους δέοι μιᾷ πληγῇ διατεμεῖν.

ΖΕΥΣ Εὖ γε, ὦ Ἥφαιστε· ἀλλὰ δίελέ μου τὴν κεφαλὴν εἰς δύο κατενεγκών.

ΗΦΑΙΣΤΟΣ Πειρᾷ μου, εἰ μέμηνα ; πρόσταττε δ᾽ οὖν τἀληθὲς ὅπερ θέλεις σοι γενέσθαι.

ΖΕΥΣ Τοῦτο αὐτό, διαιρεθῆναί μοι τὸ κρανίον· εἰ δὲ ἀπειθήσεις, οὐ νῦν πρῶτον ὀργιζομένου πειράσῃ μου. Ἀλλὰ χρὴ καθικνεῖσθαι παντὶ τῷ θυμῷ μηδὲ μέλλειν· ἀπόλλυμαι γὰρ ὑπὸ τῶν ὠδίνων, αἵ μοι τὸν ἐγκέφαλον ἀναστρέφουσιν.

ΗΦΑΙΣΤΟΣ Ὅρα, ὦ Ζεῦ, μὴ κακόν τι ποιήσωμεν· ὀξὺς γὰρ ὁ πέλεκύς ἐστι καὶ οὐκ ἀναιμωτὶ οὐδὲ κατὰ τὴν Εἰλήθυιαν μαιώσεταί σε.

ΖΕΥΣ Κατένεγκε μόνον, ὦ Ἥφαιστε, θαρρῶν· οἶδα γὰρ ἐγὼ τὸ σύμφερον.

ΗΦΑΙΣΤΟΣ Κατοίσω· τί γὰρ χρὴ ποιεῖν σοῦ κελεύοντος ; τί τοῦτο ; κόρη ἔνοπλος ; μέγα, ὦ Ζεῦ, κακὸν εἶχες ἐν τῇ κεφαλῇ· εἰκότως γοῦν ὀξύθυμος ἦσθα τηλικαύτην ὑπὸ τὴν μήνιγγα παρθένον ζῳογονῶν καὶ ταῦτα ἔνοπλον· ἦ που στρατόπεδον, οὐ κεφαλὴν ἐλελήθεις ἔχων. Ἡ δὲ πηδᾷ καὶ πυρριχίζει καὶ τὴν ἀσπίδα τινάσσει καὶ τὸ δόρυ πάλλει καὶ ἐνθουσιᾷ καὶ τὸ μέγιστον, καλὴ πάνυ καὶ ἀκμαία γεγένηται δὴ ἐν βραχεῖ· γλαυκῶπις μέν, ἀλλὰ κοσμεῖ τοῦτο ἡ κόρυς. Ὥστε, ὦ Ζεῦ, μαιωτρά μοι ἀπόδος ἐγγυήσας ἤδη αὐτήν.

ΖΕΥΣ Ἀδύνατα αἰτεῖς, ὦ Ἥφαιστε· παρθένος γὰρ ἀεὶ ἐθελήσει μένειν. Ἐγὼ δ᾽ οὖν τό γε ἐπ᾽ ἐμοὶ οὐδὲν ἀντιλέγω.

---

111. Zeus* aurait précipité Héphaïstos* de l'Olympe parce qu'il avait pris le parti de sa mère contre lui. Il était tombé sur l'île de Lemnos. Mais selon d'autres traditions, c'est Héra*, horrifiée par la laideur de son fils, qui l'aurait jeté de l'Olympe.

112. Danse militaire en armes, à trois temps.

113. Littéralement : en proie à l'enthousiasme.

114. Sur les différentes interprétations de l'épithète γλαύκωπις appliqué à Athéna*, voir *Zeus tragédien*, 1, et la note.

13. (8) HÉPHAÏSTOS ET ZEUS

1. HÉPHAÏSTOS – Que dois-je faire, Zeus* ? Me voici, comme tu l'as ordonné, avec ma hache la plus aiguisée, au cas où il faudrait couper des rochers d'un seul coup.

ZEUS – C'est bien, Héphaïstos*. Eh bien, frappe ma tête et ouvre-la en deux.

HÉPHAÏSTOS – Tu me mets à l'épreuve pour voir si je suis fou ? Ordonne-moi plutôt ce que tu désires vraiment que je fasse pour toi.

ZEUS – Précisément cela : m'ouvrir le crâne. Si tu désobéis, tu éprouveras ma colère, et ce ne sera pas la première fois [111]. Les douleurs d'enfantement qui me retournent la cervelle me tuent.

HÉPHAÏSTOS – Attention, Zeus* : n'allons pas provoquer une catastrophe. La hache est aiguisée, et je ne t'accoucherai pas à la manière d'Eileithyia*, sans faire couler le sang.

ZEUS – Frappe seulement, Héphaïstos*, et ne crains pas. Je sais, moi, ce qu'il faut faire.

HÉPHAÏSTOS – Eh bien, je vais frapper. Que faire quand c'est toi qui ordonnes ? Mais que vois-je ? Une jeune fille tout armée. C'était un grand mal que tu avais dans la tête, Zeus*. Il était naturel que tu sois irritable quand tu portais dans tes méninges une telle vierge, et toute armée, qui plus est. Tu ne te doutais pas que tu avais sur les épaules un camp militaire, non une tête. Elle bondit, danse la pyrrhique [112], secoue son bouclier et brandit sa lance comme une possédée [113], et le plus prodigieux, c'est qu'elle est devenue en un instant parfaitement belle et dans la fleur de l'âge. Elle a des yeux de chouette [114], mais cela va bien avec son casque. Eh bien, Zeus*, pour payer mes services d'accoucheur, donne-la-moi tout de suite comme fiancée.

ZEUS – Tu demandes l'impossible, Héphaïstos* ; elle voudra rester toujours vierge. Mais en ce qui me concerne, je ne fais aucune objection.

ΗΦΑΙΣΤΟΣ Τοῦτ᾽ ἐβουλόμην· ἐμοὶ μελήσει τὰ λοιπά, καὶ ἤδη συναρπάσω αὐτήν.

ΖΕΥΣ Εἴ σοι ῥάδιον, οὕτω ποίει· πλὴν οἶδα ὅτι ἀδυνάτων ἐρᾷς.

14 (10) ΕΡΜΟΥ ΚΑΙ ΗΛΙΟΥ

1 **ΕΡΜΗΣ** Ὦ Ἥλιε, μὴ ἐλάσῃς τήμερον, ὁ Ζεύς φησι, μηδὲ αὔριον μηδὲ εἰς τρίτην ἡμέραν, ἀλλὰ ἔνδον μένε, καὶ τὸ μεταξὺ μία τις ἔστω νὺξ μακρά· ὥστε λυέτωσαν μὲν αἱ Ὧραι αὖθις τοὺς ἵππους, σὺ δὲ σβέσον τὸ πῦρ καὶ ἀνάπαυε διὰ μακροῦ σεαυτόν.

ΗΛΙΟΣ Καινὰ ταῦτα, ὦ Ἑρμῆ, καὶ ἀλλόκοτα ἥκεις παραγγέλλων. Ἀλλὰ μὴ παραβαίνειν τι ἔδοξα ἐν τῷ δρόμῳ καὶ ἔξω ἐλάσαι τῶν ὅρων, κᾆτά μοι ἄχθεται καὶ τὴν νύκτα τριπλασίαν τῆς ἡμέρας ποιῆσαι διέγνωκεν ;

ΕΡΜΗΣ Οὐδὲν τοιοῦτον, οὐδὲ ἐς ἀεὶ τοῦτο ἔσται· δεῖται δέ τι νῦν αὐτὸς ἐπιμηκεστέραν γενέσθαι οἱ τὴν νύκτα.

ΗΛΙΟΣ Ποῦ δὲ καὶ ἔστιν ἢ πόθεν ἐξεπέμφθης ταῦτα διαγγελῶν μοι ;

ΕΡΜΗΣ Ἐκ Βοιωτίας, ὦ Ἥλιε, παρὰ τῆς Ἀμφιτρύωνος, ᾗ σύνεστιν ἐρῶν αὐτῆς.

ΗΛΙΟΣ Εἶτα οὐχ ἱκανὴ νὺξ μία ;

ΕΡΜΗΣ Οὐδαμῶς· τεχθῆναι γάρ τινα δεῖ ἐκ τῆς ὁμιλίας ταύτης μέγαν καὶ πολύμοχθον· τοῦτον οὖν ἐν μιᾷ νυκτὶ ἀποτελεσθῆναι ἀδύνατον.

2 **ΗΛΙΟΣ** Ἀλλὰ τελεσιουργείτω μὲν ἀγαθῇ τύχῃ. Ταῦτα δ᾽ οὖν, ὦ Ἑρμῆ, οὐκ ἐγίνετο ἐπὶ τοῦ Κρόνου - αὐτοὶ γὰρ ἡμεῖς ἐσμεν - οὐδὲ ἀπόκοιτός ποτε ἐκεῖνος παρὰ τῆς Ῥέας ἦν οὐδὲ ἀπολιπὼν ἂν τὸν οὐρανὸν ἐν Θήβαις ἐκοιμᾶτο, ἀλλὰ

---

115. Il s'agit d'Alcmène qui conçut Héraclès* de Zeus* durant cette longue nuit. Elle mit au monde deux jumeaux : Iphiclès, le fils d'Amphitryon, et Héraclès*, celui de Zeus*.

116. Étant un Titan*, Hélios* regrette la génération précédant celle des Olympiens. Dès sa première intervention dans le dialogue, il proteste contre les « nouveautés » qui bouleversent l'ancien ordre établi.

HÉPHAÏSTOS – C'est ce que je voulais. Le reste est mon affaire : je vais l'enlever bientôt.

ZEUS – Si tu le peux, fais-le : mais je sais que ce que tu désires est impossible.

14. (10) HERMÈS ET HÉLIOS

1. HERMÈS – Hélios*, ne conduis pas ton char aujourd'hui, ni demain, ni après-demain : c'est un ordre de Zeus*. Reste chez toi, et qu'il n'y ait pendant ce temps qu'une seule et longue nuit. Que les Heures* détellent donc les chevaux, et toi, éteins ton feu, et prends un long repos.

HÉLIOS – C'est du nouveau, cela, Hermès* : ils sont vraiment étranges les ordres que tu viens m'apporter. Croit-on que j'ai fait un écart dans ma course et que j'ai dépassé les bornes ? Est-ce pour cela qu'il est fâché contre moi et qu'il a décidé de rendre la nuit trois fois plus longue que le jour ?

HERMÈS – Rien de tel, et ce ne sera pas pour toujours. Mais il a besoin maintenant d'avoir une nuit plus longue.

HÉLIOS – Où est-il ? De quel endroit t'a-t-il envoyé me porter ce message ?

HERMÈS – De Béotie, Hélios*, de chez la femme d'Amphitryon[115]. Il est avec elle : il en est amoureux.

HÉLIOS – Et alors, une seule nuit ne suffit pas ?

HERMÈS – Nullement, car il faut que de cette union naisse un être grand, qui entreprenne de nombreux travaux, ce qui est impossible à réaliser en une seule nuit.

2. HÉLIOS – Eh bien, qu'il achève son entreprise, et que la Fortune soit avec lui. Quand même, Hermès* – nous sommes entre nous –, les choses ne se passaient pas ainsi du temps de Cronos*[116]. Lui-même ne

ἡμέρα μὲν ἦν ἡ ἡμέρα, νὺξ δὲ κατὰ μέτρον τὸ αὐτῆς ἀνάλογον ταῖς ὥραις, ξένον δὲ ἢ παρηλλαγμένον οὐδέν, οὐδ' ἂν ἐκοινώνησέ ποτε ἐκεῖνος θνητῇ γυναικί· νῦν δὲ δυστήνου γυναίου ἕνεκα χρὴ ἀνεστράφθαι τὰ πάντα καὶ ἀκαμπεστέρους μὲν γενέσθαι τοὺς ἵππους ὑπὸ τῆς ἀργίας, δύσπορον δὲ τὴν ὁδὸν ἀτριβῆ μένουσαν τριῶν ἑξῆς ἡμερῶν, τοὺς δὲ ἀνθρώπους ἀθλίους ἐν σκοτεινῷ διαβιοῦν. Τοιαῦτα ἀπολαύσονται τῶν Διὸς ἐρώτων καὶ καθεδοῦνται περιμένοντες, ἔστ' ἂν ἐκεῖνος ἀποτελέσῃ τὸν ἀθλητήν, ὃν λέγεις, ὑπὸ μακρῷ τῷ ζόφῳ.

ΕΡΜΗΣ Σιώπα, ὦ Ἥλιε, μή τι κακὸν ἀπολαύσῃς τῶν λόγων. Ἐγὼ δὲ παρὰ τὴν Σελήνην ἀπελθὼν καὶ τὸν Ὕπνον ἀπαγγελῶ κἀκείνοις ἅπερ ὁ Ζεὺς ἐπέστειλε, τὴν μὲν σχολῇ προβαίνειν, τὸν δὲ Ὕπνον μὴ ἀνεῖναι τοὺς ἀνθρώπους, ὡς ἀγνοήσωσι μακρὰν οὕτω τὴν νύκτα γεγενημένην.

15 (13) ΔΙΟΣ, ΑΣΚΛΗΠΙΟΥ ΚΑΙ ΗΡΑΚΛΕΟΥΣ

1 ΖΕΥΣ Παύσασθε, ὦ Ἀσκληπιὲ καὶ Ἡράκλεις, ἐρίζοντες πρὸς ἀλλήλους ὥσπερ ἄνθρωποι· ἀπρεπῆ γὰρ ταῦτα καὶ ἀλλότρια τοῦ συμποσίου τῶν θεῶν.

ΗΡΑΚΛΗΣ Ἀλλὰ θέλεις, ὦ Ζεῦ, τουτονὶ τὸν φαρμακέα προκατακλίνεσθαί μου ;

ΑΣΚΛΗΠΙΟΣ Νὴ Δία· καὶ γὰρ ἀμείνων εἰμί.

ΗΡΑΚΛΗΣ Κατὰ τί, ὦ ἐμβρόντητε ; ἢ ὅτι σε ὁ Ζεὺς ἐκεραύνωσεν ἃ μὴ θέμις ποιοῦντα, νῦν δὲ κατ' ἔλεον αὖθις ἀθανασίας μετείληφας ;

---

117. Cependant, PINDARE (*Néméennes*, 3, 75) et APOLLONIOS DE RHODES (*Argonautiques*, II, 1235 sq.) évoquent les amours de Cronos* avec Philyra, une Océanide, dont naquit Chiron.

118. Littéralement : foudroyée. Hadès* ayant porté plainte contre Asclépios* qui guérissait trop de malades et empêchait les Enfers de se remplir, Zeus* le fit foudroyer par les Cyclopes*.

découchait jamais d'auprès de Rhéa [117]* : il n'aurait pas quitté le ciel pour aller dormir à Thèbes. Le jour était le jour, la mesure de la nuit réglée selon le rythme des saisons ; il n'y avait rien d'étranger, aucune innovation, et il ne se serait jamais uni à une mortelle. Mais maintenant, pour une pauvre femme, il faut que tout soit bouleversé, qu'à force de ne rien faire, les chevaux courbent moins volontiers l'échine, que la route, qui n'aura pas été foulée pendant trois jours de suite, devienne difficile, et que les malheureux humains vivent dans l'obscurité. Voilà tout ce que leur rapporteront les amours de Zeus* : ils resteront immobiles, plongés dans une longue obscurité, en attendant qu'il ait achevé l'athlète dont tu parles.

HERMÈS – Silence, Hélios*, tu risques de payer cher tes paroles. Quant à moi, je m'en vais trouver Séléné* et Hypnos*, pour leur transmettre à eux aussi les instructions de Zeus* : à elle, d'avancer lentement, à Hypnos*, de ne pas lâcher les hommes pour qu'ils ignorent que la nuit a été aussi longue.

15. (13) ZEUS, ASCLÉPIOS ET HÉRACLÈS.

1. ZEUS – Asclépios* et Héraclès*, cessez-donc de vous quereller comme des humains. C'est inconvenant et déplacé dans le banquet des dieux.

HÉRACLÈS – Désires-tu donc, Zeus*, que ce pharmacien soit mieux placé que moi à table ?

ASCLÉPIOS – Oui, par Zeus*, car je vaux mieux que lui.

HÉRACLÈS – En quoi, tête brûlée [118] ? Est-ce parce que Zeus* t'a foudroyé quand tu faisais ce qui n'est pas permis [119] ? Maintenant c'est par pitié que tu as de nouveau part à l'immortalité.

---

119. Allusion à ses guérisons qui vidaient les Enfers. Asclépios* avait même ressuscité des morts.

ΑΣΚΛΗΠΙΟΣ Ἐπιλέλησαι γὰρ καὶ σύ, ὦ Ἡράκλεις, ἐν τῇ Οἴτῃ καταφλεγείς, ὅτι μοι ὀνειδίζεις τὸ πῦρ ;

ΗΡΑΚΛΗΣ Οὔκουν ἴσα καὶ ὅμοια βεβίωται ἡμῖν, ὃς Διὸς μὲν υἱός εἰμι, τοσαῦτα δὲ πεπόνηκα ἐκκαθαίρων τὸν βίον, θηρία καταγωνιζόμενος καὶ ἀνθρώπους ὑβριστὰς τιμωρούμενος· σὺ δὲ ῥιζοτόμος εἶ καὶ ἀγύρτης, ἐν ἀθλίοις δὲ ἴσως ἀνθρώποις χρήσιμος ἐπιθέσει τῶν φαρμάκων, ἀνδρῶδες δὲ οὐδὲν ἐπιδεδειγμένος.

ΑΣΚΛΗΠΙΟΣ Οὐ λέγεις, ὅτι σου τὰ ἐγκαύματα ἰασάμην, ὅτε πρῴην ἀνῆλθες ἡμίφλεκτος ὑπ' ἀμφοῖν διεφθορὼς τὸ σῶμα, καὶ τοῦ χιτῶνος καὶ μετὰ τοῦτο τοῦ πυρός ; ἐγὼ δὲ εἰ καὶ μηδὲν ἄλλο, οὔτε ἐδούλευσα ὥσπερ σὺ οὔτε ἔξαινον ἔρια ἐν Λυδίᾳ πορφυρίδα ἐνδεδυκὼς καὶ παιόμενος ὑπὸ τῆς Ὀμφάλης χρυσῷ σανδάλῳ, ἀλλὰ οὐδὲ μελαγχολήσας ἀπέκτεινα τὰ τέκνα καὶ τὴν γυναῖκα.

ΗΡΑΚΛΗΣ Εἰ μὴ παύσῃ λοιδορούμενός μοι, αὐτίκα μάλα εἴσῃ ὅτι οὐ πολύ σε ὀνήσει ἡ ἀθανασία, ἐπεὶ ἀράμενός σε ῥίψω ἐπὶ κεφαλὴν ἐκ τοῦ οὐρανοῦ, ὥστε μηδὲ τὸν Παιῶνα ἰάσασθαί σε τὸ κρανίον συντριβέντα.

ΖΕΥΣ Παύσασθε, φημί, καὶ μὴ ἐπιταράττετε ἡμῖν τὴν εὐωχίαν, ἢ ἀμφοτέρους ὑμᾶς ἀποπέμψομαι τοῦ συμποσίου. Καίτοι εὔγνωμον, ὦ Ἡράκλεις, προκατακλίνεσθαί σου τὸν Ἀσκληπιὸν ἅτε καὶ πρότερον ἀποθανόντα.

16 (14) ΕΡΜΟΥ ΚΑΙ ΑΠΟΛΛΩΝΟΣ

1 ΕΡΜΗΣ Τί κατηφὴς εἶ, ὦ Ἄπολλον ;

ΑΠΟΛΛΩΝ Ὅτι, ὦ Ἑρμῆ, δυστυχῶ ἐν τοῖς ἐρωτικοῖς.

---

120. Sommet du Pinde. Souffrant d'horribles brûlures causées par la tunique de Nessos, que lui avait remise Déjanire, Héraclès* se construisit un bûcher sur cette montagne (voir Sophocle, les *Trachiniennes*).

121. Reine de Lydie qu'Héraclès* dut servir, vêtu d'une robe et filant la laine comme une femme esclave.

122. L'épisode est le sujet de *La Folie d'Héraclès* d'Euripide. Rendu fou par Lyssa (la Rage) que lui avait envoyée Héra*, Héraclès* tua son épouse Mégara et ses enfants.

ASCLÉPIOS – As-tu donc oublié, Héraclès*, que toi aussi tu es mort brûlé sur l'Œta [120], pour me reprocher d'avoir été victime du feu ?

HÉRACLÈS – Nos vies n'ont pas été identiques ni semblables. Je suis fils de Zeus*, et j'ai entrepris de nombreux travaux, en purifiant le monde, en luttant contre des monstres et en châtiant les hommes insolents. Toi tu es un coupeur de racines, un charlatan ; peut-être rends-tu service aux malheureux humains en leur prescrivant des remèdes, mais tu n'as montré aucune qualité virile.

2. ASCLÉPIOS – Tu ne dis pas que j'ai soigné tes brûlures l'autre jour, quand tu es monté ici à demi consumé, le corps détruit par deux causes : la tunique et le feu par-dessus le marché. Moi, au moins, je n'ai pas été esclave comme toi, je n'ai pas filé la laine en Lydie, vêtu d'une robe de pourpre, je n'ai pas été frappé par Omphale [121] avec une sandale d'or. Je n'ai pas non plus tué mes enfants et ma femme dans un accès de mélancolie [122].

HÉRACLÈS – Si tu ne cesses pas de m'insulter, tu sauras tout de suite que ton immortalité ne te servira pas à grand-chose, quand je te soulèverai et te jetterai du haut du ciel, la tête la première, au point que Péan [123] lui-même ne pourra guérir ton crâne fracassé.

ZEUS – Taisez-vous, je l'ordonne, et ne troublez pas notre festin, sinon je vous chasserai tous deux du banquet. D'ailleurs, Héraclès*, il est juste qu'Asclépios* soit mieux placé que toi, car il est mort avant toi.

16. (14) HERMÈS ET APOLLON

1. HERMÈS – Pourquoi cet air abattu, Apollon* ?

APOLLON – C'est que je suis malheureux en amour, Hermès*.

---

123. Médecin légendaire, assimilé plus tard à Apollon*.

ΕΡΜΗΣ Ἄξιον μὲν λύπης τὸ τοιοῦτο· σὺ δὲ τί δυστυχεῖς ; ἢ τὸ κατὰ τὴν Δάφνην σε λυπεῖ ἔτι ;

ΑΠΟΛΛΩΝ Οὐδαμῶς· ἀλλὰ ἐρώμενον πενθῶ τὸν Λάκωνα τὸν Οἰβάλου.

ΕΡΜΗΣ Τέθνηκε γάρ, εἰπέ μοι, ὁ Ὑάκινθος ;

ΑΠΟΛΛΩΝ Καὶ μάλα.

ΕΡΜΗΣ Πρὸς τίνος, ὦ Ἄπολλον ; ἢ τίς οὕτως ἀνέραστος ἦν ὡς ἀποκτεῖναι τὸ καλὸν ἐκεῖνο μειράκιον ;

ΑΠΟΛΛΩΝ Αὐτοῦ ἐμοῦ τὸ ἔργον.

ΕΡΜΗΣ Οὐκοῦν ἐμάνης, ὦ Ἄπολλον ;

ΑΠΟΛΛΩΝ Οὔκ, ἀλλὰ δυστύχημά τι ἀκούσιον ἐγένετο.

ΕΡΜΗΣ Πῶς ; ἐθέλω γὰρ ἀκοῦσαι τὸν τρόπον.

2 ΑΠΟΛΛΩΝ Δισκεύειν ἐμάνθανε κἀγὼ συνεδίσκευον αὐτῷ, ὁ δὲ κάκιστα ἀνέμων ἀπολούμενος ὁ Ζέφυρος ἤρα μὲν ἐκ πολλοῦ καὶ αὐτός, ἀμελούμενος δὲ καὶ μὴ φέρων τὴν ὑπεροψίαν ταῦτα εἰργάσατο· ἐγὼ μὲν ἀνέρριψα, ὥσπερ εἰώθειμεν, τὸν δίσκον εἰς τὸ ἄνω, ὁ δὲ ἀπὸ τοῦ Ταϋγέτου καταπνεύσας ἐπὶ κεφαλὴν τῷ παιδὶ ἐνέσεισε φέρων αὐτόν, ὥστε ἀπὸ τῆς πληγῆς αἷμα ῥυῆναι πολὺ καὶ τὸν παῖδα εὐθὺς ἀποθανεῖν. Ἀλλὰ ἐγὼ τὸν μὲν Ζέφυρον αὐτίκα ἠμυνάμην κατατοξεύσας, φεύγοντι ἐπισπόμενος ἄχρι τοῦ ὄρους, τῷ παιδὶ δὲ καὶ τὸν τάφον μὲν ἐχωσάμην ἐν Ἀμύκλαις, ὅπου ὁ δίσκος αὐτὸν κατέβαλε, καὶ ἀπὸ τοῦ αἵματος ἄνθος ἀναδοῦναι τὴν γῆν ἐποίησα ἥδιστον, ὦ Ἑρμῆ, καὶ εὐανθέστατον ἀνθῶν ἁπάντων, ἔτι καὶ γράμματα ἔχον ἐπαιάζοντα τῷ νεκρῷ. Ἆρά σοι ἀλόγως λελυπῆσθαι δοκῶ ;

ΕΡΜΗΣ Ναί, ὦ Ἄπολλον· ᾔδεις γὰρ θνητὸν πεποιημένος τὸν ἐρώμενον· ὥστε μὴ ἄχθου ἀποθανόντος.

---

124. Zéphyr est le vent d'ouest (voir les *Dialogues marins*, 11 et 15).

125. Chaîne de montagne du Péloponnèse, entre la Laconie et la Messénie.

126. Ville de Laconie.

127. Il s'agit des lettres AIAI (hélas !) que l'on croit lire sur les pétales de la jacinthe (voir OVIDE, *Métamorphoses*, X, 215-216 : *ipse suos gemitus foliis inscribit, et AIAI / flos habet inscriptum* (« le dieu inscrit lui-même ses gémissements sur les pétales et la fleur porte l'inscription AIAI »).

HERMÈS – C'est un juste motif de tristesse. Mais quel est ton malheur ? As-tu encore de la peine à cause de Daphné* ?

APOLLON – Non. Je pleure mon bien-aimé de Laconie, le fils d'Œbalos.

HERMÈS – Tu me dis qu'Hyacinthe* est mort ?

APOLLON – Oui.

HERMÈS – Qui l'a tué, Apollon* ? Qui a été assez insensible à l'amour pour tuer ce bel adolescent ?

APOLLON – C'est moi qui l'ai fait.

HERMÈS – Tu étais donc fou, Apollon* ?

APOLLON – Non. Le malheur a été involontaire.

HERMÈS – Comment cela ? Je veux que tu me dises comment cela s'est passé.

2. APOLLON – Il apprenait à lancer le disque, et moi je le lançais avec lui. Mais Zéphyr [124] – puisse ce vent périr misérablement ! – l'aimait lui aussi depuis longtemps et ne supportait pas d'avoir été dédaigné. Voici ce qu'il a fait. J'ai lancé le disque en l'air, selon notre habitude ; Zéphyr est descendu du Taygète [125] en soufflant, et a projeté violemment le disque sur la tête de l'enfant. Un flot de sang a jailli de la plaie et le petit est mort sur le coup. J'ai chassé aussitôt Zéphyr à coups de flèches, et tandis qu'il fuyait je l'ai poursuivi jusqu'à la montagne. Quant à l'enfant, je lui ai élevé un tombeau à Amyclées [126], à l'endroit où le disque l'avait renversé, et, avec le sang, j'ai demandé à la terre de faire pousser une fleur très belle, Hermès*, la plus belle de toutes les fleurs : elle porte encore des lettres qui gémissent sur le mort [127]. Alors, te semble-t-il absurde que j'aie de la peine ?

HERMÈS – Oui, Apollon. Tu savais que tu avais choisi un bien-aimé mortel : ne t'indigne donc pas qu'il soit mort.

17 (15) ΕΡΜΟΥ ΚΑΙ ΑΠΟΛΛΩΝΟΣ

1 ΕΡΜΗΣ Τὸ δὲ καὶ χωλὸν αὐτὸν ὄντα καὶ τέχνην ἔχοντα βάναυσον, ὦ Ἄπολλον, τὰς καλλίστας γεγαμηκέναι, τὴν Ἀφροδίτην καὶ τὴν Χάριν.

ΑΠΟΛΛΩΝ Εὐποτμία τις, ὦ Ἑρμῆ· πλὴν ἐκεῖνό γε θαυμάζω, τὸ ἀνέχεσθαι συνούσας αὐτῷ, καὶ μάλιστα ὅταν ὁρῶσιν ἱδρῶτι ῥεόμενον, εἰς τὴν κάμινον ἐπικεκυφότα, πολλὴν αἰθάλην ἐπὶ τοῦ προσώπου ἔχοντα· καὶ ὅμως τοιοῦτον ὄντα περιβάλλουσί τε αὐτὸν καὶ φιλοῦσι καὶ ξυγκαθεύδουσι.

ΕΡΜΗΣ Τοῦτο καὶ αὐτὸς ἀγανακτῶ καὶ τῷ Ἡφαίστῳ φθονῶ· σὺ δὲ κόμα, ὦ Ἄπολλον, καὶ κιθάριζε καὶ μέγα ἐπὶ τῷ κάλλει φρόνει, κἀγὼ ἐπὶ τῇ εὐεξίᾳ, καὶ τῇ λύρᾳ· εἶτα, ἐπειδὰν κοιμᾶσθαι δέῃ, μόνοι καθευδήσομεν.

2 ΑΠΟΛΛΩΝ Ἐγὼ μὲν καὶ ἄλλως ἀναφρόδιτός εἰμι εἰς τὰ ἐρωτικὰ καὶ δύο γοῦν, οὓς μάλιστα ὑπερηγάπησα, τὴν Δάφνην καὶ τὸν Ὑάκινθον· ἡ μὲν ἀποδιδράσκει με καὶ μισεῖ, ὥστε εἵλετο ξύλον γενέσθαι μᾶλλον ἢ ἐμοὶ ξυνεῖναι, ὁ δὲ ἀπώλετο ὑπὸ τοῦ δίσκου, καὶ νῦν ἀντ᾽ ἐκείνων στεφάνους ἔχω.

ΕΡΜΗΣ Ἐγὼ δὲ ἤδη ποτὲ τὴν Ἀφροδίτην - ἀλλὰ οὐ χρὴ αὐχεῖν.

ΑΠΟΛΛΩΝ Οἶδα, καὶ τὸν Ἑρμαφρόδιτον ἐκ σοῦ λέγεται τετοκέναι. Πλὴν ἐκεῖνό μοι εἰπέ, εἴ τι οἶσθα, πῶς οὐ ζηλοτυπεῖ ἡ Ἀφροδίτη τὴν Χάριν ἢ ἡ Χάρις αὐτήν.

3 ΕΡΜΗΣ Ὅτι, ὦ Ἄπολλον, ἐκείνη μὲν αὐτῷ ἐν τῇ Λήμνῳ σύνεστιν, ἡ δὲ Ἀφροδίτη ἐν τῷ οὐρανῷ· ἄλλως τε

---

128. Chez Homère, Héphaïstos* a pour femme Charis (*Iliade*, XVIII, 382 sq.), qui tient sa maison à côté de sa forge. Certains critiques ont pensé que Charis pouvait être un terme générique (une Charite*), parce que, chez Hésiode, la compagne d'Héphaïstos* est Aglaé, la plus jeune des Charites* (*Théogonie*, 945-946).

129. Apollon* s'est couronné avec les lauriers de Daphné* ; Hyacinthe* est devenu une fleur. Le thème de la couronne évoque aussi le culte des morts.

130. Voir le dialogue 3, 1, et la note.

17. (15) HERMÈS ET APOLLON

1. HERMÈS – Dire qu'étant boiteux et forgeron de son état, il a épousé les plus belles, Aphrodite* et Charis [128] !

APOLLON – Il est gâté par le destin, Hermès*. Mais ce qui m'étonne, c'est qu'elles supportent de coucher avec lui, surtout quand elles le voient ruisselant de sueur, après s'être courbé sur sa forge, le visage couvert de cendres. Et pourtant, elles l'enlacent tel qu'il est, l'embrassent et dorment avec lui.

HERMÈS – Moi aussi, je trouve cela révoltant, et je suis jaloux d'Héphaïstos*. Tu peux soigner tes cheveux, Apollon*, jouer de la cithare, être fier de ta beauté, et moi de mon habileté et de ma lyre : n'empêche, quand il faudra aller se coucher, nous dormirons tout seuls.

APOLLON – Pour moi, je suis en général malheureux en amour, notamment en ce qui concerne les deux êtres que j'ai le plus aimés, Daphné* et Hyacinthe*. L'une me fuit et me déteste, au point d'avoir préféré se changer en arbre plutôt que de s'unir à moi ; l'autre est mort, frappé par le disque. Et maintenant au lieu de ces deux êtres, je n'ai que des couronnes [129].

HERMÈS – Moi une fois déjà avec Aphrodite*... Mais je ne dois pas me vanter.

APOLLON – Je sais ; on dit que c'est de toi qu'elle a eu Hermaphrodite [130]. Mais dis-moi, si tu le sais, comment se fait-il qu'Aphrodite* ne soit pas jalouse de Charis, ni Charis d'elle ?

3. HERMÈS – C'est, Apollon*, parce que Charis couche avec lui à Lemnos, et Aphrodite* dans le ciel. D'ailleurs cette dernière s'intéresse surtout à Arès* [131], et

---

131. Sur les amours d'Arès* et d'Aphrodite*, qui furent surpris au lit par Héphaïstos* sur la dénonciation d'Hélios*, et immobilisés par des chaînes et un filet, voir le dialogue 21. Tout l'épisode est imité de l'*Odyssée,* VIII, 266 sq.

περὶ τὸν Ἄρη ἔχει τὰ πολλὰ κἀκείνου ἐρᾷ, ὥστε ὀλίγον αὐτῇ τοῦ χαλκέως τούτου μέλει.

ΑΠΟΛΛΩΝ Καὶ ταῦτα οἴει τὸν Ἥφαιστον εἰδέναι ;

ΕΡΜΗΣ Οἶδεν· ἀλλὰ τί ἂν δρᾶσαι δύναιτο γενναῖον ὁρῶν νεανίαν καὶ στρατιώτην αὐτόν ; ὥστε τὴν ἡσυχίαν ἄγει· πλὴν ἀπειλεῖ γε δεσμά τινα ἐπιμηχανήσεσθαι αὐτοῖς καὶ συλλήψεσθαι σαγηνεύσας ἐπὶ τῆς εὐνῆς.

ΑΠΟΛΛΩΝΟΣ Οὐκ οἶδα· εὐξαίμην δ' ἂν αὐτὸς ὁ ξυλληφθησόμενος εἶναι.

18 (16) ΗΡΑΣ ΚΑΙ ΛΗΤΟΥΣ

1 ΗΡΑ Καλὰ μέν, ὦ Λητοῖ, καὶ τὰ τέκνα ἔτεκες τῷ Διί.

ΛΗΤΩ Οὐ πᾶσαι γάρ, ὦ Ἥρα, τοιούτους τίκτειν δυνάμεθα, οἷος ὁ Ἥφαιστός ἐστιν.

ΗΡΑ 'Αλλ' οὖν οὗτος, εἰ καὶ χωλός, ἀλλ' ὅμως χρήσιμός γέ ἐστι τεχνίτης ὢν ἄριστος καὶ κατακεκόσμηκεν ἡμῖν τὸν οὐρανὸν καὶ τὴν 'Αφροδίτην γεγάμηκε καὶ σπουδάζεται πρὸς αὐτῆς, οἱ δὲ σοὶ παῖδες ἡ μὲν αὐτῶν ἀρρενικὴ πέρα τοῦ μετρίου καὶ ὄρειος, καὶ τὸ τελευταῖον ἐς τὴν Σκυθίαν ἀπελθοῦσα πάντες ἴσασιν οἷα ἐσθίει ξενοκτονοῦσα καὶ μιμουμένη τοὺς Σκύθας αὐτοὺς ἀνθρωποφάγους ὄντας· ὁ δὲ 'Απόλλων προσποιεῖται μὲν πάντα εἰδέναι καὶ τοξεύειν καὶ κιθαρίζειν καὶ ἰατρὸς εἶναι καὶ μαντεύεσθαι καὶ καταστησάμενος ἐργαστήρια τῆς μαντικῆς τὸ μὲν ἐν Δελφοῖς, τὸ δὲ ἐν Κλάρῳ καὶ ἐν Κολοφῶνι καὶ ἐν Διδύμοις ἐξαπατᾷ τοὺς

---

132. Dans certaines éditions cette dernière réplique, sans οὐκ οἶδα, est dans la bouche d'Hermès*, à la suite de la phrase précédente.

133. Allusion à l'*Iphigénie en Tauride* d'Euripide (voir *Zeus tragédien*, 44, et la note).

134. Sur le nombre de fonctions que cumule Apollon*, voir les reproches que lui adresse Momos dans l'*Assemblée des dieux*, 16.

135. Les trois derniers sanctuaires sont en Asie mineure : Colophon est identifié à Claros, et les ruines se trouvent près de l'actuelle Zille ; Didymes était proche de Milet : y officiait la famille sacerdotale des Branchides.

c'est lui qu'elle aime : elle se soucie donc peu de ce forgeron.

APOLLON – Tu crois qu'Héphaïstos* est informé de cette histoire ?

HERMÈS – Il l'est, mais que pourrait-il faire ? Il voit que son rival est brave, jeune et que c'est un militaire. Voilà pourquoi il reste tranquille. Mais il menace d'inventer pour eux des liens, et de les prendre au filet dans le lit.

APOLLON – Je ne sais pas. Mais je voudrais que ce soit moi qui y sois pris [132] !

18. (16) HÉRA ET LÉTO

HÉRA – Eh bien, Léto*, ils sont jolis aussi, les enfants que tu as donnés à Zeus* !

LÉTO – Nous ne pouvons pas toutes, Héra*, mettre au monde des enfants pareils à Héphaïstos*.

HÉRA – Oui, mais lui, il a beau être boiteux, il est utile. C'est un excellent artisan, qui nous a aménagé le ciel ; il a épousé Aphrodite* et elle tient beaucoup à lui. Mais tes enfants, parlons-en. La fille est un garçon manqué qui dépasse les bornes, une montagnarde, et pour couronner le tout, elle est partie en Scythie [133], où chacun sait à quoi ressemblent ses repas, puisqu'elle tue les étrangers et imite les Scythes, lesquels sont des mangeurs d'hommes. Quant à Apollon*, il prétend tout savoir, tirer à l'arc, jouer de la cithare, être médecin, et rendre des oracles [134] ; il a installé des ateliers de divination à Delphes, à Claros, à Colophon, à Didymes [135], où il trompe ceux qui le consultent, en donnant des réponses obliques et à double sens, de sorte qu'il ne risque pas de se tromper. Et il s'enrichit par un tel commerce : nombreux sont les insensés qui viennent spontanément se faire ensorceler. Mais les plus intelligents

χρωμένους αὐτῷ λοξὰ καὶ ἐπαμφοτερίζοντα πρὸς ἑκάτερον
τῆς ἐρωτήσεως ἀποκρινόμενος, πρὸς τὸ ἀκίνδυνον εἶναι τὸ
σφάλμα. Καὶ πλουτεῖ μὲν ἀπὸ τοῦ τοιούτου· πολλοὶ γὰρ οἱ
ἀνόητοι καὶ παρέχοντες αὐτοὺς καταγοητεύεσθαι· πλὴν οὐκ
ἀγνοεῖταί γε ὑπὸ τῶν ξυνετωτέρων τὰ πολλὰ τερατευόμε-
νος· αὐτὸς γοῦν ὁ μάντις ἠγνόει μὲν ὅτι φονεύσει τὸν ἐρώμενον τῷ δίσκῳ, οὐ προεμαντεύετο δὲ ὡς φεύξεται αὐτὸν ἡ
Δάφνη, καὶ ταῦτα οὕτω καλὸν καὶ κομήτην ὄντα· ὥστε οὐχ
ὁρῶ καθότι καλλιτεκνοτέρα τῆς Νιόβης ἔδοξας.

2 ΛΗΤΩ Ταῦτα μέντοι τὰ τέκνα, ἡ ξενοκτόνος καὶ ὁ
ψευδόμαντις, οἶδα, ὅπως λυπεῖ σε ὁρώμενα ἐν τοῖς θεοῖς,
καὶ μάλιστα ὁπόταν ἡ μὲν ἐπαινῆται ἐς τὸ κάλλος, ὁ δὲ
κιθαρίζῃ ἐν τῷ συμποσίῳ θαυμαζόμενος ὑφ' ἁπάντων.

ΗΡΑ 'Εγέλασα, ὦ Λητοῖ· ἐκεῖνος θαυμαστός, ὃν ὁ
Μαρσύας, εἰ τὰ δίκαια αἱ Μοῦσαι δικάσαι ἤθελον,
ἀπέδειρεν ἂν αὐτὸς κρατήσας τῇ μουσικῇ· νῦν δὲ κατα-
σοφισθεὶς ἄθλιος ἀπόλωλεν ἀδίκως ἁλούς· ἡ δὲ καλή σου
παρθένος οὕτω καλή ἐστιν, ὥστε ἐπεὶ ἔμαθεν ὀφθεῖσα ὑπὸ
τοῦ 'Ακταίωνος, φοβηθεῖσα μὴ ὁ νεανίσκος ἐξαγορεύσῃ τὸ
αἶσχος αὐτῆς, ἐπαφῆκεν αὐτῷ τοὺς κύνας· ἐῶ γὰρ λέγειν ὅτι
οὐδὲ τὰς τεκούσας ἐμαιοῦτο παρθένος γε αὐτὴ οὖσα.

ΛΗΤΩ Μέγα, ὦ Ἥρα, φρονεῖς, ὅτι ξύνει τῷ Διὶ καὶ συμ-
βασιλεύεις αὐτῷ, καὶ διὰ τοῦτο ὑβρίζεις ἀδεῶς· πλὴν ἀλλ'
ὄψομαί σε μετ' ὀλίγον αὖθις δακρύουσαν, ὁπόταν σε κατα-
λιπὼν ἐς τὴν γῆν κατίῃ ταῦρος ἢ κύκνος γενόμενος.

---

136. Niobé s'était vantée de ses douze enfants et avait raillé Léto,
qui n'en avait que deux. Ceux-ci, Apollon* et Artémis*, les percèrent
de leurs flèches, et Niobé pleura tant qu'elle devint une fontaine.
137. Marsyas était un silène* qui avait inventé l'aulos à deux
tuyaux. Il défia Apollon* de jouer aussi bien que lui avec sa cithare.
Le dieu montra qu'il pouvait jouer de la cithare en la tenant à
l'envers, ce que Marsyas ne put pas faire avec son aulos double. Apollon* fut donc déclaré vainqueur : il suspendit Marsyas à un pin et
l'écorcha.

n'ignorent pas que la plupart du temps ce sont des mystifications. En tout cas, le devin ignorait lui-même qu'il tuerait son bien-aimé avec le disque ; il n'a pas prophétisé que Daphné* le fuirait, malgré sa beauté et ses longs cheveux. Je ne vois donc pas ce qui a pu te faire croire que tes enfants étaient plus beaux que ceux de Niobé [136].

2. LÉTO – Et pourtant ces enfants, la tueuse d'étrangers et le faux devin, je sais comme tu es contrariée de les voir parmi les dieux, surtout chaque fois que l'une est louée pour sa beauté, et que l'autre joue de la cithare pendant le banquet, suscitant l'admiration générale.

HÉRA – Tu me fais bien rire, Léto*. Il est vraiment digne d'admiration, lui que Marsyas [137] aurait écorché de ses propres mains, après avoir gagné le concours de musique, si les Muses* avaient daigné juger équitablement ; mais le malheureux, victime de la fourberie de son adversaire, est mort, injustement condamné. Quant à ta belle vierge, elle est si belle que lorsqu'elle a appris qu'Actéon l'avait vue, elle a craint que le jeune homme n'aille révéler sa laideur et a lâché ses chiens sur lui [138]. J'omets de dire que, si elle était encore vierge, elle ne pourrait assister les accouchées [139].

LÉTO – Tu fais la fière, Héra*, parce que tu couches avec Zeus* et partages son trône : voilà pourquoi tu es insolente sans crainte. Mais je te verrai bientôt pleurer de nouveau, quand il te quittera pour descendre sur la terre, s'étant changé en taureau ou en cygne [140].

---

138. Selon de nombreuses traditions (voir OVIDE, *Métamorphoses*, III, 138 sq.), Actéon surprit Artémis* au bain. Elle le transforma en cerf et ses chiens le déchirèrent.

139. Elle se confond alors avec Eileithyia*.

140. Sur les différentes métamorphoses de Zeus*, voir *Zeus tragédien*, 2, et la note.

19 (11) ΑΦΡΟΔΙΤΗΣ ΚΑΙ ΣΕΛΗΝΗΣ

1 ΑΦΡΟΔΙΤΗ Τί ταῦτα, ὦ Σελήνη, φασὶ ποιεῖν σε ;
ὁπόταν κατὰ τὴν Καρίαν γένῃ, ἵστάναι μέν σε τὸ ζεῦγος
ἀφορῶσαν ἐς τὸν Ἐνδυμίωνα καθεύδοντα ὑπαίθριον ἅτε
κυνηγέτην ὄντα, ἐνίοτε δὲ καὶ καταβαίνειν παρ' αὐτὸν ἐκ
μέσης τῆς ὁδοῦ ;
ΣΕΛΗΝΗ Ἐρώτα, ὦ Ἀφροδίτη, τὸν σὸν υἱόν, ὅς μοι
τούτων αἴτιος.

ΑΦΡΟΔΙΤΗ Ἔα· ἐκεῖνος ὑβριστής ἐστιν· ἐμὲ γοῦν
αὐτὴν τὴν μητέρα οἷα δέδρακεν, ἄρτι μὲν ἐς τὴν Ἴδην
κατάγων Ἀγχίσου ἕνεκα τοῦ Ἰλιέως, ἄρτι δὲ ἐς τὸν Λίβανον ἐπὶ τὸ Ἀσσύριον ἐκεῖνο μειράκιον, ὃ καὶ τῇ
Φερσεφάττῃ ἐπέραστον ποιήσας ἐξ ἡμισείας ἀφείλετό με
τὸν ἐρώμενον· ὥστε πολλάκις ἠπείλησα, εἰ μὴ παύσεται
τοιαῦτα ποιῶν, κλάσειν μὲν αὐτοῦ τὰ τόξα καὶ τὴν
φαρέτραν, περιαιρήσειν δὲ καὶ τὰ πτερά· ἤδη δὲ καὶ πληγὰς
αὐτῷ ἐνέτεινα ἐς τὰς πυγὰς τῷ σανδάλῳ· ὁ δὲ οὐκ οἶδ' ὅπως
τὸ παραυτίκα δεδιὼς καὶ ἱκετεύων μετ' ὀλίγον ἐπιλέλησται
ἁπάντων. 2 Ἀτὰρ εἰπέ μοι, καλὸς ὁ Ἐνδυμίων ἐστίν ; ἀπαραμύθητον γὰρ οὕτως τὸ δεινόν.

ΣΕΛΗΝΗ Ἐμοὶ μὲν καὶ πάνυ καλός, ὦ Ἀφροδίτη,
δοκεῖ, καὶ μάλιστα ὅταν ὑποβαλλόμενος ἐπὶ τῆς πέτρας τὴν
χλαμύδα καθεύδῃ τῇ λαιᾷ μὲν ἔχων τὰ ἀκόντια ἤδη ἐκ τῆς
χειρὸς ὑπορρέοντα, ἡ δεξιὰ δὲ περὶ τὴν κεφαλὴν ἐς τὸ ἄνω
ἐπικεκλασμένη ἐπιπρέπῃ τῷ προσώπῳ περικειμένη, ὁ δὲ
ὑπὸ τοῦ ὕπνου λελυμένος ἀναπνέῃ τὸ ἀμβρόσιον ἐκεῖνο
ἆσθμα. Τότε τοίνυν ἐγὼ ἀψοφητὶ κατιοῦσα ἐπ' ἄκρων τῶν
δακτύλων βεβηκυῖα ὡς ἂν μὴ ἀνεγρόμενος ἐκτα-
ραχθείη - οἶσθα· τί οὖν ἄν σοι λέγοιμι τὰ μετὰ ταῦτα ; πλὴν
ἀπόλλυμαί γε ὑπὸ τοῦ ἔρωτος.

19. (11) APHRODITE ET SÉLÉNÉ

1. APHRODITE – Que fais-tu donc, Séléné* ? On dit que chaque fois que tu te trouves au-dessus de la Carie, tu arrêtes ton char, pour regarder d'en haut Endymion* dormir à la belle étoile, comme le chasseur qu'il est. Parfois même tu descends le rejoindre au milieu de ta course.

SÉLÉNÉ – Demande à ton fils, Aphrodite*. C'est lui qui est responsable de mon état.

APHRODITE – Ah ! C'est un insolent. Vois comme il me traite moi, sa propre mère. Il me fait descendre, tantôt sur l'Ida à cause d'Anchise* d'Ilion, tantôt sur le Liban à cause du jeune Assyrien, dont il a rendu également Perséphone* amoureuse [141], me volant la moitié de mon bien-aimé. Je l'ai souvent menacé de briser son arc et son carquois, et de lui arracher ses ailes, s'il ne cessait pas d'agir ainsi. Je lui ai même déjà allongé des coups de sandale sur les fesses. Mais lui, je ne sais comment, alors que sur le coup il a peur et me supplie, il a tout oublié quelques instants après. 2. Mais dis-moi, Endymion* est-il beau ? Dans ce cas, le mal est sans remède [142].

SÉLÉNÉ* – À mes yeux, Aphrodite*, il est très beau, surtout quand, ayant étendu sa chlamyde sur le rocher, il dort, tenant de la main gauche ses javelots que ses doigts laissent déjà échapper, tandis que son bras droit, entourant le haut de sa tête, encadre son visage et en rehausse la beauté : détendu par le sommeil, il exhale un souffle doux comme l'ambroisie*. Alors, sans faire de bruit, je descends en marchant sur la pointe des pieds, pour ne pas l'éveiller et lui faire peur... Mais tu connais cela. À quoi bon te raconter la suite ? Sache seulement que je meurs d'amour.

---

141. Il s'agit d'Adonis*.
142. Certaines versions disent non ἀπαραμύθητον mais εὐπαρα-μύθητον : c'est une consolation à ton malheur.

20 (12) ΑΦΡΟΔΙΤΗΣ ΚΑΙ ΕΡΩΤΟΣ

1 ΑΦΡΟΔΙΤΗ Ὦ τέκνον Ἔρως, ὅρα οἷα ποιεῖς· οὐ τὰ ἐν τῇ γῇ λέγω, ὁπόσα τοὺς ἀνθρώπους ἀναπείθεις καθ' αὑτῶν ἢ κατ' ἀλλήλων ἐργάζεσθαι, ἀλλὰ καὶ τὰ ἐν τῷ οὐρανῷ, ὃς τὸν μὲν Δία πολύμορφον ἐπιδεικνύεις ἀλλάττων ἐς ὅ τι ἄν σοι ἐπὶ τοῦ καιροῦ δοκῇ, τὴν Σελήνην δὲ καθαιρεῖς ἐκ τοῦ οὐρανοῦ, τὸν Ἥλιον δὲ παρὰ τῇ Κλυμένῃ βραδύνειν ἐνίοτε ἀναγκάζεις ἐπιλελησμένον τῆς ἱππασίας· ἃ μὲν γὰρ ἐς ἐμὲ τὴν μητέρα ὑβρίζεις, θαρρῶν ποιεῖς. Ἀλλὰ σύ, ὦ τολμηρότατε, καὶ τὴν Ῥέαν αὐτὴν γραῦν ἤδη καὶ μητέρα τοσούτων θεῶν οὖσαν ἀνέπεισας παιδεραστεῖν καὶ τὸ Φρύγιον μειράκιον ποθεῖν[143], καὶ νῦν ἐκείνη μέμηνεν ὑπὸ σοῦ καὶ ζευξαμένη τοὺς λέοντας, παραλαβοῦσα καὶ τοὺς Κορύβαντας ἅτε μανικοὺς καὶ αὐτοὺς ὄντας, ἄνω καὶ κάτω τὴν Ἴδην περιπολοῦσιν, ἡ μὲν ὀλολύζουσα ἐπὶ τῷ Ἄττῃ, οἱ Κορύβαντες δὲ ὁ μὲν αὐτῶν τέμνεται ξίφει τὸν πῆχυν, ὁ δὲ ἀνεὶς τὴν κόμην ἵεται μεμηνὼς διὰ τῶν ὀρῶν, ὁ δὲ αὐλεῖ τῷ κέρατι, ὁ δὲ ἐπιβομβεῖ τῷ τυμπάνῳ ἢ ἐπικτυπεῖ τῷ κυμβάλῳ, καὶ ὅλως θόρυβος καὶ μανία τὰ ἐν τῇ Ἴδῃ ἅπαντά ἐστι. Δέδια τοίνυν ἅπαντα, δέδια τὸ τοιοῦτο ἢ τὸ μέγα σε κακὸν ἐγὼ τεκοῦσα, μὴ ἀπομανεῖσά ποτε ἡ Ῥέα ἢ καὶ μᾶλλον ἔτι ἐν αὐτῇ οὖσα κελεύσῃ τοὺς Κορύβαντας συλλαβόντας σε διασπάσασθαι ἢ τοῖς λέουσι παραβαλεῖν· ταῦτα δέδια κινδυνεύοντά σε ὁρῶσα.

2 ΕΡΩΣ Θάρρει, μῆτερ, ἐπεὶ καὶ τοῖς λέουσιν αὐτοῖς ἤδη ξυνήθης εἰμί, καὶ πολλάκις ἐπαναβὰς ἐπὶ τὰ νῶτα καὶ τῆς κόμης λαβόμενος ἡνιοχῶ αὐτούς, οἱ δὲ σαίνουσί με καὶ χεῖρα δεχόμενοι ἐς τὸ στόμα περιλιχμησάμενοι ἀποδιδόασί μοι. Αὐτὴ μὲν γὰρ ἡ Ῥέα πότε ἂν ἐκείνη σχολὴν ἀγάγοι ἐπ' ἐμὲ ὅλη οὖσα ἐν τῷ Ἄττῃ ; καίτοι τί ἐγὼ ἀδικῶ δεικνὺς τὰ

---

143. Il s'agit d'Attis*.

20. (12) APHRODITE ET ÉROS

1. APHRODITE – Éros*, mon fils, regarde ce que tu fais. Je ne parle pas de la terre, de tous les hommes que tu pousses à agir contre leur intérêt ou les uns contre les autres. Mais dans le ciel… C'est toi qui montres Zeus* sous d'innombrables formes, en le métamorphosant en tout ce qui te plaît, selon l'occasion. Tu fais descendre Séléné* du ciel, et tu forces parfois Hélios* à s'attarder auprès de Clyméné*, en oubliant de conduire son char. Tes insolences envers moi, ta mère, tu les commets sans rien craindre, mais, ô le plus arrogant des êtres, voilà que tu as poussé Rhéa* elle-même, qui est déjà vieille et mère de tant de dieux, à tomber amoureuse d'un enfant et à désirer cet adolescent phrygien [143]. Et maintenant elle délire, à cause de toi : elle a attelé les lions, emmené les Corybantes*, parce qu'ils délirent eux aussi, et ils courent du haut en bas de l'Ida. Elle hurle en appelant Attis*, tandis que, parmi les Corybantes*, l'un s'entaille le coude avec son épée, un autre dénoue ses cheveux et s'élance en folie à travers les montagnes, un autre souffle dans une corne en guise d'aulos, un autre fait résonner le tambourin ou frappe la cymbale : en un mot, tout sur l'Ida n'est plus que vacarme et folie. Je crains tout. Je crains, ayant enfanté en ta personne un tel fléau, qu'un jour Rhéa*, prise de folie ou plutôt reprenant ses esprits, n'ordonne aux Corybantes* de se saisir de toi, de te mettre en pièces ou de te lancer aux lions. Voilà ce que je crains, et je te vois en danger.

2. ÉROS – Ne t'inquiète pas, mère. Je suis déjà familier des lions eux-mêmes : je monte souvent sur leur dos, je m'accroche à leur crinière et je les conduis. Ils remuent la queue pour me fêter, me laissent mettre la main dans leur gueule, et me la rendent après l'avoir léchée. Et Rhéa*, quand trouverait-elle le temps de s'occuper de moi ? Elle est tout entière occupée par Attis* ? D'ailleurs quel mal lui fais-je, en lui montrant

καλὰ οἷά ἐστιν ; ὑμεῖς δὲ μὴ ἐφίεσθε τῶν καλῶν· μὴ τοίνυν ἐμὲ αἰτιᾶσθε τούτων. Ἢ θέλεις σύ, ὦ μῆτερ, αὐτὴ μηκέτι ἐρᾶν μήτε σὲ τοῦ Ἄρεως μήτε ἐκεῖνον σοῦ ;

ΑΦΡΟΔΙΤΗ Ὡς δεινὸς εἶ καὶ κρατεῖς ἁπάντων· ἀλλὰ μεμνήσῃ μού ποτε τῶν λόγων.

21 (17)ΑΠΟΛΛΩΝΟΣ ΚΑΙ ΕΡΜΟΥ

1 ΑΠΟΛΛΩΝ Τί γελᾷς, ὦ Ἑρμῆ ;

ΕΡΜΗΣ Ὅτι γελοιότατα, ὦ Ἄπολλον, εἶδον.

ΑΠΟΛΛΩΝ Εἰπὲ οὖν, ὡς καὶ αὐτὸς ἀκούσας ἔχω ξυγγελᾶν.

ΕΡΜΗΣ Ἡ Ἀφροδίτη ξυνοῦσα τῷ Ἄρει κατείληπται καὶ ὁ Ἥφαιστος ἔδησεν αὐτοὺς ξυλλαβών.

ΑΠΟΛΛΩΝ Πῶς ; ἡδὺ γάρ τι ἐρεῖν ἔοικας.

ΕΡΜΗΣ Ἐκ πολλοῦ, οἶμαι, ταῦτα εἰδὼς ἐθήρευεν αὐτούς, καὶ περὶ τὴν εὐνὴν ἀφανῆ δεσμὰ περιθεὶς εἰργάζετο ἀπελθὼν ἐπὶ τὴν κάμινον· εἶτα ὁ μὲν Ἄρης ἐσέρχεται λαθών, ὡς ᾤετο, καθορᾷ δὲ αὐτὸν ὁ Ἥλιος καὶ λέγει πρὸς τὸν Ἥφαιστον. Ἐπεὶ δὲ ἐπέβησαν τοῦ λέχους καὶ ἐν ἔργῳ ἦσαν καὶ ἐντὸς ἐγεγένηντο τῶν ἀρκύων, περιπλέκεται μὲν αὐτοῖς τὰ δεσμά, ἐφίσταται δὲ ὁ Ἥφαιστος. Ἐκείνη μὲν οὖν - καὶ γὰρ ἔτυχε γυμνὴ οὖσα - οὐκ εἶχεν ὅπως ἐγκαλύψαιτο αἰδουμένη, ὁ δὲ Ἄρης τὰ μὲν πρῶτα διαφυγεῖν ἐπειρᾶτο καὶ ἤλπιζε ῥήξειν τὰ δεσμά, ἔπειτα δέ, συνεὶς ἐν ἀφύκτῳ ἐχόμενον ἑαυτόν, ἱκέτευεν.

2 ΑΠΟΛΛΩΝ Τί οὖν ; ἀπέλυσεν αὐτὸν ὁ Ἥφαιστος ;

ΕΡΜΗΣ Οὐδέπω, ἀλλὰ ξυγκαλέσας τοὺς θεοὺς ἐπιδείκνυται τὴν μοιχείαν αὐτοῖς· οἱ δὲ γυμνοὶ ἀμφότεροι

---

144. Tout le dialogue développe l'épisode raconté dans l'*Odyssée*, VIII, 266 sq. Voir le dialogue 17, 3, et la note.

ce qui est beau ? C'est à vous de ne pas désirer les êtres qui sont beaux : ne m'accusez donc pas de cela. Est-ce que tu veux, mère, ne plus aimer Arès* et ne plus être aimée de lui ?

APHRODITE – Comme tu es habile et plus malin que tout le monde. Mais tu te souviendras un jour de mes paroles.

21. (17) APOLLON ET HERMÈS [144]

1. APOLLON – Qu'est-ce qui te fait rire, Hermès* ?

HERMÈS – J'ai vu quelque chose de très drôle, Apollon*.

APOLLON – Raconte, pour que je l'apprenne moi aussi et que je rie avec toi.

HERMÈS – Aphrodite* a été surprise au lit avec Arès*. Héphaïstos* les a capturés et les a enchaînés.

APOLLON – Comment ? On dirait que tu vas raconter une histoire amusante.

HERMÈS – Cela faisait longtemps, je crois, qu'il connaissait leur liaison et qu'il les guettait. Il disposa des chaînes invisibles autour du lit et partit travailler dans sa forge. Alors Arès* entre sans être vu, du moins c'est ce qu'il croit, mais d'en haut, Hélios* l'aperçoit et prévient Héphaïstos*. Les amants étaient montés dans le lit et ils étaient en pleine action à l'intérieur des filets, quand les liens les enserrent, et Héphaïstos* surgit. Elle, qui se trouvait nue, n'avait aucun moyen de se couvrir : elle était toute honteuse. Arès* essaya d'abord de fuir : il espérait briser les chaînes. Mais ensuite, comprenant qu'il était pris et ne pouvait s'échapper, il se mit à supplier.

2. APOLLON – Et alors ? Héphaïstos* l'a délié ?

HERMÈS – Pas encore. Il a convoqué tous les dieux pour leur montrer le couple adultère. Quant à eux, tous deux nus et enchaînés, ils baissent la tête, rouges de

κάτω νενευκότες ξυνδεδεμένοι ἐρυθριῶσι, καὶ τὸ θέαμα ἥδιστον ἐμοὶ ἔδοξε μονονουχὶ αὐτὸ γινόμενον τὸ ἔργον.

ΑΠΟΛΛΩΝ Ὁ δὲ χαλκεὺς ἐκεῖνος οὐκ αἰδεῖται καὶ αὐτὸς ἐπιδεικνύμενος τὴν αἰσχύνην τοῦ γάμου ;

ΕΡΜΗΣ Μὰ Δί᾽, ὅς γε καὶ ἐπιγελᾷ ἐφεστὼς αὐτοῖς. Ἐγὼ μέντοι, εἰ χρὴ τἀληθὲς εἰπεῖν, ἐφθόνουν τῷ Ἄρει μὴ μόνον μοιχεύσαντι τὴν καλλίστην θεόν, ἀλλὰ καὶ δεδεμένῳ μετ᾽ αὐτῆς.

ΑΠΟΛΛΩΝ Οὐκοῦν καὶ δεδέσθαι ἂν ὑπέμεινας ἐπὶ τούτῳ ;

ΕΡΜΗΣ Σὺ δ᾽ οὐκ ἄν, ὦ Ἄπολλον ; ἰδὲ μόνον ἐπελθών· ἐπαινέσομαι γάρ σε, ἢν μὴ τὰ ὅμοια καὶ αὐτὸς εὔξῃ ἰδών.

22 (18) ΗΡΑΣ ΚΑΙ ΔΙΟΣ

1 ΗΡΑ Ἐγὼ μὲν ᾐσχυνόμην ἄν, ὦ Ζεῦ, εἴ μοι τοιοῦτος υἱὸς ἦν, θῆλυς οὕτω καὶ διεφθαρμένος ὑπὸ τῆς μέθης, μίτρᾳ μὲν ἀναδεδεμένος τὴν κόμην, τὰ πολλὰ δὲ μαινομέναις γυναιξὶ συνών, ἁβρότερος αὐτῶν ἐκείνων, ὑπὸ τυμπάνοις καὶ αὐλῷ καὶ κυμβάλοις χορεύων, καὶ ὅλως παντὶ μᾶλλον ἐοικὼς ἢ σοὶ τῷ πατρί.

ΖΕΥΣ Καὶ μὴν οὗτός γε ὁ θηλυμίτρης, ὁ ἁβρότερος τῶν γυναικῶν οὐ μόνον, ὦ Ἥρα, τὴν Λυδίαν ἐχειρώσατο καὶ τοὺς κατοικοῦντας τὸν Τμῶλον[145] ἔλαβε καὶ Θρᾷκας ὑπηγάγετο, ἀλλὰ καὶ ἐπ᾽ Ἰνδοὺς ἐλάσας τῷ γυναικείῳ τούτῳ στρατιωτικῷ τούς τε ἐλέφαντας εἷλε καὶ τῆς χώρας ἐκράτησε καὶ τὸν βασιλέα πρὸς ὀλίγον ἀντιστῆναι τολμήσαντα αἰχμάλωτον ἀπήγαγε, καὶ ταῦτα πάντα ἔπραξεν ὀρχούμενος ἅμα καὶ χορεύων θύρσοις χρώμενος κιττίνοις, μεθύων, ὡς φής, καὶ ἐνθεάζων. Εἰ δέ τις

---

145. Chaîne de montagne en Lydie.

honte. J'ai trouvé ce spectacle très agréable : ils étaient presque en pleine action.

APOLLON – Ce forgeron n'a-t-il pas honte d'étaler lui-même le déshonneur de son ménage ?

HERMÈS – Non, par Zeus* ! Il se tient au-dessus d'eux et il ricane. Quant à moi, s'il faut dire la vérité, j'étais jaloux d'Arès* : non seulement il a séduit la déesse la plus belle, mais encore il est enchaîné avec elle.

APOLLON – Alors tu aurais même accepté d'être enchaîné à ce prix ?

HERMÈS – Et toi non, Apollon* ? Viens seulement regarder. Je te féliciterai si tu ne fais pas le même vœu quand tu les auras vus toi aussi.

22. (18) HÉRA ET ZEUS

1. HÉRA – J'aurais honte, Zeus*, si j'avais un fils comme celui-là, aussi efféminé et abîmé par l'ivresse. Les cheveux retenus par une mitre, il passe le plus clair de son temps avec des femmes en délire, encore plus douillet qu'elles, menant les chœurs au son des tambourins, de l'aulos et des cymbales. Bref, il ressemble à n'importe qui, plutôt qu'à toi, son père

ZEUS – Et pourtant, Héra*, ce dieu, coiffé d'une mitre féminine et plus douillet que les femmes, a non seulement conquis la Lydie, soumis les habitants du Tmolos [145] et dominé les Thraces, mais de plus il s'est élancé contre les Indiens avec cette armée de femmes : il a capturé les éléphants, conquis le pays et, comme le roi avait osé lui résister quelque temps, il l'a emmené prisonnier. Et tout cela il l'a fait en dansant et en conduisant des chœurs, avec des thyrses entourés de lierre, ivre, comme tu dis et en proie à l'enthousiasme. Ceux qui ont voulu l'insulter en outrageant ses mystères, il les a châtiés, soit en emprisonnant le coupable

ἐπεχείρησε λοιδορήσασθαι αὐτῷ ὑβρίσας ἐς τὴν τελετήν, καὶ τοῦτον ἐτιμωρήσατο ἢ καταδήσας τοῖς κλήμασιν ἢ διασπασθῆναι ποιήσας ὑπὸ τῆς μητρὸς ὥσπερ νεβρόν. Ὁρᾷς ὡς ἀνδρεῖα ταῦτα καὶ οὐκ ἀνάξια τοῦ πατρός ; εἰ δὲ παιδιὰ καὶ τρυφὴ πρόσεστιν αὐτοῖς, οὐδεὶς φθόνος, καὶ μάλιστα εἰ λογίσαιτό τις, οἷος ἂν οὗτος νήφων ἦν, ὅπου ταῦτα μεθύων ποιεῖ.

2 ΗΡΑ Σύ μοι δοκεῖς ἐπαινέσεσθαι καὶ τὸ εὕρεμα αὐτοῦ, τὴν ἄμπελον καὶ τὸν οἶνον, καὶ ταῦτα ὁρῶν οἷα οἱ μεθυσθέντες ποιοῦσι σφαλλόμενοι καὶ πρὸς ὕβριν τρεπόμενοι καὶ ὅλως μεμηνότες ὑπὸ τοῦ ποτοῦ· τὸν γοῦν Ἰκάριον, ᾧ πρώτῳ ἔδωκεν τὸ κλῆμα, οἱ ξυμπόται αὐτοὶ διέφθειραν παίοντες ταῖς δικέλλαις.

ΖΕΥΣ Οὐδὲν τοῦτο φής· οὐ γὰρ οἶνος ταῦτα οὐδὲ ὁ Διόνυσος ποιεῖ, τὸ δὲ ἄμετρον τῆς πόσεως καὶ τὸ πέρα τοῦ καλῶς ἔχοντος ἐμφορεῖσθαι τοῦ ἀκράτου. Ὃς δ' ἂν ἔμμετρα πίνῃ, ἱλαρώτερος μὲν καὶ ἡδίων γένοιτ' ἄν· οἷον δὲ ὁ Ἰκάριος ἔπαθεν, οὐδὲν ἂν ἐργάσαιτο οὐδένα τῶν ξυμποτῶν. Ἀλλὰ σὺ ἔτι ζηλοτυπεῖν ἔοικας, ὦ Ἥρα, καὶ τῆς Σεμέλης μνημονεύειν, ἥ γε διαβάλλεις τοῦ Διονύσου τὰ κάλλιστα.

23 (19) ΑΦΡΟΔΙΤΗΣ ΚΑΙ ΕΡΩΤΟΣ

1 ΑΦΡΟΔΙΤΗ Τί δήποτε, ὦ Ἔρως, τοὺς μὲν ἄλλους θεοὺς κατηγωνίσω ἅπαντας, τὸν Δία, τὸν Ποσειδῶ, τὸν Ἀπόλλω, τὴν Ῥέαν, ἐμὲ τὴν μητέρα, μόνης δὲ ἀπέχῃ τῆς Ἀθηνᾶς καὶ ἐπ' ἐκείνης ἄπυρος μέν σοι ἡ δάς, κενὴ δὲ οἰστῶν ἡ φαρέτρα, σὺ δὲ ἄτοξος εἶ καὶ ἄστοχος ;

ΕΡΩΣ Δέδια, ὦ μῆτερ, αὐτήν· φοβερὰ γάρ ἐστι καὶ χαροπὴ καὶ δεινῶς ἀνδρική· ὁπόταν γοῦν ἐντεινάμενος τὸ

---

146. Plusieurs légendes opposent Lycurgue, roi thrace à Dionysos*. Celle qui est évoquée ici l'oppose à une Bacchante, Ambrosia, qui se transforma en un pied de vigne pour l'enlacer et l'étouffer.

147. Penthée, roi de Thèbes, qui s'opposait à l'introduction des mystères de Dionysos*, fut déchiré par sa mère Agavé (c'est le sujet des *Bacchantes* d'Euripide).

dans ses sarments [146], soit en le faisant déchirer par sa mère comme un faon [147]. Tu vois comme ces actes sont virils : ils ne sont pas indignes de son père. S'il s'y ajoute des jeux et de la mollesse, il ne faut pas le lui reprocher, surtout si l'on pense à ce qu'il serait, étant sobre, puisqu'il est ivre quand il fait de tels exploits.

2. HÉRA – J'ai l'impression que tu vas louer aussi son invention de la vigne et du vin, alors que tu vois ce que font les gens quand ils sont ivres : ils chancellent ; se portent à la violence, bref, sont rendus fous par la boisson. Ce qui est sûr, c'est qu'Icarios*, le premier à qui il a donné le cep, a été tué à coups de pioche par ceux qui buvaient avec lui.

ZEUS – Ce que tu dis ne vaut rien. Ces comportements ne sont causés ni par le vin ni par Dionysos*, mais par le manque de mesure quand on boit, et quand on se gorge de vin pur plus qu'il ne convient. Celui qui boit avec modération peut devenir plus joyeux et plus aimable, mais n'infligerait à aucun de ceux qui boivent avec lui le traitement qu'a subi Icarios*. Mais je crois que tu es encore jalouse, Héra*, et que tu te souviens de Sémélé*, puisque tu critiques ce que Dionysos* a de plus beau.

23. (19) APHRODITE ET ÉROS

APHRODITE – Pourquoi donc, Éros*, alors que tu as affronté et vaincu tous les autres dieux, Zeus*, Poséidon*, Apollon*, Rhéa*, et même moi, ta mère, Athéna* est-elle la seule à qui tu ne t'en prends pas ? Comment se fait-il que contre elle ta torche n'ait pas de feu, ton carquois soit vide de flèches, et que toi, tu ne saches plus tendre l'arc ni viser ?

ÉROS – Elle me fait peur, mère. Elle est effrayante, ses yeux étincellent, et elle est terriblement virile.

τόξον ἴω ἐπ' αὐτήν, ἐπισείουσα τὸν λόφον ἐκπλήττει με καὶ ὑπότρομος γίνομαι καὶ ἀπορρεῖ μου τὰ τοξεύματα ἐκ τῶν χειρῶν.

ΑΦΡΟΔΙΤΗ Ὁ Ἄρης γὰρ οὐ φοβερώτερος ἦν ; καὶ ὅμως ἀφώπλισας αὐτὸν καὶ νενίκηκας.

ΕΡΩΣ Ἀλλὰ ἐκεῖνος ἑκὼν προσίεταί με καὶ προσκαλεῖται, ἡ Ἀθηνᾶ δὲ ὑφορᾶται ἀεί, καί ποτε ἐγὼ μὲν ἄλλως παρέπτην πλησίον ἔχων τὴν λαμπάδα, ἡ δέ· Εἴ μοι πρόσει, φησί, νὴ τὸν πατέρα, τῷ δορατίῳ σε διαπείρασα ἢ τοῦ ποδὸς λαβομένη καὶ ἐς τὸν Τάρταρον ἐμβαλοῦσα ἢ αὐτὴ διασπασαμένη - Πολλὰ τοιαῦτα ἠπείλησε· καὶ ὁρᾷ δὲ δριμὺ καὶ ἐπὶ τοῦ στήθους ἔχει πρόσωπόν τι φοβερὸν ἐχίδναις κατάκομον, ὅπερ ἐγὼ μάλιστα δέδια· μορμολύττεται γάρ με καὶ φεύγω, ὅταν ἴδω αὐτό.

2 ΑΦΡΟΔΙΤΗ Ἀλλὰ τὴν μὲν Ἀθηνᾶν δέδιας, ὡς φῄς, καὶ τὴν Γοργόνα, καὶ ταῦτα μὴ φοβηθεὶς τὸν κεραυνὸν τοῦ Διός. Αἱ δὲ Μοῦσαι διὰ τί σοι ἄτρωτοι καὶ ἔξω βελῶν εἰσιν ; κἀκεῖναι λόφους ἐπισείουσιν καὶ Γοργόνας προφαίνουσιν ;

ΕΡΩΣ Αἰδοῦμαι αὐτάς, ὦ μῆτερ· σεμναὶ γάρ εἰσιν καὶ ἀεί τι φροντίζουσιν καὶ περὶ ᾠδὴν ἔχουσι καὶ ἐγὼ παρίσταμαι πολλάκις αὐταῖς κηλούμενος ὑπὸ τοῦ μέλους.

ΑΦΡΟΔΙΤΗ Ἔα καὶ ταύτας, ὅτι σεμναί· τὴν δὲ Ἄρτεμιν τίνος ἕνεκα οὐ τιτρώσκεις ;

ΕΡΩΣ Τὸ μὲν ὅλον οὐδὲ καταλαβεῖν αὐτὴν οἷόν τε φεύγουσαν ἀεὶ διὰ τῶν ὀρῶν· εἶτα καὶ ἴδιόν τινα ἔρωτα ἤδη ἐρᾷ.

ΑΦΡΟΔΙΤΗ Τίνος, ὦ τέκνον ;

ΕΡΩΣ Θήρας καὶ ἐλάφων καὶ νεβρῶν, αἱρεῖν τε διώκουσα καὶ κατατοξεύειν, καὶ ὅλως πρὸς τῷ τοιούτῳ

---

148. Il s'agit de la tête de Méduse*, une des Gorgones*, tuée par Persée* (voir *Dialogues marins*, 14). Il l'offrit à Athéna* qui en orna son égide.

149. Littéralement une Mormo, monstre qu'on évoquait pour faire peur aux enfants.

Chaque fois que je m'approche d'elle, l'arc tendu, elle secoue son aigrette et me terrifie : je me mets à trembler et mes flèches me tombent des mains.

APHRODITE – Arès* n'était-il pas plus effrayant qu'elle ? Pourtant tu l'as désarmé et vaincu.

ÉROS – Mais lui, il me laisse approcher volontiers et il m'appelle, tandis qu'Athéna* me regarde toujours par en dessous. Une fois, comme je volais par hasard près d'elle avec ma torche, elle m'a dit : « Si tu t'approches de moi, je le jure par mon père, je te perce de ma lance, ou je t'attrape par le pied et te jette dans le Tartare*, ou je te déchire de mes propres mains... » Elle m'a lancé beaucoup de menaces de ce genre. Elle a un regard perçant, et porte sur la poitrine un visage terrible, avec des cheveux de vipères [148], qui me fait très peur. Pour moi, c'est un croquemitaine [149], et je me sauve, chaque fois que je le vois.

2. APHRODITE – Tu as peur d'Athéna* et de la Gorgone*, dis-tu, alors que tu ne crains pas la foudre de Zeus*. Mais les Muses*, pourquoi ne les blesses-tu pas ? Pourquoi sont-elles hors d'atteinte de tes traits ? Est-ce qu'elles aussi secouent des aigrettes et arborent des Gorgones* ?

ÉROS – Je les respecte, mère. Elles sont majestueuses, toujours pensives ou occupées à chanter. Je reste souvent près d'elles, envoûté par leurs mélodies.

APHRODITE – Laisse-les donc, elles aussi, puisqu'elles sont si majestueuses. Mais Artémis*, pourquoi ne la blesses-tu pas ?

ÉROS – De manière générale, parce qu'il n'est même pas possible de l'attraper : elle fuit toujours à travers les montagnes. Et puis elle a déjà un amour qui n'appartient qu'à elle.

APHRODITE – Quel amour, mon fils ?

ÉROS – Celui de la chasse, des biches et des faons : elle les poursuit pour les attraper, ou les abattre avec ses flèches. Cela l'occupe tout entière. En revanche son

ἐστίν· ἐπεὶ τόν γε ἀδελφὸν αὐτῆς, καίτοι τοξότην καὶ αὐτὸν
ὄντα καὶ ἐκηβόλον -
ΑΦΡΟΔΙΤΗ Οἶδα, ὦ τέκνον, πολλὰ ἐκεῖνον ἐτόξευσας.

24 (25) ΔΙΟΣ ΚΑΙ ΗΛΙΟΥ

1 **ΖΕΥΣ** Οἷα πεποίηκας, ὦ Τιτάνων κάκιστε ; ἀπολώλεκας τὰ ἐν τῇ γῇ ἅπαντα, μειρακίῳ ἀνοήτῳ πιστεύσας τὸ
ἅρμα, ὃς τὰ μὲν κατέφλεξε πρόσγειος ἐνεχθείς, τὰ δὲ ὑπὸ
κρύους διαφθαρῆναι ἐποίησε πολὺ αὐτῶν ἀποσπάσας τὸ
πῦρ, καὶ ὅλως οὐδὲν ὅ τι οὐ ξυνετάραξε καὶ ξυνέχεε, καὶ εἰ
μὴ ἐγὼ ξυνεὶς τὸ γιγνόμενον κατέβαλον αὐτὸν τῷ κεραυνῷ,
οὐδὲ λείψανον ἀνθρώπων ἐπέμεινεν ἄν· τοιοῦτον ἡμῖν τὸν
καλὸν ἡνίοχον καὶ διφρηλάτην ἐκπέπομφας.

ΗΛΙΟΣ Ἥμαρτον, ὦ Ζεῦ, ἀλλὰ μὴ χαλέπαινε, εἰ
ἐπείσθην υἱῷ πολλὰ ἱκετεύοντι· πόθεν γὰρ ἂν καὶ ἤλπισα
τηλικοῦτο γενήσεσθαι κακόν ;

ΖΕΥΣ Οὐκ ᾔδεις, ὅσης ἐδεῖτο ἀκριβείας τὸ πρᾶγμα καὶ
ὡς, εἰ βραχύ τις ἐκβαίη τῆς ὁδοῦ, οἴχεται πάντα ; ἠγνόεις δὲ
καὶ τῶν ἵππων τὸν θυμόν, ὡς δεῖ ξυνέχειν ἀνάγκη τὸν
χαλινόν ; εἰ γὰρ ἐνδοίη τις, ἀφηνιάζουσιν εὐθύς, ὥσπερ
ἀμέλει καὶ τοῦτον ἐξήνεγκαν, ἄρτι μὲν ἐπὶ τὰ λαιά, μετ'
ὀλίγον δὲ ἐπὶ τὰ δεξιά, καὶ ἐς τὸ ἐναντίον τοῦ δρόμου ἐνίοτε,
καὶ ἄνω καὶ κάτω, ὅλως ἔνθα ἐβούλοντο αὐτοί· ὁ δὲ οὐκ
εἶχεν ὅ τι χρήσαιτο αὐτοῖς.

2 **ΗΛΙΟΣ** Πάντα μὲν ἠπιστάμην ταῦτα καὶ διὰ τοῦτο
ἀντεῖχον ἐπὶ πολὺ καὶ οὐκ ἐπίστευον αὐτῷ τὴν ἔλασιν· ἐπεὶ
δὲ κατελιπάρησε δακρύων καὶ ἡ μήτηρ Κλυμένη μετ'
αὐτοῦ, ἀναβιβασάμενος ἐπὶ τὸ ἅρμα ὑπεθέμην, ὅπως μὲν
χρὴ βεβηκέναι αὐτόν, ἐφ' ὁπόσον δὲ ἐς τὸ ἄνω ἀφέντα ὑπε-
ρενεχθῆναι, εἶτα ἐς τὸ κάταντες αὖθις ἐπινεύειν καὶ ὡς

---

150. Sur les malheurs de Phaéton, voir le célèbre développement
d'Ovide (*Métamorphoses*, II, 1-332).

frère, bien qu'il soit archer, lui aussi, et qu'il lance au loin ses traits…

APHRODITE – Je sais, mon fils, tu l'as souvent atteint avec tes flèches.

24 (25) ZEUS ET HÉLIOS* [150]

ZEUS – Tu vois ce que tu as fait, ô le plus méchant des Titans*. Tu as tout détruit sur terre, en confiant ton char à un jeune fou. Il a brûlé certaines régions, en s'approchant du sol, et a fait mourir de froid les autres, en écartant d'elles le feu. Bref, il n'y a rien qu'il n'ait troublé, bouleversé, et si je n'avais pas compris ce qui se passait et ne l'avais abattu avec la foudre, il ne serait pas resté trace des hommes, tant il était habile, le beau cocher et le conducteur que tu nous as envoyé !

HÉLIOS – J'ai eu tort, Zeus*, mais ne te fâche pas que j'aie cédé à mon fils : il m'a tellement supplié. Comment aurais-je pu imaginer qu'il provoquerait un tel fléau ?

ZEUS – Ne savais-tu pas quelle précision exige cette tâche, et que si l'on s'écarte si peu que ce soit de la route, c'est la fin de tout ? Ne connaissais-tu pas non plus l'ardeur des chevaux, que le frein doit obligatoirement contenir ? Si l'on cède, ils s'emportent aussitôt, et c'est ce qu'ils ont fait sans doute avec lui, l'entraînant tantôt à gauche, puis peu après à droite, parfois-même dans le sens contraire de leur course, en haut, en bas, en un mot, partout où ils voulaient. Il était incapable de les diriger.

HÉLIOS – Je savais tout cela : c'est pourquoi j'ai résisté longtemps et je ne voulais pas lui confier le char. Mais quand il a insisté en pleurant, et sa mère Clyméné* avec lui, je l'ai fait monter sur le char et lui ai expliqué comment il faut s'y tenir, jusqu'à quel point se laisser emporter vers le haut en lâchant les brides,

ἐγκρατῆ εἶναι τῶν ἡνιῶν καὶ μὴ ἐφιέναι τῷ θυμῷ τῶν ἵππων· εἶπον δὲ καὶ ἡλίκος ὁ κίνδυνος, εἰ μὴ ὀρθὴν ἐλαύνοι· ὁ δὲ - παῖς γὰρ ἦν - ἐπιβὰς τοσούτου πυρὸς καὶ ἐπικύψας ἐς βάθος ἀχανὲς ἐξεπλάγη, ὡς τὸ εἰκός· οἱ δὲ ἵπποι ὡς ᾔσθοντο οὐκ ὄντα ἐμὲ τὸν ἐπιβεβηκότα, καταφρονήσαντες τοῦ μειρακίου ἐξετράποντο τῆς ὁδοῦ καὶ τὰ δεινὰ ταῦτα ἐποίησαν· ὁ δὲ τὰς ἡνίας ἀφείς, οἶμαι δεδιὼς μὴ ἐκπέσῃ αὐτός, εἴχετο τῆς ἄντυγος. Ἀλλὰ ἐκεῖνός τε ἤδη ἔχει τὴν δίκην κἀμοί, ὦ Ζεῦ, ἱκανὸν τὸ πένθος.

ΖΕΥΣ Ἱκανὸν λέγεις τοιαῦτα τολμήσας; νῦν μὲν οὖν συγγνώμην ἀπονέμω σοι, ἐς δὲ τὸ λοιπόν, ἤν τι ὅμοιον παρανομήσῃς ἤ τινα τοιοῦτον σεαυτοῦ διάδοχον ἐκπέμψῃς, αὐτίκα εἴσῃ, ὁπόσον τοῦ σοῦ πυρὸς ὁ κεραυνὸς πυρωδέστερος. Ὥστε ἐκεῖνον μὲν αἱ ἀδελφαὶ θαπτέτωσαν ἐπὶ τῷ Ἠριδανῷ, ἵναπερ ἔπεσεν ἐκδιφρευθείς, ἤλεκτρον ἐπ' αὐτῷ δακρύουσαι καὶ αἴγειροι γενέσθωσαν ἐπὶ τῷ πάθει, σὺ δὲ ξυμπηξάμενος τὸ ἅρμα - κατέαγε δὲ καὶ ὁ ῥυμὸς αὐτοῦ καὶ ἅτερος τῶν τροχῶν συντέτριπται - ἔλαυνε ἐπαγαγὼν τοὺς ἵππους. Ἀλλὰ μέμνησο τούτων ἁπάντων.

25 (26) ΑΠΟΛΛΩΝΟΣ ΚΑΙ ΕΡΜΟΥ

1 ΑΠΟΛΛΩΝ Ἔχεις μοι εἰπεῖν, ὦ Ἑρμῆ, πότερος ὁ Κάστωρ ἐστὶ τούτων ἢ πότερος ὁ Πολυδεύκης; ἐγὼ γὰρ οὐκ ἂν διακρίναιμι αὐτούς.

ΕΡΜΗΣ Ὁ μὲν χθὲς ἡμῖν ξυγγενόμενος ἐκεῖνος Κάστωρ ἦν, οὗτος δὲ Πολυδεύκης.

ΑΠΟΛΛΩΝ Πῶς διαγινώσκεις; ὅμοιοι γάρ.

---

151. Fleuve mythique, parfois identifié avec le Pô. Dans *De l'ambre ou des cygnes*, Lucien évoque cette légende : les sœurs d'Actéon auraient été changées en peupliers et les larmes qu'elles versaient sur leur frère seraient devenues de l'ambre.

puis redescendre la pente, comment maîtriser les rênes sans céder à la fougue des chevaux. Je lui ai dit combien le danger était grand, s'il n'avançait pas droit. Mais lui – c'était un enfant – , monté sur un feu si grand et se penchant sur l'abîme béant, a été pris de terreur, comme il fallait s'y attendre. Quant aux chevaux, quand ils sentirent que ce n'était pas moi qui étais sur le char, pleins de mépris pour l'adolescent, ils se détournèrent de la route et firent toutes ces horreurs. Lui, ayant lâché les rênes, par peur de tomber, je crois, s'accrochait au montant du char. Mais il est puni maintenant, et pour moi aussi, Zeus*, le deuil est un châtiment suffisant.

3. ZEUS – Suffisant, dis-tu, pour une telle audace ? Pour l'heure, je te pardonne, mais si, à l'avenir, tu braves encore la loi de la sorte, ou si tu te fais remplacer par un conducteur de ce genre, tu apprendras aussitôt combien ma foudre est plus brûlante que ton feu. Par conséquent, que ses sœurs l'ensevelissent au bord de l'Éridan [151], à l'endroit où il est tombé du char ; que les pleurs qu'elles verseront sur lui deviennent de l'ambre et qu'elles se changent en peupliers à cause de ce qui s'est passé. Quant à toi, répare ton char : son timon est cassé et une des deux roues a été brisée. Puis attelle les chevaux et conduis-les. Mais garde toute cette histoire en mémoire.

25 (26) APOLLON ET HERMÈS

1. APOLLON – Peux-tu me dire, Hermès*, lequel de ces deux-là est Castor*, et lequel Pollux* ? Je n'arrive pas à les distinguer.

HERMÈS – C'était Castor* qui était avec nous hier ; celui-ci est Pollux*.

APOLLON – Comment fais-tu pour les distinguer ? Ils sont semblables.

ΕΡΜΗΣ Ὅτι οὗτος μέν, ὦ Ἄπολλον, ἔχει ἐπὶ τοῦ προσώπου τὰ ἴχνη τῶν τραυμάτων ἃ ἔλαβε παρὰ τῶν ἀνταγωνιστῶν πυκτεύων, καὶ μάλιστα ὁπόσα ὑπὸ τοῦ Βέβρυκος Ἀμύκου ἐτρώθη τῷ Ἰάσονι συμπλέων, ἅτερος δὲ οὐδὲν τοιοῦτον ἐμφαίνει, ἀλλὰ καθαρός ἐστι καὶ ἀπαθὴς τὸ πρόσωπον.

ΑΠΟΛΛΩΝ Ὤνησας διδάξας τὰ γνωρίσματα, ἐπεὶ τά γε ἄλλα πάντα ἴσα, τοῦ ῳοῦ τὸ ἡμίτομον καὶ ἀστὴρ ὑπεράνω καὶ ἀκόντιον ἐν τῇ χειρὶ καὶ ἵππος ἑκατέρῳ λευκός, ὥστε πολλάκις ἐγὼ τὸν μὲν προσεῖπον Κάστορα Πολυδεύκην ὄντα, τὸν δὲ τῷ τοῦ Πολυδεύκους ὀνόματι. Ἀτὰρ εἰπέ μοι καὶ τόδε, τί δήποτε οὐκ ἄμφω ξύνεισιν ἡμῖν, ἀλλ' ἐξ ἡμισείας ἄρτι μὲν νεκρός, ἄρτι δὲ θεός ἐστιν ἅτερος αὐτῶν ;

ΕΡΜΗΣ Ὑπὸ φιλαδελφίας τοῦτο ποιοῦσιν· ἐπεὶ γὰρ ἔδει ἕνα μὲν τεθνάναι τῶν Λήδας υἱέων, ἕνα δὲ ἀθάνατον εἶναι, ἐνείμαντο οὕτως αὐτοὶ τὴν ἀθανασίαν.

ΑΠΟΛΛΩΝ Οὐ ξυνετήν, ὦ Ἑρμῆ, τὴν νομήν, οἵ γε οὐδὲ ὄψονται οὕτως ἀλλήλους, ὅπερ ἐπόθουν, οἶμαι, μάλιστα· πῶς γάρ, ὁ μὲν παρὰ θεοῖς, ὁ δὲ παρὰ τοῖς φθιτοῖς ὤν ; πλὴν ἀλλ' ὥσπερ ἐγὼ μαντεύομαι, ὁ δὲ Ἀσκληπιὸς ἰᾶται, σὺ δὲ παλαίειν διδάσκεις παιδοτρίβης ἄριστος ὤν, ἡ δὲ Ἄρτεμις μαιεύεται καὶ τῶν ἄλλων ἕκαστος ἔχει τινὰ τέχνην ἢ θεοῖς ἢ ἀνθρώποις χρησίμην, οὗτοι δὲ τί ποιήσουσιν ἡμῖν ; ἢ ἀργοὶ εὐωχήσονται τηλικοῦτοι ὄντες ;

ΕΡΜΗΣ Οὐδαμῶς, ἀλλὰ προστέτακται αὐτοῖν ὑπηρετεῖν τῷ Ποσειδῶνι καὶ καθιππεύειν δεῖ τὸ πέλαγος καὶ ἐάν

---

152. Géant, fils de Poséidon* et roi des Bébryces en Bithynie. Il avait inventé la boxe et le ceste. Quand les Argonautes débarquèrent dans son pays, il les défia et se battit avec Pollux*, lequel fut vainqueur, malgré la force brutale de son adversaire.

153. Ils ont été pondus dans le même œuf par Léda*.

154. Les Dioscures* forment la constellation des Gémeaux.

155. Les Dioscures* sont représentés traditionnellement comme des cavaliers.

156. Il y avait des statues d'Hermès* dans toutes les palestres.

HERMÈS – C'est que celui-ci, Apollon*, porte sur le visage les cicatrices des coups que lui ont portés ses adversaires au pugilat, surtout le Bébryce Amycos [152], qui l'a blessé lorsqu'il naviguait avec Jason. Sur l'autre on ne voit rien de tel : son visage est intact, sans aucune trace.

APOLLON –Tu m'as rendu service en m'enseignant ce moyen de les reconnaître, car pour tout le reste, ils sont identiques : chacun d'entre eux a la moitié d'œuf [153], une étoile au-dessus [154], un javelot à la main et un cheval blanc [155]. J'ai donc souvent appelé celui qui était Pollux* Castor*, et ce dernier Pollux*. Mais dis-moi encore une chose. Pourquoi ne viennent-ils pas chez nous tous les deux ensemble ? Pourquoi chacun d'entre eux est il à mi-temps tantôt mort tantôt dieu ?

2. HERMÈS – Ils font cela par amour fraternel. Comme il fallait qu'un des fils de Léda* fût mortel et l'autre immortel, ils se sont eux-mêmes partagé ainsi l'immortalité.

APOLLON – Cette répartition n'est pas intelligente, Hermès*, car ainsi, ils ne se verront même pas, ce qui était, j'imagine, leur plus grand désir. Comment le pourraient-ils ? Quand l'un est chez les dieux, l'autre est chez les morts. Par ailleurs, de même que je suis devin, qu'Asclépios* guérit, que toi tu enseignes la lutte en te montrant le meilleur des pédotribes [156], qu'Artémis* favorise l'accouchement [157], et que chacun des autres a un métier utile aux dieux ou aux hommes, que feront-ils pour nous, eux ? Vont-ils banqueter sans travailler, à l'âge qu'ils ont ?

HERMÈS – Pas du tout. Ils ont été affectés au service de Poséidon* : ils doivent parcourir la mer à cheval et, s'ils voient quelque part des navigateurs victimes

---

157. Sous le nom d'Eileithyia*.

που ναύτας χειμαζομένους ἴδωσιν, ἐπικαθίσαντας ἐπὶ τὸ πλοῖον σῴζειν τοὺς ἐμπλέοντας.

ΑΠΟΛΛΩΝ Ἀγαθήν, ὦ Ἑρμῆ, καὶ σωτήριον λέγεις τὴν τέχνην.

d'une tempête, se poser sur le bateau et sauver les passagers [158].

APOLLON – Le métier dont tu parles, Hermès*, est bon et salutaire.

---

158. Les Anciens pensaient que la lueur électrique qu'on observe parfois sur les mâts pendant les tempêtes, et à laquelle on donnera plus tard le nom de feu Saint-Elme, était une manifestation des Dioscures* venus sauver le navire.

Petit guide mythologique

Ce petit guide présente une liste des figures mythologiques évoquées par Lucien et un résumé des princi-
pales légendes auquel il fait allusion. Il est
volontairement sommaire et ne vise qu'à faciliter la lec-
ture des textes. Pour une réflexion plus ambitieuse sur
la mythologie, nous suggérons quelques titres dans la
bibliographie.

ADONIS – Héros d'une légende d'origine syrienne, à
   laquelle Hésiode fait déjà allusion, Adonis naquit
   d'un inceste entre le roi de Syrie Theias, ou Cinyras,
   et Myrrha, ou Smyrna, sa propre fille, qui fut changée en arbre à myrrhe. Dix mois plus tard, l'écorce
   de l'arbre se souleva et donna naissance à l'enfant.
   Adonis fut recueilli par Aphrodite, touchée de la
   beauté du bébé. Elle le confia à Perséphone, mais
   celle-ci à son tour s'éprit de ce bel enfant et ne
   voulut pas le rendre à Aphrodite. Il fut décidé finalement qu'Adonis vivrait un tiers de l'année avec
   Aphrodite, un tiers avec Perséphone, et un tiers où
   il voudrait. Il passa toujours deux tiers de l'année
   avec Aphrodite. Plus tard, il suscita la colère d'Artémis (dans d'autres versions il s'agit d'Arès, qui était
   jaloux de l'amour qu'Aphrodite lui portait) : un
   sanglier le blessa mortellement. Aphrodite fonda en
   son honneur une fête pour commémorer sa mort.
   Les mystères d'Adonis connurent un grand succès,
   surtout parmi les femmes : chaque année, elles

construisaient des « jardins d'Adonis », graines arrosées d'eau chaude qui poussaient très vite, mais mouraient précocement, imitant le sort du jeune homme. On imaginait parfois qu'il ressuscitait (voir Théocrite, *Idylles*, 15 : *les Syracusaines*). Les origines de la légende sont sans doute sémitiques (le nom du jeune homme se rapprochant d'Adonaï, mot hébreu signifiant Seigneur).

AMBROISIE – Nourriture des dieux, qui remplace les aliments solides sans être forcément solide elle-même. Le mot ἄμβροτος signifie immortel.

AMPHITRITE – Néréide devenue l'épouse de Poséidon et la reine de la mer.

ANCHISE – Prince troyen qui fut aimé d'Aphrodite. De leur union naquit Énée, qui arracha son père à l'incendie de Troie et partit pour l'Italie avec les Pénates de Troie fonder une nouvelle cité (voir Virgile, *Énéide*).

ANDROMÈDE – Fille de Céphée, roi d'Éthiopie, et de Cassiopée, qui prétendit être plus belle que les Néréides : celles-ci demandèrent à Poséidon de les venger en envoyant un monstre ravager l'Éthiopie. L'oracle d'Ammon prédit que l'Éthiopie serait délivrée de ce fléau si Céphée exposait Andromède. Il y consentit et attacha sa fille à un rocher. Mais Persée triompha du monstre et délivra Andromède.

ANTIOPE – Fille du fleuve Asopos ou du Thébain Nyctée, elle inspira à Zeus un grand amour. Il s'unit à elle sous la forme d'un satyre. Il en eut deux jumeaux, Amphion et Zéthos.

ANUBIS – Dieu funéraire de l'Égypte antique, maître des nécropoles et protecteur des embaumeurs, il était représenté avec une tête de chacal. Étant chargé d'escorter les morts dans l'au-delà, il a souvent été identifié par les Grecs à leur Hermès psychopompe.

APHRODITE – Fille d'Ouranos, dont le sexe, tranché par Cronos, tomba dans la mer, ou de Zeus et de Dioné (c'est la tradition que retient Lucien). Elle fut mariée à Héphaïstos, mais eut une liaison avec Arès. Sur la dénonciation d'Hélios, Héphaïstos surprit les amants et les enserra dans un filet magique ; puis il invita tous les dieux à contempler le couple adultère. Des amours d'Arès et d'Aphrodite naquirent Éros et Antéros, Deimos et Phobos (la Terreur et la Crainte), Harmonie qui devint l'épouse de Cadmos (voir ce nom), et dans certaines traditions Priape (selon d'autres traditions elle conçut Priape de Dionysos). De ses amours avec Anchise naquit Énée. Elle fut également amoureuse d'Adonis (voir ce nom).

APIS – Taureau sacré vénéré par les Égyptiens, il se manifestait de temps à autre dans les troupeaux. On le reconnaissait à des signes énumérés par Hérodote (*Enquêtes*, III, 28). « Cet Apis est un veau, et sa mère ne peut en porter un autre. Les Égyptiens disent qu'un éclair descend du ciel sur elle, et que de cet éclair elle conçoit le dieu Apis. Ce veau qu'on nomme Apis, porte les marques suivantes. Il est noir, il a sur le front un triangle blanc, sur le dos la figure d'un aigle, les poils de sa queue sont doubles, et il a sous la langue l'image d'un scarabée. » Il fut assimilé par les Grecs à Épaphos, fils d'Io (voir ce nom).

APOLLON – Fils de Zeus et de Léto, il avait de nombreuses attributions. Ayant tué le serpent Python qui avait poursuivi sa mère et protégeait un vieil oracle de Thémis à Delphes, il prit sa place et consacra dans le sanctuaire un trépied qui devint prophétique : la Pythie était assise dessus quand elle rendait ses oracles. Ceux-ci étaient souvent obscurs, d'où le surnom de Loxias (l'oblique) qui fut attribué au dieu. Apollon portait un arc et des flèches, avec lesquels il pouvait déclencher la peste (voir le chant I

de l'*Iliade*). Mais il était également guérisseur, art que reprit son fils Asclépios (voir ce nom). Il jouait aussi de la cithare et de la lyre, en compagnie des Muses sur l'Hélicon : il vainquit le silène Marsyas qui l'avait défié avec son aulos double. Il est représenté comme un dieu très beau, très grand, remarquable par ses longues boucles noires aux reflets bleutés. Il eut de nombreuses amours, souvent malheureuses, avec Daphné, Hyacinthe (voir ces noms). Pour avoir tué les Cyclopes, afin de venger la mort d'Asclépios, il fut condamné à servir sur terre Admète à Phères, et Laomédon pour lequel il construisit les remparts de Troie.

ARÈS – Fils de Zeus et d'Héra, dieu de la guerre, d'une taille surhumaine, il passait pour habiter en Thrace, pays au climat rude, riche en chevaux. C'était le père des Amazones. On lui prêtait beaucoup d'aventures amoureuses, la plus célèbre étant sa liaison clandestine avec la déesse Aphrodite (voir ce nom).

ARTÉMIS – Fille de Zeus et de Léto, sœur jumelle d'Apollon, elle était comme lui armée de l'arc et des flèches avec lesquels elle pourchassait les bêtes sauvages. C'était une vierge farouche, prompte à la colère : n'ayant pas été invitée par Œnée, roi de Calydon, cité d'Étolie, elle envoya un sanglier ravager le pays, ce qui fut à l'origine d'une longue guerre et de la mort de Méléagre. C'est elle qui aurait tué Adonis. Selon une tradition, inventée peut-être par Euripide, et sur laquelle Lucien revient fréquemment, elle aurait transporté Iphigénie en Tauride, où elle en aurait fait sa prêtresse, exigeant qu'on lui sacrifie tous les Grecs qui abordaient dans le pays. Les rites étaient si horribles que la jeune fille refusait d'en parler (*Iphigénie en Tauride,* 36-41).

ASCLÉPIOS – Fils d'Apollon et, selon les légendes, de Coronis ou d'Arsinoé, il fut confié au Centaure Chiron, qui lui enseigna la médecine. Il découvrit

même le moyen de ressusciter les morts. À la demande d'Hadès, Zeus le foudroya. Pour venger sa mort, Apollon tua les Cyclopes qui avaient forgé la foudre, et dut expier ce meurtre en servant Admète. Le culte d'Asclépios se développa à Épidaure, puis rayonna dans tout le Bassin méditerranéen. À l'époque de Lucien, il avait des dévots fervents, comme en témoignent les *Discours sacrés* d'Ælius Aristide.

ASTARTÉ – Déesse du Proche et du Moyen-Orient, de caractère belliqueux, elle était proche de la déesse mésopotamienne Ishtar des Babyloniens (à qui l'Esther du monde judaïque doit son nom).

ATARGATIS ou DERKÉTO – Grande déesse syrienne, souveraine des eaux et des sources, à qui était dédié le sanctuaire d'Hiérapolis. Elle avait un corps de poisson et un visage de femme. Aphrodite lui inspira une violente passion pour un jeune Syrien nommé Caÿstros, dont elle eut une fille, Sémiramis (voir ce nom). Après la naissance de celle-ci, honteuse de sa faiblesse, elle exposa l'enfant, tua Caÿstros et se jeta au fond du lac où elle fut transformée en poisson.

ATHÉNA – Fille de Zeus et de Métis (l'intelligence), laquelle fut avalée par Zeus, qui craignait le fils qu'elle aurait pu lui donner ensuite, elle naquit de la tête de son père. C'était une déesse guerrière, mais aussi civilisatrice : elle protégeait les cités, surtout Athènes, sa ville, veillait sur les fileuses et les tisseuses, mais surtout sur les arts et les créations de la raison. L'épithète γλαύκωπις, appliquée traditionnellement à Athéna, est diversement interprétée : aux yeux brillants (par opposition au regard humide d'Aphrodite), aux yeux pers (entre le bleu et le vert), ou liée à la chouette, emblème d'Athéna et signe que portaient les monnaies athéniennes ?

ATLAS – Son nom signifie celui qui supporte (τλάω). Fils de Japet et de l'Océanide Clyméné (parfois de

l'Océanide Asia), il portait la voûte céleste sur ses épaules.

ATTIS – Jeune Phrygien, compagnon de Rhéa, la mère des dieux, il s'émascula en l'honneur de la déesse. Les explications de ce geste sont multiples (crise de délire mystique ? folie qui lui fut inspirée par Rhéa qui craignait ou lui reprochait une rivale ?). Selon certains, il mourut de sa mutilation, mais dans la plupart des traditions, il devint le dévot de la déesse : on le représentait sur son char, parcourant avec elle les montagnes de Phrygie. Son culte à mystères se répandit en Grèce, puis dans tout l'Empire romain.

BRIARÉE – Ouranos et Gaïa eurent trois fils « aux cent bras » : Cottos, Gyès (ou Gygès) et Briarée (ou Ægéon). Ils furent les auxiliaires des Olympiens dans leur lutte contre les Titans. Plus tard, Thétis appela Briarée pour secourir Zeus quand elle le vit menacé par Héra, Poséidon et Athéna (*Iliade*, I, 396-406).

CADMOS – Fils d'Agénor (roi de Tyr ou de Sidon), il partit à la recherche de sa sœur Europe (voir ce nom), qui avait été enlevée par Zeus, lequel avait pris la forme d'un taureau. Il parvint en Grèce. L'oracle de Delphes lui ordonna d'abandonner sa quête et de fonder Thèbes à l'endroit où il verrait s'effondrer une vache portant sur ses cuisses un disque blanc à l'image de la lune (on voit l'importance des bovidés dans cette légende). Il fonda Thèbes, mais dut affronter le dragon qui gardait la source d'Arès. Sur les conseils d'Athéna, il sema les dents du monstre dont naquirent des hommes, les *Spartoi* (les Semés), dont la plupart s'entretuèrent. Pour expier le meurtre du dragon, il servit Arès pendant huit ans, puis épousa la fille d'Arès et d'Aphrodite, Harmonie. Il en eut Autonoé, Ino (voir ce nom), Sémélé (voir ce nom), Agavé, et Polydoros.

Pour finir, Cadmos et Harmonie furent transformés en serpents.

CASTOR – voir DIOSCURES.

CENTAURES – Créatures monstrueuses, ils avaient la tête et le buste d'un homme, mais le bas de leur corps était celui d'un cheval. Ils passaient pour être les fils d'Ixion (voir ce nom), qui avait couché avec une nuée, la prenant pour Héra. Ils vivaient dans la montagne, se nourrissaient de chair crue et avaient des mœurs brutales. Deux Centaures avaient une origine et un comportement différent : Chiron (fils de Cronos et de Philyra) et Pholos (fils de Silène et d'une nymphe des frênes), qui étaient hospitaliers et amis des hommes.

CHARITES – Nommées les Grâces *(Gratiae)* en latin, elles étaient filles de Zeus et d'Eurynomé (d'Héra selon certaines traditions). Puissances de la végétation, elles répandaient la joie dans la Nature et dans le cœur des hommes. On les représentait souvent comme trois sœurs : Euphrosyné, Thalia et Aglaé.

CLYMÉNÉ – Fille de l'Océan et de Théthys, elle appartenait à la génération des Titans. Elle donna à Japet Atlas, Prométhée et Épiméthée. Elle s'unit aussi à Hélios dont naquit Phaéton.

CORYBANTES – Ils étaient liés au culte de Rhéa. Souvent associés aux Cabires et aux Courètes, ils veillèrent sur l'enfant Zeus, en couvrant ses vagissements du son du tambourin.

CRONOS – Ce Titan était le plus jeune fils d'Ouranos et de Gaïa. Il aida sa mère à tirer vengeance de son père et le castra avec la faucille qu'elle lui remit. Puis il épousa sa sœur, Rhéa. Sachant qu'il serait détrôné par un de ses enfants, il les dévorait à mesure qu'ils naissaient. Rhéa accoucha secrètement de Zeus en Crète et lui substitua une pierre, que Cronos avala sans s'apercevoir de la supercherie. Devenu grand, Zeus aidé de Métis, une Océanide, ou de Gaïa, fit

vomir à Ouranos tous les enfants qu'il avait dévorés. Ceux-ci résistèrent avec Zeus à Ouranos et aux Titans, qui avaient profité de la défaite de Cronos pour se soulever, et, avec l'aide des Géants « aux cent bras », les précipitèrent dans le Tartare.

CYCLOPES – Les Cyclopes ouraniens, dotés d'un œil unique, Brontès, Stéropès et Argès, furent libérés par Zeus et aidèrent les Olympiens à défaire les Titans. Ils se firent forgerons de la foudre de Zeus et furent tués par Apollon, qui voulait venger son fils Asclépios (voir ce nom) : Apollon expia ce meurtre en étant esclave chez Admète. Les Cyclopes siciliens apparaissent dans l'*Odyssée* : le plus célèbre est Polyphème (voir ce nom). Dans des légendes plus récentes, les Cyclopes étaient les assistants d'Héphaïstos.

DANAÉ – Fille du roi d'Argos, Acrisios, à qui un oracle avait prédit que son petit-fils le tuerait, elle fut enfermée par lui dans une chambre d'airain, sous terre. Mais Zeus s'unit à elle sous la forme d'une pluie d'or (le motif fut interprété par certains moralistes pour souligner la toute-puissance de l'argent pour ouvrir les portes les plus solidement gardées). Elle en eut un fils Persée (voir ce nom). Acrisios enferma sa fille et son petit-fils dans un coffre qu'il jeta à la mer, mais ils furent recueillis sur l'île de Sériphos.

DAPHNÉ – Fille du fleuve Ladon ou du Pénée, elle fuit Apollon, qui voulait la séduire, et supplia son père qui la transforma en laurier. Le dieu se fit une couronne avec ses branches.

DIONYSOS – Fils de Zeus et de Sémélé (voir ce nom), il fut recueilli après la mort de sa mère par Zeus, qui abrita l'embryon dans sa cuisse pour lui permettre d'achever sa croissance. Il fut confié à sa tante Ino (voir ce nom), puis aux nymphes de Nysa. Il parcourut l'Asie, affronta Lycurgue en Thrace, poussa

jusqu'en Inde, d'où il revint avec un cortège triomphal, son char étant tiré par des panthères, escorté par les Silènes, les Ménades, les Satyres (voir ces noms). Il gagna la Grèce et Thèbes où il affronta Penthée, le petit-fils de Cadmos (voir ce nom) qui voulait s'opposer à l'introduction de son culte. Penthée fut déchiré par sa propre mère, Agavé, frappée de délire par le dieu. Dionysos se rendit à Naxos où il consola Ariane, que Thésée avait abandonnée sur cette île. Il fit don du cep de vigne à Icarios (voir ce nom).

DIOSCURES – Les « garçons de Zeus », Castor et Pollux, étaient nés de Zeus et de Léda, comme Hélène et Clytemnestre. Selon la plupart des traditions, chacun de ces couples de jumeaux naquit d'un même œuf. Zeus ayant proposé l'immortalité à Pollux, celui-ci la refusa et les deux frères se la partagèrent, étant chacun alternativement dieu et mort.

DOUZE GRANDS DIEUX (les) – Leur liste a varié au fil du temps : ils étaient, selon la tradition la plus courante, Zeus, Héra, Poséidon, Athéna, Arès, Déméter, Apollon, Artémis, Héphaïstos, Aphrodite, Hermès et Dionysos.

EILEITHYIA (ILITHYE) – Déesse qui présidait aux accouchements, souvent identifiée par Lucien avec Artémis. Dans d'autres traditions, c'était la fille de Zeus et d'Héra, la sœur d'Hébé : pour servir la jalousie de sa mère, elle aurait tenté d'empêcher la délivrance de Léto (voir ce nom).

ENDYMION – Les traditions varient sur sa filiation (fils ou petit-fils de Zeus). La légende la plus célèbre en faisait l'amant de Séléné, la lune, qui descendait le regarder dormir. Endymion lui donna cinquante filles. Selon certaines traditions, il obtint de conserver sa beauté dans un sommeil éternel.

ÉRIGONÉ – Fille d'Icarios (voir ce nom).

ÉRIS – Elle était la personnification de la Discorde. Dans certaines traditions, elle était la sœur et la compagne d'Arès. Mais selon la *Théogonie* d'Hésiode, 225, c'était un des « enfants de la Nuit ».

ÉROS – Deux traditions différentes se présentent et Lucien les adopte toutes deux. Dans l'une, Éros était un dieu né en même temps que la Terre et sorti directement du Chaos primitif, ou né de l'œuf primordial, enfanté par la Nuit, dont les deux moitiés, en se partageant, formèrent la Terre et le Ciel. Dans l'autre, c'était le fils d'Aphrodite et d'Arès (d'autres pères étaient proposés, notamment Hermès) : c'était alors un petit enfant, équipé d'une torche ou d'un arc et de flèches pour troubler les cœurs humains. Les poètes alexandrins se plaisaient à le présenter sous ces traits un peu mignards, blessé par les épines d'une rose, ou puni par sa mère, qui le frappait de sa sandale d'or.

EUROPE – Fille d'Agénor et sœur de Cadmos (voir ce nom), elle jouait sur la plage de Tyr ou de Sidon quand Zeus s'approcha d'elle, sous la forme d'un taureau d'une éclatante blancheur. Séduite par la beauté de l'animal, elle monta sur son dos. Le dieu se jeta à la mer et l'emporta en Crète. Elle lui donna trois fils, Minos, Sarpédon et Rhadamanthe.

GAÏA – C'était la Terre conçue comme élément primordial. Elle naquit immédiatement après Chaos et avant Éros. Elle engendra Ouranos, avec qui elle s'unit, et donna naissance à six Titans (Océan, Coéos, Crios, Hypérion, Japet, Cronos) et à six Titanides (Théia, Rhéa, Thémis, Mnémosyné, Phœbé, Téthys), puis aux Cyclopes, à Briarée (voir ce nom) et à ses frères « aux cent bras ». Ouranos ne permettant pas à ses enfants de voir la lumière, elle demanda au plus jeune, Cronos, de les délivrer, et il castra son père avec la faucille qu'elle lui remit. Du

sang et du sperme de la blessure naquirent les Érinyes et les Géants.

GALLES – C'étaient les dévots de Rhéa qui s'émasculaient pour imiter Attis (voir ce nom).

GANYMÈDE – Prince troyen, considéré généralement comme le plus jeune fils de Tros, il était le « plus beau des mortels ». Zeus l'enleva pour en faire son échanson. La première mention de l'adolescent se trouve dans l'*Iliade*, XX, 232-235, sans la métamorphose de Zeus en aigle.

GÉANTS – Ces enfants de Gaïa (voir ce nom) naquirent du sang et du sperme qui s'écoulèrent quand Ouranos fut castré par Cronos. Gaïa les chargea de venger les Titans (voir ce nom) que Zeus avait enfermés dans le Tartare, mais ils furent vaincus par les Olympiens.

GORGONE – Il y avait trois Gorgones : Sthéno, Euryalé et Méduse. Seule la dernière était mortelle. Ces trois monstres avaient la tête entourée de serpents et le regard si perçant que quiconque le voyait était changé en pierre. Persée (voir ce nom), se servant du bouclier d'Athéna comme miroir pour ne pas croiser le regard pétrifiant, trancha la tête de Méduse, qui fut placée sur le bouclier d'Athéna, ou au centre de son égide.

HADÈS – Frère de Zeus et de Poséidon, il était le roi et le dieu des morts. Son nom signifie l'invisible. On l'appelait parfois Pluton (celui qui s'enrichit). L'Hadès désignait le royaume des morts.

HÉLÈNE – Elle était fille de Tyndare et de Léda, ou plutôt de Zeus, qui s'était uni à Léda sous la forme d'un cygne ; selon d'autres traditions, elle aurait été la fille de Zeus et de Némésis (voir ce nom). Elle fut enlevée, alors qu'elle n'était pas nubile, par Thésée. Quand Tyndare la donna en mariage, il fit prêter à tous les prétendants le serment d'accepter le choix d'Hélène et de porter secours en cas de besoin à

l'élu. Ce fut Ménélas, dont elle eut une fille, Hermione. Mais elle fut enlevée par Pâris, ce qui fut la cause de la guerre de Troie.

HÉLIOS – Fils du Titan Hypérion et de la Titanide Théia. De son épouse Perséis, il eut Circé, Aeétès, Pasiphaé, et Persès ; avec Clyméné, il conçut les Héliades et Phaéton. Il parcourait le ciel sur un char de feu, traîné par des chevaux dont le nom suggérait l'idée de flamme ou de lumière : Pyroïs, Éoos, Aéthon et Phlégon. Sous le règne des Olympiens, il était à leur service et occupait un rôle quelque peu subalterne. C'est lui qui dénonça à Héphaïstos les amours adultères d'Arès et d'Aphrodite. Il confia son char à son fils Phaéton qui faillit brûler certaines parties de l'univers, en faire mourir d'autres de froid, et fut abattu par la foudre de Zeus.

HELLÉ – voir INO.

HÉPHAÏSTOS – Fils de Zeus et d'Héra, ou d'Héra seule, il fut précipité de l'Olympe soit par son père, parce qu'il avait pris le parti d'Héra lors d'une dispute conjugale, soit par sa mère, horrifiée de sa laideur. Il tomba dans l'île volcanique de Lemnos, où, selon les traditions, il fut recueilli par les Néréides Thétis et Eurynomé ou par les habitants de l'île. Il y installa sa forge. Il était le maître du feu. Époux de Charis (la Grâce par excellence) ou de la Charite Aglaé, il était aussi celui d'Aphrodite. Apprenant que celle-ci le trompait avec Arès, il forgea des chaînes invisibles avec lesquelles il attacha les amants sur le lit, et il invita tous les dieux à venir voir le couple adultère.

HÉRA – Sœur et épouse de Zeus, fille de Cronos et de Rhéa comme lui, elle était, en tant que femme légitime, la protectrice du mariage. On la représentait comme jalouse, violente et vindicative. Elle poursuivit de sa haine ses rivales, Io, Léto, Sémélé (voir ces

noms) et les enfants de celles-ci : l'exemple le plus fameux est Héraclès.

HÉRACLÈS – Fils de Zeus et d'Alcmène, il fut dès l'origine en butte à la colère d'Héra qui retarda sa naissance pour que son cousin Eurysthée naquît avant lui et pût être son maître. Eurysthée imposa au héros ses célèbres travaux : six dans le Péloponnèse (le lion de Némée, l'hydre de Lerne, le sanglier d'Érymanthe, la biche de Cérynie, les oiseaux du lac Stymphale, les écuries du roi Augias), six dans le reste du monde et même dans les Enfers (le taureau de Crète, les juments de Diomède, la ceinture de la reine Hippolyté, les bœufs de Géryon, le chien Cerbère, les pommes d'or des Hespérides). On lui prêtait beaucoup d'autres exploits. Il délivra Prométhée en tuant de ses flèches l'aigle qui lui rongeait le foie. Sa vie conjugale fut tourmentée. Victime d'une crise de folie provoquée par Héra, il tua sa femme, Mégara, et ses enfants, et, pour expier ce meurtre (dans certaines traditions, il s'agit d'autres meurtres), il dut se mettre au service d'Omphale, reine de Lydie : à ses pieds, vêtu d'habits de femme, il apprenait à filer la laine. Il épousa Déjanire que le centaure Nessos tentait de violer ; abusée par celui-ci qui lui avait remis sa tunique souillée de sperme et de sang comme un talisman d'amour, elle en revêtit plus tard Héraclès. Le héros fut pris de douleurs épouvantables et pour s'en délivrer se fit brûler sur le mont Œta. Il devint alors un dieu et épousa Hébé, l'éternelle jeunesse. Par sa lutte contre les monstres dont il délivra l'humanité et qui peuvent représenter les passions, comme par cette montée vers la divinité, Héraclès a été choisi comme « patron » par les stoïciens et les cyniques.

HERMÈS – Fils de Zeus et de Maïa, il portait sur la terre les messages de son père, présidait aux exercices du gymnase, protégeait les voyageurs, les commerçants et les voleurs. C'était aussi une divinité

psychopompe (guide des âmes) qui emmenait les morts aux Enfers. Avec une carapace de tortue, il fabriqua la première lyre, qu'il céda ensuite à Apollon.

HEURES – Filles de Zeus et de Thémis, elles étaient les gardiennes du ciel : elles écartaient ou refermaient les nuages, qui étaient les portes du ciel (voir *Iliade*, V, 749).

HYACINTHE – Fils d'Amyclas, ou, selon certaines traditions (celle qu'adopte Lucien), d'Œbalos, il était d'une grande beauté. Apollon en tomba amoureux ; mais, alors qu'ils s'entraînaient à lancer le disque, Zéphyr, jaloux du dieu, fit dévier le disque qui blessa mortellement le jeune garçon. Apollon en fut désespéré. Du sang de l'enfant il fit pousser l'hyacinthe (la jacinthe, ou peut-être le lis martagon) dont les pétales portaient des taches rappelant le cri de lamentation du dieu (AIAI).

HYPNOS – Personnification du sommeil, c'était un des « enfants de la Nuit » (Hésiode, *Théogonie*, 212) ; on le présentait parfois comme le frère jumeau de Thanatos (le Trépas).

ICARIOS – Le père d'Érigoné, Icarios, un Athénien, avait offert l'hospitalité à Dionysos qui en échange lui offrit un cep de vigne et lui apprit à faire le vin. Mais les bergers auxquels il en offrit, ivres et se croyant empoisonnés, le tuèrent. Maera, son petit chien (ou sa petite chienne), conduisit la petite fille au cadavre de son père. Elle se pendit. Dans certaines traditions, Icarios, Érigoné et Maera étaient placés parmi les astres. Ne pas confondre cet Icarios avec le Spartiate du même nom, père de Pénélope.

INO – C'était une des filles de Cadmos. Elle épousa Athamas qui rejeta pour elle sa première épouse, Néphélé, et maltraita les deux enfants de celle-ci, Phrixos et Hellé, lesquels s'enfuirent sur le dos du bélier ailé. Phrixos parvint en Colchide où la peau

du bélier devint la célèbre toison d'or, mais Hellé tomba dans la mer, qui fut appelée Hellespont en son honneur. Ino recueillit le fils de sa sœur Sémélé, Dionysos. Pour cette raison, Athamas et Ino furent frappés de folie par Héra. Ino jeta son fils cadet, Mélicerte, dans un chaudron, tandis qu'Athamas tuait d'un coup d'épieu l'aîné, Léarchos, qu'il prenait pour un cerf. Poursuivie par Athamas, Ino se jeta dans la mer avec les restes de Mélicerte. Par égard pour Dionysos, les divinités marines en firent une Néréide du nom de Leucothée, tandis que l'enfant devenait le petit dieu Palaemon. Leucothée et Palaemon veillaient sur les navigateurs dans la tempête.

Io – La plupart des traditions en faisaient la fille du fleuve Inachos. Zeus s'unit à elle. Elle fut transformée en génisse soit par Zeus, qui voulait la soustraire à la jalousie d'Héra, soit par Héra elle-même. La déesse la fit surveiller par Argos, dont les yeux innombrables se fermaient alternativement pour dormir. Hermès tua Argos. Alors Héra envoya contre Io un taon qui la rendit furieuse. Elle se jeta dans la mer et, après bien des pérégrinations, elle parvint en Égypte où elle mit au monde le fils de Zeus, Épaphos. Elle fut assimilée par les Grecs à Isis et son fils à Apis (voir ces noms).

Iris – Fille de Thaumas et d'Électre, elle appartenait par ses deux parents à la lignée d'Océan. Elle était représentée par l'arc-en-ciel, et, de manière plus générale, elle symbolisait le lien entre le ciel et la terre. À ce titre, elle était, comme Hermès, la messagère de Zeus.

Isis – Divinité égyptienne, Isis était représentée comme une jeune femme coiffée d'une perruque surmontée par un disque solaire entre deux cornes de vache. Elle était la sœur et l'épouse du roi Osiris, un être

généreux qui plaça son règne sous le signe de l'harmonie cosmique. Il fut assassiné par son frère Seth.
Isis retrouva le corps et le cacha, mais Seth le trouva
et le dépeça. Durant une longue quête, Isis, secondée
par Nephtys, Thot et Anubis, recueillit les membres
disjoints et reconstitua le corps d'Osiris en le momi-
fiant. Elle s'unit à la momie de son époux et conçut
Horus : on la représentait souvent allaitant cet
enfant. Le culte d'Isis était très populaire à l'époque
de Lucien. Comme on le lit dans le roman d'Apulée,
un syncrétisme existait entre cette déesse et toutes
celles qui étaient liées à la fécondité dans le Bassin
méditerranéen : Aphrodite, Vénus, Rhéa, Cybèle.

IXION – Roi thessalien, qui s'était rendu coupable de
parjure, mais dont Zeus avait eu pitié, il fut même
reçu à la table des dieux. Il tenta de violer Héra,
mais Zeus fabriqua une nuée à la ressemblance de
son épouse dont Ixion engendra Centauros, le père
des Centaures (voir ce nom) ou, selon certaines traditions, les Centaures eux-mêmes. Zeus l'attacha à
une roue enflammée qui tournait sans cesse. Et
comme Ixion avait bu l'ambroisie à la table des
dieux, ses tourments n'eurent pas de fin.

JAPET – Fils d'Ouranos et de Gaia, c'était un Titan.
Selon Hésiode, il épousa Clyméné, l'une des filles
d'Océan et de Téthys, dont il eut Atlas, Ménœtios,
Prométhée et Épiméthée.

LÉDA – Épouse de Tyndare, elle en eut plusieurs
enfants : Clytemnestre, Hélène et les Dioscures (voir
ces noms). Mais, selon la plupart des traditions, elle
les aurait conçus de Zeus qui s'était changé en
cygne : elle aurait alors pondu un ou deux œufs d'où
seraient sortis deux couples de jumeaux : Castor et
Pollux, Hélène et Clytemnestre.

LÉTO – La future mère d'Apollon et d'Artémis fut victime de la jalousie d'Héra qui fit jurer à tous les lieux
de la terre de ne pas lui accorder un asile pour

accoucher. Mais l'île de Délos, qui était alors sous l'eau, ne prêta pas le serment et put l'accueillir. Héra essaya d'empêcher la délivrance en refusant de lui envoyer sa fille Eileithyia (voir ce nom). Héra avait lancé à la poursuite de Léto un dragon, Python, qu'Apollon abattit ensuite de ses flèches à Delphes.

MAIA – Elle était une des filles d'Atlas et vivait sur le mont Cyllène, en Arcadie, où Zeus s'unit à elle : elle lui donna Hermès.

MÉDUSE – voir GORGONES.

MÉNADES – Femmes prises de fureur qui formaient le cortège de Dionysos.

MINOS – Fils de Zeus et d'Europe, c'était un des trois juges infernaux, avec Éaque et Rhadamanthe.

MITHRA – Dieu d'origine indo-iranienne, dont le culte se développa dans tout le Bassin méditerranéen, à partir du Ier siècle après J.-C. Ses mystères furent particulièrement populaires dans les armées. L'initiation comprenait plusieurs « degrés » et la tauroctonie (sacrifice rituel du taureau) y jouait un rôle considérable.

MOIRES – Le mot moire désignait la part de sort échue à chacun. Mais très vite se superposèrent à cette entité trois sœurs : Clotho, Lachésis, Atropos. Elles filaient les destinées. Selon la tradition, Clotho tenait la quenouille, parfois le fil, Lachésis enroulait le fil, Atropos le coupait.

MOMOS – Il faisait partie des « enfants de la Nuit » (Hésiode, *Théogonie*, 214). Cette divinité représentait le sarcasme.

MUSES – Filles de Zeus et de Mnémosyné (selon d'autres traditions, filles d'Harmonie, ou d'Ouranos et de Gaïa), ces chanteuses divines présidaient à la pensée sous toutes ses formes. On les faisait vivre en Thrace (les Piérides) ou en Béotie sur l'Hélicon, où Apollon dirigeait leurs chants.

NECTAR – C'était la boisson des dieux. Comme le vin pour les hommes, il était puisé dans un cratère par l'échanson, qui présentait les coupes aux convives. Les échansons des dieux étaient Hébé (l'éternelle jeunesse), Ganymède et parfois, par dérision, Héphaïstos.

NÉMÉSIS – C'était à la fois une abstraction, personnifiant la vengeance divine, et une divinité qui faisait partie des « enfants de la Nuit » (Hésiode, *Théogonie*, 223). Zeus en devint amoureux : pour lui échapper, elle se changea en oie ; alors il se fit cygne, et selon certaines traditions, Hélène serait née de leur union.

NÉRÉIDES – C'étaient les filles de Nérée, le « vieillard de la mer ». Leur nombre était généralement de cinquante, mais on connaît jusqu'à soixante-dix noms. Homère en donne une longue énumération (*Iliade*, XVIII, 39 sq.). Elles vivaient au fond de la mer, aux côtés de leur père.

OSIRIS – voir ISIS. Quand Isis eut recomposé son corps, il devint le souverain et le juge suprême de l'au-delà.

OURANOS – Personnification du ciel, il couvrait entièrement Gaïa, lui seul étant à sa mesure. Pour ses enfants, les Titans et les Géants, ainsi que sa castration par Cronos, voir GAÏA.

PAN – Il était fils d'Hermès et d'une nymphe, que Lucien nomme Pénélope. Selon certaines traditions irrévérencieuses il serait le fils de la Pénélope homézique qui aurait cédé à tous les prétendants d'où son nom de Πᾶν (tout). Mais la plupart des auteurs expliquent ce nom parce qu'il réjouissait le cœur en tout. C'était le dieu des bergers et des troupeaux, et son culte semble originaire d'Arcadie. Il avait des cornes, une barbe de bouc, et le bas de son corps était celui d'un bouc. Il était doté d'une puissance sexuelle considérable : il poursuivit la nymphe Syrinx qui se transforma en roseaux dont il fit la

syrinx (la flûte de Pan). Il passait pour avoir aidé les Athéniens à Marathon, et reçut en remerciement une grotte sous l'Acropole.

PÂRIS – Nommé aussi Alexandre, c'était le fils cadet de Priam et d'Hécube. Celle-ci rêva qu'elle mettait au monde une torche qui mettait le feu à Troie. Il vécut d'abord sur l'Ida avec la nymphe Œnone. Après le célèbre jugement, où il donna la pomme à Aphrodite, cette déesse lui offrit l'amour d'Hélène qu'il enleva à Sparte, déclenchant ainsi la guerre de Troie et causant la ruine de sa cité.

PERSÉE – Fils de Zeus et de Danaé (voir ce nom), il tua la Gorgone Méduse (voir ces noms) et libéra Andromède (voir ce nom) qu'il épousa.

PERSÉPHONE – Fille de Zeus et de Déméter, elle fut enlevée par Hadès, à qui Zeus ordonna de la rendre. Mais comme elle avait mangé le grain d'une grenade, elle était liée pour toujours au monde infernal. Zeus décida qu'elle partagerait son temps entre les Enfers et le monde terrestre, ce qui expliquerait l'alternance des saisons (quand elle est sous terre, c'est l'hiver).

POLLUX – voir DIOSCURES.

POLYPHÈME – voir CYCLOPES et POSÉIDON.

POSÉIDON – Fils de Cronos et de Rhéa, frère de Zeus et d'Hadès, il régnait sur la mer et les créatures marines. Époux d'Amphitrite, il eut par ailleurs de nombreuses amours : il eut notamment d'Amymoné Nauplios, dont la lignée fit beaucoup de mal aux Achéens, et de Thoosa, le cyclope Polyphème. Ayant comploté avec Héra et Athéna pour enchaîner Zeus, il fut condamné à servir Laomédon, et construisit les remparts de Troie.

PROMÉTHÉE – Fils du Titan Japet (voir ce nom) et de Clyméné (voir ce nom), ou parfois d'Asia, il passait pour avoir créé les hommes (mais, chez Hésiode, il ne crée que la femme). Au cours d'un sacrifice, il fit

deux parts d'un bœuf : d'un côté la chair et les entrailles recouvertes d'une panse disgracieuse, de l'autre côté les os dépouillés de la viande, cachés sous de la graisse blanche. Il invita Zeus à choisir, le reste devant aller aux hommes. Trompé par la graisse, le dieu choisit les os. Prométhée déroba ensuite des semences de feu qu'il apporta sur terre dans une tige de férule. Zeus le condamna à être enchaîné sur le Caucase et torturé par un aigle, qui lui dévorait le foie, lequel repoussait toujours. Il fut délivré soit par Héraclès qui perça l'aigle de ses flèches, soit par le Centaure Chiron qui, désirant mourir, échangea avec lui l'immortalité, soit par Zeus lui-même à qui il révéla qu'il ne devait pas s'unir à Thétis (voir ce nom).

PROTÉE – Ce dieu marin, parfois confondu avec Nérée (appelé comme lui le « vieillard de la mer »), chargé de garder les troupeaux de phoques de Poséidon à l'embouchure du Nil, possédait le don de prophétie et le pouvoir de se métamorphoser en toutes les formes qu'il voulait (*Odyssée*, IV, 363 sq.).

RHÉA – Cette Titanide, fille d'Ouranos et de Gaïa, épousa Cronos dont elle eut six enfants : Hestia, Déméter, Héra, Hadès, Poséidon et Zeus. Comme Cronos, sachant qu'il serait détrôné par un de ses enfants, les dévorait à mesure qu'ils naissaient, elle accoucha secrètement de Zeus en Crète et lui substitua une pierre que Cronos avala sans s'apercevoir de la supercherie. Devenu grand, Zeus libéra ses frères et sœurs. Dans sa vieillesse, Rhéa s'éprit du jeune Attis (voir ce nom).

SABAZIOS – Fils de Zeus qui s'était uni à Perséphone sous la forme d'un serpent, ce dieu phrygien, dont le culte avait un caractère orgiastique, fut assimilé à Dionysos.

SATYRES – Ces démons de la nature ont été intégrés au cortège de Dionysos. Ils étaient dotés d'une longue

et large queue et d'un membre viril perpétuellement en érection. Parfois le bas de leur corps était celui de chevaux ou de boucs ; parfois ils n'avaient de bestial que la queue.

SÉLÉNÉ – Personnification de la Lune, elle passait pour la fille d'Hypérion et de Théia, ou pour celle du Titan Pallas, ou pour celle d'Hélios. Elle fut l'amante d'Endymion (voir ce nom).

SÉMÉLÉ – Fille de Cadmos (voir ce nom) et amante de Zeus, elle lui demanda, sur les conseils d'Héra, de paraître sous sa forme véritable ; il vint donc avec la foudre et les éclairs. Elle mourut foudroyée, et Zeus recueillit l'embryon, le futur Dionysos, qui acheva sa croissance dans sa cuisse

SÉMIRAMIS – C'était la fille de Derkéto (voir ce nom), déesse mi-femme mi-poisson, et de Caÿstros, fils d'Achille et de Penthésilée. Abandonnée par sa mère, elle fut élevée par des colombes qui volaient aux paysans le lait et le fromage indispensables à sa nourriture. Découverte par les bergers, elle fut confiée à leur chef : il lui donna le nom de Sémiramis, ce qui signifie « qui vient des colombes » en syrien. Elle épousa Onmès, conseiller du roi de Babylone, Ninos, puis le roi lui-même. Après sa mort, elle lui fit édifier à Ninive un grand mausolée puis fonda de nombreuses villes sur les bords de l'Euphrate et du Tigre. Quand le fils qu'elle avait eu de Ninos, Ninyas, complota contre elle, elle lui remit le pouvoir et se transforma en colombe.

SILÈNE – C'était le nom générique des vieux satyres. Mais ce fut aussi celui du père nourricier de Dionysos. On le représentait avec le nez camus, la lèvre épaisse, le regard d'un taureau, un très gros ventre. Il était généralement porté sur un âne sur lequel l'ivresse l'empêchait de se tenir droit.

TANTALE – On connaît mal la raison de son célèbre supplice : il aurait tenté de ravir Ganymède, ou se

serait parjuré, ou aurait volé le nectar et l'ambroisie pour les donner aux mortels, ou leur aurait révélé des secrets divins. Les dieux le punirent en le condamnant à rester debout, le corps à demi plongé dans l'eau, tenaillé par la faim et la soif, voyant les aliments et les boissons s'éloigner chaque fois qu'il tentait de les saisir, tout en étant menacé de la chute d'un rocher.

TARTARE – C'était la région du monde la plus profonde, placée au-dessous des Enfers eux-mêmes.

THÉMIS – Fille d'Ouranos et de Gaïa, cette Titanide veillait à la justice universelle. Elle donna à Zeus les Heures, les Moires (voir ces noms), la vierge Astrée, personnification de la justice.

THÉTIS – Cette Néréide fut courtisée par Poséidon et par Zeus lui-même. Mais un oracle, révélé par Prométhée, leur apprit que le fils qui naîtrait serait plus grand que son père. Ils s'empressèrent donc de la céder à Pélée, roi de Phthie, en Thessalie ; de cette union naquit Achille. Au cours du mariage, furieuse de n'y avoir pas été invitée, Éris lança la fameuse pomme portant l'inscription *à la belle*, qu'Héra, Athéna et Aphrodite se disputèrent et qui fut à l'origine de la guerre de Troie.

TITANS – C'était le nom de six des enfants mâles d'Ouranos et de Gaïa. Ils s'unirent à leurs six sœurs, les Titanides (pour les noms des Titans et des Titanides, voir GAÏA), dont ils eurent toute une série de divinités secondaires. Ils appartenaient à la première génération divine ; le plus jeune, Cronos, donna naissance à la génération des Olympiens. Quand Zeus détrôna Cronos, les Titans menèrent contre les Olympiens une longue guerre, la Titanomachie, au terme de laquelle les Titans furent jetés dans le Tartare.

TRITON – Ce dieu marin, fils de Poséidon et d'Amphitrite, avait un corps terminé en queue de poisson.

Parfois le terme était générique et désignait plusieurs êtres de cette forme que l'on représentait en train de souffler dans des coquillages qui leur tenaient lieu de trompes.

ZEUS – Après avoir détrôné son père Cronos, et vaincu les Titans et les Géants, Zeus devint le roi des dieux. Il présidait aux manifestations célestes (éclairs, foudre, pluie, grêle), veillait au respect du serment, à l'accueil des étrangers, à l'ordre du monde. Il eut trois épouses, Métis, Thémis et Héra, d'innombrables amantes (Alcmène, Antiope, Europe, Io, Léda, Léto Sémélé…) et même un mignon (Ganymède), suscitant la vive jalousie d'Héra.

Bibliographie

Éditions, traductions commentées des textes figurant dans le recueil

Lucien de Samosate, Œuvres complètes, traduction d'É. CHAMBRY, révisée par A. Billault et É. Marquis, Paris, 2015.

J. BOMPAIRE, *Lucien, Œuvres*, t. II, Paris, 1998, et t. III, Paris, 2003.

É. CHAMBRY, *Lucien, Œuvres*, Paris, 1933-1934.

G. DINDORF, *Luciani Samosatensis opera*, édition bilingue grec-latin, Paris, 1840.

J. SURET-CANALE, *Lucien, Œuvres choisies*, Paris, 2006.

E. TALBOT, *Lucien, Œuvres*, Paris, 1857, 1866 (nombreuses rééditions y compris sur Internet).

Traduction intégrale en anglais, aux éditions Loeb, en huit volumes : par A. M. HARMON pour les cinq premiers tomes (Londres, 1913-1936), par K. KILBURN pour le t. VI (Londres, 1959), par M. D. MACLEOD pour les t. VII (Londres, 1961) et VIII (Londres, 1967).

Édition intégrale du texte grec par M. D. MACLEOD (Oxford, 1972-1987).

Études consacrées à Lucien

Actes du colloque « Lucien de Samosate », tenu à Lyon en 1993, Paris, 1994.

G. ANDERSON, *Studies in Lucian's Comic Fiction*, Leyde, 1976.

B. BALDWIN, *Studies in Lucian*, Toronto, 1973.

J. BOMPAIRE, *Lucien écrivain, imitation et création*, Paris, 1958 (rééd. 2000).

M. CASTER, *Lucien et la pensée religieuse de son temps*, Paris, 1937.

M. CASTER, *Études sur* Alexandre ou le Faux Prophète *de Lucien*, Paris, 1938.

J. A. HALL, *Lucian's Satire*, New York, 1981.

C. P. JONES, *Culture and Society in Lucian*, Cambridge (Mass.), 1986.

J. L. LIGHTFOOT, *Lucian, on the Syrian Goddess*, Oxford, 2003.

S. SAÏD, « Le "je" de Lucien », dans *L'Invention de l'autobiographie d'Hésiode à saint Augustin, Actes du deuxième colloque de l'équipe de recherche sur l'hellénisme post-classique,* Paris, 1993, p. 211-251.

J. SCHWARTZ, *Biographie de Lucien de Samosate*, Bruxelles-Berchem, 1965.

O. ZINK, *Lucien, Philosophes à vendre, suivis de le Pêcheur ou les Ressuscités*, traduction, présentation et notes, Paris, 1996.

Études plus générales

G. ANDERSON, *Theme and Variation in the Second Sophistic,* Leyde, 1976.

A. BILLAULT, *L'Univers de Philostrate*, Bruxelles, 2000.

E. R. DODDS, *Les Grecs et l'irrationnel*, Berkeley, 1959 (traduction française, Paris, 1965).

B. P. REARDON, *Courants littéraires grecs des IIe et IIIe siècles après J.-C.*, Paris, 1971.

M. SARTRE, *D'Alexandre à Zénobie*, Paris, 2001.

P. SCHMITT PANTEL, *La Cité au banquet, Histoire des repas publics dans les cités grecques*, Rome, 1992.

S. SWAIN, *Hellenism and Empire, Language, Classicism and Power in the Greek World a. d. 50-250*, Oxford, 1996.

P. VIDAL-NAQUET, « Flavius Arrien entre deux mondes », Préface à *Arrien, Histoire d'Alexandre*, Paris, 1984, p. 311-394.

T. WHITMARSH, *The Second Sophistic*, Oxford, 2005, p. 82-83.

Ouvrages consacrés à la religion et à la mythologie grecques

Ils sont très nombreux. Nous signalons ceux que nous avons le plus consultés.

W. BURKERT, *Les Cultes à mystères dans l'Antiquité*, Paris, 1992.

M. DETIENNE, *Les Jardins d'Adonis*, Paris, 1972, rééd. 1989.

–, *Dionysos mis à mort*, Paris, 1977.

–, *L'Invention de la mythologie*, Paris, 1981.

–, *Dionysos à ciel ouvert*, Paris, 1985.

–, *Apollon le couteau à la main*, Paris, 1998.

P. GRIMAL, *Dictionnaire de la mythologie grecque et romaine*, Paris, 1969 (nombreuses rééditions).

N. LORAUX, *Les Enfants d'Athéna*, Paris, 1981.

Cl. RAMNOUX, *La Nuit et les enfants de la Nuit dans la tradition grecque*, Paris, 1959.

S. SAÏD, *Approches de la mythologie grecque*, Paris, 1993.

P. SINEUX, *Qu'est-ce qu'un dieu grec ?* Paris, 2006.

R. TURCAN, *Les Cultes orientaux dans le monde romain*, Paris, 1989

–, *Mithras et le mithriacisme*, Paris, 1981.

J.-P. Vernant, *Mythe et société en Grèce ancienne*, Paris, 1974.

–, *Mythe et pensée chez les Grecs*, Paris, 1981.

–, *Mythe et religion en Grèce ancienne*, Paris, 1990.

P. Veyne, *Les Grecs ont-ils cru à leurs mythes ?* Paris, 1983.

P. Vidal-Naquet, *Le Chasseur noir,* Paris, 1981, p. 69-94 : « Temps des dieux et temps des hommes ».

Table des matières

Dans la même collection

Ce volume,
le cent seizième
de la collection « Classiques en poche »,
publié aux Éditions Les Belles Lettres,
a été achevé d'imprimer
en janvier 2017
par La Manufacture imprimeur
52205 Langres Cedex, France

N° d'éditeur : 8468
N° d'imprimeur : 170032
Dépôt légal : février 2017
Imprimé en France